D1729228

ClimatePartner.com/53585-1805-1001

Selbstverpflichtung zum nachhaltigen Publizieren

Nicht nur publizistisch, sondern auch als Unternehmen setzt sich
der oekom verlag konsequent für Nachhaltigkeit ein. Bei Ausstattung
und Produktion der Publikationen orientieren wir uns an höchsten
ökologischen Kriterien. Inhalt und Umschlag dieses Buches wurden
auf FSC®-zertifiziertem Papier gedruckt. Alle durch diese Publikation
verursachten CO_2-Emissionen werden durch Investitionen in ein
Gold-Standard-Projekt kompensiert. Die Mehrkosten hierfür trägt der Verlag.

Mehr Informationen finden Sie unter:
http://www.oekom.de/allgemeine-verlagsinformationen/nachhaltiger-verlag.html

Bibliografische Information der Deutschen Nationalbibliothek:
Die Deutsche Nationalbibliothek verzeichnet diese Publikation
in der Deutschen Nationalbibliografie; detaillierte bibliografische
Daten sind im Internet über http://dnb.d-nb.de abrufbar.

© 2019 oekom verlag München
Gesellschaft für ökologische Kommunikation mbH
Waltherstraße 29, 80337 München

Umschlaggestaltung: BÜRO JORGE SCHMIDT, München
Layout und Satz: Reihs Satzstudio, Lohmar
Korrektorat: Maike Specht, Berlin
Lektorat: Manuel Schneider, oekom verlag; Katharina Spangler, Berlin
Druck: GGP Media GmbH, Pößneck

Alle Rechte vorbehalten
Printed in Germany
ISBN 978-3-96238-052-6

FRITZ REHEIS

DIE
RESONANZ-
STRATEGIE

Warum wir Nachhaltigkeit
neu denken müssen

Inhalt

KAPITEL 4

Innenwelt und Reflexivität 187

Vorwort

»Schneller, höher, weiter! – Aber wohin?«

»Schneller, höher, weiter!« Das ist das Mantra unseres Fortschritts. Immer schneller produzieren, transportieren und kommunizieren wir. Immer höher wachsen Berge von Gütern, Müll und Daten, wachsen Vermögen und Schulden. Immer weiter greifen wir in die Welt ein, die äußere und die innere. Wir steigern fast alles, was uns irgendwie in die Finger kommt. Wir gehorchen dem Steigerungsprinzip.

»Aber wohin?« Die Zweifel am Ziel unserer Anstrengungen lassen sich längst nicht mehr verdrängen. Die Welt sei aus den Fugen geraten, heißt es. Gefragt wird, was sie eigentlich noch zusammenhalte. Unbehagen, Besorgnis, Angst, aber auch Zorn, Wut und Hass greifen um sich. Die Gefühle variieren zwar je nach Betroffenheit und Nachrichtenlage, aber der Bedarf nach Orientierung wächst überall. Wie wollen wir leben? Wie leben wir tatsächlich? Und woher kommt die Diskrepanz?

Das Steigerungsprinzip mutet olympisch an. Wo es regiert, wird Genügsamkeit zum Fremdwort. Sein Ausbleiben, jeder Stillstand gilt als Alarmzeichen, als Vorbote einer Krise. Die Steigerung scheint zu beruhigen und für Sicherheit zu sorgen. Soziologen wie Hartmut Rosa sprechen von »dynamischer Stabilisierung«.[1] Aber man muss nicht an die Rolle von Doping und Ökonomisierung im Sport erinnern, um die Kehrseite des Steigerungszwangs zu erkennen. Es gibt immer auch Grenzen, bei deren Überschreitung die Stabilität verloren geht.

Nehmen wir die Steigerung der Geschwindigkeit. Da bekanntlich mit der Höhe der Geschwindigkeit im Straßenverkehr auch die Unfallrisiken zunehmen, liegt die Idee nahe, einfach die Geschwindigkeit zu reduzieren und somit der generellen Beschleunigung die generelle Entschleunigung entgegenzusetzen. Das wäre ein grobes Missverständnis, mit dem ich, teils als Reaktion auf meine Bücher zum Thema »Entschleunigung«[2], immer wieder konfrontiert worden bin. Der Notarzt muss schnell am Unfallort sein. Aber der, der ihn braucht, war vermutlich zu schnell. Deshalb hat es ihn aus der Kurve getragen. So wenig wie Schnelligkeit kann also auch Langsamkeit ein Wert an sich sein. Die Beseitigung des Hungers, der soziale Ausgleich, Abrüstung, Energiewende – all das muss schneller vorankommen. Dennoch sind wir in vielerlei Hinsicht zu schnell und vor allem atemlos. Seit ich auf der Welt bin, hat sich die Zahl der Menschen auf der Erde verdreifacht, die Summe aller jährlich produzierten Waren und Dienstleistungen sogar versiebenfacht. Mehr noch: Wir sind die erste Menschheitsgeneration, die einen vollen Überblick über die mit unserer Lebens- und Wirtschaftsweise verbundenen Risiken hat, und gleichzeitig vielleicht die letzte, die sie abwehren kann.[3]

Dass diese Risiken mit unserem Tempo zusammenhängen, habe ich Mitte der 1990er-Jahre in einer Bilanz der Destruktivität der Schnelligkeit zu belegen versucht.[4] Dort habe ich aus besorgniserregenden Zukunftsprognosen zitiert. Heute, fast ein Vierteljahrhundert später, hat sich gezeigt, dass nahezu alles genau so gekommen ist – nur schneller. Flächenversiegelung und Klimawandel, Insekten- und Vogelsterben, Zwangsmigration und Terrorangst, Letztere jetzt auch auf den Inseln des Wohlstands und des Friedens. Die verheerenden Folgen der Beschleunigung sind heute im Wesentlichen klar: Nicht nur »nach uns«, auch »neben uns die Sintflut«.[5] Was jedoch fehlt, ist eine überzeugende Alternative. Meine bisher eher rudimentären Überlegungen möchte ich hier fortführen, präzisieren und systematisieren. Wann ist eine

Geschwindigkeit – aber auch eine Höhe, eine Weite – angepasst? Es geht um die Grenzen der Steigerung. Oder etwas antiquiert formuliert: um das rechte Maß.

Auch hier ist der Verkehr ein gutes Beispiel. Jede Geschwindigkeit muss an Straße und Witterung, an technische Eigenschaften des Fahrzeugs, an die Menge des verfügbaren Treibstoffs, an das Können des Fahrers und natürlich – siehe Notarzt – immer auch an den Zweck der Fahrt angepasst sein. Generell ist etwas angepasst, wenn es zur Gesamtheit der Voraussetzungen passt, auf denen es beruht.

Die Voraussetzungen des Verkehrs haben viel mit Zeit zu tun. Das beginnt schon beim zeitaufwendigen Bau einer Straße und der Festlegung des Straßenverlaufs, die der Einsparung von Reise- und Transportzeit dienen sollen. Es geht weiter mit der Zeit, die der Fahrer zur Reaktion auf die plötzlich auftauchende Kurve und das Fahrzeug zum Abbremsen der Geschwindigkeit benötigt. Und die Zeit spielt schließlich im oben genannten Beispiel eine entscheidende Rolle, wenn es darum geht, dass der Arzt rechtzeitig beim Unfallopfer eintrifft.

Dieses Buch will zeigen, dass die Zeitdimension auf der Suche nach verlässlicher Orientierung und brauchbaren Maßstäben ganz grundsätzlich weiterhelfen kann. Bekanntlich benötigt fast alles, was wir tun, seine Zeit, und Ungeduld ist selten zielführend. Eine Geschichte aus China erzählt von einem Bauern, der so lange an den Keimlingen einer Pflanze zupfte, um ihnen beim Wachsen zu helfen, bis sie welk wurden und abstarben. Und ein deutsches Sprichwort sagt, dass die Sau vom ständigen Wiegen nicht fetter wird. Der Mensch muss sich bei dem, was er tut, trotz aller Ungeduld immer auch an die zeitlichen Gegebenheiten anpassen, die seinem Tun vorgegeben sind. Dieses Buch fragt deshalb ganz grundsätzlich nach Eigenzeiten und nach den Bedingungen, unter denen sie zusammenpassen: nach der »Synchronisation« von Handlungen, Vorgängen und Gegebenheiten.

Nun ist aber allgemein bekannt, dass das Bemühen um Synchronisation in vielen Bereichen nicht zwangsläufig zu dem führt, was beabsichtigt ist. Naheliegendes Beispiel ist die zwischenmenschliche Kommunikation. Wir wissen im Voraus oft nicht, ob Bilder, Sätze oder Ideen wirklich beim Gegenüber ankommen, auf welche Anspielung etwa das Publikum im Kabarett reagiert, welcher Film ein Flop wird und welcher Millionen von Menschen bewegt. Kurz: Wir wissen nicht, wann sich »Resonanz« einstellt. Resonanz, ursprünglich ein Begriff aus Physik und Musik, spielt aber nicht nur dort und im Zusammenhang mit der zwischenmenschlichen Kommunikation eine Rolle. Der Mensch ist, so der Soziologe Hartmut Rosa, als soziales Wesen ganz grundsätzlich auf Resonanz angewiesen, darauf also, dass ihm die soziale Mitwelt nicht als taub und stumm begegnet, sondern dass sie antwortet, dass sie als etwas Lebendiges erfahren wird.[6]

Man kann das Phänomen der Resonanz jedoch noch wesentlich weiter fassen. Anknüpfend an die bisher wenig bekannte »Allgemeine Resonanztheorie« des Molekularbiologen Friedrich Cramer[7] möchte ich zeigen, dass der Resonanzbegriff außer auf Soziales auch auf all jene Beziehungen gewinnbringend angewendet werden kann, die der Mensch zum einen mit der äußeren Natur, zum anderen mit sich selbst eingeht. Aus einer resonanztheoretischen Perspektive ist Resonanz ein Prinzip, das die soziale Mitwelt genauso umfasst wie die natürliche Umwelt und die personale Innenwelt. Wo Kommunikation in ein wechselseitiges Anschreien mündet, wo das Klima verrückt spielt und wo sich innere Erschöpfung breitmacht, passen menschliche Anstrengungen und die durch sie erzeugten Konsequenzen jedenfalls nicht wirklich zusammen. In all diesen Bereichen gibt es keine Garantie, dass das passiert, was beabsichtigt ist, dass also die Synchronisation zum gewünschten Ergebnis führt. Ich kann mich noch so sehr um Klarheit bemühen und werde doch missverstanden. Ich kann die Pflanze noch so liebevoll behandeln, und sie gedeiht dennoch nicht. Ich kann mir selbst gegenüber noch so achtsam sein und werde dennoch nicht wirklich glücklich. Resonanz ist zwar das untrügliche Zeichen dafür, dass die Bemühungen um Synchronisation erfolgreich waren – aber sie kann eben auch ausbleiben.

Das Beispiel Musik illustriert, wozu Resonanz, wenn sie sich ereignet, fähig ist. Zwar ergreifen die Schallwellen der besten Musik nicht zwangsläufig jeden Menschen in jeder Situation in seinem Innersten. Wo die von ihr ausgehenden Schwingungen aber in einem Menschen wirklich ankommen, können sie ungeahnte geistige, emotionale und körperliche Kräfte entfesseln, Menschen sogar heilen. Und Musik hat die Fähigkeit, unter denen, die von ihren Schallwellen berührt werden, Gemeinschaft zu stiften und ganze Generationen zu prägen, wie etwa die Beatles und die Stones bewiesen haben. Der Resonanzbegriff ist nicht einfach eine poetische Metapher, sondern ein Instrument zur präzisen Analyse komplexer zeitlicher Sachverhalte und Entwicklungen, die mit dem Streben nach Synchronisation im Idealfall einhergehen können.

Die Analyse des Zusammenhangs von Zeit, Synchronisation und Resonanz ermöglicht – das ist der erste Teil der Botschaft dieses Buches –, besser zu verstehen, was mit dem Terminus »nachhaltige Entwicklung« gemeint ist.[8] Im Wort »nachhaltig« ist ja die Zeitdimension bereits enthalten, über die Begriffe »Synchronisation« und »Resonanz« kann sie nun explizit gemacht werden. Resonanz als Mit-, Nach- und Zurückschwingen, so wird sich zeigen, verweist analytisch auf zugrunde liegende Schwingungen und diese wiederum auf Kreisbewegungen, die miteinander in Wechselwirkung stehen.

Der zweite Teil der Botschaft besteht aus Überlegungen zu praktischen Konsequenzen, die aus dieser Analyse abzuleiten sind. Wenn wir nämlich anerkennen, wie bedeutsam die fundamentalen Kreisläufe beziehungsweise Schwingungen sind, die sich gegenseitig anstoßen und verstärken können, liegt es nahe, daraus eine ebenso fundamentale praktische Konsequenz zu ziehen: Statt immerzu alles Mögliche zu steigern, könnten wir die Wiederkehr des Ähnlichen zum Leitbild erheben. Kreisläufe sind es nämlich, so wird sich zeigen, die die Welt im Innersten zusammenhalten, als Voraussetzung für jene kreativen Abweichungen, die für Fortschritt sorgen.

Unsere Praxis derart neu auszurichten erfordert allerdings einen radikalen Eingriff in unsere Wirtschaftsordnung. Die Formel »Zeit ist Geld«, an der wir uns seit wenigen Generationen orientieren, hat uns gewaltig in die Irre geführt. Der »Lärm des Geldes« ist längst dabei, die »Symphonie des Lebens« zu übertönen. Wir sollten die Formel »Zeit ist Geld« deshalb schrittweise, aber gründlich durch die Formel »Zeit ist Sein und Sein ist Zeit« (Cramer) ersetzen. Wir können dabei an jenen Erfolg anknüpfen, der dem Begriff »Entschleunigung« in den letzten beiden Jahrzehnten beschieden war. Er hat seinen Resonanztest jedenfalls schon bestanden.

Die hier vorgestellte Alternative ist konservativ und revolutionär zugleich: Sie fordert dazu auf zu bewahren, was uns wichtig ist, sowie umzustürzen, was uns Angst macht und auch moralisch nicht gerechtfertigt werden kann. Statt »schneller, höher, weiter« plädiert diese Alternative für ein völlig anderes Fortschrittsziel: »Genug, für jeden, für immer!«[9] Ein wahrlich utopisches Ziel. Aber wenn die Realität immer perspektivloser wird, sind nur noch Utopien realistisch (Oskar Negt).[10]

Höllenfahrt der Moderne

Die Stadt Dschagannath war in der indischen Mythologie das Zentrum der Verehrung des Hindugottes Krischna.[1] Dort, so erzählt man sich, soll jeden Sommer ein 14 Meter hoher, hölzerner Wagen mit 16 Rädern und einem Bild Krischnas von Tausenden von Menschen rund einen Tag lang durch die Straßen gezogen worden sein. Er sei voll bepackt mit Menschen gewesen und habe im Laufe der Fahrt, besonders wenn es bergab ging, enorm an Tempo zugelegt, sodass es regelmäßig zu tödlichen Unfällen gekommen sei. Manche Gläubige sollen sich im Rausch dieses Festes sogar ganz bewusst vor den Wagen geworfen haben.

Für den englischen Soziologen Anthony Giddens ist die Geschichte vom Dschagannath-Wagen ein Sinnbild für das Wesen der Moderne, für die Risiken ihres Fortschrittsbegriffs.[2] Auch die Moderne sei eine mit ungeheurer Energie angetriebene Riesenmaschine, die der Kontrolle des Menschen zu entgleiten drohe. Entscheidend sei, so Giddens, dass es bei all dieser Bewegungsenergie immer schwieriger werde zu klären, wer eigentlich dafür verantwortlich ist, wenn Menschen unter die Räder kommen (sozialer Aspekt) oder der ganze Wagen in den Abgrund rast (ökologischer Aspekt). Wenn sich heute der Eindruck verdichtet, die Welt sei aus den Fugen geraten, so lässt sich auch dieses Bild unschwer in die Geschichte von der »Höllenfahrt« integrieren: Man stelle sich nur vor, der hölzerne Wagen wird aus Altersschwäche wacklig und brüchig, seine Räder lösen sich von den Achsen, und der Wagen fällt schließlich auseinander. In der indischen Mythologie war es die Gottheit, der die Menschen geopfert wurden oder der sie sich selbst opferten. In der modernen Realität sind es die ständig beschworenen »Sach«zwänge, denen wir unterworfen sind oder denen wir uns selbst unterwerfen: allen voran der Zwang des Wirtschaftswachstums. Dabei handelt es sich in Wahrheit um einen Zwang, der vom Menschen – nicht von der Sache – ausgeht, also von einem Naturzwang klar abgegrenzt werden muss. Genau dieser menschengemachte Zwang des Wirtschaftswachstums ist es, dem wir das Mantra des »Schneller, höher, weiter« zu verdanken haben.

Kontrollverlust, organisierte Unverantwortlichkeit, Doppelmoral

Ein aktuelles Beispiel für diesen Wachstumszwang findet sich in der Frage, womit wir unsere Autos antreiben sollen. Lange Zeit hieß es, der Dieselmotor sei dem Benzinmotor vorzuziehen. Ein Argument war, dass bei der Verbrennung von Diesel weniger Kohlendioxid entstehe und Dieselmotoren deshalb das Klima nicht so stark belasten würden. Heute wissen wir, dass Dieselmotoren stattdessen solche Mengen an Stickoxiden in die Luft blasen, dass in vielen Großstädten an zahlreichen Kreuzungen und Straßen die Grenzwerte um ein Vielfaches überschritten werden und diese Motoren für Zehntausende von Todesfällen zumindest mitverantwortlich sind. Offensichtlich haben wir innerhalb einer zwanghaft wachsenden Wirtschaft nur die Wahl zwischen der Pest der Klimazerstörung und der Cholera der Atemwegserkrankungen. Die Forderung nach räumlich oder zeitlich begrenzten Fahrverboten stößt auf heftigsten Widerstand, der Entzug der Zulassung für Autos mit einem besonders hohen Schadstoffausstoß wird so lange wie möglich hinausgeschoben. Stattdessen machte ein schwäbischer Unternehmer ernsthaft den Vorschlag, spezielle Luftreinigungsanlagen zu bauen und an allen belasteten Orten aufzustellen,³ und die Verantwortlichen diskutieren lieber über die Entschärfung der Grenzwerte. Mittelfristig setzt man auf die Elektrifizierung der weltweiten Autoflotte, ohne zu wissen, woher all die Batterien, der Strom und vor allem die gigantische Menge an Metallen, die für diese Antriebstechnologie erforderlich sind, kommen sollen. Hauptsache, die Wirtschaft wächst weiter.

Wie der »Sach«zwang des Wirtschaftswachstums zum Kontrollverlust über unsere Art des Wirtschaftens und Lebens führt, zeigt sich besonders deutlich in den vielfältigen Rückkoppelungseffekten unseres Verhaltens. Solche Rückkoppelungen, die in der Sozialwissenschaft »Rebound-Effekte« genannt werden, gelten als Hauptproblem, wenn es darum geht, das Ziel der Energieeinsparung über eine Effizienzstrategie (meist als Steigerung der Energieeffizienz bei technischen Geräten) erreichen zu wollen. Wenn Licht und Verkehr weniger Energie kosten, wird eben das Lichtdesign großzügiger ausgelegt (mehr Lichtquellen, längere Beleuchtung) oder der motorisierte Individualverkehr attraktiver (mehr Autoverkehr, längere Strecken, höhere Geschwindigkeiten).

Rückkoppelungseffekte, die zum Kontrollverlust führen, begegnen uns im privaten Alltag genauso wie in der großen Politik. Im reichen Norden der Welt reagieren beispielsweise viele Menschen auf Belastungen am Arbeitsplatz nicht nur, indem sie ihre Gesundheit, ihre Familien und ihre sozialen Beziehungen vernachlässigen, sondern auch mit einem besonders aufwendigen, also kompensatorischen Konsumverhalten. »Work hard, play hard«,⁴ heißt dann die Devise. Solche Kompensationsstrategien bauen die Belastungen selten ab, sie vergrößern sie eher. Das gilt vor allem für den ökologischen Fußabdruck, den sie dabei hinterlassen. Im ärmeren Süden der Welt werden immer noch Kinder als Sozialversicherung gezeugt, was in aller Regel die Armut noch vergrößert.

Weitere Beispiele für Rückkoppelungen mit Kontrollverlust ließen sich fast beliebig aufzählen: Der Süden wie der Norden der Welt nimmt regelmäßig die Senkung des Grundwasserspiegels in

Kauf, sobald die Wasservorräte knapp werden und das Wasser aus immer tieferen Schichten heraufgepumpt wird. Oder: Weltweit sehen sich Kommunen aufgrund des Mangels an bezahlbarem Wohnraum dazu gezwungen, neues Bauland auszuweisen und die Sozial- und Umweltstandards beim Bauen abzusenken. Rückkoppelungen, die uns die Kontrolle rauben, ergeben sich auch dort, wo Wohnungen und Gewerbegebiete auf die grüne Wiese gesetzt werden und die Verantwortlichen alsbald auch für entsprechende Straßen sorgen müssen, die wiederum Verkehr anziehen und weitere Straßen nötig machen. Um Rückkoppelungen handelt es sich auch, wenn ökonomische Entwicklungen nach dem sogenannten Matthäus-Prinzip voranschreiten: Wer hat, dem wird gegeben, wer nichts hat, dem wird auch der kleine Rest noch aus der Tasche gezogen. Dieses Prinzip findet sich in vertikaler wie horizontaler Hinsicht: Reiche und Mächtige werden reicher und mächtiger, Metropolen, ihre Speckgürtel, die Zentren der Weltwirtschaft wachsen, das Land, die Peripherien dümpeln vor sich hin, werden abgehängt und vergessen.

Das kann schnell gefährlich werden. Wo soziale Ungleichheit durch Wirtschaftswachstum bekämpft wird, nimmt man in Kauf, dass mit wachsendem materiellen Wohlstand weder die sozialen Unterschiede verschwinden noch Menschen dadurch wirklich dauerhaft zufriedener und Gesellschaften friedlicher werden. Nationalstaaten sind vielmehr darum bemüht, soziale Spannungen durch Steigerung des Wirtschaftswachstums auszugleichen, um so die im Wettbewerb zu kurz gekommenen Menschen ruhigzustellen, ohne dass den Gewinnern etwas weggenommen werden muss – immer auch mit entsprechenden Konsequenzen für den ökologischen Fußabdruck. Ein Aspekt dieses Fußabdrucks ist bekanntlich der Klimawandel, der positive Rückkoppelungen besonders anschaulich demonstriert, wenn wir etwa an die sich systematisch verstärkende Emission von Treibhausgasen denken, die mit dem Auftauen der Permafrostböden einhergeht. Und wo natürliche Ressourcen in Polizei, Militär, Rüstung und Krieg investiert werden, um die sozialen Konflikte auf einer enger werdenden Welt unter Kontrolle zu halten, kann es nicht verwundern, dass dies zur weiteren Verknappung genau dieser Ressourcen beiträgt. Genau dadurch entstehen aber neue Unsicherheiten, die wiederum verstärkte militärische Anstrengungen als unabwendbar erscheinen lassen (Krieg um Öl, Wasser, Metallvorkommen). All diese sogenannten positiven Rückkoppelungen haben natürlich nichts Positives an sich: In der Umgangssprache heißen sie treffend »Teufelskreise«. Sie sind besonders gefährlich, da sie immer wieder zu Kipppunkten führen, an denen der über längere Zeit zunehmende Kontrollverlust regelmäßig in eine Katastrophe mündet: wenn sich etwa der Deich doch als zu niedrig erweist oder aus den sich stetig verschärfenden Spannungen plötzlich ein Krieg wird.

Insgesamt bilden diese sich selbst verstärkenden Dynamiken die Fundamente für jenen Zustand, den der Soziologe Ulrich Beck treffend als »organisierte Unverantwortlichkeit« bezeichnet hat.[5] Sie erschüttert nicht nur das Vertrauen in die Verantwortlichen, die immer weniger zu identifizieren sind, sondern erzeugen zudem Opfer, die gleich unter einer doppelten Ungerechtigkeit leiden: Die am wenigsten Schuldigen werden erstens am härtesten bestraft, und die so Bestraften haben zweitens auch die geringsten Mittel, sich gegen das, was ihnen zustößt, zur Wehr zu setzen. Der Klimawandel ist hierfür nur ein Beispiel unter vielen.

Wo Verantwortliche immer schwerer zu finden sind oder, als Getriebene und Ratlose, nicht ohne Grund selbst Mitleid auf sich ziehen, wird besonders gern an die Moral appelliert. Die konzentrierte Sorge um die Moralität der Menschen gilt vielen als Allheilmittel, als letzte Zuflucht auf der Suche nach Kontrolle. Daran knüpft sich die Hoffnung, dass durch eine in Familien, Schulen und Medien stattfindende Werteerziehung von Kindern, Jugendlichen und Erwachsenen das Verhalten von Konsumenten und Produzenten, von Wählern und letztlich auch von gewählten Politikern so beeinflusst werden könnte, dass die prognostizierten Fehlentwicklungen und Katastrophen doch noch abzuwenden seien.

Im merkwürdigen Kontrast zu diesem Versuch der moralischen Aufrüstung steht allerdings die allgegenwärtige Doppelmoral vieler Verantwortlicher. Doppelmoral und Entleerung des Moralbegriffs zeigen sich derzeit in keinem Politikfeld so deutlich wie beim Thema Migration und Flucht. Sobald man zur Kenntnis nimmt, dass der Großteil der Fluchtursachen durch den globalen Norden selbst geschaffen worden ist – durch perspektivlose Interventionskriege, durch Paktieren mit und Aufrüsten von zwielichtigen Bündnispartnern, durch jahrhundertelange Ausbeutung ganzer Erdteile und zuletzt durch systematische Destabilisierung des Weltklimas und andere Formen der Zerstörung von Lebensgrundlagen –, verliert die herrschende Migrations- und Asylpolitik jede Glaubwürdigkeit. Der globale Norden verhält sich wie ein Hausbesitzer, der, nachdem er sich im Garten seines Nachbarn reichlich bedient und dessen Gemüsebeete und Beerensträucher ziemlich verwüstet hinterlassen hat, den Zaun um sein eigenes Anwesen zu einer unüberwindlichen Hürde ausbaut und dem Nachbarn, wenn er anklopft und um Hilfe bittet, nur unter strengsten Auflagen (restriktive Kriterien im Asyl- und Einwanderungsrecht) die Tür öffnet.[6]

Nachhaltigkeit als Verschiebebahnhof

Wo die Kontrolle über unsere Wirtschafts- und Lebensweise verloren geht und versucht wird, die organisierte Unverantwortlichkeit moralisch oder ethisch zu rechtfertigen, handelt es sich im Grunde um eine systematische Hin-und-her-Schieberei der Lasten und der Verantwortung. Bezogen auf ökologische Probleme: Waren es früher höhere Schornsteine, die den Dreck einfach besser verteilen sollten, oder kanalisierte Flüsse, die Hochwasser und

Überschwemmungen nach sich zogen, so ist es heute ebendas Hin- und Herschieben zwischen globalem Klimawandel und lokaler Luftverschmutzung. Dieser Verschiebebahnhof lässt sich genauso innerhalb des sozialen Bereichs beobachten. Hier werden Versorgungsdefizite zwischen Kindern und Alten, Bildung und Gesundheit, Stadt und Land oder Integrationsaufgaben und Entwicklungshilfe hin- und hergeschoben. Und eine solche systematische Verschiebung von Lasten und Verantwortung findet schließlich auch vom Sozialen zum Ökologischen statt. Etwa wenn angesichts knapper werdender fossiler Treibstoffe großflächig Biotreibstoffe angebaut werden, dadurch die für die Nahrungsproduktion verfügbare Fläche schrumpft, sich die Ernährungslage für die Armen vor Ort verschlechtert und somit die Wahrscheinlichkeit sozialer Spannungen billigend in Kauf genommen wird. Dass die Ökologie dabei meist trotzdem keine große Rolle spielt, weil der massenhafte Anbau von Energiepflanzen mit dem für Monokulturen charakteristischen Einsatz von Chemie einhergeht, sei nebenbei angemerkt. Meist zieht die Ökologie den Kürzeren. Aus einem naheliegenden Grund: Ein großer Teil der Leidtragenden der ökologischen Belastungen ist, im Gegensatz zu den Opfern sozialer Belastungen, heute noch gar nicht geboren, kann sich also noch nicht zur Wehr setzen.

Dass genau diese Verschiebung von der sozialen zur ökologischen Problemdimension ein langfristiger historischer Trend ist, wird zum Beispiel durch den 2015 veröffentlichten Bericht der UN über den Stand der Umsetzung der Millenniumsziele belegt.[7] Darin heißt es, dass in den vergangenen 15 Jahren zwar die Bekämpfung des Hungers und des Analphabetismus Fortschritte gemacht hat, aber auf der anderen Seite auch die Klimaveränderungen und die Zwangsmigration weltweit enorm zugenommen haben. Aus naheliegenden Gründen sagt die UN nichts zu der Frage, ob die sozialen Erfolge mit den ökologischen Misserfolgen ursächlich zusammenhängen. Aber der Verdacht liegt nahe, dass ein solcher Zusammenhang tatsächlich existiert, zumal die für die Zukunft zu erwartende Konfliktdynamik – Kampf um knapper werdende Ressourcen und Verschärfung der Klimaveränderung – wenig Anlass für Optimismus gibt. Vielmehr scheint es, wie die Politikwissenschaftlerin Birgit Mahnkopf vermutet, eine Art Junktim zwischen Wirtschaftswachstum und Naturzerstörung zu geben, einen »Produktivitätspakt«, der die politische Versöhnung der auf den Sozialstaat besonders angewiesenen, traditionell sozialdemokratisch ausgerichteten Arbeiterschaft mit der herrschenden Marktwirtschaft zum Ziel hat. Dieser »Produktivitätspakt« verspricht eine wenigstens zeitweilige »Lösung der sozialen Frage«, nimmt dafür aber die Zuspitzung der «ökologischen Frage« in Kauf.[8]

Unabhängig davon, wie der Zusammenhang von sozialen und ökologischen Entwicklungen im Detail beschaffen ist, wird als Allheilmittel seit geraumer Zeit die Orientierung am Leitbild der nachhaltigen Entwicklung gepriesen. Das Wort »Nachhaltigkeit« ist zunächst die Übersetzung des in internationalen Dokumenten verwendeten Begriffs »sustainability«, also Dauerhaftigkeit, Durchhaltbarkeit, Zukunftsfähigkeit oder auch Enkeltauglichkeit. Als grundlegend für die Theorie der nachhaltigen Entwicklung gilt neben der ökologischen und der sozialen auch die wirtschaftliche Dimension. Diese drei werden seit der UN-Konferenz für Umwelt und Entwicklung von 1992 in Rio de Janeiro als Grundelemente der nachhaltigen Entwicklung bezeichnet.

Das Problem dabei ist, dass der Norden der Welt hauptsächlich an der Umwelt, der Süden hauptsächlich an der Entwicklung interessiert ist. Zur Veranschaulichung der nachhaltigen Entwicklung und dieser divergierenden Interessen hat man lange Zeit mit einem Drei-Säulen-Modell hantiert. Die ökologische, die soziale und die wirtschaftliche Säule sollen, so die intendierte Vorstellung, gleich stark ausgeprägt sein, damit sie das Dach – die nachhaltige Entwicklung – sicher tragen können. Drei gleich starke Säulen, das soll Balance und Stabilität signalisieren. Nur: Was bedeutet es für dieses Modell, wenn zutrifft, was oben behauptet wurde? Wenn also beim Versuch, die soziale Lage erträglicher zu machen, tatsächlich ständig Lasten vom Sozialen auf die Ökologie abgeschoben werden? Heißt das, dass die soziale Säule ständig Baumaterial verbraucht, das eigentlich für die ökologische Säule vorgesehen ist? Heißt das vielleicht sogar, dass man versucht, die Säulen durch Styroporverstärkung für die ökologische Säule gleichwertig erscheinen zu lassen, dass also auch den ökologischen Anliegen immer häufiger lediglich mit Symbolpolitik begegnet wird?

In dem oben zitierten Zwischenbericht zu den Millenniumszielen räumt die UN ein, dass die Staaten die Nachhaltigkeitsziele nur erreichen können, wenn die Ursachen der Nichtnachhaltigkeit geklärt und zudem Ökonomie, Soziales und Ökologisches als Einheit begriffen würden. Letzteres ist in der Tat der Kern des Problems. Nur: Wie kann dieses Problem gelöst werden? Eine Nachhaltigkeits- und Entwicklungspraxis, die Ökonomie, Soziales und Ökologie tatsächlich integriert, setzt eine Nachhaltigkeits- und Entwicklungstheorie voraus, die alle drei Säulen in ein und derselben Sprache thematisiert. Nur so kann die Substanz der Säulen offengelegt, können die Tragkräfte von Granit und Styropor aufeinander bezogen werden. Nur auf einer integrativen theoretischen Basis kann auch die praktische Basis der nachhaltigen Entwicklung solide ruhen.

Ein solcher radikalintegrativer Ansatz fehlt meines Wissens bisher. Zwar ist zur ökonomischen und politischen Instrumentalisierung des Nachhaltigkeitsbegriffs und auch zu Detailfragen jeder Säule eine kaum überschaubare Menge an Literatur erschienen.[9] Was die theoretische – nicht die empirische, auf Operationalisierung zielende! – Integration der drei Säulen betrifft, ist der aktuelle Kenntnisstand jedoch nicht wesentlich über die Erkenntnisse hinausgekommen, die die vom Deutschen Bundestag beauftragte Enquete-Kommission »Schutz des Menschen und der Umwelt –

Ziele und Rahmenbedingungen einer nachhaltigen zukunftsverträglichen Entwicklung« in ihrem Abschlussbericht zur nachhaltigen Entwicklung bereits 1998 veröffentlicht hat.

Dieser Enquete-Bericht listet für jede der drei Säulen eine überschaubare Reihe von »Nachhaltigkeitsregeln« auf. Im Anschluss daran formuliert der Bericht das Problem der Integration der drei Säulen ebenso klar wie trivial: Da zwischen den Dimensionen jede Menge Wechselwirkungen existierten, ist jeder Versuch der Optimierung innerhalb einer der Dimensionen so lange unzureichend, wie die Konsequenzen solcher Versuche auf die jeweils anderen Dimensionen nicht geklärt sind. »Die ökonomische, ökologische und soziale Dimension eines Problems sind schließlich lediglich unterschiedliche Blickwinkel auf ein und denselben Wirklichkeitsbereich.«[10]

Auf diese Erkenntnis folgen allerdings im Enquete-Bericht nur vage praktische Hinweise – so zum Beispiel, dass man sich bei der Umsetzung des Leitbilds auf das Vorsorgeprinzip besinnen und Risiken minimieren solle. Das Problem ist nur: Diese Regeln entspringen je unterschiedlichen Theoriesprachen, deren wechselseitige Kompatibilität völlig ungeklärt ist. Die Regeln zur ökonomischen Säule entstammen dem Mainstream der herrschenden Wirtschaftstheorie, die bekanntlich neoklassisch ausgerichtet ist. Die Regeln zur sozialen Säule sind in der Sprache des Verfassungsrechts, der Theorie des Sozialstaats und der sozialen Sicherungssysteme verfasst. Und die Regeln zur ökologischen Säule sprechen die Sprache der naturwissenschaftlichen Ökologie.[11]

Auch in den wissenschaftlichen Dokumenten zum Leitbild der nachhaltigen Entwicklung finden sich also keine überzeugenden Konzepte zu einer integrativen Durchdringung des Leitbilds. Diese Texte dokumentieren im Grunde nur, dass der den sozialen und politischen Alltag beherrschende Verschiebebahnhof sich auch in den Diskurs der Wissenschaften hinein verlängert hat.

Die Zeitdimension der Nachhaltigkeit

Die Rede von den drei Dimensionen der Nachhaltigkeit vermag also das Integrationsproblem nicht wirklich zu lösen. Übrig bleiben Einzelteile, von denen niemand weiß, ob sie zusammenpassen. Auf diesen fundamentalen Mangel wies das Kommissionsmitglied Jürgen Rochlitz in einem Sondervotum hin und entwarf deshalb ein »Magisches Viereck«: In ihm bildet die Ökologie die Basis, auf der einerseits das Soziale, andererseits Kultur und Bildung aufbauen, überwölbt von der Ökonomie als Dach.[12] Dieses Modell zeigt zum einen die unterschiedliche Verortung und den divergenten Stellenwert von Ökologie und Ökonomie. Die Ökologie ist die Basis der Ökonomie, die Ökonomie ihr Überbau. Oder zeitlich abgegrenzt: Die Ökologie ist nichts anderes als eine Langzeitökonomie, die Ökonomie nichts anderes als eine Kurzzeitökologie. Rochlitz kommt es zudem darauf an, die zentrale Bedeutung des kulturellen Wandels und der darin verankerten Bedeutung von Bildung herauszustellen. Es geht Rochlitz darum, »Fortschritt« neu zu definieren. Dazu gehören der »behutsame« Umgang mit der Natur, der Umbau der »Durchlaufwirtschaft« in eine »Kreislaufwirtschaft«, die Ausbreitung einer »Mode des Langlebigen« und eines »Lebensstils der behutsamen Langsamkeit« – ein Prozess, der »eine lange Zeitspanne« benötigen wird, »wenn nicht die Natur uns zu einem schnelleren Vorgehen zwingt«.[13]

Diese Einbeziehung der Kultur in das Konzept einer nachhaltigen Entwicklung weist die Richtung: Wer von ihr spricht, darf über den Umgang mit Zeit nicht schweigen. Der Zusammenhang zwischen nachhaltiger Entwicklung und Zeit muss im Zentrum jeder fundierten Beschäftigung mit diesem Leitbild stehen. Denn allein schon der Begriff »nachhaltige Entwicklung« zwingt dazu, die Zeitlichkeit des menschlichen Lebens und Wirtschaftens in den Fokus zu stellen. Wie sonst könnte man erklären, was »nachhaltig« und was »Entwicklung« eigentlich bedeuten? Wenn

Rochlitz von »Behutsamkeit«, »Achtsamkeit« und »Langsamkeit« spricht, thematisiert er genau diese Zeitdimension. Die nachfolgenden Überlegungen zielen darauf ab, die drei Dimensionen der Nachhaltigkeit von ihrem Bezug zur Zeitlichkeit her zu verstehen. Wenn das gelingt, so meine Überzeugung, ist eine wesentliche Voraussetzung dafür geschaffen, die Höllenfahrt der Moderne zu stoppen und die Dynamik in eine neue Richtung zu lenken. Natürlich handelt es sich dabei nur um eine theoretische Voraussetzung, der eine praktische Neuorientierung von Interessenlagen und Machtverhältnissen folgen muss. Solange viele von dieser Höllenfahrt ökonomisch derart profitieren, wie das heute der Fall ist, bleibt die Vorstellung von ihrem Ende jedenfalls eine bitter notwendige Utopie.

Die eigentlich naheliegende Idee, nachhaltige Entwicklung über ihre Zeitlichkeit zu präzisieren, verfolgte die bisherige Literatur zur nachhaltigen Entwicklung meines Wissens in keiner Weise weiter.[14] Das verwundert umso mehr, als in den praktischen Bemühungen um die Umsetzung des Leitbildes – vom Mülltrennen über das ethisch anspruchsvolle Einkaufen bis zum Vergleich von Wahlprogrammen und zum zivilgesellschaftlichen und politischen Engagement für Umwelt- und Entwicklungsanliegen – Zeit eine zentrale Rolle spielt: meist als Ressource, die zu knapp bemessen ist, und als Horizont des Denkens und Handelns, der zu wenig weit in die Zukunft reicht. Positiv gewendet, stellt sich die Frage, welcher Umgang mit Zeit im Hinblick auf die ökologische, die ökonomische und die soziale Dimension von nachhaltiger Entwicklung angemessen ist.

Lösen wir uns von dem im Vorwort angesprochenen Beispiel des Autofahrers, der wegen seiner hohen Geschwindigkeit jetzt auf einen noch schnelleren Notarzt angewiesen ist, dann kommen wir zu zwei grundlegenden Fragen. Erstens: Welche vorgegebenen Zeiten sind zu respektieren, wenn wir in die Welt um uns und in uns selbst eingreifen? Und wie viel zeitlichen Spielraum haben wir, um das zu erreichen, was wir erreichen wollen? Das gilt für den geistigen Austausch (Kommunikation), die materielle Interaktion (Kooperation, Handel) mit anderen Menschen, das Zusammenspiel zwischen Mensch und Natur (die Versorgung von Pflanzen und Tieren mit Nahrung etc., die Behandlung der ökologischen Quellen und Senken unseres Wirtschaftens) und natürlich auch für den Umgang mit unserem eigenen Körper, unserer Seele, unserem Geist (Anstrengung und Entspannung, Nähe und Abstand zu anderen Menschen, Achtsamkeit und Nachdenken). Die Hypothese lautet: Es ist die Zeitdimension, die alles – also Ökologie, Ökonomie, Soziales und auch Kultur – miteinander vergleichbar macht. Durch die Zeitdimension kann, so die Hoffnung, der Verschiebebahnhof transparent werden, weil jede zeitliche Veränderung in einem Bereich im Hinblick auf ihre Auswirkungen auf andere Bereiche untersucht und verglichen werden kann – ein Vergleich, der gegenwärtig hauptsächlich über das Geld erfolgt und uns offensichtlich in die Irre geführt hat und weiter in die Irre führt.

Was den Leser* erwartet

Viele Sachbücher über das Leitbild der nachhaltigen Entwicklung konzentrieren sich auf den Ernst der Lage, ohne eine Perspektive anzubieten, die aus ihr herausführen könnte. Durch ihren pessimistischen Grundtenor lassen solche Veröffentlichungen den Leser oft ratlos zurück. Andere Titel konzentrieren sich auf konkrete Rezepte: für das Verhalten des Einzelnen (meist in seiner Konsumentenrolle) oder auch für die Gestaltung der Verhältnisse durch die Politik (meist unter der Überschrift ökologisch-soziale Marktwirtschaft). Die kulturellen und sozialen Grundlagen dieser

---

* Die männliche Sprachform (anstelle von Doppelungen, Sternchenkonstruktionen u. Ä.) ist hier und im Folgenden selbstverständlich nur der sprachlichen Vereinfachung, also der Verbesserung des Leseflusses, geschuldet.

Rezepte analysieren sie aber selten und nehmen sie oft genug als naturgegeben hin.

Im vorliegenden Buch erwartet den Leser etwas Drittes: Ausgehend von wenigen Bemerkungen zum Ernst der gegenwärtigen Lage, die die Kapitel jeweils einleiten, fragt es nach den grundlegenden Bedingungen des menschlichen Lebens und Zusammenlebens. Der Mensch wird dabei als Geschöpf der Natur, der Kultur und Gesellschaft und seiner selbst begriffen. Diese Perspektive ist nicht identisch mit den drei Dimensionen des oben skizzierten Standardmodells der nachhaltigen Entwicklung. Sie ist vielmehr weiter gefasst, aber genau dadurch in der Lage, diese drei Dimensionen über die Zeitdimension zu integrieren. Aus diesen Bedingungen zieht das Buch Konsequenzen für die Neuausrichtung unseres Lebens und Zusammenlebens. Dabei werden das Verhalten und die Verhältnisse, die ihm vorausgesetzt sind, gleichermaßen beleuchtet, weil erst aus dem wechselseitigen Bezug beider Seiten eine zugleich realistische und optimistische Perspektive auf die Welt entstehen kann.

Im *1. Kapitel* skizziere ich zentrale Aspekte der Zeitlichkeit der Welt und damit den theoretischen Hintergrund der Analyse. Dabei führe ich neben der Unterscheidung von zyklischer und linearer Zeit, von Kreisläufen, Rhythmen und Synchronisationsprozessen den Begriff der Resonanz grundlegend ein. Wie im Vorwort angekündigt, wird Resonanz als Mitschwingen begriffen, auf das wir hoffen, wenn wir zeitlich dimensionierte Veränderungen aneinander anzupassen versuchen, wenn wir uns also um Synchronisation bemühen. In den folgenden drei Kapiteln konkretisiere ich den Resonanzbegriff durch den Bezug auf Natur, Gesellschaft und Person. Dabei geht es um die Frage, welche Bedingungen jeweils existieren müssen, wenn Resonanzen erklingen sollen: im Umgang mit unserer natürlichen Umwelt *(2. Kapitel)*, unserer sozialen Mitwelt *(3. Kapitel)* und uns selbst *(4. Kapitel)*. Dabei schauen wir uns in einem ersten Schritt jeweils vor allem die linearen Entwicklungen als Verkörperungen des dynamischen Moments, in einem zweiten Schritt die zyklischen Veränderungen als Garanten der Stabilität näher an und fragen anschließend, welche praktischen Konsequenzen aus unseren Erkenntnissen folgen könnten und sollten. Im 5. *Kapitel* versuche ich zu erklären, auf welche soziokulturellen Ursachen die verstummten Resonanzen zurückzuführen sind und wie ein Weg zur Ermöglichung dauerhafter Resonanzen gefunden werden kann.[15]

Historisch knüpft diese Vision an jene Bestrebungen an, die im 19. Jahrhundert als Antwort auf die soziale Frage (Sozialismus) und ab den 70er-Jahren des 20. Jahrhunderts als Antwort auf die Umweltkrise (Ökologiebewegung) entstanden sind. Zudem ermöglicht diese Vision, die beiden Hauptströmungen der Kapitalismuskritik zu integrieren: die Kritik an Ungerechtigkeit und materieller Verelendung (in Europa hauptsächlich in Griechenland, Spanien, Frankreich und England zu hören) und die Kritik an Entfremdung und psychisch-geistiger Verelendung (in Europa hauptsächlich in Deutschland erhoben).[16] Ordnet man die vorliegende kapitalismuskritische Vision in das vertraute Schema für politische Positionen ein, so kann sie als zugleich konservativ und revolutionär gelten, beides in einem radikalen Sinn – der sich von den geistigen Wurzeln dieser Strömungen her inspirieren lässt.

Vom Leser werden keine speziellen Kenntnisse, wohl aber wird die Bereitschaft verlangt, sich auf ein paar geistige Dehnübungen einzulassen. Wir können nämlich unsere persönliche und politische Nahwelt nicht wirklich verstehen, wenn wir den Blick nicht auch auf die räumliche und zeitliche Ferne lenken. Und das ist nicht immer ganz leicht. Das Buch überlässt es aber dem Leser, jenen Einstieg zu wählen, der seinen Interessen am meisten entspricht. Manche werden mit der Theorie beginnen, andere mit der Umwelt, der Mitwelt oder der Innenwelt. Die Ungeduldigen lesen zu diesen Kapiteln nur die Fazits und blättern gleich zum jeweils dritten Teil jedes Kapitels oder gar zum 5. Kapitel weiter, das die konkreten Vorschläge zur Korrektur des Irrwegs unterbreitet. Durch diese Offenheit für individuelle Einstiege hofft das Buch auf breite Resonanz.

KAPITEL 1

Zeit und Resonanz

Das Fortschrittsmantra »Schneller, höher, weiter« und die fehlende Antwort auf die Frage nach dem »Wohin?« müssen nicht zwangsläufig in einer »Höllenfahrt« enden. Menschen können auf Gefühle wie Unbehagen, Besorgnis, Angst, Verzweiflung, auch Zorn, Wut und Hass unterschiedlich reagieren. Viele versuchen, sich in eine private Nische zurückzuziehen, nach dem Motto: Ich kümmere mich um meine Familie, mein Haus, meinen Garten und hoffe, dass trotz aller Beunruhigungen doch alles irgendwie gut wird. Dieses Buch macht ein anderes Angebot. Es beginnt zwar auch mit dem Zurücklehnen und Durchatmen, aber es nutzt die sich dabei einstellende Ruhe und Kraft für das gründliche Nachdenken. Statt die überall auf uns eindringenden wohlfeilen Parolen und Ideologien für bare Münze zu nehmen, können wir einen anderen Weg wählen. Wir können versuchen, uns erst einmal gründlich zu orientieren und auch zuzulassen, dass sich dabei neue Fragen auftun und neue Sichtweisen auf die Welt einstellen. Eine solche Neuorientierung im Denken ist die notwendige – wenn auch nicht hinreichende – Bedingung für eine Neuorientierung im Tun, für den Einzelnen wie für die Gesellschaft insgesamt.

Dieses Kapitel stellt den Einstieg und erste grundlegende Konturen einer solchen möglichen Neuorientierung vor, ehe diese Neuorientierung in den darauffolgenden Kapiteln konkretisiert wird. Da diese Konturen eher allgemein formuliert sind, dieses Kapitel also noch recht abstrakt ist, kann der ungeduldige Leser es auch überspringen. Er kann später immer noch zurückblättern, um den einen oder anderen abstrakten Begriff oder Zusammenhang nachzulesen.

Die Zeit als roter Faden

Wie verhalten wir uns eigentlich im Alltag, wenn wir die Orientierung verloren haben? Zum Beispiel in einer fremden Stadt, wenn wir nicht mehr zum Hotel zurückfinden und erkennen müssen, dass wir in den engen Gassen jegliches Gefühl für die Himmelsrichtungen verloren haben? Wir versuchen, uns einen Überblick zu verschaffen. Und weil selten ein hoher Turm mit Treppe oder Aufzug in der Nähe ist, greifen wir zum Stadtplan, heute meist auf dem Smartphone. Stadtpläne blenden Einzelheiten, die sich schnell wieder ändern können, wie beispielsweise parkende Autos, Baustellen und Tische von Straßencafés, aus. Stadtpläne konzentrieren sich auf das Wesentliche, das zugleich das Beständige ist: Straßenzüge mit Straßennamen, allgemein bekannte Sehenswürdigkeiten, öffentliche Gebäude etc. Stadtpläne simulieren die Vogelperspektive und helfen uns so, die Orientierung wiederzufinden.

Wer die Orientierung verloren hat, gleicht jemandem, der in einem Labyrinth herumirrt. Mit welchen im Prinzip einfachen Mitteln man sich aus einer solchen Gefangenschaft befreien kann, erzählt uns eine Geschichte aus der griechischen Mythologie: Ariadne, die Tochter des Königs Minos, hatte sich in Theseus, den ihr Vater in einem steinernen Labyrinth auf Kreta gefangen hielt, verliebt. Um Theseus die Flucht zu ermöglichen, steckte Ariadne ihm in einem unbewachten Moment ein Wollknäuel zu. Dieses ließ Theseus während der Suche nach einem Ausgang langsam abrollen, sodass der Weg, den er bereits gegangen war, eine Markierung erhielt. Das bewahrte ihn davor, im Kreis zu gehen, ohne es zu bemerken. So fand er schließlich den Weg ins Freie. Wohlgemerkt: Nicht weil Ariadne ihm den Weg gewiesen hätte, sondern weil sie ihm das richtige Instrument an die Hand gegeben hatte, um diesen Weg selbst zu finden. Wer im Labyrinth gefangen ist, braucht also einen Ariadnefaden, am besten einen roten, weil man den besonders gut sieht. Und dieser Faden, der uns davor bewahrt, ständig im Kreis zu denken und mögliche Auswege aus dem geistigen Labyrinth der Gegenwart systematisch zu übersehen, soll die Zeit sein. Das ist der Vorschlag dieses Buches. Indem die Zeit dem Denken einen neuen, einen weiteren Rahmen verleiht, eröffnet sich eine Vogelperspektive auf die Welt.[1] Die Zeit ist, genauso wie der Raum, etwas wahrhaft Universelles, sie ist in alles, was es in der Welt gibt, immer schon eingewoben. Anders formuliert: Es gibt nichts auf der Welt, was außerhalb der Zeit existieren könnte. Ich möchte zeigen, dass die Zeitdimension einen überzeugenden Rahmen bietet, um jene Phänomene und Probleme zu beschreiben und zu erklären, die ich in der Einleitung unter den Stichworten »Kontrollverlust« und »Verschiebebahnhof« diskutiert habe.

Zeit und Veränderung

Mit Zeit, ähnlich wie mit Gesundheit, Gerechtigkeit und anderen lebenswichtigen Themen, beschäftigen wir uns im Alltag vor allem dann, wenn sie uns zum Problem geworden ist.[2] Da sich unser Leben ganz und gar in der Zeit (wie auch im Raum) vollzieht, machen wir sie uns meistens nicht bewusst. Dem Menschen geht es mit der Zeit genauso wie mit der Luft, mit der er sich ständig austauschen muss, oder wie dem Fisch mit dem Wasser. Wenn uns die Zeit in besonderen Situationen zu schaffen macht, dann oft, weil wir – nicht immer freiwillig – zu viel in einen gegebenen Zeitraum hineingepackt haben. Die Beschäftigung mit dem Zeitthema, so die Hoffnung, kann uns vielleicht einen Weg weisen, wie wir zwei Haltungen miteinander verbinden können, die für die meisten Menschen gleichermaßen erstrebenswert sind: eine realistische Haltung zur Gegenwart und eine zuversichtliche in Bezug auf die Zukunft.

Wo die Zeit zum Problem geworden ist, handelt es sich meist um die gemessene, die quantifizierte Zeit. Wir fragen, wie lange noch Zeit bleibt, wie spät es ist und so weiter. Oder nach dem Datum, der Kalenderwoche, der Jahreszahl. Gemessen wird die Zeit hier durch Uhr beziehungsweise Kalender. Um sie messen und einteilen zu können, muss sie vorher gleichgemacht werden. Gleichmachen heißt, das Qualitative der Zeit, die Ereignisse, Erlebnisse, Gefühle, die in der Realität mit dem Vergehen von Zeit ja immer verbunden sind, auszublenden.[3]

Was aber ist die Zeit eigentlich, unabhängig davon, ob wir auf ihre Quantität oder Qualität schauen? Ist die Zeit nur eine Vorstellung in unseren Köpfen, oder ist sie in der Außenwelt real vorhanden? Eine ähnliche Frage ist auch in Bezug auf den Raum angebracht. Über diese Frage nach dem Wesen von Zeit und Raum streiten sich die Philosophen seit mindestens zweieinhalbtausend Jahren.[4] Wichtig ist für uns jedenfalls, dass wir im realen Leben auf Gedeih und Verderb darauf angewiesen sind, uns um Raum und Zeit wirklich zu kümmern, wobei manchmal der quantitative, manchmal der qualitative Aspekt im Vordergrund steht.[5]

Womit also könnte die gedankliche Neuorientierung mithilfe der Zeit beginnen? Die erste Schwierigkeit besteht darin, dass der Mensch über kein Organ zur direkten Wahrnehmung von Zeit verfügt. Was also tun? Eine in der Philosophie oft beschrittene Möglichkeit ist zu fragen, wie uns etwas eigentlich begegnet, und aus der Antwort das Wesen des uns begegnenden Objekts zu erschließen.[6] Bezeichnend ist in Bezug auf die Zeit, dass wir ihr nie direkt begegnen können, sondern immer nur indirekt. Es sind immer erst Veränderungen nötig, um das Vergehen von Zeit wahrnehmen zu können:[7] Veränderungen der Lage eines Objekts im

Raum (wenn ein Paket transportiert, eine Information übermittelt wurde), der Größe (wenn eine Pflanze gewachsen, ein Kontostand geschrumpft ist) und der Gestalt (wenn ein Stein bearbeitet, ein Buch geschrieben ist). Diese Veränderungen sind sinnlich wahrnehmbare Indikatoren für das Vergehen von Zeit. Selbst wenn sich scheinbar nichts verändert, etwa in der Isolationshaft oder beim Meditieren, spüren Menschen, dass sich mit der Zeit ihr Inneres verändert, weil sie vielleicht immer müder oder immer entspannter geworden sind.[8]

Lineare Zeit und Evolution, zyklische Zeit und Ökologie

Seit den Anfängen der Thematisierung von Zeit im antiken Griechenland oder auch in China[9] werden zwei Grundformen unterschieden: die lineare und die zyklische Zeit oder, wenn man es von den Veränderungen her formuliert, lineare und zyklische Veränderungen. Die lineare Zeit ist dadurch charakterisiert, dass sie mehr oder minder kontinuierlich voranschreitet, dass also immer wieder etwas vom Gleichen zu einer Sache, einem Lebewesen, einer Situation oder Ähnlichem hinzukommt. Überträgt man den Verlauf der Zeit zur Veranschaulichung auf den Raum, so muss die Zeit in diesem Fall als Linie dargestellt werden. Beispiele sind das Aufsteigen der Sonne am Morgenhimmel, das Größerwerden eines Baumes im Laufe der Jahre oder die Entfernung eines Zuges, nachdem er den Bahnhof verlassen hat und sich auf freier Strecke fortbewegt. Diese lineare Zeit, die sich wegen ihrer Gleichförmigkeit gut quantifizieren und messen lässt, nannten die alten Griechen »Chronos«. Entsprechend muss auch bei der Quantifizierung dieser linearen Zeit der Raum als Maßstab herhalten (die Millimeter, die der Sand in der Sanduhr höher steigt, oder die Zentimeter, die der Schatten auf dem Ziffernblatt der Sonnenuhr wandert). Die lineare Zeit wird auch als irreversible Zeit bezeichnet, weil lineare Veränderungen in der Regel nicht mehr rückgängig zu machen sind.

Auch die Vorstellung von der Evolution der Arten ist, trotz aller evolutionären Rückfälle und Sprünge, eine primär lineare Vorstellung. Um ihre Zeiträume und die Sprunghaftigkeit der Veränderungen, die für den Aufbau komplexerer Strukturen aus einfacheren notwendig sind, anschaulicher zu machen, überträgt man üblicherweise den unvorstellbar langen Zeitraum zwischen der Herausbildung des Sonnensystems und heute auf den vorstellbaren Raum eines Jahres.

1. Januar: Sonne und Erde existieren. März/April: Die ersten Lebewesen entstehen im Meer. November: Die ersten Tiere betreten das Land. 31. Dezember frühmorgens: Die meisten der heute existierenden Arten haben das Licht der Welt erblickt. Erst in der zweiten Tageshälfte erscheinen menschenähnliche Säugetiere. Je mehr Zeit vergangen ist, desto dichter folgen nun die Neuerungen, desto komplexer werden die Geschöpfe. Mit der Erscheinung des Menschen ergibt sich ein weiterer evolutionärer Sprung. Bezogen auf unser Modelljahr, geht es nun um Minuten, zum Schluss um Sekunden. Eine Minute vor dem Jahreswechsel entstehen die ersten sogenannten Hochkulturen, zwanzig Sekunden vor dem Jahreswechsel wird – so die kulturelle Überlieferung des Christentums – Jesus geboren, zehn Sekunden vor dem Jahreswechsel Karl der Große, eine Sekunde vor dem Jahreswechsel Bismarck.[10] Die Evolutionsgeschichte folgt also nur in Annäherung einer geraden Linie. Es handelt sich vielmehr um eine stark nach oben gekrümmte Linie, eine Exponentialfunktion, die die gigantische Beschleunigung dieser Veränderungen vorstellbar macht. Woher dieses zunehmende Tempo konkret kommt, werden wir in den folgenden Kapiteln genauer untersuchen. So viel zunächst zur linearen Zeit und ihrer exponentiellen Variante.

Die zyklische Zeit folgt – oder die zyklischen Veränderungen in der Zeit folgen – einem ganz anderen Muster: der Wiederkehr.

Wiederkehrende Veränderungen fallen viel weniger auf als die linearen, weil wir uns an sie meist gewöhnt haben oder sie überhaupt nicht wahrnehmen können. Wenn bei der zyklischen Zeit gleiche Situationen wiederkehren, stellen wir uns dieses Muster räumlich als Kreis vor, als ein Gebilde also, das sich nach dem Durchlaufen wieder exakt schließt. Die zyklische Zeit wird deshalb auch »reversible Zeit« genannt. Beispiele sind die Jahreszeiten, der Tag-Nacht-Wechsel, die Wellenbewegung des Meeres, die Jahresringe des Baumes, die Feste des Jahres, der Atem und der Herzschlag, das Absterben und die Neubildung von Körperzellen und das Ausscheiden von »Müll« in jeder einzelnen Zelle (Autophagie). Das zyklische Muster der Veränderung ist weniger durch Quantität als durch Qualität gekennzeichnet. Vermutlich sprachen die Griechen deshalb vom »Kairos«, vom rechten Augenblick, weil sich an einem ganz bestimmten Punkt der Kreis wieder schließt, wenn man sich einmal auf ihn eingelassen hat. Die Orientierung am rechten Augenblick ist, wie jeder weiß, zum Beispiel in der Landwirtschaft oder in der Medizin besonders wichtig, wenn es etwa um den günstigsten Moment für die Aussaat, die Ernte oder die Einnahme eines Medikaments geht. Auf diesen Augenblick können wir nur deshalb warten, weil wir in der Vergangenheit bestimmte Erfahrungen mit dem Wesen der betreffenden Kreisläufe gemacht haben und so darauf vertrauen können, dass der Augenblick auch diesmal ganz bestimmt wiederkommt. Insofern ist die Identifizierung des rechten Augenblicks im Kern nichts anderes als ein Akt des Wiedererkennens.[11]

Lineare und zyklische Muster der Veränderung kommen fast nie in Reinform vor. Meist begegnen uns im »wahren Leben« kombinierte Zeitmuster, wobei je nach Situation entweder die lineare oder die zyklische Form im Vordergrund steht.[12] Das trifft im Übrigen auch auf das Geschlecht des Menschen zu: Traditionellerweise werden Männer mehr mit der linearen, Frauen mehr mit der zyklischen Zeit assoziiert, wofür es bekanntlich auch gute biologische Erklärungen gibt. Chronos und Kairos sind das, was der Soziologe Max Weber »Idealtypen« genannt hat: gedankliche Gebilde, die aus der komplexen Wirklichkeit einige wenige Eigenschaften herausgreifen, um die Wirklichkeit besser verstehen und dann auch handhaben zu können. Nimmt man wieder Anleihen bei räumlichen Formen, so muss man sich die Verbindung von linearer und zyklischer Zeit als Spirale vorstellen. Oder genauer als Spindel: Spindeln sind Spiralen, deren Durchmesser sich verjüngt, die also konisch geformt sind. Wenn wir uns Zeit als solch eine Spindel vorstellen, wollen wir ausdrücken, dass alles, was es gibt und was geschieht, ein Ende hat.

Was die wissenschaftliche Erforschung der Zeit beziehungsweise der Veränderungen in der Zeit angeht, so kann jedem der beiden Grundmuster, aus denen Spiralen oder Spindeln bestehen, ein zentrales Erkenntnisinteresse zugeordnet werden. Auf das lineare Muster zielt die höchst traditionsreiche Evolutionsforschung, also die Erforschung des Werdens in der Zeit. Das andere Erkenntnisinteresse, das auf das zyklische Muster zielt, ist hingegen wesentlich jüngeren Datums: die »Ökologie der Zeit«. Dabei handelt es sich um ein interdisziplinäres Forschungsprojekt, das zwischen 1990 und 2015 an der Evangelischen Akademie Tutzing angesiedelt war. »Die Zeitdimension«, so die Grundthese des von Karlheinz Geißler und Martin Held initiierten Projekts, »hat für das Verständnis der Stellung des Menschen in der Natur und der von ihm geschaffenen Kultur (einschließlich Technik und Wirtschaft) eine zentrale Bedeutung. Die ökologische Krise ist dadurch mitverursacht, dass dies bisher nur unzureichend beachtet wird. Die Einbeziehung dieser Dimension in alle ökologisch relevanten Zusammenhänge wird uns einen wichtigen Schritt voranbringen, um dieser Krise zu begegnen. Dies gilt sowohl für die innere Natur des Menschen als auch für die äußere Natur.«[13] Der Begriff »Ökologie« verweist auf die Bedeutung von Wechselwirkungen, die überall dort stattfinden, wo Lebewesen in ihren Umwelten haushalten.

Kreislaufförmig sind diese Wechselwirkungen, weil erfolgreiches Haushalten ganz wesentlich von der richtigen Einteilung der Vorräte und Kräfte in der Zeit abhängt und es darauf ankommt, dass nichts schneller verbraucht wird, als es sich erneuert. Der zeitökologische Ansatz hat eine beeindruckende Fülle von Erkenntnissen vor allem über zyklische Veränderungen in Natur, Kultur, Gesellschaft und Alltagsleben ermöglicht und insbesondere die Bedeutung von Eigenzeiten, Rhythmen und Vielfalt herausgearbeitet, auf die ich im Folgenden genauer eingehe.[14]

Die »Ökologie« der Zeit fragt nicht wie die »Ökonomie« oder gar das »Management« der Zeit danach, wie der unter Erfolgsdruck stehende und von subjektiven Zeitnöten geplagte Mensch durch Effizienzstrategien diese am besten in den Griff bekommen kann. Der Ökologie der Zeit geht es vielmehr um die Frage, inwiefern die Zeit, vor allem die zyklische, objektive Voraussetzung allen Seins ist, welche Maßstäbe für den praktischen Umgang mit Zeit daraus abzuleiten sind, also auch, woher der Erfolgsdruck eigentlich kommt.[15] Im Unterschied zum Evolutionsansatz, der die Hervorbringung des Neuen fokussiert, zielt die Ökologie der Zeit eher auf die Frage nach der Stabilität der Welt, auf zyklische Wechselwirkungen, die die Welt tragen und das Leben auf Dauer stellen, also nachhaltig machen. Für eine ganzheitliche Sicht auf die Zeitdimension ist es entscheidend, die lineare und die zyklische Zeit gleichermaßen ernst zu nehmen, die Erkenntnisinteressen des Evolutions- und des Ökologieansatzes also zu integrieren, um den Zusammenhang zwischen Prozessen (Veränderungen) und Gestalten (Gegebenheiten) besser zu verstehen.

Chaos und Ordnung

Wenn die Zeit nicht nur zyklisch, sondern auch linear verläuft, liegt es nahe, außer nach der Schöpfung oder dem Urknall auch nach der Richtung aller Veränderungen zu fragen. Um diese Frage zu beantworten, soll im Folgenden der Bereich der sinnlich erfahrbaren Welt, der mittleren Welt (Mesokosmos), an der wir uns normalerweise orientieren, überschritten werden. Dazu müssen wir den Blick sowohl auf einen ganz weiten als auch einen ganz engen Horizont ausdehnen, auf den Makro- und den Mikrokosmos. Das erfordert spezielle Beobachtungsinstrumente (Fernrohre und Mikroskope) und sprengt schnell unser Vorstellungsvermögen, weil wir aus der Alltagspraxis über keine entsprechenden Erfahrungen verfügen.

Ziel solcher Theorien, die den Mesokosmos in beide Richtungen überschreiten, sind möglichst elegante umfassende Beschreibungen und Erklärungen für buchstäblich alles, was es gibt. Eine Kandidatin für eine solche Weltformel, die eine Antwort auf die Frage nach der Richtung aller Veränderungen geben will, ist die sogenannte Thermodynamik. In ihr geht es, wie der Begriff schon sagt, um den Zusammenhang von Wärme und Bewegung. Die wissenschaftliche Thermodynamik ist hochgradig abstrakt, weil sie von allen konkreten Orten (etwa der Erde) und Zeiten (etwa der Gegenwart), von konkreten Temperaturen (etwa hohen), von konkreten Objekten (etwa Flüssigkeiten) oder Bewegungen beziehungsweise Veränderungen (etwa Verbrennungsprozessen) absieht. Thermodynamik ist also der Inbegriff eines abstrakten Denkansatzes. Ausgangspunkt ist die Vorstellung eines Systems, in das Materie weder ein- noch austreten kann, etwa ein verschlossenes Reagenzglas. Der wichtigste Satz der Thermodynamik lautet: In einem abgeschlossenen System bleibt die Menge der Energie immer gleich groß. Wenn in einem solchen System irgendein Prozess stattfindet, dann kann dieser nur Zustände innerhalb dieses Systems verändern, mehr nicht. Diese Veränderungen, das ist für das Thema Zeit entscheidend, haben immer eine klare Richtung: Sie können nicht mehr wiederholt werden, nach jeder Veränderung ist das Potenzial für weitere Veränderungen geschrumpft. Gibt man etwa einen Tropfen blauer Tinte in ein Wasserglas, so verteilt sich die Tinte im Wasser und färbt es blau, ein Prozess, der nicht nur nach einiger Zeit zum Stillstand kommt, sondern die Grenze zwischen Tinte und Wasser unwiederbringlich auflöst.

Energie kann ganz allgemein als Arbeitsvermögen definiert werden. Aus der Perspektive der Thermodynamik geht Arbeit immer mit der Freisetzung von Wärme einher. Und jede dieser Freisetzungen ist ein weiterer, wenn auch meist nur winziger Schritt in Richtung des am Ende aller Freisetzungen wartenden »Kältetods« des gesamten Systems, der oft auch »Wärmetod« genannt wird, weil in diesem Zustand jedes »Quantum« an Wärme untergegangen ist. »Arbeit ruiniert die Welt«, so der Untertitel des Buches des Journalisten und Umweltexperten Christian Schütze. Unter dem Haupttitel »Grundgesetz vom Niedergang« zeigt Schütze, was die Thermodynamik für die Geschichte der Beziehung zwischen Menschen und Welt letztlich bedeutet.[16]

Wenn hier von Energie, Arbeit und Wärme die Rede ist, dann ist dies jedoch nur eine Seite der Thermodynamik, nämlich die energetisch-materielle. Es gibt noch eine zweite Seite, bei der es um Strukturen beziehungsweise Formen geht, in denen uns Energie und Materie begegnen. Denn mit jedem Prozess in einem geschlossenen System, bei dem Wärme freigesetzt wird, werden zugleich Strukturen abgebaut, wird Ordnung zerstört. Ein Stück Holz in einem Ofen zum Beispiel gibt dem Inneren des Ofens eine gewisse Struktur. Ist es aber einmal verbrannt, also in Wärme verwandelt, ist diese Ordnung verschwunden, Informationen über seine Eigenschaften sind unwiederbringlich gelöscht. Damit hat sich das System wieder einen winzigen Schritt auf jenes Chaos zubewegt, das das Ende aller Umwandlungsprozesse markiert. Das Streben nach »Unordnung« (griechisch: Entropie) gilt als das umfassendste Gesetz der gesamten physischen Welt. Jede Beschleunigung physischer Prozesse und jede damit notwendigerweise stattfindende Freisetzung von Wärme bringt uns also weiter in Richtung Chaos voran.

Nun ist die Erde allerdings kein geschlossenes System. Als Teil des Sonnensystems wird sie relativ zuverlässig mit den Strahlen der Sonne »versorgt«, um die sie kreist. Die Sonne ist verantwortlich dafür, dass uns auf der Erde neben der Entropie auch noch eine andere grundlegende Eigenschaft der Natur begegnet: die durch sie ermöglichte und durch die Evolution bewiesene Fähigkeit der Materie, sich selbst zu organisieren und sogar lebendige Strukturen aufzubauen.

Lebewesen können gegen den Strom des Chaos schwimmen, also »Ordnung« schaffen, indem sie der Umwelt Energie entziehen, damit eine Grenze aufbauen und diese aufrechterhalten. Diese Kraft des Lebens, die in der Sprache der Thermodynamik als »negative Entropie« (Negentropie oder auch Syntropie[17]) bezeichnet wird, macht also den Aufbau von Strukturen möglich und wirkt so dem Chaos entgegen.[18] Dem »Grundgesetz vom Abstieg«, der Entropie, steht also das »Grundgesetz vom Aufstieg« (Peter Kafka),[19] die Syntropie, gegenüber. Und beide Grundkräfte wirken zur selben Zeit. Allerdings ist der Aufstieg für alle Lebewesen immer nur für eine begrenzte Zeit möglich, langfristig geht es bekanntlich unweigerlich bergab. Von Staub zu Staub, das ist das Schicksal aller Lebewesen.

Unterm Strich hängt alles davon ab, wie das Verhältnis zwischen Chaos und Ordnung, zwischen Ab- und Aufstiegsprozessen konkret ausfällt: zwischen dem Abbau nutzbarer Energiepotenziale und dem Aufbau von Leben.

Die erste praktische Konsequenz, die wir daraus ziehen können, lässt sich in dem Motto zusammenfassen: So viel Bio – Leben! – wie möglich! Nur durch die Kraft der Syntropie, die sich in Pflanzen, Tieren und Menschen verkörpert, kann der Mensch dem Chaos immer wieder ein Schnippchen schlagen, zumindest so lange, wie uns die Sonne zur Verfügung steht. Bei aller Ungeduld sollten wir dabei vor allem auch die zeitliche Asymmetrie von Auf- und Abbau nie vergessen. Wie leise und langsam wächst ein Wald,

wie laut und schnell werden Bäume gefällt, wie mühsam und zeit-
raubend ist der Bau eines Hauses, die Beschreibung eines Daten-
trägers, die Entwicklung einer Vertrauensbeziehung – und wie
schnell ist alles wieder zerstört.[20]

Zwischenfazit

Wer sich seiner Orientierung in der Welt unsicher geworden
ist, kann die Zeit als roten Faden verwenden. Da wir kein Sin-
nesorgan für die Zeit haben, müssen wir sie indirekt erschließen. Das geschieht über Veränderungen in der Welt, die uns
umgibt. Veränderungen können prinzipiell einem linearen
oder einem zyklischen Muster folgen. In der Realität begegnen uns meist beide Arten von Veränderung zugleich, aber mit
unterschiedlichem Akzent. Lineare Veränderungen stehen für
Dynamik, zyklische für Stabilität. Auch die Veränderungen,
die das Universum seit dem Urknall durchgemacht hat und
weiter durchmacht, sind linear und zyklisch zugleich: einerseits die Steigerung der Entropie, also der Abbau von Strukturen, andererseits der Aufbau neuer Strukturen, die sich der
Tendenz des Chaos widersetzen und das Leben in die Welt
bringen.

Kreislauf und Rhythmus

Beginnen wir mit einem Foto. Ein Küstenstreifen, aufgenommen
aus der Vogelperspektive (zum Beispiel der Darß an der Ostsee).
Das Foto zeigt die Meeresbrandung, eine Sandbank, dahinter Gräser, Büsche, niedrige Bäume, darüber einen wolkigen Himmel.
Wer genauer hinsieht, entdeckt viele Wellenmuster: im Wasser, im

Sand, im Bewuchs, am Himmel. Wer sich fragt, woher diese Muster kommen, stößt schnell auf die Gezeiten, die durch das Kreisen des Mondes um die Erde verursacht werden, auf die Bewegung von Wasser und Luft, die auf die Drehung der Erde und ihr Kreisen um die Sonne zurückgeht. Und wer noch genauer hinsehen würde und ein gutes Mikroskop zur Verfügung hätte, der würde ein Reich von Lebewesen entdecken, die – gesteuert durch das immer wieder auftauchende und verschwindende Wasser und Licht, die immer wieder verfügbare und entzogene Wärme und Nahrung – an diesem Fleck Erde vor sich hinwuseln. All das beruht auf Kreisläufen, denen die Erde ihre Existenz, denen die Lebewesen ihr Leben verdanken.

Die Wiederkehr des Gleichen

Lenken wir zunächst den Blick dorthin, wo die größten Kreisläufe zu finden sind: ins Weltall. Seine räumlichen Dimensionen lassen uns immer wieder staunen, sie machen uns klein und bescheiden: Billionen Galaxien, eine davon die Milchstraße mit Milliarden Sternen, eine davon unsere Sonne mit 8 Planeten, einer davon die Erde. Seit rund 14 Milliarden Jahren gibt es das Universum, seit rund 4 Milliarden die Erde, seit rund 3 Milliarden die Lebewesen, seit rund 3 Millionen Jahren den Menschen – vielleicht auch, je nach Abgrenzung zum Affen, seit 300 000 Jahren. Und seit rund 500 Jahren die sogenannte Moderne. Über diese unvorstellbaren Zeiträume hat sich viel verändert, vieles ist aber auch gleich geblieben. Gleich geblieben ist vor allem jenes Muster, das im Universum für Stabilität sorgt: der Kreislauf. Die zyklische Zeit, also die Wiederkehr des Gleichen, kann als feste Basis für alles andere angesehen werden. Sie sorgt für eine stabile Grundlage für alle Arten von Aufbauprozessen, auf der Neues, Komplexeres entstehen kann. Oder anders formuliert: Die zyklischen Veränderungen der Himmelskörper, nämlich die Tatsache, dass sie in bestimmten zeitlichen Abständen immer wieder in etwa an denselben Ort im Weltall zurückkehren (unter Vernachlässigung der Ausdehnung des Alls), sind das stabile Zentrum – für uns auf der Erde! – in all dem Chaos, das der Urknall hinterlassen hat.[21]

Über unsere Galaxie wissen wir besser Bescheid als über andere Galaxien, über die Erde besser als über die Sonne. So wissen wir etwa, dass die Kreisbewegungen der Himmelskörper auch auf der Erde mit einer ungeheuren Vielzahl von Veränderungen einhergegangen sind: Veränderungen der Atmosphäre, des Wassers, der Gesteine, der Lebewesen. Entwickelt haben sich dabei ein komplexes Wechselspiel und – daraus resultierend – ein komplexer Anpassungsprozess von kreisförmigen und linearen Prozessen, wobei die Kreisform stets für die Stabilität, die Linienform für den Wandel steht. Es gibt sogar Geowissenschaftler, die die Erde selbst als eine Art Lebewesen ansehen, als ein sich selbst organisierendes geochemisches System (Gaia-Theorie): ein Lebewesen, das sich seit seiner Geburt seine Lebensbedingungen so gestalten musste, dass es möglichst gut leben konnte und weiterhin kann. Der Wasserkreislauf gleicht in dieser Vorstellung dem Blutkreislauf, der Kreislauf der Gesteine der Erneuerung der Knochenzellen, die Klimaerwärmung dem Fieber. Wie andere Lebewesen so hat auch die Erde aus dieser Perspektive eine Lebensgeschichte hinter sich gebracht, die es fortzusetzen gilt. Fortpflanzen kann sich die Erde freilich nicht.[22]

Auch wenn man die Erde an sich nicht als Lebewesen sehen möchte, so muss dennoch die absolut grundlegende Funktion von Kreisläufen für alle weiteren irdischen Prozesse anerkannt werden. Da wäre zum Beispiel der Kreislauf des Wassers, angetrieben durch die Energie der Sonne: Jedes Jahr sorgt die Sonne dafür, dass vom Wasser der Weltmeere, die rund 70 Prozent der Erdoberfläche bedecken, über ein Meter Höhe verdunstet und in den Himmel steigt.[23] Wenn dieses Wasser wieder zu Boden fällt, formt es auf lange Sicht die Oberfläche der Erde, die Felsen und Steine, dient als Schmiermittel für die langsame Bewegung von Erdplatten, versorgt auf kurze Sicht Pflanzen, Tiere und Menschen mit dem, was für das Leben unentbehrlich ist. Bekanntlich bestehen ja viele Lebewesen, auch wir Menschen, hauptsächlich aus Wasser. Die Versorgung der Lebewesen mit Wasser ist schließlich auch insofern kreislaufförmig organisiert, als die Lebewesen das Wasser nicht nur aufnehmen, sondern den allergrößten Teil davon in irgendeiner Form wieder ausscheiden.

Anders als das Wasser – das chemisch immer Wasser bleibt, auch wenn es unter dem Einfluss von Hitze verdunstet oder durch Kälte zu Eis erstarrt – verhält sich der Kohlenstoff. Auch er bewegt sich kreisförmig von einem Aufenthaltsort zum andern, aber er wandelt sich dabei stark: Er wird zu hartem Diamant, weichem Grafit, zu Karbonatgestein und – das beschäftigt uns heute am meisten – zu Kohle, Erdöl und Erdgas. Diese fossilen Brennstoffe sind bekanntlich aus abgestorbenen und luftdicht abgelagerten Lebewesen, vor allem Algen, entstanden. Aus energetischer Sicht sind sie nichts anderes als konzentrierte Sonnenenergie, die vor mehr als 300 Millionen Jahren gespeichert wurde und die Sonnenstrahlung von rund 60 Millionen Jahren verkörpert.[24] Dass das Verbrennen dieser konzentrierten Energiespeicher, des »unterirdischen Waldes« (Peter Sieferle),[25] innerhalb von wenigen Generationen noch viel folgenreicher ist als der über viele Jahrhunderte praktizierte Raubbau an den oberirdischen Wäldern, belegt der Klimawandel mit seinen räumlich und zeitlich überaus weitreichenden Folgen.

Mit dem Beginn von Leben auf der Erde vor über drei Milliarden Jahren wurden die Grundlagen für einen neuen Kreislauf geschaffen, der sich aber erst viel später stabilisierte: den Kreislauf von Fotosynthese und Atmung. In der Fotosynthese werden am Tag aus Sonnenlicht, Kohlendioxid und Wasser organische Verbindungen hergestellt. Durch die Atmung nehmen diese organischen Verbindungen Sauerstoff auf und werden dabei wieder abgebaut, sodass am Schluss wieder Kohlendioxid und Wasser übrig bleiben und sich die gespeicherte Sonnenenergie in Form von Wärme freisetzt. Das Zusammenwirken von Atmung und Fotosynthese, das sich in erdgeschichtlichen Zeiträumen erst langsam herausgebildet hat, kann als ein wahres Wunderwerk der Schöpfung gelten.[26] Sie verwandelt chemische Elemente, die eine einfache Struktur haben (Kohlenstoff, Sauerstoff, Wasserstoff), bei ihrem Zusammentreffen unter dem Einfluss von Sonnenlicht in eine unermessliche Vielfalt von hochkomplexen Gebilden: Gras, Holz, Farb- und Duftstoffe in Blüten und Blättern, Eiweißstoffe in Früchten, Öle in Samen, Wachse auf Stängeln, Zuckerstoffe in Baumsäften und so weiter.

In Bezug auf den oben skizzierten Zusammenhang von Chaos und Ordnung ist der Weg entscheidend, auf dem sich die Kohlenstoffatome bewegen. Während es bei den fossilen Kohlenstofflagern im Inneren der Erde praktisch keine Wiederkehr gibt, wenn sie einmal als Kohle, Erdöl und Erdgas gefördert und verbrannt worden sind, ist dies bei der Fotosynthese anders. Jedes Kohlenstoffatom, das einmal Bestandteil einer Pflanze war, kehrt nach dem Durchlaufen eines Kreises wieder zu einer Pflanze zurück und wird für einen neuen Aufbauprozess verwendet.[27] Genau hier liegt der Unterschied zwischen dem unterirdischen Wald mit seinen fossilen Speichern und dem oberirdischen Wald mit seinen pflanzlichen Speichern von Sonnenenergie: Die Kreisläufe des oberirdischen Waldes schließen sich um Dimensionen schneller als die des unterirdischen.

Bei all diesen Kreisläufen des Himmels und der Erde, den unbelebten wie den belebten, muss bedacht werden, dass sie vielfältig miteinander verschränkt sind. »Unser Planet ist«, so der Geowissenschaftler Eckhard Grimmel, »ein System von Kreisläufen, das in ein System von Kreisläufen eingebettet ist.«[28] Diese Kreisläufe garantieren die relative Stabilität auf der Erde und im Weltall. Zwar gibt es auch bezüglich der irdischen Kreisläufe noch viele Geheimnisse zu entdecken. Aber sicher ist, dass die Jahreszeiten und der Tag-Nacht-Wechsel aufgrund der zentralen Stellung der Sonne und der Bewegung und Drehung der Erde um sie der absolute Stabilitätsanker auf Erden sind. Diese Kreisläufe sind Garanten für alle weiteren Kreisläufe – aufgrund der Gesetze der Schwerkraft und der von der Sonne regelmäßig und verlässlich bereitgestellten Energie.[29]

Rhythmische Abweichungen und die Wiederkehr des Ähnlichen

Bisher haben wir von Kreisläufen gesprochen, die für die Wiederkehr gleicher Zustände und damit für Stabilität sorgen. Dies war jedoch nicht ganz korrekt. Schon die Umlaufbahn der Erde um die Sonne ist kein exakter Kreis, sondern eine Ellipse. Auch die Schrägstellung der Erdachse ist nicht absolut fixiert, sodass die Erde genau genommen eiert. Es gibt sogar die These, dass auch die Ausdehnung des Universums seit dem Urknall keine konstante Bewegung sei und es eines Tages wieder zu einem Schrumpfungsprozess kommen könnte – womit wir in diesem Fall wohl beim längsten aller Zyklen angekommen wären.

Dass die Kreisläufe nicht Gleiches, sondern Ähnliches wiederkehren lassen, können wir im Bereich des Lebendigen besonders gut beobachten. Nehmen wir die drei Arten von Lebewesen[30] in den Blick, so fällt zunächst auf, dass Pflanzen, Tiere und Menschen unterschiedliche Mittel haben, um sich auf Veränderungen in ihrer Umwelt einzustellen. Die Pflanzen reagieren meist durch Variation ihrer Gestalt, die Tiere können zusätzlich den Aufenthaltsort variieren, und die Menschen haben eine breite Palette zusätzlicher Möglichkeiten, die wir im Begriff »Kultur« zusammenfassen. All diese Mittel der Anpassung an Umgebungsbedingungen funktionieren nur, weil Pflanzen, Tiere und Menschen in ihrem Verhalten nicht exakt festgelegt sind, sondern sich innerhalb gewisser Bandbreiten an veränderte Herausforderungen anpassen können.

Wir müssen uns nur einmal selbst bei einem so elementaren Verhalten wie dem Atmen beobachten, um uns die Bedeutung der Variabilität der Kreisläufe und der erforderlichen Anpassungsprozesse bewusst zu machen. Die Zyklen des Atmens sind bekanntlich nicht alle genau gleich lang, und das aus guten Gründen. Die Länge des Atemzyklus hängt von der jeweiligen Situation ab, in der sich der atmende Organismus befindet. Die physischen und psychischen Umstände, die körperliche Verfassung, das Alter haben einen Einfluss darauf, wie lange die Atemzüge dauern, und damit auch, wie tief der Atem geht. Der Marathonläufer im Zieleinlauf atmet anders als der Yogi in der Meditation. Vergleichbares gilt für den Herzschlag, die Ernährung, die Körpertemperatur, das Muskelspiel, das Wach-Schlaf-Verhalten und so weiter. Selbst Schwangerschaften können, innerhalb enger Grenzen, länger oder kürzer dauern.

Insgesamt lässt sich an unzähligen Beispielen die Bedeutung von Variationen in Kreisläufen illustrieren. Klar wird auch, dass wir es mit einer Abstufung im Grad der Variabilität beziehungsweise Elastizität zu tun haben: Tag-Nacht-Zyklen sind stabiler als Klimazyklen, Klimazyklen stabiler als Wetterzyklen. Wenn man die Stufenleiter des Lebens nach oben steigt, von den Bakterien über die Würmer zu den Menschen, zeigt sich, dass die Lebewesen immer anpassungsfähiger wurden. Menschen können sich bekanntlich mithilfe ihrer technischen Wunderwerke an extrem lebensfeindlichen Orten aufhalten, die Nacht zum Tag machen und – selbst wenn fast alles Leben rundherum Winterschlaf hält – noch hochaktiv sein. In diesen Fällen zeigen sich die komplex gesteuerten Abweichungen vom exakten Kreislauf als Rhythmen des Lebens, die im Gegensatz zum Maschinentakt (dem oft der Arbeitstakt angepasst wird) durch ihre Variabilität gekennzeichnet sind.

Natürlich stellt sich jetzt die Frage, warum es diese Abweichungen überhaupt gibt, warum also nicht Gleiches, sondern Ähnliches wiederkehrt. Zunächst stellen wir fest, dass die Abweichungen umso größer sind, je mehr wir den Makro- und Mikrokosmos verlassen und uns im Mesokosmos umsehen. Zwar sind auch elliptische Umlaufbahnen schon eine Abweichung vom Kreis, aber eben eine regelmäßige, die sich in eine Formel fassen lässt. Anders als bei jenen Abweichungen, die der Mensch selbst verursacht, wenn er etwa mithilfe des elektrischen Lichts an manchen Orten zu manchen Zeiten immer wieder die Nacht zum Tag macht. Es geht also um die evolutionäre Bedeutung der Variationen im Kreislauf, wie sie insbesondere in der belebten Natur und dort am ausgeprägtesten beim Menschen, seinem Verhalten, seiner Kultur und in der Gesellschaft zu finden sind.

Ein erster Grund für die Abweichungen ergibt sich aus der oben bereits angesprochenen Thermodynamik. Jede Veränderung der Lage, der Größe oder der Form eines Objekts geht – physikalisch gesehen – auf Arbeit zurück, beruht also auf der Verwandlung von Energie, auf der Vermehrung der Unordnung. Nach jeder Veränderung ist der in der Zukunft nutzbare energetische Vorrat also ein bisschen geschrumpft, Pflanzen, Tiere und Menschen sind nach jedem Atemzug älter geworden. Abweichungen, die mit dem Älterwerden einhergehen, sind also relativ verlässlich prognostizierbar, eher linear als zyklisch und beruhen auf der Entropie als ihrer energetischen Voraussetzung.

Rhythmische Abweichungen haben aber auch mit dem Umgang mit Informationen zu tun. Solche Abweichungen sind nötig, damit sich Systeme immer wieder an ihre Umwelten flexibel anpassen können, die sich ja selbst verändern. Deshalb die Variabilität von Atem-, Herz- und Schlafrhythmus. Ähnlich ist es bei den Jahresringen und bei der Längenveränderung der Bäume, die jene rhythmisch variierenden Bedingungen dokumentieren, mit denen Klima und Wetter sie konfrontiert haben. Erst wenn eine gewisse

Grenze überschritten ist, wenn ein Prozess also die für ihn vorgesehene Bandbreite übersteigt, kommt es zu Überlastungsreaktionen: beim Menschen zur Überdehnung des Atemzyklus etwa bei Panikattacken, bei Bäumen zum frühzeitigen Ableben etwa bei zu großer Trockenheit. Für Pflanzen, Tieren und Menschen kann Gesundheit geradezu als gelingende Verbindung von Variabilität und Stabilität definiert werden. Und Krankheit kündigt sich oft als schwindende Variabilität im Vorfeld des Zusammenbruchs von Kreisläufen an.

Zum Rhythmus gehört schließlich auch die Pause, die jeweils die »Wiederkehr des Ähnlichen in ähnlichen Zeitabständen« (Ludwig Klages)[31] voneinander abgrenzt. Schon zwischen jedem Atemzug macht der Mensch eine unmerkliche Pause. Pausen sind Übergänge wie die Dämmerung zwischen Tag und Nacht und Nacht und Tag oder die Zwischenzeiten zwischen Aktivitäts- und Ruhephasen. Übergänge erleichtern es Lebewesen, sich umzustellen, um die jeweiligen Potenziale in ihrer Unterschiedlichkeit voll entfalten zu können (also wirklich zur Ruhe zu kommen beziehungsweise wirklich voll aktiv zu sein).

»Wir brauchen die Dämmerung – sonst dämmert's uns nicht mehr«, so Karlheinz Geißler im Editorial zu »Die Nonstop-Gesellschaft und ihr Preis«[32] und weiter: »Wir benötigen Übergänge von einem Zustand zum andern, die Rhythmik von Aktivität und Ruhe, von Helligkeit und Dunkel, von Werden und Vergehen, von Aufstieg und Abstieg, von Dauerhaftem und Neuem. Die rhythmisch geordnete Vielfalt von Zeitformen macht das aus, was man ›Zeitkultur‹ nennen könnte, und diese wiederum ist die Bedingung für Kultur überhaupt.«[33] Mehr noch: Die Pause ist vielleicht die eigentlich kreative Phase im rhythmischen Geschehen, sie birgt, wie keine andere Phase, das »schöpferische« Moment (Fritz Klatt).[34]

Die Vielfalt der Rhythmen, die im Bereich des Lebens miteinander verbunden sind, legt den Vergleich mit einem Orchester nahe, das durch die Vielzahl der miteinander synchronisierten Schwingungen ein wahres Wunderwerk, eine »Symphonie« hervorzubringen vermag. Der Zeitforscher Julius Fraser, Gründer der International Society for the Study of Time, beschreibt dieses Wunderwerk in einem Kapitel über den »Kreislauf des Lebens« eindrucksvoll. »Lebende Systeme unterscheiden sich von nicht lebenden Systemen dadurch, dass sie ihre vielen Uhren von einem Augenblick zum nächsten synchronisieren können. Das ist keine einfache Aufgabe, weil die Frequenzen dieser Uhren sich über ein Spektrum von achtundsiebzig Größenordnungen erstrecken … Vögel und Bienen, Eichhörnchen und Tulpen, Männer und Frauen, alle tun's. Sogar jede der Millionen Zellen eines lebenden Organismus tut's. Sie alle schwingen. Man sagt von jedem einzelnen schwingenden System, so etwa von der Zelle, es habe biologische Uhren.«[35]

Ein Teil dieser Schwingungen wird von außen, andere werden von innen angeregt. Am schnellsten ticken Atome und Moleküle, langsamer sind viele Pflanzen und Tiere, am langsamsten etwa Bambusarten, die alle sieben Jahre blühen, oder Grillen, die sich in noch längeren Abständen fortpflanzen. Und Fraser weiter: »Das Verhältnis der schnellsten zur langsamsten Schwingung ist bei biologischen Uhren 10 hoch 24 zu 1, ein ungeheurer Bereich. Musiker nennen einen Frequenzbereich von 2 zu 1 eine Oktave. Die Instrumente des Lebensorchesters erstrecken sich über 78 Oktaven … Es ist eine vom Leben selbst zusammengestellte Musik, die sich nicht abstellen lässt, ohne ihm zu schaden.«[36] Warum diese Musik, besser noch Symphonie durch den Lärm des Geldes immer mehr übertönt wird, das soll in Kapitel 5 ausführlich begründet werden.

Systemzeit und Eigenzeit

Aufgrund der beeindruckenden zeitlichen Vielfalt all dieser Gestalten und Prozesse der unbelebten und der belebten Welt unterscheidet die Ökologie der Zeit zwischen Systemzeit und Eigenzeit. Die Systemzeit ist jene Zeit, die ein isoliertes System benötigt, um nach einem Impuls aus seiner Umwelt wieder ungefähr in denselben Zustand zurückzukehren, in dem es sich davor befunden hat. Da sich Systeme aber immer in Wechselwirkung mit anderen befinden, ist die Systemzeit eine rein theoretische Größe. Die Eigenzeit dagegen ist die Zeit, die ein mit anderen Systemen in Wechselbeziehungen stehendes System tatsächlich benötigt, um wieder in die ursprüngliche Gleichgewichtslage zu kommen. Systemzeiten sind also abstrakte, quasi nur im Labor beobachtbare Zeiten, Eigenzeiten hingegen konkrete, in der Realität messbare Zeiten.

Bezogen beispielsweise auf die Generationenfolge des Menschen, ist die Systemzeit die biologisch mögliche oder auch die durchschnittliche Lebenserwartung des Menschen als Spezies (wobei es vom Erkenntnisinteresse abhängt, auf welche der beiden Systemzeiten es jeweils ankommt). Die Eigenzeit hingegen ist das tatsächlich erreichte Alter eines konkreten Menschen, das bekanntlich vom Geschlecht, vom Ort der Geburt, von der Konstitution des Menschen, von seiner jeweiligen sozialen Lage, seinem Lebensstil und nicht zu vergessen von Zufällen bestimmt wird. Genau diese Differenz zwischen Systemzeit und Eigenzeit ermöglicht erst die Elastizität von Systemen. Oder anders formuliert: Die Elastizität des Gesamtsystems sorgt dafür, dass die konkreten Eigenzeiten der Systeme von den inneren Systemzeiten mehr oder weniger stark abweichen können.[37] Beim Menschen sind es übrigens die Lebensversicherungen, die sich für diese Differenz besonders interessieren (Karlheinz Geißler).

Wenn im Laufe der Evolution Systemzeit und Eigenzeit zunehmend auseinandertreten, sie flexibler werden und damit auch

Komplexeres hervorbringen, ist es kein Wunder, dass damit auch die Geschwindigkeit der Evolution ganz enorm gestiegen ist. Im Kontext der biologischen Evolution kann man hier von einem echten Selektionsvorteil sprechen, der durch die erhöhte Flexibilität, Komplexität und Geschwindigkeit bedingt ist. Beim Rückblick auf die Evolution zeigt sich zudem neben dem qualitativen Sprung von der anorganisch-chemischen hin zur organisch-biologischen Evolution ein weiterer Sprung in eine neue Dimension von Geschwindigkeit: der Sprung von den nicht menschlichen Lebewesen zu den Menschen, die sich seit der Entstehung der menschlichen Spezies biologisch zwar kaum mehr weiterentwickelt, dafür aber eine umso schnellere kulturelle Evolution hingelegt haben.[38]

Wie komplex die räumliche und zeitliche Vernetzung, die linearen und zyklischen Prozesse lebender Systeme sind, lässt sich an vielen Beispielen zeigen. Etwa an den Prozessen im Inneren des Bodens, der bekanntlich erst über lange Zeiträume jene Fruchtbarkeit entwickelt, die für seine landwirtschaftliche Nutzung erforderlich ist.[39] Oder an der unübersehbaren Vielfalt der Kommunikations- und Interaktionsprozesse innerhalb der Pflanzen- und Tierwelt sowie zwischen Pflanzen und Tieren, die bei der Beschaffung von Nahrung und der Bereitstellung von Lebensraum aufeinander einwirken.[40] Oder an der Rolle der Zeit beim Heranreifen von Gemüse, Obst, Pilzen, Beeren und so weiter oder auch bei der Kultivierung von Wein oder Käse. Immer kommt es auf das exakte zeitliche Zusammenspiel von Licht, Wärme, Feuchtigkeit, Nährstoffen, Mikroorganismen und anderen Lebewesen an. Auch hier ist es letztlich die mehr oder minder große Elastizität, die das Leben insgesamt immer noch weitergehen lässt, auch wenn in einem einzelnen Zyklus einmal eine Störung aufgetreten ist.

Zwischenfazit

Die Erde kreist um die Sonne, der Mond um die Erde. Die Kreisläufe der Himmelskörper sind die elementaren Taktgeber für jene Veränderungen, die auf der Erde seit ihrer Geburt stattfinden. Auch diese Veränderungen sind linear und zyklisch zugleich. Entscheidend ist dabei die Variabilität, die mit der Vielfalt der Wechselwirkungen der Prozesse einhergeht und die deren Elastizität gewährleistet. Trotz der grundsätzlichen Orientierung an Kreisläufen führen diese Bewegungen nicht zur exakten Wiederkehr des Gleichen, sondern nur des Ähnlichen. Das Lebendige ist durch variable Rhythmen gekennzeichnet, die Maschinenwelt meist durch den starren Takt. Anders ausgedrückt: Zwar hat jedes System seine Systemzeit, aber wegen der je konkreten Wechselwirkungen weicht die faktische Eigenzeit lebender Systeme von ihr mehr oder minder stark ab. Und wichtig ist: Zwischen jedem einzelnen Rhythmus gibt es eine kleine, unmerkliche Pause – das kreative Moment des Lebens.

Schwingung und Resonanz

Wenn wir erkannt haben, wie fundamental Kreisläufe und rhythmische Abweichungen sind, können wir fragen, wie die einzelnen Kreisläufe samt den dazugehörigen Abweichungen untereinander zusammenhängen. Und wir können uns schließlich die vielleicht interessanteste aller Fragen stellen: Wie kommt eigentlich das Neue in die Welt? Im Folgenden möchte ich zeigen, wie einerseits die Ökologie der Zeit, andererseits Überlegungen zur kritischen Innovationsgeschwindigkeit im Kontext evolutionärer

Prozesse durch den Resonanzbegriff erweitert und so der innere Zusammenhang der Kreisläufe genauer geklärt und das Geheimnis der Innovationen gelüftet werden kann.

Alles schwingt

Das Wort »Resonanz«, das wortwörtlich übersetzt »Widerhall« bedeutet, hat – je nach Anwendungsbereich – drei Grundbedeutungen: »Mitschwingen« von Körpern in der Physik, »Klangverstärkung« und »Klangverfeinerung« in der Musik, »Interesse« und »Verständnis« beim Menschen.[41] Alle Fälle von Resonanz setzen voraus, dass es schwingungsfähige Systeme gibt, die zueinander in Wechselwirkung treten (zum Beispiel Wasser und Sand, Gitarrensaite und Gitarrenkörper, Sprecher und Zuhörer). Diese Systeme müssen durch ein Medium miteinander verbunden sein, welches die Schwingungen weiterzuleiten vermag. Dabei müssen sich die beiden Systeme irgendwie begegnen, was in der Regel räumliche Nähe voraussetzt. Resonanz wird von Echo abgegrenzt, bei dem nur ein System schwingt und diese Schwingung durch einen starren Gegenstand, etwa einen Felsen (wenn auch mit verminderter Energie), zurückgeworfen wird. Mit anderen Worten: Echos sind Kopien, Resonanzen Modifikationen einer ursprünglichen Schwingung. Tatsächlich aber ist der Übergang von der Resonanz zum Echo fließend, weil auch die Seite, die die Schwingung aufnimmt, mehr oder weniger schwingungsfähig sein kann.

Die Bedeutung der Resonanz zeigt sich in unserer Alltagssprache besonders deutlich im Zusammenhang mit der zwischenmenschlichen Verständigung. Wir sagen, dass ein Bild, ein Wort, ein Argument, eine Idee oder ein Kunstwerk »Resonanz« gefunden hat. Begriffe mit hohem Resonanzpotenzial dienen in der politischen Kommunikation der Erzeugung von Aufmerksamkeit und der Erregung positiver oder negativer Gefühle (»Gerechtigkeit«, »Auschwitz«). Implizit ist von »Schwingungen« die Rede, wenn bestimmte Aussagen oder Handlungen »stimmig« sind oder Menschen eine »gemeinsame Wellenlänge« gefunden haben. Immer geht es darum, dass Schwingungen weitergegeben werden und eine Art Eigenleben erfahren. Ein schönes Beispiel für dieses Eigenleben ist, wie bewegte Luft beim Hören von Musik die Art unseres Fühlens und Denkens, das Wohlbefinden von Seele und Körper, ja sogar die Gesundheit beflügeln kann. Oder wenn Melodien einfach zum Ohrwurm werden, den man nicht mehr loswird. Bewegte Luft kann so nicht nur einzelne Körper in Bewegung setzen, Menschen zum Beispiel zum Wippen oder Schunkeln bringen. Wenn Gruppen von Menschen von geeigneten Schwingungen erfasst werden, kann Musik diese Menschen körperlich und emotional synchronisieren, ja sogar soziale Gemeinschaften stiften, die bisweilen ein enormes energetisches Potenzial, eine ungeahnte Dynamik entwickeln können.

Das Mitschwingen kann sich allerdings sehr unterschiedlich entwickeln: Es kann schnell verstummen, es kann langsam ausklingen, es kann sich aber auch wechselseitig aufschaukeln, sodass bei Überschreitung der Elastizität des in Schwingung gebrachten Körpers eine sogenannte Resonanzkatastrophe eintritt. Bekanntes Beispiel sind Soldaten, die über eine Brücke marschieren und diese durch die Synchronisation ihrer Schritte zum Einsturz bringen. Gefährlich kann es aber nicht nur werden, wenn unerwünschte Resonanzen eine bestimmte Grenze überschreiten und außer Kontrolle geraten. Genauso gefährlich ist es, wenn erwünschte Resonanzen verstummen oder gar nicht erst entstehen, wo sie nötig wären. Das ist zum Beispiel in den sogenannten Echokammern des Internets der Fall, wenn sich die Vorstellungen und Erregungen von Nutzern, abgeschottet von der umgebenden Welt, wechselseitig so verstärken, dass sie jeden Bezug zu ihr verloren haben. Das zeigt sich freilich immer erst dann, wenn sie diese Kammern verlassen haben. Auch hier haben wir es letztlich mit einer Resonanzkatastrophe im weiteren Sinn zu tun. In praktischer Hinsicht kommt es also darauf an, die richtigen Bedingungen für die Möglichkeit von erwünschten Resonanzen herauszufinden.

Das Resonanzphänomen geht weit über das Kommunizieren hinaus, auch über soziale und psychische Prozesse, in denen Gefühle und Affekte miteinander in Wechselwirkung treten. So stellte bereits Mitte des 20. Jahrhunderts der englische Biologe und Mitbegründer der modernen Chronobiologie Colin Pittendrigh die sogenannte Resonanzhypothese auf.[42] Ihr zufolge sind von allen Lebewesen, die die Evolution hervorgebracht hat, diejenigen am erfolgreichsten gewesen, die ihre Aktivitäten am Tag-Nacht-Rhythmus ausgerichtet haben. Der Erfolg wurde dabei an der Lebenserwartung, an der Leistungsfähigkeit und anderen Kriterien gemessen.[43] Für diese Hypothese werden viele Beispielen angeführt: von den frühesten Lebewesen, den Cyanobakterien, über Insekten und Säugetiere bis hin zum Menschen. Erklärt wird ihr evolutionärer Erfolg über die offenbar gut nachweisbare Resonanz zwischen den Zeiten der Sonneneinstrahlung und den Aktivitätszeiten dieser Lebewesen.

Abgesehen von solchen frühen Überlegungen zur evolutionären Bedeutung von Resonanzprozessen, hat sich vor allem jene Wissenschaftsdisziplin mit dem Resonanzphänomen beschäftigt, die in den letzten Jahrzehnten zu einer der innovativsten überhaupt geworden ist: die Molekularbiologie. In seinem Buch »Symphonie des Lebendigen« stellt der Göttinger Molekularbiologe Friedrich Cramer, eine – so sein nicht unbedingt bescheidener Anspruch – »Weltformel« auf, die für den Mikro-, den Meso- und den Makrokosmos gleichermaßen gilt.[44] Mit einer »Allgemeinen Resonanztheorie« möchte er die Geschichte der von der Natur wie vom Menschen hervorgebrachten Schöpfungen als Abfolge von Neuerungen erzählen und damit zugleich zeigen, wie Resonanz »die Welt im Innersten zusammenhält«. Das beginnt mit den ultraschnellen Quarks, mit Neutronen und Protonen, geht weiter bei Molekülen und den uns vertrauten Formen des Lebens (von denen wir heute nur einen Bruchteil kennen, weil die allermeisten längst wieder ausgestorben sind), und es endet noch lange nicht bei jenen Resonanzen, die sich zwischen Körperzellen im Zusammenhang von Körper und Ernährung, Leben und Krankheit, Denken und Sprache, Spiel und Ernst einstellen. Cramers Theorie mündet in der Idee einer »Weltresonanz«, die zu erhalten uns aufgetragen ist.

Ausgangspunkt der Allgemeinen Resonanztheorie ist die in der Physik weithin anerkannte Tatsache, dass Materie Teilchen und Welle zugleich ist. Alles hänge davon ab, so Cramer, wie wir ihm beziehungsweise ihr »begegnen«: ob wir uns an ihm – dem Teilchen – »stoßen« oder mit ihr – der Welle – »schwingen«. Begegnen, Stoßen und Schwingen sind natürlich bildhafte Formulierungen, die aus der erfahrbaren Welt (Mesowelt) stammen und helfen sollen, etwas anschaulich zu machen, was seinem Wesen nach nicht anschaulich sein kann. Cramers Botschaft lautet: Alles, was es gibt, schwingt, und alles, was schwingt, ist eingebettet in Resonanzen.[45]

Sein Buch beschreibt nun die verschiedenen Formen von Resonanz, die die Wissenschaften bisher weitgehend zusammenhanglos betrachten. Die Physik untersucht zum Beispiel, wie sich Schwingungen von Meereswellen gegenseitig beeinflussen. In der Geologie geht es um den Kohlenstoffkreislauf, in der Klimawissenschaft um den Treibhauseffekt. Die Biologie fragt, wie die Schwingungen des grünen Chlorophylls in den Blättern in Resonanz mit den Lichtstrahlen der Sonne die Energie für die Fotosynthese bereitstellen, von der alles Leben abhängt. Und selbst die Philosophie kennt das Phänomen, auch wenn es nicht als solches bezeichnet wird: Dass wir als Menschen nämlich die Welt erkennen können, so Cramer, ist nur möglich, weil unser Gehirn letztlich das Produkt derselben Welt ist, der es gegenübersteht. Das Gehirn ist ein »Spiegel der Welt«, und weil es in dauerhafter »Reflexion« dieser Welt entstanden ist, kann es sich in seiner Struktur vom Ganzen der Welt nicht allzu sehr unterscheiden.[46]

Zeitbaum und Äste

Die Evolution lehrt uns, dass alles, was es heute gibt, miteinander verwandt ist. Während jedoch Darwin diese Verwandtschaft aus den sichtbaren Überbleibseln der Evolution geschlossen hatte, lässt sich diese Verwandtschaft heute, so Cramers Überzeugung, durch die Fortschritte der Molekularbiologie mithilfe der Analyse von Ähnlichkeiten in der Struktur der Gene unterschiedlicher Arten bestätigen und präzisieren: Je weiter die einzelnen Arten entwicklungsgeschichtlich voneinander entfernt sind, desto größer sind die Unterschiede, die sich bei einer mikrobiologischen Analyse der den Genen zugrunde liegenden Nukleinsäuren (Sequenzanalyse) ergeben. So kann Cramer die Evolution des Lebens als »Zeitbaum« darstellen. Dieser entspricht weitestgehend dem bekannten Stammbaum der Evolution der Paläontologen. Der Grund für die allgemeine Verwandtschaft alles Lebendigen ist damit, so die Pointe, die gemeinsame Schwingungsgeschichte.

Was aber ist nun das Geheimnis der Kreativität in der Evolution, die auch als Selbstorganisation bezeichnet werden kann, wenn man die aktive Seite des Geschehens betonen will? Was die uns unmittelbar zugängliche Welt (den Mesokosmos) betrifft, wissen wir zumindest in Bezug auf die Lebewesen, dass sie lernfähig sind. Dafür brauchen wir keine Resonanztheorie. Pflanzen, Tiere und Menschen eignen sich auf je unterschiedliche Weise Erfahrungen, Wissen, Fähigkeiten etc. an, die ihnen immer wieder neue Möglichkeiten der Daseinsbewältigung verschaffen. Und sie geben diese neuen Potenziale an Zeitgenossen und Nachfahren weiter. Dadurch können Lebewesen immer wieder neue Ressourcen erschließen und die Anforderungen der Umwelt immer besser bewältigen. Die Steigerung der Lernfähigkeit von den Pflanzen über die Tiere zu den Menschen können wir als ein Moment im Zusammenspiel zwischen der Steigerung und der Reduktion von Komplexität (etwa durch Schaffung von Kontinuität) begreifen.

In diesem Prozess geht es immer auch um Flexibilität im Umgang mit Erfahrungen, um die Ansammlung und Weiterentwicklung des Erfahrungsschatzes, der als Ressource der Daseinsbewältigung dient, als Disposition, die das Verhalten steuert.[47]

Dieser Lern- und Ressourcenansatz, der gut erklären kann, wie Menschen zum Beispiel zu Vegetariern werden und insofern für sich individuell etwas Neues entdecken, erklärt jedoch nicht, wie diese Lernfähigkeit selbst möglich wurde. Wie ist das Leben entstanden, das menschliche Leben, der kreative Geist, die menschliche Kultur mit all ihren Höhen und Tiefen? Wie kann aus der Universalität von Resonanzen auf die Tatsache geschlossen werden, dass sich seit dem Urknall unablässig und mit zunehmender Geschwindigkeit Komplexeres, also Neues, gebildet hat und weiterhin bildet? Wie erklärt die Resonanztheorie, dass es trotz der Grundtendenz der Ausbreitung von Chaos (Unordnung) eine zweite Tendenz gibt, die ihr entgegenwirkt, die Evolution oder Selbstorganisation des Lebens, die Zunahme von Ordnung?[48]

Wie wir sehen werden, kann Cramers Theorie ohne Schwierigkeiten an die zeittheoretische Grunderkenntnis vom Zwitterwesen der Zeit angeschlossen werden. Dazu muss man nur die lineare-irreversible und die zyklisch-reversible Zeit zur Zeithelix[49] integrieren, die wir oben als konisch geformte Spirale, als Spindel charakterisiert haben. Wenn nun Veränderungen in der Welt nicht nur durch regelmäßiges Dazukommen des Gleichen, sondern auch durch die regelmäßige Wiederkehr des Ähnlichen gekennzeichnet sind, dann ist gut vorstellbar, dass irgendwann im Laufe der gemeinsamen Schwingungsgeschichte die Zyklen, die über lange Zeiten höchst stabil waren, bei der Wiederkehr auch einmal größere Veränderungen zeigen. Abweichungen können sich zudem mit der Zeit verstärken und schließlich dazu führen, dass ein Zyklus aus sich selbst »herausspringt«. Dann, so Cramer mit Hinweis auf die sogenannte Chaostheorie, gebiert ein bestehendes System einen neuen »Attraktor«, eine neue Anziehungs-

kraft. Die vorher in einer Struktur »gebremste Zeit« hat gewissermaßen die Bremse gelöst.[50]

Die neue Anziehungskraft tritt nun mit der alten in Konkurrenz und kann sich schließlich – hin und wieder! – durchsetzen,
indem sie den alten Attraktor ablöst. Die dauerhafte Ablösung
setzt aber voraus, dass der neue Attraktor sich gegenüber dem
alten unter den veränderten Umständen als stabiler erweist. Das
instabil gewordene System spielt sich neu ein, wobei es zu Ver-
zweigungen kommen kann. Durch sie werden unterschiedliche
Möglichkeiten des Neuen »ausprobiert«. Das ist der Punkt, in
dem neue Systeme mit neuen Zyklen geboren werden. Am »Zeitbaum« ist dann eine neue Verzweigung, ein neuer Ast »herausge-
wachsen«. Man könnte auch sagen: Neue Resonanzen bilden sich,
wenn alte gestört sind und sich die neuen besser entfalten können.

Seit dem Urknall, so Cramer, finden eine stufenweise Abkühlung der Temperatur und ein ebenso stufenweiser Aufbau von
Struktur statt. Die Resonanztheorie bestätigt somit nur die Gesetze der Thermodynamik: Es sind Abkühlung und Strukturauf-
bau, die über Jahrmilliarden hinweg die Vielfalt der Formen und
schließlich auch die Formen des Lebens hervorgebracht haben.
Es braucht jedoch immer einen kleinen Anstoß zu einer neuen
Schwingung, damit Neues entsteht, damit es wieder ein klein
wenig aufwärtsgeht, damit die »gebremste Zeit« sich wieder weiter-
bewegt. Die knappste Zusammenfassung und vielleicht wichtigste
Erkenntnis der Allgemeinen Resonanztheorie in Hinblick auf die
Frage, was die Welt im Innersten zusammenhält, fasst Cramer in
einer Formel zusammen: »Sein ist Zeit und Zeit ist Sein.«[51] Mit
anderen Worten: Gestalt und Prozess bilden einen unauflöslichen
Zusammenhang, sie sind nichts anderes als Aspekte oder Zustände
des Stroms der Zeit, der einmal als geronnene Zeit, ein anderes
Mal als fließende Zeit betrachtet wird.

Den buchstäblich allumfassenden Anspruch seiner Resonanztheorie macht Cramer am Schluss des Buches noch einmal deut-

lich. »Das Ohr tritt in Resonanz mit den Schallwellen, das Auge mit den Lichtwellen, die olfaktorischen Areale mit den Duftmolekülen. Resonanz ist die Grundlage der Planetenbewegung, Resonanz verbindet als chemische Bindung die Moleküle der Materie, sie schließt uns in Tages- und Jahreszeiten zusammen, Resonanz koordiniert die Zellen und den Stoffwechsel unseres Organismus, ja sie macht erst eigentlich ein individuelles *ganzes* Lebewesen aus, Resonanz ermöglicht das Erfassen sinnlicher Eindrücke, die im Zentralnervensystem mithilfe von Resonanzmechanismen verarbeitet werden, Resonanz ist die Grundlage des Zusammenlebens der Menschen, in alltäglichen Funktionen wie Ernährung und Verkehr oder in höheren Bedürfnissen wie Spiel, Nachdenken über Gott und Welt, Liebe: *Resonanz ist es, die die Welt im Innersten zusammenhält.*«[52]

Vielfalt, Gemächlichkeit und die Kreativität des Fehlers

Cramers Antwort zielt in erster Linie auf die Frage nach dem Zusammenhalt der Welt, erst in zweiter Linie auf die Frage nach dem Wandel. Seine Antwort auf diese zweite Frage lässt den Ursprung des Neuen im Halbdunkel. Sie erhellt nicht ausreichend, unter welchen Bedingungen ein System aus seinem ursprünglichen Zustand herausspringt. Auf diese Frage gibt der Münchner Astrophysiker Peter Kafka eine Antwort, die die Resonanztheorie hervorragend zu ergänzen vermag.[53] Während Cramer seine Erkenntnisse aus der Erforschung der Mikrowelt gewonnen und von dort auf die gesamte Welt übertragen hat, stammen Kafkas Erkenntnisse aus der Makrowelt, aus den Erkenntnissen über all jene Veränderungen in der Zeit, die sich seit dem Urknall im Universum ereignet haben.

Den Übergang von der Stabilität über die Dynamik hin zu einer neuen Stabilität formuliert Kafka so, dass die Rolle der Zeit noch deutlicher wird. Vor Qualitätssprüngen »tasten« Systeme zunächst alternative Möglichkeiten der Anpassung an die Umwelt ab. Sie verlassen dabei den alten Gleichgewichtszustand, um sich für die »intelligenteste« Alternative zu »entscheiden« und ein neues Gleichgewicht einzugehen.

Wenn hier von Intelligenz die Rede ist, ist dies natürlich nur metaphorisch gemeint. Genauso ist der Abtast- und Auswahlvorgang, den Kafka »Schöpfungsprinzip« nennt, natürlich in einem evolutionstheoretischen Sinn zu verstehen. Das Abtasten lässt aus den unendlich vielen Möglichkeiten immer wieder einige wenige Wirklichkeit werden. »Das zufällige Zappeln im Raum der Möglichkeiten erreicht selbstverständlich vor allem ständig viele ›schlechtere‹ Möglichkeiten, von denen durch das weitere Zappeln wahrscheinlich rasch zu den bewährten zurückgefunden wird. Aber ›wenn es sie gibt‹ und wenn sie nicht ›zu fern liegen‹, müssen eben gelegentlich auch ›bessere‹ erreicht werden. Und das sind Gestalten, wo zerstörerische Schwankungen und Begegnungen unwahrscheinlicher sind, weil in ihnen ›die Dinge besser zusammenpassen‹.«[54] Was Darwin für die Entwicklung der lebendigen Arten beschrieben hat, gilt nach Kafka also für alle anderen Formen von Schöpfung auch.

Kafka präzisiert auch die Bedingungen, unter denen ein solches Herausspringen möglich und wahrscheinlich wird. Es muss erstens Alternativen geben, die nicht zu fern liegen. Und das System muss zweitens genügend Zeit haben, diese Alternativen auch auszuprobieren. Nur wenn Organismen sich zwischen vielfältigen Formen und Zuständen elastisch hin und her bewegen können, ohne gleich unterzugehen, sind sie gegenüber evolutionären beziehungsweise selbstorganisatorischen Rückschlägen geschützt. Nur dann können sie neue Formen und Zustände ausprobieren und testen, ob in ihnen alles besser zusammenpasst als davor. Ordnung kann also nur in einem Milieu entstehen, das Möglichkeitsräume für Autonomie bietet.[55]

In Hinblick auf die Zeitdimension ist entscheidend, dass für das Ausprobieren von neuen Zuständen ausreichend Zeit vorhanden ist (wobei sich dies freilich immer erst im Nachhinein feststellen lässt). Wenn der Test vorschnell abgebrochen wird, kann sich das Ergebnis nicht einstellen, können also auch Konsequenzen nicht gezogen werden, das Neue kann im Tastprozess nicht einmal mehr als Neues erkannt werden. Dann aber ist nicht mehr gesichert, dass sich die jeweiligen Hervorbringungen an die bereits erreichten Stufen der Evolution beziehungsweise Selbstorganisation anschließen können. Anschlussfähige Kreativität erfordert hingegen »Vielfalt und Gemächlichkeit«.[56] Vielfalt kann vielleicht als räumlicher, Gemächlichkeit als zeitlicher Aspekt dieser Grundbedingung der Fortsetzung von Schöpfung beziehungsweise Evolution verstanden werden.

Man kann sich auch gut vorstellen, was geschehen wäre, wenn zum Beispiel die Lebewesen, die in der frühen Evolution des Lebens im Wasser gelebt hatten und sich dann mühsam an das Leben an Land gewöhnten, dort die Erfahrung hätten machen müssen, dass sich die Bedingungen an Land schneller ändern, als sie sich anpassen können (etwa in Bezug auf die Sauerstoffkonzentration in der Luft). Vermutlich wäre dann die Evolution des Lebens an dieser Stelle schnell wieder zu Ende gewesen, oder sie hätte zumindest eine völlig andere Richtung eingeschlagen.

Und heute? Wie oft haben wir den Eindruck, dass Probleme schneller entstehen, als sie gelöst werden können, dass das Chaos unablässig wächst? Kafka hält es jedenfalls für besonders bedenklich, wenn sich innerhalb einer Generation Technologien, Institutionen und Verhaltensweisen so stark ändern, dass die Veränderungen schon von dieser einen Generation kaum mehr verkraftet werden. Wenn diese nicht verarbeiteten Erfahrungen dann noch an die nächste Generation weitergegeben werden sollen, kann das Band zwischen Vergangenheit, Gegenwart und Zukunft sehr leicht reißen, können Menschen nicht mehr aus Fehlern lernen.

Kafka fügt also der Resonanztheorie eine Präzisierung der Voraussetzungen für die Entstehung von Neuem hinzu und schließt damit eine Lücke, die Cramers Theorie gelassen hatte. Wichtig ist allerdings, Kafkas Schöpfungsbegriff nicht theologisch, sondern eben evolutionstheoretisch zu begreifen, auch wenn er für theologische Diskurse durchaus anschlussfähig sein mag. Insofern befindet sich Kafka in guter Gesellschaft, weil viele ganzheitliche Weltinterpretationen – man denke etwa an so unterschiedliche Autoren wie Aristoteles, Hegel oder Marx – die Verbindung zwischen natürlicher und menschlicher Kreativität beziehungsweise Schöpfungstätigkeit betonen, ohne sich in ihren Begründungen notwendigerweise auf so etwas wie einen Schöpfergott, eine Vorsehung oder einen Willen berufen zu müssen.

Für die Bewertung einzelner Schöpfungsakte als historisch, moralisch, ethisch positiv oder negativ ist Kafkas aus der Astrophysik gewonnener Ansatz freilich noch zu allgemein. Aber er gibt die Richtung an, in die wir uns bewegen sollten. Diese Richtungsangabe kennen wir zwar bereits aus der Vorstellungswelt der Romantik. Schon damals glaubte man, dass alles in Bewegung sei, alles fließt und überall schöpferische Kräfte am Werk seien. Aus der Perspektive des 20. und 21. Jahrhunderts kann man den Bewegungsgedanken jedoch auch ganz unromantisch formulieren: Entscheidend ist, dass in diesem Fluss der Zeit die sogenannte kritische Innovationsgeschwindigkeit nicht überschritten wird. Wenn wir zu schnell sind, könnte der menschliche Aufstieg, verstanden als Zunahme der Komplexität, jäh abbrechen, das Chaos die Ordnung überrennen.

Dazu benötigt man keine allzu ausgeprägte Fantasie. Die Fortsetzung der Evolution wäre existenziell gefährdet, wenn sich zum Beispiel die klimatischen Bedingungen schneller ändern, als Pflanzen (durch Gestaltwandel), Tiere (durch Abwandern) und Menschen (durch Technik und Institutionen) darauf reagieren können. Oder wenn Industriegesellschaften schneller ihre Produktivität erhöhen, als sie die dabei auftretenden Probleme bewältigen können (wie die Um- und Neuverteilung von Arbeit oder die Abwehr der Gefahr des Umschlagens der Produktivkräfte in Destruktivkräfte, etwa im Zusammenhang mit Massenvernichtungswaffen). Oder wenn in Forschung und Entwicklung der Zeitdruck so groß würde, dass die Ergebnisse von wissenschaftlichen Diskursen und Laborversuchen nicht mehr abgewartet werden, sondern eine als gültig behauptete Theorie und eine als nützlich behauptete Neuerung die andere jagt und, obwohl ihre tatsächliche wissenschaftliche und praktische Tauglichkeit noch gar nicht erwiesen ist, gleich weltweit verbreitet und massenhaft praktisch umgesetzt würde. All das scheint aber längst der Fall zu sein, wenn man etwa an die Entscheidung für die Nutzung der Kernenergie zur Stromerzeugung vor gerade mal 50 Jahren denkt oder an die weltweite Ausbreitung jener Wirtschaftsordnung, die vor rund 250 Jahren in Europa ihren Ausgang nahm und nun beansprucht, für alle Ewigkeit das bestmögliche System des Wirtschaftens zu sein.

Was folgt aus dieser Erkenntnis über die Bedeutung der Kritischen Innovationsgeschwindigkeit in Hinblick auf die praktische Gestaltung von Zukunft? So wie die Evolution der Erde sich im Laufe von knapp fünf Milliarden Jahren durch das Zusammenspiel von Versuch und Irrtum nach oben geschraubt hat, so sollte auch der Mensch immer wieder Irrtümer begehen können, ohne dabei existenzielle Gefahren befürchten zu müssen. Dass die reale biologische und kulturelle Evolution immer wieder von Katastrophen begleitet wurde, steht dazu nicht im Widerspruch, sondern zeigt vielmehr, wie schmerzlich das Lernen aus Fehlern bisweilen ausfallen kann. Aus unserem Wissen über die Bedeutung des Versuch-Irrtum-Prinzips in der bisherigen Evolution kann man, so betont Kafka, ableiten, dass wir Fehler sogar provozieren sollten. Diese Forderung steht freilich in scharfem Kontrast zu unserem tatsächlichen Umgang mit Fehlern in Schulen, Betrieben, Parteien, Parlamenten und Regierungen. Erinnern wir uns: Fehlerfreundlichkeit erfordert, dass das Neue immer an das Alte anschlussfähig bleibt, damit wir immer wieder auf das Bewährte zurückgreifen können, wenn das Neue doch nicht hält, was es verspricht. Stellen wir uns nur vor, das Internet bräche eines Tages zusammen, und wir hätten vorher alle Zeitungsarchive und Bücher vernichtet. Das Alte darf nicht unnötig gefährdet werden, wenn wir den Aufbau von Ordnung nicht gefährden wollen. Wichtig ist deshalb, dass wir nach dem Erkennen eines Fehlers immer noch zu jener relativ stabilen Situation zurückkehren können, die vor dem Innovationsversuch existiert hat. Sonst machen Versuche keinen Sinn.

Kafka entwirft sogar eine »Weltverfassung«, in deren Präambel er von einem menschlichen Maß spricht, das bei der Wahl der Evolutionsgeschwindigkeit stets respektiert werden müsse: die »Lern- und Lebenszeit« des Menschen, innerhalb derer »keine wesentlichen Änderungen in den Organisationsformen« stattfinden sollten. In Kafkas Verfassungsvorschlag heißt es: »Wir wollen uns auf dieser Welt so einrichten, dass wir ihre biologischen und kulturellen Wurzeln nicht verletzen und ihnen dort, wo sie schon abgehauen oder vergiftet sind, Regenerationsmöglichkeiten bieten. Bei jedem Versuch, menschliche Lebensmöglichkeiten zu verbessern, muss die Bewahrung dieser Wurzeln ein vorrangiges Ziel sein.«[57] Hier zeigt sich die zutiefst konservative Ausrichtung dieses Konzepts, das an die zeitökologische Formel von der »Wiederkehr« und die resonanztheoretische Formel vom »Mitschwingen« bestens anschlussfähig ist.

Eine »Revolution« hält Kafka allerdings ebenso für unabdingbar. Und zwar eine Revolution, die, genau besehen, eine Gegenrevolution ist. Sie stemmt sich gegen die permanente Umwälzung der Welt durch die immer stärker werdenden Kräfte der Beschleunigung mit ihrem letztendlich totalitären Herrschaftsanspruch, die die »Beschleunigungskrise« bis zur Unerträglichkeit verschärft hat. Als einzig mögliche Krisenrettung sieht Kafka den Ausweg einer »endgültigen Revolution«, die »in Eile zur Gemächlichkeit«

und zugleich »global zur Vielfalt« führen müsse.[58] Kafka ist optimistisch, dass dieser Sprung im Raum der Möglichkeiten gelingen, dass der Mensch freiwillig »haltbare Schranken« setzen kann, die die Fortführung der Evolution ermöglichen. Der bisherige Schöpfungsprozess, so Kafkas Begründung, »hat in uns, in den Gestalten, die die Krise herbeiführen mussten, auch die Fähigkeit entwickelt, sie zu überwinden. Das Rettende ist, wie immer, mit der Gefahr gewachsen. Im Menschen hat sich die Freiheit entwickelt, sich selbst Schranken zu setzen.«[59] Das liegt an seinem Gehirn, das die Spitze der gesamten bisherigen Evolution des Lebens ist. Es befähigt den Menschen zu diesem Willensentschluss aus freien Stücken. »Freiheit ist der Name für das Ertasten und Auswählen von Möglichkeiten … im menschlichen Gehirn«, ein Potenzial, das wir »Denken« nennen.[60] Wir sollten dieses Denken, so der Ratschlag Kafkas, weniger auf die Entscheidung zwischen Zielen als vielmehr zwischen »Randbedingungen« lenken und diese so wählen, dass wir uns durch selbstgesetzte Beschränkungen von Fehlern, die wir einmal als solche erkannt haben, in Zukunft fernhalten.[61] Letztlich ist es für Kafka das seit dem Urknall wirksame Prinzip der Selbstorganisation, das »Schöpfungsprinzip«, das uns heute diese Möglichkeit beschert hat.

Auch dieser Gedanke ist bestens anschlussfähig an die zeitökologische Erkenntnis, dass bei der Wiederkehr des Ähnlichen auch größere Abweichungen vorkommen können und müssen, und an die resonanztheoretische Erkenntnis, dass am Zeitbaum immer wieder ganz neue Äste herauswachsen. Man denke nur an jene revolutionären Ideen der »Aufklärung«, die – menschheitsgeschichtlich erst vor Kurzem – in die Welt getreten und heute in den meisten Staatsverfassungen und völkerrechtlichen Dokumenten als unveränderliche normative Grundlagen zu finden sind: die Idee von der Würde jedes Menschen und seinen unveräußerlichen Rechten, die ihm nicht von Gesellschaft und Staat verliehen, sondern von Geburt an eigen sind, und die Idee von den Strukturprinzipien staatlicher Gemeinwesen (vor allem Rechtsstaatlichkeit und Demokratie), die für alle Zukunft nicht mehr zur Disposition stehen sollten.[62] Dieser Punkt wird uns in Kapitel 5 noch genauer beschäftigen. Insgesamt ist Kafkas Philosophie also ebenso konservativ wie revolutionär, weil sie für das Erhalten des Erhaltenswerten wie für das Umstürzen des Umsturzbedürftigen gleichermaßen plädiert – und beides in einer seltenen Radikalität.

Geschichtete Resonanz

In der Einleitung war von der möglichen Höllenfahrt der Moderne sowie der Notwendigkeit der Stilllegung der Verschiebebahnhöfe die Rede und davon, dass wir uns neu orientieren müssen. In diesem Kapitel wird nun vorgeschlagen, sich zum Zweck der Neuorientierung der Zeit als rotem Faden zu bedienen. Folgen wir also ihrem Lauf, ihren Kreisen, deren Synchronisation und Resonanz. Nutzen wir die Möglichkeiten und Spielräume, die uns bei all den zeitlichen Vorgaben, dem evolutionär und ökologisch bedingten Zusammenspiel der Zeiten bleiben. Schaffen wir durch die Sorge für Vielfalt und Gemächlichkeit jenes Milieu, in dem Fehler kreativ gewendet werden können. Und zwar überall und immer: bei der Entwicklung von Techniken und Technologien, von Institutionen, Anreizsystemen und Haltungen, bei der Begründung von Normen und Werten, bei der Wahl von Lebensstilen.

Diese Empfehlung könnte allerdings Missverständnisse erzeugen und in Sackgassen führen. Man könnte auch von Kurz- oder Trugschlüssen sprechen, weil bei vielen Menschen die Verlockung groß ist, sich – oft aus Ungeduld oder Bequemlichkeit – den »Umweg« des anspruchsvollen Nachdenkens zu sparen und auf dem direkten Weg zu »realistischen« Lösungen kommen zu wollen. Diese ebenso schnellen wie falschen Schlüsse sind, so soll sich zeigen, dafür verantwortlich, wenn sich der Kairos, der rechte Augenblick für Neues, nicht wirklich einstellt, wenn Resonanzen verstummen, wo sie gebraucht werden.

Wer Sackgassen vermeiden will, muss mit Handlungsempfehlungen vorsichtig sein. Eine solche Handlungsempfehlung wäre es etwa, stressgeplagten Personen den Ausstieg aus dem gern zitierten »Hamsterrad« zu raten, oder der Politik, sich vom Diktat des Wirtschaftswachstums zu befreien, ohne sich über die faktischen Folgen, die eine solche Option für den Einzelnen und das Gemeinwesen nach sich zieht, Klarheit zu verschaffen. Bevor man derartige Empfehlungen gibt, sollte man sich die Voraussetzungen solcher Auswege genau ansehen. Wovon hängen die Wiederkehr des Gleichen, die Abweichungen, die Wiederkehr des Ähnlichen jeweils genau ab, wie sind die Synchronisationsverhältnisse beschaffen, die Resonanzen erst ermöglichen? Auf welcher Ebene befinde ich mich eigentlich im Kontext von Natur, Kultur, Gesellschaft und privatem Umfeld? Und welche zeitlichen Vorgaben sind für diese Ebenen jeweils maßgeblich?

Die Antworten, die von den Autoren des Tutzinger Projekts »Ökologie der Zeit« gegeben werden, bleiben hier eher unbefriedigend. Klaus Kümmerer weist zwar auf die sehr unterschiedlichen Größenordnungen der Eigenzeiten hin, die als »Zeitskalen« bezeichnet werden (ähnlich wie die sehr unterschiedlichen Raumskalen). Er stellt fest, dass diese Skalen sich wechselseitig beeinflussen und dass »im Allgemeinen« große Raumskalen mit großen Zeitskalen einhergehen. Dies beschreibt er jedoch lediglich als »komplexes Verhältnis« und systematisiert es nicht weiter.[63] Und Sabine Hofmeister und Meike Spitzner sprechen davon, dass Zeiten immer im Kontext ganzer »Zeitlandschaften« gesehen werden müssen, in die sie eingebettet sind.[64] Wie allerdings diese »Re-Kontextualisierung« praktisch aussehen könnte und ob es gar eine Systematik für diese Synchronisationsaufgabe – als Voraussetzung für die Ermöglichung von Resonanzen – gibt, diskutieren sie nicht.

Im Folgenden möchte ich zeigen, dass wir es mit einer klaren Hierarchie von Zeitskalen und infolgedessen mit geschichteten Synchronisationsvorgängen und Resonanzen zu tun haben. Der Schichtungsgedanke geht auf Aristoteles zurück und wurde im 20. Jahrhundert vor allem durch die Philosophen Nicolai Hartmann, Georg Lukács[65] und Helmuth Plessner[66] weiterentwickelt (freilich auf ganz unterschiedliche Weise). Während diese Ansätze die Zeitdimension nur mehr oder minder beiläufig thematisieren, unterscheide ich im Folgenden – ähnlich wie der französische Historiker Fernand Braudel – systematisch zwischen den trägen natürlichen Bedingungen, flexibleren sozialen Gegebenheiten (Wirtschaft und Politik) und hochflexiblen individuellen Faktoren (Handlungen einzelner Personen).[67] Ich lege also konsequent den Grad der Veränderungsdynamik als Schichtungskriterium zugrunde.

Zunächst möchte ich aber noch die Begriffe »Synchronisation« und »Resonanz« genauer abgrenzen. Beide unterscheiden sich analog zum oben bereits angesprochenen Unterschied zwischen Systemzeit und Eigenzeit und damit auch zum Unterschied zwischen festem (Wiederkehr des Gleichen) und variablem Kreislauf (Wiederkehr des Ähnlichen): Synchronisation bezieht sich auf ein gedanklich isoliertes System, Resonanz auf faktisch vernetzte Systeme. Bei vernetzten Systemen gibt es wegen der komplexen Struktur eine Vielzahl von Einflussfaktoren, die ständig für Unregelmäßigkeiten und Überraschungen sorgen. Synchronisationen sind also fest vorgegebene, Resonanzen flexible zeitliche Passungen. Anders formuliert: Wir können uns als Menschen zwar um die zeitliche Passung einzelner isolierter Systemzeiten bemühen (Synchronisation), müssen aber immer damit rechnen, dass die vernetzten Eigenzeiten nicht zu jener Wechseldynamik (Resonanz) führen, auf die unsere Bemühungen eigentlich gerichtet waren. Flexible Passungen sind also immer mit Ungewissheiten verbunden. Hartmut Rosa spricht in seiner Resonanzsoziologie von »Unverfügbarkeit«[68], wenn er den Menschen als ein Wesen beschreibt, das auf Resonanz angewiesen ist, sich ihrer aber nie sicher sein kann.[69] Die letztliche Unverfügbarkeit von Resonanzen eröffnet uns jene Freiheitsspielräume, auf die wir angewiesen sind, wenn wir den Weg der nicht nachhaltigen Entwicklung verlassen und einen neuen Weg einschlagen wollen. Synchronisationen sind planbar und können die Wahrscheinlichkeit von Resonanzen erhöhen, erzwingen aber lassen sich Resonanzen nicht.

Welche praktischen Konsequenzen folgen aus der Möglichkeit von Sackgassen, wenn man von der systematischen Unverfügbarkeit von Resonanzen ausgeht und die Hierarchie der Zeitskalen ernst nimmt? Woher weiß ich, welche Zeitskala sich an welche andere anpassen muss?

Die Antwort weist uns eine simple Alltagserfahrung, die jeder kennt. Wer beim schnellen Vorwärtseilen unsicher wird, ob er sich noch auf dem richtigen Weg befindet, wird spontan seinen Schritt verzögern, innehalten, den Blick nach hinten wenden. Mit diesem Perspektivwechsel beginnt die Neuorientierung, die neue »Rahmung«. Wo komme ich eigentlich her? Wo bin ich gestartet? Der Blick zurück ist nur sinnvoll, weil wir wissen, dass das Zurückliegende die Gegenwart maßgeblich bestimmt hat. Das Frühere, das Ältere, prägt das Spätere, das Jüngere. Das gilt für das Verhältnis zwischen Natur und Kultur einschließlich der Gesellschaft genauso wie für das Verhältnis zwischen den soziokulturellen Gegebenheiten und dem individuellen Verhalten und Handeln. Denn da im Prinzip Klima, Flora und Fauna vor dem Menschen da waren, ist es der Mensch, der sich an ihnen prinzipiell orientieren muss, nicht umgekehrt. Dass diese Rangfolge immer schon, vor allem aber seit der Sesshaftwerdung des Menschen und noch mehr seit der Industrialisierung gestört ist, ändert nichts an ihrer prinzipiellen Gültigkeit. Und erst wo die Gesellschaft für ausreichende Betreuungseinrichtungen gesorgt hat, haben Eltern die Möglichkeit, einer regelmäßigen Arbeit außer Haus nachzugehen, und erst wo es einen ausgebauten öffentlichen Verkehr gibt, kann das Auto in der Garage bleiben.

Was für den intuitiven Rückblick als Reaktion auf eine Verunsicherung gilt, kann generalisiert werden. Wenn der Mensch sich selbst wirklich verstehen will, muss er sich nicht nur seine persönliche Lebensgeschichte bewusst machen, sondern auch seine sozialen und kulturellen Wurzeln. Welche Erfahrungen haben mich geprägt? Wer sind meine Vorfahren? Was kennzeichnet die Geschichte meiner Familie, meines Landes, meines Kontinents? Ein gründlicher Rückblick führt schließlich auch zu den biologischen Wurzeln, zu Pflanzen und Tieren, den Vorfahren der menschlichen Spezies. Anders formuliert: Der Blick des irritierten Menschen gleitet früher oder später gewissermaßen nicht mehr nur dorthin, wo er gerade aufgebrochen ist, sondern auch dorthin, wo sich die Quellen seines Lebens befinden, zu seinem Urgrund. Der Wechsel des Blicks von der individuellen zur soziokulturellen und schließlich zur naturalen Vergangenheit führt uns so auf eine andere Zeitebene, eine andere Zeitskala. Jetzt geht es nicht mehr um Tage, Monate, Jahre, sondern um Jahrzehnte, Jahrhunderte, Jahrtausende, Jahrmillionen.

Diesen Wechsel des Blicks deuten wir im Folgenden als Wechsel von der horizontalen in die vertikale Richtung, weil er sowohl zum Boden, auf dem wir stehen, wie zum Himmel, zu dem wir emporschauen, führt. Genau dieser Blickwechsel in die Vertikale war es ja auch, von dem sich die alten Ägypter erhofften, das Verhalten ihrer Lebensader, des Nils, mit seinen Phasen der Überschwemmung und Austrocknung des angrenzenden Landes besser prognostizieren und mit ihren Schiffen jenseits der Küsten navigieren zu können. Die Vertikalorientierung in Richtung Kosmos war vermutlich auch eine wesentliche Voraussetzung für die Geburt der Philosophie in den antiken Hochkulturen. Warum sollte diese Vertikalorientierung nicht auch im 21. Jahrhundert als Kompass dienen können, in unserem Bemühen um kollektive und individuelle Selbstvergewisserung, wenn es darum geht, unsere wahren Bedürfnisse, Kräfte und Grenzen besser kennenzulernen und uns so auch mehr Klarheit über unsere Ziele zu verschaffen? Kurz: Wer das Neue und Schnelle verstehen will, ist gut beraten, dies vor dem Hintergrund des Alten und Langsamen zu versuchen.

Wenn wir also die Frage nach dem eigenen Standort mit der evolutionstheoretisch und zeitökologisch erweiterten Resonanztheorie beantworten wollen, müssen wir die Zeitlichkeit der Ebene, auf der wir uns befinden, genauer unter die Lupe nehmen. Beginnen wir bei der *Natur*, die den Menschen umgibt und die in ihm steckt. Wenn hier von Natur die Rede ist, muss allerdings mitbedacht werden, dass ihre Abgrenzung von Kultur nicht einfach ist, weil Natur und Kultur sich wechselseitig zutiefst durchdringen. Die Natur ist bei Weitem am ältesten. In ihr sind Erfahrungen aus einem gigantischen Zeitraum gespeichert, der sich über Milliarden von Jahren erstreckt. Dementsprechend gering ist die Veränderungsdynamik der Natur. Denken wir zum Beispiel an die Dauerhaftigkeit jener Knochenstruktur, die von den Fischen über die Reptilien hin zum Rückgrat des Menschen führt. In ihrem belebten Bereich sind die Langsamkeit des Zusammenspiels von Variation und Selektion und die Weitergabe der Erfahrungen über die Gene der Grund für jenen Grad an Veränderungsdynamik, der für die Natur charakteristisch ist. Für das Verhalten des Menschen bedeutet dies, bei Eingriffen in die Natur mit besonders großer Sorgfalt und Geduld vorzugehen, nicht zuletzt in dem Bewusstsein, dass wir keine zweite Erde zur Verfügung haben. Näheres dazu in Kapitel 2.

Kultur und *Gesellschaft*[70] sind um Dimensionen jünger, ihr Alter liegt im Bereich zwischen Jahrtausenden, Jahrhunderten, Jahrzehnten und Jahren. Technologien und Institutionen mutieren bekanntlich schneller als Arten. Die höhere Veränderungsdynamik von Kultur und Gesellschaft beruht auf der Art und

Weise, wie Menschen in Kultur und Gesellschaft Erfahrungen vor allem über die Sprache weitergeben und speichern. Das Spiel mit den Möglichkeiten erfordert hier zuallererst die Bereitschaft und die Möglichkeit zu kollektiven Lernprozessen, die zur mehr oder minder schnellen Erneuerung von Technologien, Institutionen, Rechtsvorstellungen und so weiter führen können.[71] Näheres dazu in Kapitel 3.

Schließlich ist auch jeder *einzelne Mensch*, der bisher bekanntlich maximal gut 100 Jahre alt werden kann, ein dreifach geschichtetes Wesen: mit einer langsamen inneren Natur, die nur sehr begrenzt veränderbar ist, mit schneller wandelbaren soziokulturell vermittelten Haltungen, Gefühlen und Verhaltensmustern sowie mit einer meist unterstellten ultraschnellen Freiheit des Willens, das heißt der Fähigkeit, aus unterschiedlichen Alternativen nach bestimmten Kriterien eine Alternative auszuwählen. Dieser freie Wille ist es bekanntlich, der beim Menschen für echte Überraschungen sorgen kann. Solche Überraschungen gibt es in der Tier- und Pflanzenwelt mit ihren primär genetisch gesteuerten Verhaltensprogrammen und auch in der kulturellen und sozialen Welt mit ihren relativ trägen Technologien, Institutionen und Werten auch, aber meist nur dann, wenn man über die im Hintergrund existierenden Strukturen und Prozesse zu wenig Bescheid weiß.[72] Näheres dazu in Kapitel 4.

Wenn wir eingespielte Kreisläufe probehalber verlassen, um zu prüfen, ob andere Kreisläufe vielleicht besser wären, die gewünschten Resonanzen sich in ihnen also leichter einstellen, sollten wir uns immer wieder rückversichern, ob gegebenenfalls die Wiederkehr des Vertrauten problemlos möglich wäre, falls sich die Hoffnungen, die an das Neue geknüpft sind, nicht erfüllen sollten. Ähnlich verhalten wir uns im Übrigen ja auch im Alltag, wenn die neue Technik nicht funktioniert und wir auf die alte zurückgreifen müssen (vom Computer zum Bleistift, vom Auto zum Fußmarsch). Oder wenn sich der Mensch Pflanzen und Tiere zum

Vorbild nimmt, um die Reichweite seiner Eingriffe in die Welt zu erweitern (Fortbewegung im Wasser und in der Luft, Schutz vor Wind und Kälte, Suche nach Heilpflanzen in der Natur). Der Grund ist immer derselbe: Die Natur ist älter als Kultur und Gesellschaft, so wie Kultur und Gesellschaft älter sind als der einzelne Mensch, deshalb liegt es nahe, im Falle des Falles auf diese zeitlichen Grundlagen zurückzugreifen.

Am Beispiel des Klimawandels lässt sich die Tragfähigkeit dieses Schichtungsmodells noch einmal illustrieren. Ausgangspunkt ist das Klima, das sich zwar erdgeschichtlich immer wieder langsam verändert hat, nun aber durch das überaus schnelle Verbrennen der fossilen Energieträger plötzlich instabil wird. Wenn Meeresspiegel steigen, wenn fruchtbares Land unfruchtbar und unfruchtbares Land fruchtbar wird und wenn Pflanzen, Tiere und Menschen Probleme haben, sich an diese Veränderungen schnell genug anzupassen, sind das aus zeittheoretischer Perspektive Probleme der Synchronisation zwischen natürlichen und kulturell-sozialen Zeiten. Wenn extreme Hitze und neuartige Infektionen, wenn der Verlust der materiellen Lebensgrundlage und der mit dem Beruf oft eng verbundenen persönlichen Identität (wenn ein Fischer nicht mehr fischen, ein Bauer nicht mehr Landwirt sein kann) Menschen krank und aggressiv gegen sich selbst oder andere macht, können wir auch diese Konsequenzen aus dem Zusammenspiel von natürlichen und kulturell-sozialen Veränderungen als gescheiterte Synchronisation verstehen. All das müsste nicht sein, wenn es gelänge, das Tempo der Veränderung des Klimas an das Tempo der Veränderbarkeit der kulturell-sozialen Verhältnisse und dieses Tempo wiederum an das Tempo der Ausbildung körperlicher und psychischer Widerstandskräfte (Resilienz) anzupassen.

Fazit

Wenn die Welt aus den Fugen zu geraten scheint, stellt sich die Frage, was sie eigentlich zusammenhält. Allerdings dürfen wir bei der Suche nach einer Antwort auf die Frage nach dem Grund der Stabilität die Dynamik nicht aus den Augen verlieren. Kapitel 1 versucht deshalb zu zeigen, dass die Zeitdimension als roter Faden bei dieser doppelten Orientierungssuche weiterhelfen kann. Dazu umkreist es den Zeitbegriff und zieht Erkenntnisse der Evolutionstheorie, der Ökologie der Zeit und der Allgemeinen Resonanztheorie heran.

Die Zeit zeigt sich nicht direkt, sondern immer nur indirekt über Veränderungen in der Zeit. Veränderungen können linear und zyklisch sein. Zyklische Veränderungen sind die Grundlage für Stabilität, weil Kreisläufe immer wieder geschlossen werden müssen. Die Zyklen sind allerdings nicht voneinander isoliert, sondern vielfältig miteinander verbunden. Das ist der Hauptgrund dafür, dass in ihnen nicht gleiche, sondern nach ihrer Schließung immer nur ähnliche Zustände wiederkehren. Diese zeitlich vernetzten Kreisläufe begegnen uns als vielfältig synchronisierte rhythmische Schwingungen. Die Allgemeine Resonanztheorie zeigt nun, dass diese Synchronisationsvorgänge – von der kleinsten Welt (Mikrokosmos) bis zur größten (Makrokosmos) – zu Resonanzen führen können. Sie sind es, die die Welt im Innersten zusammenhalten. Während der Synchronisationsbegriff eine einzelne zeitliche Wechselwirkung bezeichnet, zielt der Resonanzbegriff dabei auf das sich aus einer Vielzahl von Synchronisationen ergebende Mitschwingen. Mehr noch: Diese relativ stabilen Zeitverhältnisse sind der Resonanztheorie zufolge zugleich auch die Grundlage für die Entstehung des Neuen in der Welt. Aus der Geschichte der Evolution wissen wir, welche Voraussetzungen für die Möglichkeit von Evolution beziehungsweise Selbstorganisation bisher gegolten haben und für ihre Fortsetzung vermutlich weiterhin gelten werden: Vielfalt und Gemächlichkeit. Nur wo sie gegeben sind, entsteht ein Zusammenspiel von Versuch und Irrtum, können wir aus Fehlern lernen, ist Fortschritt möglich. Aufgrund der extrem unterschiedlichen Veränderungsdynamiken der langsamen Natur, der schnelleren Kultur und Gesellschaft und des bisweilen ultraschnellen einzelnen Menschen begegnen uns Resonanzverhältnisse stets als geschichtetes Phänomen. Nur wo diese Schichtung anerkannt wird, hat praktische Resonanz eine Chance – und damit letztlich die Befreiung des Menschen von Beschleunigungszwang und Steigerungsprinzip.

KAPITEL 2

Umwelt und Regenerativität

»Selbstverbrennung« lautet der Titel eines 800 Seiten umfassenden Buches über das, was dem Menschen bevorsteht, wenn er mit der natürlichen Umwelt so weitermacht wie bisher.[1] Geschrieben hat es Hans Joachim Schellnhuber, Gründungsdirektor des Potsdam-Instituts für Klimafolgenforschung, Professor für Theoretische Physik an der Universität Potsdam sowie am Santa Fe Institute in den USA. Schellnhuber ist ein viel gefragter Politikberater (langjähriger Vorsitzender des Wissenschaftlichen Beirats der Bundesregierung für Globale Umweltveränderungen, Berater der Weltbank in New York und der Päpstlichen Akademie der Wissenschaften in Rom). In »Selbstverbrennung« geht es um die »fatale Dreiecksbeziehung zwischen Klima, Mensch und Kohlenstoff«, um die Bedeutung des mit dem Symbol C abgekürzten Stoffes für das Leben auf unserer Erde, auch das des Menschen. Schellnhuber verweist auf die unterschiedlichen Verbindungen, die der Kohlenstoff mit anderen Elementen eingeht: Als Kohlenhydrat ist dieses »Wunderelement« zum Beispiel Teil der Bausteine organischer Zellen, als Kohlendioxid wärmt es die Erdoberfläche, als fossiler Brennstoff speichert es die Energie der Sonne in der Erdkruste. Erst das Kohlendioxid hat auf der Erde für klimatische Bedingungen gesorgt, die Leben möglich machten, zuletzt menschliches, und schließlich auch die Landwirtschaft und damit die Sesshaftigkeit und Kulturentwicklung des Menschen.[2] Heute gibt es, so Schellnhubers beunruhigende Diagnose, ernsthafte Anzeichen dafür, dass diese Kultur zusammenbrechen, dass das Zeitalter des Menschen (Anthropozän) demnächst jäh beendet sein könnte. »Wie ein freigesetzter Flaschengeist erfüllt C dem Homo sapiens jeden Energiewunsch und lässt die Überflussgesellschaft entstehen. Doch gleichzeitig erhitzt der rasend aufsteigende Luftkohlenstoff den Globus über alle zuträglichen Maße und wendet sich damit gegen seine Befreier. Ergo geht unsere Zivilisation den Weg der Selbstverbrennung.«[3] Und weiter: »Die naiven Verheißungen der Moderne stehen in Flammen, die uns unbarmherzig miterfassen werden, wenn wir das Haus der Zivilisation nicht aus sicherem Material neu erbauen.«[4] Aber der Ausgang der Geschichte, so die gute Nachricht Schellnhubers an uns, ist offen: »Immer noch kann sich der Mensch von der fossilen Verführung lossagen und vor dem selbst errichteten Scheiterhaufen kehrtmachen. Wenn Wissen und Wollen umgehend zusammenfinden. Und wenn wir deutlich mehr Glück als Verstand haben …«[5]

Betrachten wir die Situation, in der wir uns heute befinden, vor dem Hintergrund der Erdgeschichte und formulieren wir sie in der Sprache der Resonanztheorie: Das fossile Zeitalter ist ein globaler Härtetest für die Elastizität des Klimasystems. Es stellt sich heute mehr denn je die Frage, wieweit sich der Abbau der in der Erdkruste gespeicherten Energieträger und die damit einhergehenden Emissionen beschleunigen lassen, ohne die Lebensbedingungen des Menschen an vielen Orten irreversibel zu zerstören. Und damit weiter die Frage, ob sich die Folgen des Klimawandels, auch die zu erwartenden gigantischen Wanderungsbewegungen, in geregelte Bahnen lenken lassen. Mehr noch: »Selbstverbrennung« ist eine Metapher für den Wettlauf um die Plünderung der Natur durch einen ihrer Bewohner: den Menschen. Unter Natur verstehe ich im Folgenden, im Gegensatz zur Kultur, alles, was ohne Zutun des Menschen existiert oder sich entwickelt. Hier stoßen wir sofort auf das grundlegende Problem, dass sich in der Realität Natur und

Kultur nur schwer voneinander abgrenzen lassen, weil der Mensch seit seiner Sesshaftwerdung in gewaltig zunehmendem Tempo Natur in Kultur verwandelt, genauer: überformt hat. Was uns heute als Landschaft begegnet, ist zu einem erheblichen Teil nicht Natur, sondern Kultur, eben Kulturlandschaft. Dennoch soll hier von Natur gesprochen werden, wenn der vom Menschen noch nicht beeinflusste und oft auch nicht beeinflussbare Bereich der Umwelt gemeint ist.[6] Die Argumentation dieses Kapitels lässt sich von der Überzeugung leiten, dass der Härtetest in Bezug auf die natürliche Umwelt nur dann erfolgreich sein kann, wenn wir die seit Jahrmilliarden wirkenden Kräfte nicht ignorieren, sondern nutzen und stärken. Dabei werden wir zunächst die von diesen Kräften bewirkten linearen, dann die zyklischen Veränderungen genauer beleuchten. Denn gelingt es uns nicht, die Prozesse der Natur zu verstehen, wird sie uns unausweichlich die Folgen unseres Versagens spüren lassen. Dann zeigt sich, dass wir den biblischen Auftrag, uns die Erde »untertan« zu machen, offensichtlich falsch verstanden haben.

Die Sonne

In vielen Kulturen gibt es eine Vorstellung von so etwas wie Energie: von einer schöpferischen Kraft, die ein Material bearbeitet und so in etwas Neues, Höherwertiges verwandelt, wobei die Qualität des Neuen natürlich je nach Kultur sehr unterschiedlich bewertet wird. In der hinduistischen Mythologie etwa wird die Existenz der Welt auf die Vereinigung einer männlichen und einer weiblichen Gottheit zurückgeführt, wobei die männliche Gottheit reines Bewusstsein, die weibliche reine Energie verkörpert. Auch in der chinesischen Gedankenwelt wird zwischen immateriellen und materiellen Ursprüngen des Lebens unterschieden, deren Wechselspiel das Leben erst möglich gemacht hat.[7] In Europa verwendet

Aristoteles eine ähnliche Unterscheidung, um zu erklären, wie aus etwas, das möglich ist, etwas entstehen kann, das es tatsächlich gibt. In der deutschen Sprache taucht das Wort »Energie« jedoch erst im frühen 19. Jahrhundert, zur Zeit der Industrialisierung, auf, und zwar im Zusammenhang mit den Kräften, die Maschinen antreiben, und denen, die von ihnen angetrieben werden. Mit dem Interesse für das Thema Energie entstanden schließlich auch die Vorstellungen von »Leistung«, also die Beziehung zwischen »Arbeit« und »Zeit«, um die heute so vieles kreist.

Schöpferische Kraft

Energie in Verbindung mit linearer Zeit ist Arbeitsvermögen, die schöpferische Kraft schlechthin. Betrachtet man aus der linearen Perspektive der Evolution des Menschen die Geschichte der Energienutzung, so fallen als Erstes die gigantischen Steigerungsraten des Umsatzes an Energie im vergangenen Jahrtausend auf. Wirtschaftshistoriker haben untersucht, wie viel Energie Menschen zu unterschiedlichen Zeiten pro Tag verbraucht haben. Setzt man diese Zahlen ins Verhältnis zueinander, so zeigt sich, dass der Energieumsatz in einer fortgeschrittenen Landwirtschaft bereits zehnmal höher war als zu Beginn der Sesshaftigkeit, als der Mensch mit der Bebauung von Gärten die ersten Schritte in die systematische Landwirtschaft tat. Im Industriezeitalter verhundertfachte sich der Energieverbrauch pro Kopf im Vergleich zur Zeit der entwickelten Landwirtschaft, und im sogenannten Technologischen Zeitalter, also nur wenig später, verzehnfachte er sich noch einmal.[8] Hier haben wir es mit einer überexponentiellen Funktion zu tun, weil der Energieumsatz im 20. Jahrhundert förmlich explodiert ist. Die größte Steigerung im globalen Energieverbrauch ging mit der Nutzung des Erdöls einher. Der Blick in die Geschichte der menschlichen Energienutzung zeigt auch, dass mit jeder neuen Form, in der Energie verfügbar wurde (Holz, Arbeitstiere, fossile

Brennstoffe, chemische Energie, atomare Energie), die technische, kulturelle und politische Entwicklung immer wieder gewaltig Fortschritte machte (wobei freilich noch nichts über die Wünschbarkeit all dieser Entwicklungen gesagt ist).

Beim Umgang mit Energie ist es klug, zwei Erkenntnisse ernst zu nehmen. Die erste ist aus dem vorausgehenden Kapitel bereits bekannt: Die Gesamtmenge der Energie ist in einem geschlossenen System immer konstant. Energie kann also immer nur von einer Form in eine andere umgewandelt, niemals aber erzeugt werden. Kurz: Energie ist »unzerstörbar« (Ernst Peter Fischer). Wer einen Dachziegel auf ein Dach schleppt, hat Energie »verbraucht«. Aber diese Energie steckt jetzt im Ziegel selbst, weil er an einem neuen Ort ist. Aus der Bewegungsenergie ist potenzielle Energie geworden. Und die kann wiederum Arbeit leisten, indem sie bei Sturm wieder herunterfällt und Autodächer verformt. Die zweite Erkenntnis, die wir klugerweise im Umgang mit Energie beachten sollten, lautet: Energie kann durch nichts ersetzt werden. Wenn kein Sprit mehr im Tank ist, kann das Auto sich nicht mehr aus eigener Kraft bewegen.

Wenn Energie genauso unzerstörbar wie unverzichtbar ist, sind wir gut beraten, genau zu prüfen, wie viel Energie wir zur Verfügung haben, in welchen Formen sie vorhanden ist und welche Umwandlungen unseren Bedürfnissen als Menschen am besten gerecht werden. Bei dieser Prüfung sollten wir stets vor Augen haben, wie die Natur vor der Geburt des Lebens, des Menschen und der Kultur mit Energie umgegangen ist (Kapitel 1). Und wir sollten uns an den wichtigen Zusammenhang zwischen Energie und Struktur erinnern: Mit jeder Energieumwandlung geht nicht nur die Menge der weiter umwandelbaren Energie zurück, sondern es werden auch Strukturen abgebaut, das Chaos vermehrt sich. Aber es gibt, wie wir wissen, auf der Erde ein zweites, schwächeres Gesetz. Mit jedem neuen Lebewesen wird der thermodynamische Abstieg ein klein wenig abgebremst, werden durch die

Einwirkung der Sonne neue Strukturen aufgebaut, entsteht Ordnung. Alles hängt davon ab, der Ordnung bestmögliche Chancen zu geben. Wir müssen versuchen, das Grundgesetz des Abstiegs durch die Kräfte des Aufstiegs so gut wie möglich zu begrenzen.

Hardware und Software

Die schöpferische Kraft, der der Mensch sein Leben verdankt, ist also die Sonne. Sie hält für uns Erdbewohner ein Vielfaches der Energie bereit, die wir nutzen können. Der Energievorrat der Sonne ist praktisch unerschöpflich. Mit ihr hat der Mensch bisher seinen gesamten Energiebedarf gedeckt, wenn man alle von der Sonne abhängigen Energieformen einbezieht und von dem seit drei Generationen praktizierten Versuch, Atomenergie zur Energieversorgung zu verwenden, absieht. Der Mensch nutzt die Sonne erstens über die direkt eingestrahlte Energie, indem er sich an vielen Orten nur dank der von ihr erwärmten Luft auch im Freien aufhalten kann. Er nutzt die Sonne zweitens über die in Wasser, Wind und Biomasse kurzzeitig oder in fossilen Brennstoffen langzeitig gespeicherte Sonnenenergie, wobei sich alle vormenschlichen Lebensformen wie alle vorindustriellen Kulturformen auf die Nutzung der Kurzzeitspeicher beschränkten.

Während das Verbrennen fossiler Brennstoffe aus der Perspektive des Energieerhaltungssatzes das Chaos auf Erden massiv erhöht, weil nutzbare Kohle, Erdöl und Erdgas in nicht mehr nutzbare Stoffe (zum Beispiel Kohlendioxid) verwandelt werden, ist dies bei der direkten Sonnenenergienutzung völlig anders. Wenn wir die Sonnenenergie direkt oder nur über die Kurzzeitspeicher Wasser, Wind und Biomasse nutzen, schalten wir uns nur in sowieso schon stattfindende Prozesse als zusätzliche Verbraucher ein. Die Nutzung fossiler Speicher kann somit immer nur eine Übergangslösung im Vorfeld der hundertprozentig regenerativen Energieversorgung sein. Dazu kommt: Die Sonne schickt uns, anders als die Energiekonzerne, keine Rechnung, sie ist absolut gratis (wenn man einmal von den Apparaturen absieht, die zur Nutzung der Sonnenstrahlen immer auch erforderlich sind).[9]

Die Sonnenenergie ist gewissermaßen die Hardware, sie liefert das Rohmaterial für das Leben, auch das menschliche.[10] Den »Rest« besorgt – seit über drei Milliarden Jahren – die schöpferische Kraft der Selbstorganisation, der Evolution (Kapitel 1). Dabei geht sie wie ein planloser Bastler vor, sie »wurstelt herum« (Franz Wuketis). So findet sie immer neue Möglichkeiten, dieses Rohmaterial auch zu nutzen. Sie startet schließlich auch die Fotosynthese und hält sie aufrecht. Sie lässt Organismen entstehen, macht also trotz der letztlich dominanten Entropie so etwas wie Fortschritt möglich. Weil es beim Aufbau der Strukturen des Lebens auch um Informationsverarbeitung geht, kann von der Softwareseite der Sonnenenergie gesprochen werden. Dabei spielt die Desoxyribonukleinsäure (DNS) eine zentrale Rolle, das Biomolekül, das bei allen Lebewesen und bei vielen Viren als Träger der Erbinformation, also als materielle Basis der Gene, die Information über Bauplan und Verhaltensweise jedes Lebewesens von Generation zu Generation weitergibt – auch wenn Pflanzen, Tiere und Menschen dies auf höchst unterschiedliche Weise tun. Die Software besteht somit in jenem Erfahrungsschatz, den Pflanzen, Tiere und Menschen im Umgang mit ihren jeweiligen Umwelten, im Kern letztlich also im Umgang mit der Sonne, im Laufe von Jahrmillionen gemacht haben. Diese informationelle Seite der Energie – man könnte natürlich auch sagen: der Zeit, in der die Sonne Leben gespendet hat – weist gegenüber der oben angesprochenen materiellen Seite eine wesentliche Besonderheit auf. Während bewegtes Wasser, bewegter Wind und gewachsene Pflanzen nach ihrer energetischen Nutzung verschwunden sind, weil Stoffe in andere Stoffe umgewandelt wurden, ist dies bei den Informationen nicht der Fall: Wer eine Information weitergibt, besitzt diese bekanntlich danach immer noch.[11]

Das Ausmaß der in diesem Erfahrungspool steckenden bisherigen Kreativität wird deutlich, wenn man sich den zeitlichen Ablauf der Evolution genauer veranschaulicht, ähnlich wie wir das im 1. Kapitel getan haben. Auf der Suche nach Maßstäben für den Umgang mit der Umwelt interessiert uns vor allem die kulturelle Evolution. Hier spricht die atemberaubende Entwicklung der menschlichen Kommunikation für sich: Rund 50 000 Jahre ist die Sprache alt, erst vor circa 5000 Jahren entstand die Schrift, vor circa 500 schließlich der Buchdruck. Und seit 100 Jahren jagt eine Erfindung die nächste: Es begann mit dem Film, es folgten das Fernsehen, der Computer, der Nachrichtensatellit, der Videorekorder usw. Heute rast die sogenannte digitale Revolution in Jahressprüngen voran. Koordinationsprobleme und Entscheidungen, für die noch vor 100 Jahren viele Wochen und Monate notwendig waren, werden in Bruchteilen von Sekunden erledigt.

Auf der Grundlage derartiger Möglichkeiten sind wir (freilich nur der relativ kleine Teil der Menschheit, dem all diese Möglichkeiten heute zur Verfügung stehen) in den letzten beiden Jahrhunderten Profiteure einer historisch beispiellosen Steigerung der Produktivität geworden. Die spannende Frage lautet somit, wie wir mit dieser Kreativität in Zukunft umgehen. Das betrifft zunächst die technische Seite. Wir können die Natur als Vorbild nehmen. Tiere und Pflanzen zeigen uns, wie man sich an sein Umfeld optimal anpasst, die Energie der Sonne effizient nutzt, wie man mit dem Angebot an Wasser und Nahrung sparsam umgeht, wie man sich gegen Kälte und Hitze schützt und wie man sich in verschiedenen Medien (Wasser, Luft, Boden) mit möglichst wenig Kraftaufwand bewegt und dabei die Orientierung nicht verliert.[12] Ohne das Abkupfern bei der Natur wären viele Errungenschaften des Menschen (der Bau von Häusern, die Herstellung von Kleidung, Lebensmitteln, Medikamenten, Schiffen und Flugzeugen) nicht möglich gewesen. Die praktizierte Bionik hat die technische Kreativität des Menschen beispiellos beflügelt.[13]

Von der Chronobiologie
zur künstlichen Intelligenz

Weil die Sonne als Hardware und Software die Evolution des Lebens ermöglicht hat, ist sie auch sein maßgeblicher Takt- und Rhythmusgeber. Ihre Zeitmuster wirken prinzipiell auf allen »Organisationsstufen des Lebens« (Wolfgang Haber). Diese lassen sich meist nicht im Detail zurückverfolgen. Aber bei den Bäumen, den wohl größten, ältesten und deshalb am besten erforschten Lebewesen, können wir die vielfältigen und komplexen Eigenzeiten gut beobachten. Zellen in Blättern benötigen zum Beispiel Sekunden bis Minuten für ihre Reaktionen auf Umweltreize, das Blatt als Organ des Baums Tage bis Wochen, der Zweig oder Spross des Baums Wochen bis Monate, und der Wald als Lebensgemeinschaft der Bäume und vieler anderer Lebewesen in einer Landschaft verändert sich erst wirklich innerhalb von Jahrhunderten.[14] Vergleichbares gilt auch für die Wachstums- und Fortpflanzungsgeschwindigkeit von Bakterien (Verdoppelungszeit im Minutenbereich) über Käfer, Ratten, Mäuse bis hin zum Menschen. Generell gilt: Je schneller die Wachstums- und Fortpflanzungsprozesse verlaufen, desto eher brechen sie zusammen. Die Ökosystemforschung untersucht, unter welchen Bedingungen Ökosysteme insgesamt stabil bleiben.[15] Eines der Teilgebiete dieser Forschung ist die Chronobiologie, die nach den Zeitstrukturen des Lebens fragt.[16]

Bäume werden bisweilen als »Zeitmaschinen« (John Fowles) bezeichnet. Wie die Speicherung von Zeit im Verhalten von Bäumen konkret nachvollziehbar ist, beschreiben »Biografien«[17] und Bücher mit Titeln wie »Das geheime Leben der Bäume«[18]. Bäume belegen besonders anschaulich, wie das zyklische und das lineare Zeitmaß zusammenwirken: die Wiederkehr des Ähnlichen in den Wachstumsringen und das Dazukommen des Gleichen im Längenwachstum. David Suzuki, kanadischer Genetikprofessor und Träger des Alternativen Nobelpreises, spricht von einer »dynamischen Spirale« in einem streng mathematischen Sinn und erläutert dies am Beispiel einer Konifere.[19] Die Spirale erklärt für ihn die konische Form von Stamm und Ästen und die Spitzenform der Krone: »Unter der Rinde wächst die Faser im Holz spiralförmig nach oben. Die Gestalt des Stammes spiegelt sich auf diese Weise in der Gestalt des Baumes, da beide das Ergebnis eines logarithmisch (nicht linear, also etwa nach dem Muster 2 – 4 – 16 – 256 ..., F. R.) zunehmenden Wachstums sind. Jedes Jahr kommt nicht nur beim Umfang, sondern auch bei der Höhe des Baumes neues Wachstum hinzu.« Dieses Spiralmuster des Wachstums, also die gleichzeitige Zunahme des Umfangs und der Höhe, sieht Suzuki auch bei anderen Lebewesen und ihren Organen: bei Muscheln, bei Stoßzähnen von Walen und Elefanten, bei Rosen (»das überlappende Schema der Blätter um den Mittelpunkt einer Rose«), in den Spiralgalaxien des Sonnensystems, in den Windungen der Doppelhelix der DNA in den menschlichen Zellen.[20]

Was geschieht eigentlich genau, wenn sich mit dem Vergehen von Zeit Strukturen aufbauen und Wachstum möglich wird? Wie erfolgt die Weitergabe von Erfahrungen, also von Informationen? Und worin besteht dabei die Besonderheit des Menschen? Wie wir wissen, übertragen Pflanzen und Tiere die Erfahrungen, die sie dauerhaft beim Haushalten in ihrer Umwelt machen, über ihre Gene an ihre Nachkommen. Ein erster Beschleunigungsschub fand durch die Evolution der Zweigeschlechtlichkeit statt: Während davor durch die einfache Zellteilung immer nur zwei identische Nachkommen entstehen konnten, führte die sexuelle Fortpflanzung zur Mischung und Neuordnung der Gene, zu einer Vielzahl neuer Kombinationen. Das erhöhte die Wahrscheinlichkeit von Wettbewerbsvorteilen ganz massiv, »geschlechtliche Fortpflanzung ist der ungeschlechtlichen haushoch überlegen«.[21]

Mit der geschlechtlichen Fortpflanzung steigen nicht nur die Chancen für eine immer perfekter an ihre Umwelt angepasste Bauweise und Kommunikation der Lebewesen,[22] sondern auch die ästhetische Vielfalt, wie sie etwa in der Vogelwelt eindrucksvoll ist. Der amerikanische Ornithologe Richard Prum macht zum Beispiel auf die Vielfalt der Formen, Farben, Gesänge und sanften, ja liebevollen Formen der sexuellen Vereinigung und Aufgabenteilung bei der Aufzucht der Jungen im Reich der Vögel aufmerksam. Er ist sogar überzeugt, dass hier der evolutionäre Ursprung jener Freiheit begründet liegt, die ihre Krönung schließlich im Menschen fand – mit dem Prinzip der freien Partnerwahl, vielleicht sogar mit seiner grundlegenden Fähigkeit zum freien Willen.[23]

In der Tier- und Menschenwelt werden Informationen darüber hinaus bekanntlich durch Imitationslernen und Sprache weitergegeben. Allerdings unterscheiden sich Tiere und Menschen in Bezug auf die Art dieser Sprache erheblich. Während Tiere – wie vermutlich auch Pflanzen – optische und akustische Zeichen verwenden, um sich anderen mitzuteilen, arbeitet die menschliche Sprache mit Symbolen. Der entscheidende Schritt für die explosive Beschleunigung der Kommunikation beim Menschen war, dass er gelernt hatte, sprachliche Inhalte aus seinem Gehirn auszulagern und auf Felswänden, Tontafeln, Papyrusrollen, in Büchern und elektronischen Datenträgern für unbestimmte Zeit festzuhalten und so an die Nachkommen auch nach seinem Tod weiterzugeben. Während genetisch vererbtes Wissen letztlich nur durch das Aussterben einer ganzen Art wieder korrigiert werden konnte, musste und muss der Mensch nur seine Bücher umschreiben, seine elektronischen Daten überarbeiten, damit Irrtümer rechtzeitig ausgeräumt werden und stets die aktuellste Version des gespeicherten Erfahrungs- und Wissensbestands zur Verfügung steht.

An dieser Stelle stellt sich die Frage nach dem evolutionären Wesen des Menschen, seinen bisher erworbenen geistigen Fähigkeiten und denen, die er in Zukunft noch erwerben könnte. Seine beispiellose Fähigkeit zur Informationsverarbeitung hat ihm den Titel »Krone der Schöpfung« eingebracht. Anthropologen sprechen vom Homo »sapiens«, vom »klugen« Menschen, der nach derzeitigem Kenntnisstand vor rund 300 000 Jahren in Afrika das Licht der Welt erblickt hat. Als charakteristische Merkmale des Menschen gelten seine lang andauernde Kindheit, in der er auf die Versorgung und Zuwendung durch andere angewiesen ist, die relative Größe seines Gehirns in Verbindung mit seiner Fähigkeit, eine komplexe, symbolgestützte Sprache zu erwerben, und seine besonderen geistigen Anlagen, die ihn befähigen, über seine Stellung in der Welt und über sich selbst nachzudenken.[24]

Dieses Nachdenken vollzieht sich immer vor einem doppelten Hintergrund: einerseits vor dem Hintergrund der Erfahrungen, besonders der neuen, die verarbeitet werden müssen, andererseits vor dem Hintergrund des Wissens, das sowohl im Gehirn als eben auch außerhalb, heute etwa im Internet, gespeichert ist. Für Erfahrungen braucht der Mensch wache Sinne, für die Aktivierung des Wissens muss er lesen, das heißt den Sinn des Gespeicherten auch wirklich aufnehmen können. Wenn man den Menschen als »intelligentes« Wesen bezeichnet, bezieht man sich, so jedenfalls die ursprüngliche Bedeutung des Wortes, auf die Fähigkeit, »eine bewusste Wahl« zu treffen (eigentlich ›dazwischen wählen‹ von lateinisch »interlegere«): zwischen einzelnen Informationen, komplexeren Wissensbeständen, Handlungsoptionen und anderem. Diese Wahl hat den Menschen in seinem Unterwerfungswerk zu einer konkurrenzlos erfolgreichen Art gemacht. Schließlich ist es der Homo sapiens, der dank seiner Intelligenz den Löwen in den Zoo sperren und das Schwein im Mastbetrieb vegetieren lassen kann – nicht umgekehrt.

Wegen dieser herausragenden Fähigkeiten haben Geowissenschaftler unlängst das seit fast 12 000 Jahren andauernde Holozän (Nacheiszeitalter) für beendet erklärt und, beginnend etwa mit dem Jahr 1950, das »Anthropozän« ausgerufen. Ihre Begründung: Die Eingriffe des Menschen in die Natur haben mittlerweile eindeutige Spuren in den Sedimenten hinterlassen. Sie haben neben Unmengen von noch nicht versteinertem Beton und Plastik auch

Coladosen und Autoreifen in den schnell härtenden »Beachrocks« dauerhaft abgelagert. Zukünftige Archäologen werden auch Flugasche aus der Verbrennung von Kohle und Erdöl sowie radioaktiven Fallout von Atombombenversuchen und von Reaktorkatastrophen finden, wenn sie in die Tiefe graben und nach unseren Spuren suchen.[25] Geht die Entwicklung der menschlichen Intelligenz so weiter, prophezeit der israelische Historiker Yuval Noah Harari, werden neben und über dem Homo sapiens demnächst auch »Superhumans« die Erde bevölkern – und beherrschen. Solche Wesen verfügen über eine künstliche Intelligenz, die nicht nur in ihren Alltag, sondern auch in ihren Körper fest integriert ist. Diesen Übermenschen nennt Harari »Homo Deus«. Das Smartphone ist nur der bescheidene Anfang. Wer wissen will, so das schauerliche Gedankenexperiment Hararis, wie es sein wird, wenn der Homo sapiens »einmal nicht mehr die dominante Spezies auf dem Planeten sein sollte, muss nur unseren eigenen heutigen Umgang mit anderen, minderkomplexen Tieren betrachten, mit Schweinen, Rindern oder Hühnern«.[26]

Stoff-Wechsel

Zurück zur Realität, zur Gegenwart: Klar ist, dass die menschliche Kreativität immer wieder an Grenzen stößt, die allerdings durch technische Neuschöpfungen oft verschoben werden kann. Der Versuch etwa, die Energieversorgung durch Nutzung der Kernenergie zu verbessern, dürfte sich demnächst endgültig als Rückschlag erwiesen haben. Ähnliches gilt offensichtlich für den vor rund 10 bis 15 Generationen gestarteten »Versuch« mit fossilen Energieträgern, auch wenn sich die Grenze hier etwas anders darstellt. Eine weitere Grenze wird bisher jedoch kaum gesehen: das Problem der Halbmetalle und Metalle. Damit hat sich eine Gruppe von Wissenschaftlern, die teilweise aus der Projektgruppe »Ökologie der Zeit« (Kapitel 1) hervorgegangen ist, genauer befasst. Halbmetalle und Metalle sind unter anderem Voraussetzung des erst seit einer Generation gefeierten Mythos der digitalen Revolution. Ihre Idee ist bekanntlich, die virtuelle Welt könne die reale immer mehr ablösen, alles könne immer leichter, kleiner, intelligenter werden. So als ob wir uns auf Dauer vollständig von allem Schweren, Materiellen, Erdigen abkoppeln könnten. Produkte und Konzepte, die das Schwere hinter sich gelassen haben, gelten schlicht als »smart«. Aber in Wahrheit sind die Probleme der Metalle und Halbmetalle nicht geringer als die von Kohle, Erdöl und Erdgas. Auch sie sind räumlich höchst ungleichmäßig in der Erdkruste verteilt und zeitlich nicht erneuerbar.[27]

Dass diese beiden Umstände ein enormes Konfliktpotenzial in sich tragen, sich systematisch verschärfende Verteilungskämpfe provozieren, liegt auf der Hand. Vielleicht ist dieses Konfliktpotenzial sogar ernster zu nehmen als das der fossilen Brennstoffe. Während nämlich die nicht regenerativen fossilen Energieträger relativ leicht durch erneuerbare Energiequellen ersetzbar sind, ist dies bei Halbmetallen und Metallen kaum vorstellbar. Deren Bedeutung hat in den letzten beiden Jahrhunderten durch die Elektrifizierung, in den letzten Jahrzehnten durch die Digitalisierung gewaltig zugenommen. Dieser Trend wird in Zukunft noch einmal verstärkt, wenn die industrialisierten Regionen der Welt die Energiewende fortsetzen (wenn sie überhaupt begonnen wurde), wenn zudem auch eine Verkehrswende stattfindet und schließlich der Rest der Welt nachzuziehen versucht. Man stelle sich nur einmal vor, welcher Bedarf an Metallen (allein schon an Kupfer) anfallen wird, wenn die bisher fast ausschließlich fossil angetriebene weltweite Autoflotte auf Elektrobetrieb umgestellt werden soll, diese Autos zudem immer »intelligenter« werden und sich am Ende vielleicht sogar alle selbst steuern sollen. Man stelle sich vor, eine solche Elektrifizierung erfasse darüber hinaus auch Teile des Schiffs- und Flugverkehrs, der Industrieprozesse, der Gebäudeheizung und -kühlung, die Medizintechnik und so weiter. Hier zeigt sich ein Szenario, das auch vor Schwellen- und Entwicklungsländern nicht haltmachen wird. Hinzu kommt: Während Kohle, Erdöl und Erdgas relativ leicht ersetzbar sind, weil sie im Grunde recht ähnliche Eigenschaften haben, ist dies bei der Gruppe der Metalle viel weniger der Fall. Hier spielen sehr spezifische Merkmale eine zentrale Rolle, die für die jeweiligen technischen Funktionen (als Leiter und Speicher von Strom, als Katalysator für Prozesse etc.) und die spezifischen Anforderungen in Bezug auf die Verwendungsweisen (Biegsamkeit, Gewicht, Beständigkeit gegenüber Wärme, Kälte, Feuchtigkeit, Abschirmung oder Durchlässigkeit für bestimmte Strahlen, Lebensmittelverträglichkeit etc.) entscheidend sind.

Wo liegt nun das Problem beim Umgang mit Metallen und Halbmetallen? Einerseits darin, dass sie örtlich und mengenmäßig nur begrenzt verfügbar sind. Lithium etwa, der Grundstoff für derzeitige Batterien, ist bisher nur in wenigen Ländern, hauptsächlich in Lateinamerika, vor allem in Bolivien, gefunden worden, auch wenn weitere Funde prognostiziert sind. Andererseits sind Metalle und Halbmetalle, anders als in aller Regel Kohle, Erdöl und Erdgas, nach ihrer Nutzung zwar prinzipiell nicht verschwunden, sie verbrennen nicht. Aber sie werden – oft in kleinsten Mengen – mit anderen Metallen als »Gewürzmetalle« gemischt, um deren Eigenschaften zu verbessern, und so in alle Welt verstreut. Und so wie ohne Gewürz manches Gericht ungenießbar wird, kann durch Versorgungsengpässe bei einem mengenmäßig relativ unbedeutenden Stoff schnell eine ganze Produktionskette unterbrochen werden. Dazu kommt, dass in keinem industriellen Bereich die Innovationsrate so hoch sein dürfte wie bei der Entwicklung digitaler Geräte und der für ihren Betrieb nötigen Infrastrukturen.

Die weltweite Ausbreitung und Verteilung der Metalle der Erdkruste nennt man »Verstreuung« (Dissipation). Sie entspricht dem, was wir in Bezug auf die energetische Seite als »Entropie« bezeichnet haben. Am Ende hat die Verstreuung von Stoffen nahezu denselben Effekt wie das Verbrauchen von fossilen Brennstoffen. Es ist nämlich bisher kaum möglich, diese Stoffe wieder einzusammeln, zu trennen und für eine neue Nutzung aufzubereiten. Dennoch hat die Nutzung von Metallen gegenüber der Nutzung fossiler Brennstoffe den Vorteil, dass Metalle grundsätzlich recycelbar sind.

Zwischenfazit

Aus einer linearen Perspektive auf die Evolution unseres Verhältnisses zur natürlichen Umwelt muss als Erstes die einzigartige Bedeutung der Sonne zur Kenntnis genommen werden. Sie ist die schöpferische Kraft der Erde schlechthin. Sie versorgt die Erde mit Energie und ermöglicht den Aufbau lebendiger Strukturen. Deshalb begegnen uns die zeitlichen Muster der Sonneneinstrahlung in allen Lebewesen. Die Erfahrungen, die Pflanzen und Tiere im Umgang mit der Sonne und ihrer übrigen Umwelt im Laufe von Hunderten von Millionen Jahren gemacht haben, geben sie über ihre Gene an ihre Nachkommen weiter. Der Mensch mit seiner unvergleichlich kurzen Geschichte ist auf diese Erfahrungen angewiesen und versucht, sie so gut wie möglich für sein Leben zu nutzen. Er hat allerdings mit seiner auf Symbole gestützten Sprache und der Technik, Erfahrung außerhalb seines Körpers zu speichern, einen besonderen Weg im Umgang mit Information entwickelt. Dieser Weg hat dem Homo sapiens ein beispielloses evolutionäres Tempo beschert, das lineare Muster der Veränderung in ein exponentielles verwandelt. Diese Dynamik macht den Menschen zugleich zu einem höchst störanfälligen Wesen. Ob er auch in Zukunft mit energetischen und stofflichen Störungen klug umgehen wird, muss sich vor allem im Umgang mit den fossilen Brennstoffen und den Metallen und Halbmetallen erweisen.

Technik und Vorsorge

Ein nachhaltiger Umgang mit den natürlichen Lebensgrundlagen erfordert, das zeigen die Überlegungen zu Energie und Stoffen eindrucksvoll, weit in die Zukunft vorauszuschauen: Der Mensch muss Vorsorge betreiben und dafür entsprechende Techniken entwickeln. Eine Aufgabe, die die Gesellschaft als Ganze zu bewältigen hat.[28] Es geht um die Kultur, die in die Natur eingelassen ist und sie klug überformen sollte. Wir werden im Folgenden sehen, dass mit dieser Aufgabe der kulturellen Überformung der Natur die zyklische Dimension der Zeit ins Zentrum rückt: die Kreisläufe und Rhythmen, die dem Umgang mit der natürlichen Umwelt die nötige Stabilität geben. Damit begeben wir uns auf die Suche nach der Wiederkehr des Ähnlichen, nach jenen Kräften, die die Fähigkeit haben, im Kontext von Technik und Vorsorge Strukturen aufzubauen.

Mensch und Arbeit I

Auf der Suche nach dem, was bei all der oben dargestellten Beschleunigung des Umsatzes an Energie und Stoffen beim Menschen gleich bleibt, müssen wir uns sein Wesen noch genauer ansehen. Der Mensch bringt, wie Pflanzen und Tiere auch, die Mittel für sein Leben durch eigene Aktivität hervor. Wie alle Lebewesen ist er dazu gezwungen, die Entropie zu vermehren, um sein Leben erhalten zu können.[29] Dieser Zwang ergibt sich zum einen aus seiner körperlichen Organisation (innere Bedürftigkeit), zum andern aus der Tatsache, dass er nicht im Schlaraffenland lebt, wo ihm die gebratenen Tauben in den Mund fliegen (äußere Gestaltungserfordernisse). Der Mensch muss, so formulierte der junge Marx treffend, für den Stoffwechsel zwischen seinem »organischen« und seinem »unorganischen Leib« (der Natur) selbst sorgen.[30]

Aber es gibt einen entscheidenden Unterschied zwischen den Aktivitäten der Pflanzen und Tiere einerseits und der Arbeit des Menschen andererseits: Während Pflanzen und Tiere nur ihren Instinkten folgen, sind sich Menschen dank ihrer Intelligenz dieser Aufgabe auch bewusst und können sie bewusst erledigen. Indem der Mensch so die Mittel für sein Leben hervorbringt, bringt er sein Leben selbst hervor. Der schlagende Beweis für diesen fundamentalen Unterschied zwischen nicht menschlichem und menschlichem Leben ist, dass der Mensch in der kurzen Zeit seit seiner evolutionären Geburt die Art der Produktion, also die Instrumente, Techniken, Normen und Institution, immer wieder in exponentiell steigendem Tempo verändert hat – wenn auch anfangs nur in sehr langsamen Schritten. Der Mensch ist auf die ständige Revolutionierung seiner Umwelt programmiert, Kultur ist hierbei sein revolutionäres Universalwerkzeug.

Wer die Menschheitsgeschichte verstehen will, kommt an einer intensiven Analyse der Kultur und der mit ihr einhergehenden menschlichen Arbeit nicht vorbei. Dabei können wir als Erstes grundsätzlich festhalten, dass Natur, Kultur und Arbeit einander zutiefst und wechselseitig prägen und dieses Verhältnis auch für das Leben des Menschen von entscheidender Bedeutung ist.[31] Die Prägung findet – so neben Marx auch viele andere Autoren – auf allen drei Ebenen statt, in die das Leben des Menschen eingebunden ist: erstens in seinem Verhältnis zur Natur (Umwelt), zweitens in seinem Verhältnis zur Gesellschaft (Mitwelt) und drittens in seinem Verhältnis zu sich selbst (Innenwelt).

In diesem Kapitel interessiert uns zunächst nur das Verhältnis zur natürlichen Umwelt. Die Zeitmaße der Arbeit werden zum einen durch das Wissen, die Fähigkeiten und Werkzeuge, die bei der Arbeit zur Verfügung stehen, bestimmt, zum andern durch den Widerstand und die Komplexität der materiellen Umwelt und der aus ihr entnommenen Materialien, die durch Arbeit umgeformt werden.

Schauen wir uns die generelle zeitliche Prägung von Arbeit genauer an. Am Beginn jedes Arbeitsprozesses steht das Motiv einer Umgestaltung von unbelebter oder belebter Natur, am Ende ein Produkt, das aus diesem Umgestaltungsprozess hervorgeht. Insofern ist das Arbeiten, auch wenn es noch so beschleunigt ablaufen mag, immer ein zyklischer Vorgang, ein Kreislaufprozess. Resonanztheoretisch gesehen, geht Arbeit ihrem Wesen nach immer mit elementaren Resonanzerfahrungen einher, wenn die gegen die Widerstände der Materialien erfolgte Umformung gelingt. Die Resonanzerfahrung besteht dann im Erfolgserlebnis oder, wie Psychologen sagen: im Erlebnis der Selbstwirksamkeit. Dieses Erlebnis ist für das menschliche Wohlbefinden bekanntlich ausgesprochen wichtig. Wo es ausbleibt, bleibt die Resonanzhoffnung unerfüllt. Dies gilt natürlich prinzipiell auch für Dienstleistungen am Menschen, wo potenzielle Widerstände nicht materieller, sondern biotischer, psychischer und sozialer Natur sind.

Ob sich die Resonanz im Umgang mit der natürlichen Umwelt einstellt, hängt von den jeweiligen Voraussetzungen ab, auch den zeitlichen. Bei einem Fischer sind dies andere als bei einem Bauern, bei einem Bauern andere als bei einem Arzt, einem Börsenmakler, einem Programmierer und so weiter. In Bezug auf die Naturrhythmen sind Fischer und Bauern, wenn auch auf unterschiedliche Art, sehr viel stärker von Jahreszeiten, Mondschein, Tag-Nacht-Wechsel und Wetter abhängig als Handwerker, Ärzte, Börsenmakler und Programmierer. Auch der Zeithorizont, innerhalb dessen sie planen, unterscheidet sich. Bauern orientieren sich an Wochen, Monaten und, wenn sie beispielsweise von konventionellem zum biologischen Landbau umstellen oder Wälder nachhaltig bewirtschaften, an Jahren und Jahrzehnten – Börsenmakler dagegen bisweilen an Bruchteilen von Sekunden. Dementsprechend sind auch die Zeiträume, die ihnen für ihre Überlegungen und Entscheidungen zur Verfügung stehen, höchst unterschiedlich.

Nachhaltige Forstwirtschaft

Will man die zeitlichen Muster des Umgangs mit der Natur in Hinblick auf die Anwendung von Technik und die Vorsorge für das Leben genauer verstehen, ist es sinnvoll, sich mit jenen Praktiken zu befassen, denen frühere Gesellschaften ihre Stabilität verdankten.[32] Das beginnt mit der systematischen Landwirtschaft vor rund 10 000 Jahren und der Erkenntnis, dass diese agrarischen Kulturen, unabhängig davon, ob sie in Afrika, in Amerika, im nahen oder fernen Asien angesiedelt waren, erstaunlich lange Bestand hatten. Zum Beispiel weiß man aufgrund von archäologischen Funden und sprachgeschichtlichen Forschungen über die Indoeuropäer, dass sie über Jahrtausende mit relativ unveränderten Techniken und Institutionen als Steppennomaden frühe Formen von Landwirtschaft betrieben und sich, ausgehend von ihrer südrussischen Heimat, über weite Bereiche Eurasiens und des Nahen Ostens bis nach Indien ausbreiteten.[33]

Genauere Kenntnisse haben wir über die traditionelle Forstwirtschaft in Europa, weil die Lebenszyklen von Bäumen die von Ackerpflanzen und Vieh um ein Vielfaches übersteigen. Der Wald lieferte über Jahrtausende einen wesentlichen Energieträger, er war und ist aber auch Lebensraum von Tieren, Pilzen, Beeren, Kräutern und für den Menschen als Lieferant von Energie, Nahrung und Baumaterial wie auch als Ort der Erholung und des Vergnügens (Jagd, Sport) wichtig. Bereits aus dem späten Mittelalter sind Waldordnungen bekannt, die das Prinzip der Nachhaltigkeit festschrieben, ohne es so zu bezeichnen. Sie wurden nötig, als vor allem durch die wachsende Bevölkerung und das Wachstum der Städte das Holz immer knapper wurde, sodass man dem jahrhundertelangen Raubbau einen Riegel vorschieben musste.

So begründet zum Beispiel der Stadtrat der fränkischen Stadt Iphofen in einem Beschluss aus dem Jahr 1583 die Regeln für die Waldnutzung damit, »dass wir unseren Nachfahren nichts weniger, als unsere Vorfahren uns gelassen, unsern Fleiß gleich ihnen und ein mehreres wo möglich befinden möchten«.[34] Um eine kontinuierliche Waldnutzung zu gewährleisten, wurde der Wald dort in gleich große Parzellen unterteilt, die nacheinander in regelmäßigem Turnus von maximal 30 Jahren bewirtschaftet werden durften. In der übrigen Zeit wurden die Parzellen sich selbst überlassen. Dicke, hohe Bäume, vor allem Eichen, blieben meist stehen, weil man die Eicheln als Tierfutter nutzte und nur wenige starke Eichen für die Gewinnung von Bauholz gefällt werden durften. Dünne, niedrigere Bäume, zum Beispiel Linden, schlug man als Brennholz. Festgelegt war auch, dass immer genügend Jungbäume für den Nachwuchs stehen bleiben mussten. Ziel solcher Waldordnungen war es, eine begrenzte Ressource (Viehfutter, Holz) dauerhaft verfügbar zu halten.[35] Der Terminus »Nachhaltigkeit« wurde erst sehr viel später geprägt, nämlich durch den kursächsischen Oberbergmann Carl von Carlowitz, der in einem 1713 erschienenen Fachbuch für Förster nicht nur vor dem Raubbau an Holz warnte, der mit dem Bergbau in Sachsen einherging, sondern auf betriebswirtschaftliche Regeln für den Schutz der sich rasch verknappenden Ressource aufmerksam machen wollte.

Ein zeitökologisch reflektierter Umgang mit Wäldern muss von der trivialen Tatsache ausgehen, dass Wälder nicht einfach da sind. Ihr Wachstum ist, so zeigt die Waldökologie, vielfältig zyklisch und linear strukturiert.[36] Auf das Kraut- und Gräserstadium folgen das Pionierwald-, dann das Übergangswald- und das Aufbaustadium, in dem die Bäume ihre maximale Höhe erreichen. In diesem langen Stadium werden weiter eine Verjüngungs-, eine Reife-, eine Alterungs- und eine Zerfallsphase unterschieden. Aber dies ist kein einfaches Nacheinander. Vielmehr beginnen etwa in der Verjüngungsphase neue Kräuter und Gräser sowie neue Jungbäume mit ihrem Wachstum, sodass sich die einzelnen Phasen übereinanderschieben. Im Wirtschaftswald zeigt sich deshalb idealerweise aus der Vogelperspektive eine wellenförmige Struktur.[37]

Wichtig für eine nachhaltige Holznutzung war neben den Waldordnungen immer auch die Frage, wem der Wald eigentlich gehörte und wie die Nutzungsrechte zwischen den Eigentümern verteilt waren.[38] Die mittelalterliche Institution der Allmende garantierte grundsätzlich jeder Familie, ihr Vieh auf das Weideland und in den Wald im Umfeld des Dorfes treiben und dort auch Holz schlagen zu dürfen. Diese Gebiete waren Gemeindeeigentum und einigermaßen vor den Ansprüchen der Grundherren geschützt. Die Regeln für die Nutzung dieses »Gemeinbesitzes« wurden meist durch die Dorfbewohner selbst festgelegt, wobei die Entscheidungen in der Versammlung der »Nachbarn«, also von den alteingesessenen Dorfbewohnern mit vollem Gemeinderecht, auf Grundlage der Dorfordnung getroffen wurden. Der »gemeine Nutzen« hatte oberste Priorität, deshalb hatte man ein starkes Interesse an einer gerechten und transparenten Ressourcenverteilung, der Erhaltung der Produktivkraft von Weiden und Wäldern, einem guten Zustand der Wege und der Beschränkung des Aufwands für das Hüten des Viehs durch den Dorfhirten.

Mit zunehmender Bevölkerung wurde die Verwaltung der Allmende zu einer immer schwierigeren Aufgabe. Weil die Regenerationszeiten der Wälder und Böden immer häufiger nicht mehr optimal eingehalten werden konnten und somit mittelfristig Ressourcen knapper wurden, entstanden immer häufiger Konflikte im Umgang mit Wäldern. Die Dorfordnungen, die zudem im Laufe der Zeit immer mehr von den Grundherren mitbestimmt oder gar oktroyiert wurden, waren dennoch für das dörfliche Gemeinschaftsleben und den Dorffrieden von großer Bedeutung. Mit der Aufhebung der Lehensherrschaft Mitte des 19. Jahrhunderts wurde schließlich auch die Allmende privatisiert und der ehemalige Gemeindewald der ökonomischen Nutzung einzelner Eigentümer überlassen, die freilich bis heute meist durch staatliche Forstverwaltungen überwacht werden.

Quellen und Senken

Für die aktuelle Diskussion über den Versuch, das Nachhaltigkeitsprinzip auf Wirtschaftsbereiche außerhalb von Land- und Forstwirtschaft zu übertragen, ist der US-amerikanische Wirtschaftswissenschaftler Herman Daly wichtig. Die drei Nachhaltigkeitsregeln, die er in den 70er-Jahren des 20. Jahrhunderts entwickelt hat, haben in den Nachhaltigkeitsdiskurs weitgehend Eingang gefunden.[39]

Wie für vorindustrielle, so die *erste* Regel, gilt auch für industrielle Gesellschaften, dass Ressourcen, die sich selbst regenerieren, nicht schneller verbraucht werden dürfen, als sie sich gleichzeitig wieder selbst erneuern. Man denke außer an Bäume etwa an Wildtiere, Fischbestände, Nährböden für Feldfrüchte oder einen Großteil der Wasservorkommen. Für nicht erneuerbare Vorräte, von denen ein Großteil erst während der Industrialisierung erschlossen wurde, gilt *zweitens*, dass sie nicht rascher abgebaut werden dürfen, als gleichzeitig erneuerbare Quellen als Ersatz für diese Art von Nutzung geschaffen werden.[40] Gemeint sind vor allem Metalle und fossile Brennstoffe, die schrittweise durch erneuerbare ersetzt werden müssen, damit wir nicht eines Tages plötzlich mit leeren Händen – in energetischer und stofflicher Hinsicht – dastehen. Die *dritte* Regel zielt vor allem auf die ökologischen Probleme der jüngsten Vergangenheit und der Gegenwart: Es dürfen den Senken der Natur nur so viel Schadstoffe zugemutet werden, wie sie diese in harmlose Substanzen umwandeln können. An dieser Stelle geht es also um die Belastung von Boden, Wasser und Luft.

Ein erster Meilenstein auf dem Weg zur expliziten Berücksichtigung der Zeitdimension im Zusammenhang mit der Präzisierung von Nachhaltigkeit war ein 1994, also schon vier Jahre vor der Nachhaltigkeits-Enquete von 1998 (Einleitung) veröffentlichter Enquete-Bericht für den Deutschen Bundestag. In ihm kam als *vierte* Regel die sogenannte zeitökologische Regel hinzu, die auf Initiative des Tutzinger Projekts »Ökologie der Zeit« (Kapitel 1) die ersten drei Regeln durch explizite Herstellung des zeitlichen Bezugs umfasst und konkretisiert: »Das Zeitmaß anthropogener Einträge beziehungsweise Eingriffe in die Umwelt muss im ausgewogenen Verhältnis zum Zeitmaß der für das Reaktionsvermögen der Umwelt relevanten Prozesse stehen.«[41] Damit berücksichtigten die Autoren vor allem die Tatsache, dass Belastungen der Quellen und Senken immer erst mit einer gewissen zeitlichen Verzögerung sichtbar werden, die ein kluger Umgang mit ihnen bereits im Voraus einkalkulieren muss.

Solche Regeln sind schon deshalb schwierig umzusetzen, weil die Energie- und Stoffströme hochindustrialisierter Gesellschaften bisher nur sehr ungenügend erforscht sind. Die wissenschaftliche Chemie konzentriert sich meist auf einzelne Stoffe und deren einfache Reaktionen. Will man Zeitmaße für den Umgang mit Stoffen ermitteln, so müssen im Prinzip alle beteiligten Stoffe, die chemischen Ausgangs-, Zwischen- und Endprodukte und alle dabei ablaufenden beabsichtigten und unbeabsichtigten chemischen Reaktionen erfasst werden. In zeitlicher Hinsicht ist dabei zunächst die Lebensdauer der eine chemische Reaktion eingehenden Stoffe zu ermitteln. Ferner ist nach der Zeit zu fragen, die Stoffe zur Ausbreitung in ihre Umgebung brauchen. Und dies führt wiederum zur Frage nach dem jeweiligen Transportmedium wie etwa Boden, Wasser und Luft.

Erst wenn Lebensdauer, Ausbreitungsräume und Ausbreitungszeiten ermittelt sind, können Handlungsalternativen formuliert und Handlungsempfehlungen gegeben werden. Erst dann kann man den Kreis der Betroffenen und die politische Ebene festlegen, auf der letztlich die Entscheidung über die beste Art des Produzierens und Konsumierens bei gegebenen Bedürfnissen gefällt werden muss. Aufgrund der genannten Schwierigkeiten drängt sich bereits eine erste Konsequenz auf, die in einer ständig unter

Innovationszwang stehenden Ökonomie alles andere als trivial ist: Wir sollten die bewährten Praktiken im Umgang mit Stoffen nicht vorschnell aufgeben, nur weil neue Praktiken möglich geworden sind.

Was die Energieversorgung betrifft, müssen, da auf längere Sicht die Sonne die einzige Energiequelle ist, ihre Eigenschaften als Maßgabe für ihre Nutzung ernst genommen werden: Sie scheint eben nicht überall und immer gleichermaßen, sondern räumlich konzentriert und in einer bestimmten zeitlichen Periodizität. Eine nachhaltige Energieversorgung muss sich deshalb so weit wie möglich an den Phasen der Sonne orientieren. Das entspricht im Übrigen auch den menschlichen Sinnesorganen, die im Vergleich zu anderen Lebewesen nur sehr eingeschränkt an die Dunkelheit der Nacht angepasst sind. Und es entspricht vor allem auch dem gesamten Biorhythmus des Menschen, der auf Nachtruhe programmiert ist. Zudem mindert die kollektive Nachtruhe auch den Umfang der Infrastruktur, die für die Aktivitätsphasen des Menschen nötig ist (Beleuchtung, Verkehr, Polizei, Gesundheitseinrichtungen). Anders gesagt: Es geht um den Schutz der Nacht, auch um den Lebensraum von Tieren (Insekten, Vögel, Käfer und andere) zu schützen, die auf die Dunkelheit und Stille der Nacht angewiesen sind.[42]

Der Reproduktionsring

In der Diskussion um ökologische Nachhaltigkeit wurde schnell klar, dass dieses einfache Quellen-Senken-Konzept den komplexen Verhältnissen, vor allem in industrialisierten Gesellschaften, nicht gerecht wird. Das Konzept weist zwar in die richtige Richtung, wir müssen es aber modifizieren und präzisieren. In den Köpfen der Konstrukteure dieses Konzepts steckt, so die Landschaftsökologin Sabine Hofmeister, das Bild einer mittelalterlichen Stadt:[43] außerhalb der Stadtmauern die Natur, innerhalb die

Kultur, zwischen beiden ein reger Verkehr. Dies ist im Grunde ein vorindustrielles Bild. Denn die industrielle Revolution hat, so Hofmeister, die Stadtmauern ein für alle Mal hinweggefegt. Was außen war, wurde nach innen geholt, was innen war, nach außen gekehrt. Vor dem Hintergrund des einfachen Quellen-Senken-Modells vollzieht sich alles Wirtschaften zwischen der gratis von der Natur zur Verfügung gestellten »Speisekammer« und dem ebenso gratis verfügbaren »Abort«. Praktisch läuft in diesem Modell alles darauf hinaus, den Durchfluss von Energieträgern und Materialien zu verlangsamen, die Menge von Abfall zu minimieren. Aus dieser problematischen Vorstellung folgt, so die Kritik Hofmeisters, eine ebenso problematische Umweltpolitik: Sie ist auf Abfallpolitik beschränkt.

Der Gegenvorschlag lautet: Statt Abfälle sollten wir besser Stoffe bewirtschaften und damit statt einer Entsorgungs- eine Versorgungswirtschaft betreiben, die im Kern eine auf Zukunft zielende Vorsorgewirtschaft ist. Wenn man erst am Ende des Lebensweges eines Produkts, also beim Wiedereintritt in den Naturhaushalt, an die physische Beschaffenheit denkt, geht man einen Umweg. Umwege sind nicht nur mit zusätzlichem Verbrauch von Energieträgern und Materialien verbunden. Sie bergen bekanntlich auch das Risiko, dass man nicht rechtzeitig dort ankommt, wo man hinwill.

Das Risiko einer Abfall- beziehungsweise Entsorgungswirtschaft liegt darin, beim Erkennen physischer Unverträglichkeiten zwischen Produkt und Naturhaushalt den Wiedereintritt des Produkts in den Naturhaushalt immer wieder räumlich zu verlagern oder zeitlich hinauszuschieben und damit endlos Folgeschäden zu produzieren. Dann bauen wir die Schornsteine einfach immer höher, bringen den problematischen Müll ins Ausland und hinterlassen die Lagerstätten, nicht nur für Atommüll, den kommenden Generationen als Erbe. Eine vorsorgende Stoffwirtschaft hingegen spart sich Umwege und Risiken. Sie macht sich bereits am Anfang des Lebenswegs eines Produkts dessen Stofflichkeit bewusst und organisiert die gesamte Kette der Stoffumwandlung im Lichte dieses Bewusstseins. Dies führt zu einem fundamentalen Wandel des gesamten ökonomischen Modells. Während die nachsorgende Abfallwirtschaft auf die Produktion von Gütern programmiert ist, geht es der vorsorgenden Stoffwirtschaft um die Reproduktion des Naturhaushalts. Sie wird, so hofft Hofmeister, zur »Botschafterin« einer völlig neuen Art des Wirtschaftens: Sie zeigt uns nicht nur den Weg von der Nach- zur Vorsorge, sie befreit uns auch von der Herrschaft der Produktion über die Reproduktion.

Wenn die Natur überall ist und zwischen Natur und Kultur nicht mehr scharf getrennt werden kann, dann müssen wir auch Produktivität neu definieren: als Produktivität der Natur selbst. »Naturproduktivität ist die ganze Produktivität des Lebendigen – das ›tätige Leben‹, in dem Mensch und Natur miteinander verbunden sind.«[44] Weil Leben durch die Einheit von Wiederholung und Erneuerung, von Wiederherstellung und Schöpfung gekennzeichnet ist, eignet sich zur Beschreibung dieses zugleich produktiven und reproduktiven Geschehens der Begriff »Reproduktionsring«.[45] Reproduktionsringe, die sich an den Stoffkreisläufen der Natur orientieren, sind die Grundlage für ein praktisches Stoffmanagement, das diesen Ring in all seinen Funktionen zu schützen hat.[46]

So wie die Natur selbst Lebewesen hervorbringt und wieder entsorgt, so sind auch die wirtschaftlichen Aktivitäten des Menschen gleichzeitig Produktions-, Konsum- und Entsorgungsprozesse. Auch hier handelt es sich um keinen exakten Kreislauf, sondern um einen spiralförmigen Prozess (vgl. Kapitel 1): Nach dem Durchgang durch die einzelnen Phasen des Wirtschaftsprozesses wird niemals der genaue Ausgangszustand erreicht. Vielmehr stellen sich stets mehr oder minder kleine Abweichungen ein, die die Elastizität der Systeme garantieren und den Keim zu evolutionärem Fortschritt beinhalten.[47]

Auf dieser Grundlage können auch die zeitökologischen Nachhaltigkeitsregeln präzisiert werden. Wenn man von der Einheit von Produktion und Reproduktion ausgeht, muss man, so die Tutzinger Arbeitsgruppe, den Begriff der Biodiversität ins Zentrum stellen.[48] Wo eine Vielzahl von Arten in einem bestimmten Biotop lebt, müssen sich die Lebewesen spezialisieren (zum Beispiel jagen die einen in der Nacht, die anderen am Tag), sodass sie ihre je eigene Nische finden, wobei »Nische« keinen Ort, sondern die Rolle einer Art im Ökosystem bezeichnet. Und wenn die Arten sich nicht zu sehr unterscheiden, können sie sich wechselseitig ersetzen, wenn bei einer von ihnen eine Störung auftritt. Das alles geschieht natürlich ohne einen irgendwie gearteten »Gemeinschaftsgeist«, allein gesteuert durch das genetische Programm. Wegen dieses »Dienstleistungs- und Versicherungswerts« der Biodiversität geht es bei allen Eingriffen darum, die Biodiversität wenigstens zu erhalten, besser noch zu erhöhen.

Weil wir im Zusammenhang mit dem Schutz von Reproduktionsringen vieles einfach noch nicht wissen und auch nicht wissen können, schlagen die Autoren eine Ungewissheitsregel vor, die besagt, dass unsere Eingriffe räumlich und zeitlich immer nur so weit reichen dürfen, wie wir über die betreffenden Stoffe und Reaktionen ausreichend Bescheid wissen.

Auch gilt es, Eingriffe zunächst im Kleinen zu erproben und dabei ausreichend Beobachtungs- und Bewährungszeit einzuräumen, damit die technische Innovationsgeschwindigkeit den Bedingungen der Biosphäre angemessen bleibt. Aufgrund unseres begrenzten Wissens sollten wir den zentralen Wert der Fehlerfreundlichkeit nicht aus den Augen verlieren: »Vielfalt und Gemächlichkeit« (Kafka) sind die besten Leitplanken – auch einer zukunftsfähigen Chemie.

Zwischenfazit

Um leben zu können, muss der Mensch als Gattungswesen die ihn umgebende natürliche Umwelt bearbeiten. Welche Rolle Kreisläufe im Zusammenhang mit der Versorgung und Vorsorge des Menschen und der Entwicklung und Verwendung geeigneter Mittel und Techniken spielen, haben wir am Beispiel der Forstwirtschaft eindrucksvoll studiert. Wenn das Prinzip der Nachhaltigkeit auch für andere Wirtschaftsbereiche gültig sein soll, müssen wir uns bewusst werden, dass sich alles Wirtschaften zwischen den Quellen und Senken des Naturhaushalts vollzieht. Diese benötigen ihre Zeit, um sich nach jeder Inanspruchnahme zyklisch erneuern zu können. Aufgrund der allseitigen Vernetztheit, sowohl der außermenschlichen natürlichen Lebensgrundlagen als auch des menschlichen Umgangs mit ihnen, müssen Produktion und Reproduktion gleichzeitig als Einheit begriffen werden. Ein nachhaltiger Umgang mit der natürlichen Umwelt kann deshalb nur am Modell des Reproduktionsrings ausgerichtet sein. Dieser Ring erfordert im Bereich des Lebendigen ein Maximum an Diversität, um die Fruchtbarkeit der Kräfte der natürlichen Umwelt zu nutzen und die Versorgungs- und Vorsorgesicherheit zu gewährleisten.

Praktische Resonanz I:
Regenerativität

Fragen wir nun nach praktischen Konsequenzen aus der bisherigen Analyse. Wir müssen, so der Grundtenor der Antwort, unser Verhalten und unsere Verhältnisse in Bezug auf die natürliche Umwelt an der Maxime der Regenerativität der Natur ausrichten. Das heißt die Natur in ihrer Fähigkeit, sich selbst nach einer Belastung wiederherzustellen, konsequent respektieren.[49] Nur dann werden die Schwingungen des Menschen mit den Schwingungen der Natur in Einklang kommen. Mehr noch: Wenn wir Glück haben, wird die natürliche Umwelt unsere Eingriffe nicht nur erwidern, sondern zudem dadurch verstärken, dass sie ihre Fruchtbarkeit sogar noch erhöht.[50] Eine regenerative Wirtschaft bedient sich an den Früchten, die die »Wirtschaft der Natur« (Vandana Shiva) hervorbringt, ohne dass sie deren Substanz gefährdet. Was heißt das konkret? In welche Richtung müssen wir unsere Wirtschaft weiterentwickeln, wenn wir das in der Forstwirtschaft bewährte Prinzip des Reproduktionszirkels auf die Realität einer industriellen und postindustriellen Wirtschaft übertragen wollen?

Hundertprozentig solar

Dass der Mensch den Rhythmus seiner Aktivitäten wieder mehr am periodischen Wechsel der Sonneneinstrahlung orientieren sollte, haben wir oben bereits festgestellt. Noch sehr viel grundlegender hat der Physiker Hans-Peter Dürr, einst Mitarbeiter Werner Heisenbergs, später Direktor des Max-Planck-Instituts für Physik in München, Mitglied des Club of Rome und Träger des Alternativen Nobelpreises, über die energetische Problematik angesichts der Forderung nach Regenerativität im Umgang mit der natürlichen Umwelt nachgedacht.[51] Ähnlich wie Friedrich Cramer fordert Dürr, endlich Konsequenzen aus den Fortschritten zu ziehen, die die Physik in der ersten Hälfte des 20. Jahrhunderts gemacht hat. Wenn alles, was es gibt, Teilchen und Welle zugleich ist, wenn Materie nichts anderes als kompakte Energie und Energie die schöpferische Kraft schlechthin ist, dann begegnen wir, so Dürrs Naturphilosophie, in der Welt eigentlich nur der »Schlacke des Geistes«. Anders formuliert: Alles ist im Grunde Beziehung und Bewegung, und wenn wir von Materie und Stoffen sprechen, meinen wir nichts anderes als die mehr oder minder stabilen Gestalten, zu denen diese Beziehungen und Bewegungen gerinnen können. Das entspricht Cramers Vorstellung, dass Prozess und Gestalt nur zwei Seiten ein und derselben Medaille sind. Dürr macht aber zudem auf die unterschiedlichen Grade der Stabilität aufmerksam. Was nicht lebt, ist stabiler als das, was lebt. Und innerhalb der Lebewesen ist der Mensch das instabilste Wesen. Sein Verhalten ist genetisch nur zum geringen Teil festgelegt und deshalb evolutionär kaum erprobt. Der hohe Grad der menschlichen Autonomie macht ihn, so Dürr, zu einem beispiellos risikobehafteten Wesen. Er muss sich selbst stabilisieren, und seine Überlebenschancen hängen davon ab, ob ihm dies gelingt.

Eine nachhaltige Nutzung der natürlichen Lebensgrundlagen erfordert vor diesem Hintergrund zuallererst eine »offene, aufmerksame, umsichtige, flexible, kreative, einfühlende und liebende Lebenseinstellung«.[52] Nur eine solche Einstellung ist nach Dürrs Überzeugung dazu in der Lage, materielle Energiequellen der äußeren Natur in relevantem Umfang durch geistige Energiequellen der inneren Natur des Menschen zu ersetzen und so das Maß der Entropie durch das schöpferische Tun des Menschen zu begrenzen. Da Dürr Wirtschaft und Staat angesichts der gegenwärtigen Herausforderungen für überfordert hält, setzt er auf die Zivilgesellschaft, deren weltweite Vernetzung. Wichtig für die »dynamische Stabilisierung« ist für Dürr, dass die kulturelle Vielfalt auf unserem Planeten erhalten bleibt, da jede Kultur Erfahrungen und Weisheiten birgt, die wir auf unserem Weg der dynamischen Stabilisierung erhalten und nutzen müssen. Dass diese Form der Stabilisierung so ziemlich das Gegenteil der heute global herrschenden Wirtschafts- und Gesellschaftsordnung ist, analysieren wir in Kapitel 5 genauer. Dürrs Vision ist jedenfalls eine radikale Absage an den Alleinvertretungsanspruch, den der Westen in Sachen Entwicklung und Rationalität zu erheben pflegt. Wie Kafka so sieht also auch Dürr in der Vielfalt einen zentralen Faktor für die Erhaltung und Verbesserung des Lebens.

Was den konkreten Umgang mit Energie betrifft, so macht Dürr eine interessante Rechnung auf. »Die Sonne schickt uns (der Erde, F. R.) unentwegt 450 Milliarden Energiesklaven, um das ganze Biosystem zu stabilisieren, wobei ein Energiesklave das Äquivalent eines Viertels einer Pferdestärke ist und zwölf Stunden am Tag ununterbrochen arbeitet.« Mit dem Wort »Energiesklave« meint Dürr jene Formen von Energie, die dem Menschen in Gestalt von Wärme, Wind, Wasser, Pflanzen und vor allem fossilen Energieträgern von der Natur zur Verfügung gestellt werden und ihm jede Menge Arbeit abnehmen. Sklave deshalb, weil diese Energie eine rein dienende Funktion in Hinblick auf die Aufrechterhaltung der Voraussetzungen des Lebens hat. Die Energiesklaven sorgen dafür, dass das labile Kartenhaus unseres Biosystems einigermaßen stabil bleibt, dass jede Art die für ihr Leben erforderliche Energie zur Verfügung gestellt bekommt. Ähnlich wie Cramer und Kafka baut also auch Dürr auf die Kräfte des Aufstiegs, die freilich durch menschliche Unvernunft sehr schnell erlahmen und ins Chaos führen können.

Die für die menschliche Resonanzpraxis entscheidende Frage ist nun, wie viel Energie der Menschen für sich beanspruchen darf, wenn er diese Stabilisierungsfunktion für das Reich des Lebendigen nicht gefährden und zum Beispiel die Artenvielfalt nicht drastisch reduzieren will. Dürr kommt auf etwa 100 Milliarden Energiesklaven. Tatsächlich aber beschäftigen wir nach Dürrs heute nicht mehr ganz aktuellen Rechnung im weltweiten Durchschnitt etwa 140 Milliarden, wobei die Streuung enorm ist. Wenn wir also als Erdbevölkerung 100 Milliarden Energiesklaven halten dürfen, ohne das Ökosystem zu gefährden, kämen auf jeden Erdenbürger rechnerisch 15 Energiesklaven. Das wären immerhin 30-mal so viel, wie für unsere physische Existenz, also die Befriedigung unserer biologischen Grundbedürfnisse, erforderlich sind. Wir hätten demnach noch jede Menge Spielraum für die Bereicherung unseres Lebens. 15 Energiesklaven – das entspricht dem Lebensstandard eines durchschnittlichen Schweizers in den 1960er-Jahren. Wollten wir uns in Europa für einen nachhaltigen Lebensstil entscheiden, der die Stabilisierung des Biosystems durch die Sonne nicht gefährdet, müssten wir – auch aufgrund des weiterhin zu erwartenden technischen Fortschritts – also nicht zurück ins Mittelalter. Wir müssten im Norden der Welt nur einen mehr oder minder großen Teil der bisher für uns arbeitenden Energiesklaven in die Freiheit entlassen und dem Süden zur Verfügung stellen. Aber wir folgen, so Dürrs treffender Vergleich, bisher lieber einer anderen Strategie. Wir leben in einer »Bankräubergesellschaft«. Wir »stellen mit eigener Kraft Schweißgeräte her, brechen damit einen Naturtresor nach dem anderen auf, nehmen dessen Schätze und Energie heraus, um nebenbei neue Schweißgeräte zu machen, mit denen weitere Naturtresore geplündert werden«.[53]

Nach einer neueren Berechnung muss das langfristige Ziel für Industrieländer und Entwicklungsländer die 2000-Watt-Gesellschaft sein.[54] Das bedeutet für die Industrieländer die Beschränkung auf durchschnittlich ein Drittel des bisherigen Energieverbrauchs. Nur so können die Entwicklungsländer, die bisher oft mit ein paar hundert Watt auskommen müssen, Spielraum für eine – jeweils unterschiedlich intensive – nachholende Entwicklung bekommen, ohne dass die planetaren Grenzen energetisch überschritten werden. Dies erfordert allerdings neben einem starken Wandel des Lebensstils und der zügigen Einführung energieeffizienter Technologien im globalen Norden, dass dieser die Technologien dem globalen Süden auch zur Verfügung stellt, damit dort nicht zuerst jene veralteten Technologien zum Einsatz kommen, die uns im Norden die heutige Situation beschert haben. Letztlich geht es darum, die Energieversorgung der Erde, die für einige wenige Generationen auf den Irrweg der fossilen Brennstoffe ausgerichtet war, wieder voll und ganz auf die einzig dauerhafte (zumindest für die nächsten paar Milliarden Jahre) Energiequelle zurückzulenken: die Sonnenenergie mit ihren vielfältigen Nutzungsmöglichkeiten.[55]

Verstreuung reduzieren

Was die Stoffe betrifft, ist das Problem etwas anders gelagert als bei der Energie. Ging es bei der Energie um die Reduktion der verbrannten Mengen, so geht es bei den Stoffen um die Reduktion der Verstreuung. Bei beiden Problemen handelt es sich aber um Entropie, weil sich durch Verbrennung wie durch Verstreuung die Möglichkeiten der Nutzung natürlicher Potenziale gleichermaßen verringern, die Unordnung des Systems im thermodynamischen Sinn also steigt.

Oben haben wir bereits angedeutet, dass Innovation in Bezug auf Stoffe kein Selbstzweck sein sollte. Was sich bewährt hat, sollten wir nicht ohne Not ausrangieren, nur weil es etwas Neues gibt. Was metallische und halbmetallische Stoffe angeht, so listet die oben erwähnte Forschergruppe »Kritische Metalle« eine Vielzahl von nicht nur technischen, sondern auch politischen Fragen zur räumlichen und zeitlichen Problematik auf. Jede dieser Fragen verweist auf ein enormes Krisenpotenzial. Wo in der Welt werden diese Metalle einerseits gebraucht, und wo sind sie andererseits in der Erdkruste verborgen? Was geschieht zum Beispiel, wenn die Eigentümer dieser Metalle sie im Boden lassen wollen, weil sie um die Unversehrtheit ihrer natürlichen Lebenswelt fürchten? Wie werden diese Eigentümer gegebenenfalls für einen Verzicht auf diese Unversehrtheit entschädigt? Und ganz grundsätzlich: Was heißt Ressourcengerechtigkeit eigentlich in Bezug auf die Metalle? Wie weit in die Zukunft hinein müssen wir beim Umgang mit Metallen eigentlich schauen, wenn wir von Versorgungssicherheit reden? Reichen 20, 50, 100 oder 500 Jahre? Welche Mengen welcher Metalle können vor dem Hintergrund dieser Entscheidung heute, morgen und übermorgen jährlich gefördert und verwendet werden? Wann muss mit dem Wiedereinsammeln der verstreuten Stoffe durch Stoffrecycling der Produkte, in die sie verbaut sind, begonnen werden? Welche Informationen haben wir über den jeweiligen Anteil des Elektronikschrotts in den Mülldeponien der industrialisierten Welt, die dann abzutragen wären *(urban mining)*? All diese Fragen stellt bisher kaum jemand. Warum dies so ist und warum wir heute schon existierende Möglichkeiten der Beschränkung der Dissipation nicht nutzen, soll uns im 5. Kapitel genauer beschäftigen.

Was folgt aus diesen Fragen, die mit großem interdisziplinären Sachverstand beleuchtet und letztlich von der Gesellschaft insgesamt beantwortet werden müssen? Klaus Kümmerer macht im Anschluss an seine Bestandsaufnahme eine Reihe praktischer Vorschläge: Wir sollten uns bei der Entwicklung und Anwendung metallischer Stoffe nicht mehr auf die schlichte Steigerung der Ressourceneffizienz fokussieren, sondern den ganzen Zyklus eines Produkts von der Quelle bis zur Senke einbeziehen. Die Metallstoffe, die wir verarbeiten, sollten ferner möglichst wenig gemischt, also möglichst homogen sein. Die Dissipation sollte auch räumlich möglichst begrenzt bleiben, je kürzer die Wege sind, die sie zurücklegen, desto besser. Es sollten spezielle Depots eingerichtet werden, die auch solche Stoffe erfassen, die mit den heutigen Techniken noch nicht wiederaufbereitet werden können. Nötig wäre dazu ein Kataster, in dem alle geförderten, verbauten, entsorgten und rückgewonnenen oder noch rückzugewinnenden Metalle verzeichnet sind. Gewissermaßen als universeller Wissensspeicher, der (ähnlich wie etwa Samenbanken) erst in der Zukunft voll genutzt werden könnte.

Wenden wir die aus der Kritik des Quellen-Senken-Konzepts entstandene Idee des Reproduktionszirkels auf Metalle und Halbmetalle an, so ergeben sich ganz neue Aufgaben für die Unternehmen. Denn ein solches Nachhaltigkeitsdesign in Bezug auf Metalle würde dadurch massiv erleichtert, dass jene Unternehmen, die die Produkte entwerfen und herstellen, auch für die Schließung des Kreislaufes Verantwortung übernehmen. Eine weitere Konsequenz ist noch radikaler: Rohstoffe, die wir bisher nicht benötigt haben, weil sie wenig reaktionsfreudig sind, sollten am besten ganz in der Erde bleiben. Insgesamt sind die Herausforderungen, die mit den »Kritischen Metallen« verbunden sind, also keineswegs geringer als die der fossilen Brennstoffe.[56]

Reparatur, Produktlebensdauer, Recycling

Tröstlich ist, dass wir auf diesem Weg der Neuausrichtung unseres Umgangs mit Stoffen nicht bei null anfangen müssen. Es gibt bereits vielfältige praktische Erfahrungen und auch kluge Literatur dazu, die wir endlich zur Kenntnis nehmen sollten. Zum Beispiel das Buch »Die Kultur der Reparatur« von Wolfgang M. Heckl, Generaldirektor des Deutschen Museums in München.[57] Heckl zeigt, wie die Natur selbst ständig repariert und sich auch in Richtung auf die Erhöhung der Reparaturfreundlichkeit weiterentwickelt. Das begann schon vor der Evolution des Lebens, als sich Kristalle selbst ausrichteten und so eine eigene Ordnung schufen. Das gilt erst recht für lebende Organismen. Dass sie sich reparieren können, zeigt die Wundheilung bei vielen Lebewesen. Und wir wissen auch, dass diese Fähigkeit des Körpers unter ganz bestimmten Umständen (etwa in Abhängigkeit vom Zustand des Immunsystems) schwächer oder stärker sein kann. Ähnlich ist es bei den

Möglichkeiten der Reparatur von Hausgeräten, Kleidung, Fahrzeugen etc. Auch hier kommt es auf eine Fülle von Umständen an: einerseits das eigene Know-how und Geschick, andererseits die Austauschbarkeit der Teile, die Vorrätigkeit von Ersatzteilen, die Verfügbarkeit von Werkzeugen. Ein großer Teil dieser Bedingungen ist, so Heckels Überlegung, nur gesellschaftlich beziehungsweise politisch bereitzustellen. Stellen wir uns vor, Produkte würden von vornherein reparaturfreundlich konstruiert, Ersatzteile würden über lange Zeit vorgehalten, Werkzeuge stünden in Reparaturcafés, die es in jedem Dorf oder Stadtteil geben könnte, zur Verfügung, und man könnte sich dort auch Rat von einem erfahrenen Bastler holen, der selbst wieder über ein Netzwerk mit fachlich versierten Experten verknüpft wäre. Heckl verweist auch auf die psychischen und sozialen Konsequenzen einer solchen Reparaturkultur: Büromenschen erhielten die Chance, handwerkliche Fähigkeiten in sich zu entdecken, ganz neue Erfolgserlebnisse zu haben, neue soziale Kontakte zu knüpfen. Eine solche Kultur der Reparatur würde letztlich das Bewusstsein für den Wert von Produkten und den Stoffen, aus denen sie bestehen, enorm schärfen sowie die Unkultur des bedenkenlosen Wegwerfens von werthaltigen Gegenständen massiv zurückdrängen.

In dieselbe Richtung gingen ein ausgeklügeltes Modulsystem, durch das im Falle eines Defekts immer nur ein abgrenzbares Teil ausgetauscht werden müsste, statt das ganze Produkt zu ersetzen, und der ernsthafte Ausbau des Recyclings. Bezüglich Letzterem war Deutschland im Übrigen schon einmal weiter, genauer: der Osten Deutschlands. Das in der ehemaligen DDR entwickelte und praktizierte System zur Wiederverwertung von Sekundärrohstoffen (SERO-System) ist jedoch nach der Wende untergegangen, ohne dass dies im Westen Deutschlands einer breiteren Öffentlichkeit bewusst wurde. SERO war ein Pfandsystem für Verpackungen aller Art (Glas, Karton, Holz, Metalle), das zu enormen Rückgewinnungsquoten führte und zugleich bei den Bürgern der

DDR das Bewusstsein für den Wert der Materialien schärfen sollte. Der Sachverständigenrat für Umweltfragen der Bundesregierung hatte in einem Sondergutachten zur Abfallwirtschaft im September 1990 diesem System eine hohe Leistungsfähigkeit attestiert, da sowohl beim Haushalts- wie beim Industriemüll eine Wiederverwertungsquote von rund 40 Prozent erreicht worden war.[58] Die Sachverständigen sprachen sich für eine Prüfung der Möglichkeit der Übernahme des SERO-Systems für die gesamte Bundesrepublik aus. Aber offenbar gab es nach der Wiedervereinigung ganz andere Prioritäten, die ganz wesentlich von den Lobbyisten der Verpackungs-, Werbe- und Transportindustrie durchgeboxt wurden. Die genauere Analyse dieser Triebkräfte erfolgt im 5. Kapitel.

Im Vergleich zu dem in der DDR erreichten Grad der Annäherung an stoffliche Kreisläufe ist die Bundesrepublik heute ein Entwicklungsland. Das derzeit gültige Abfallwirtschaftsgesetz verweist lediglich auf ein paar Möglichkeiten, die stoffliche Umweltbelastung zu reduzieren, indem Kreisläufe geschlossen werden. Als Beispiele gelten die Wiederverwertung von Altpapier zur Herstellung von Recyclingpapier und Verpackungsmaterial, die Gewinnung von Gips aus Rauchgasentschwefelungsanlagen, die Wiederverwertung von Bauschutt zur Einebnung von Flächen etwa beim Straßenbau oder die thermische Verwertung von Haushaltsmüll in Müllverbrennungsanlagen.

Von der Wiege zur Wiege

In einem krassen Gegensatz zur deutschen Abfallwirtschaft zielt das Prinzip »Von der Wiege zur Wiege« (Cradle to Cradle) konsequent auf die möglichst weitgehende Schließung von Kreisläufen. Im Grunde ist dieses Prinzip nur eine Übertragung von Grundsätzen aus der traditionellen Landwirtschaft, wie sie in Europa jahrtausendelang und in der Dritten Welt oft bis heute betrieben wird, auf eine Industriewirtschaft. Das Konzept geht auf den deutschen Chemiker und Verfahrenstechniker Michael Braungart und den amerikanischen Architekten William McDonough zurück, die 2002 mit ihrem Buch »Cradle to Cradle« für Aufsehen sorgten.[59] Hier finden sich bereits praktizierte Beispiele, wie die Produktion kompostierbarer Sitzbezüge, die schadstofffreie Produktion von wiederverwendbarer Kleidung, Teppichen und Betten, die Herstellung von Kunstseide aus Altplastik oder die in Entwicklungsländern verbreitete Praxis, aus abgefahrenen Autoreifen Sandalen zu schustern. Besonders bei technisch anspruchsvollen Produkten sollten, so auch die Forderung der Autoren, die Hersteller eine neue Art von Produktverantwortung übernehmen, die sich über den gesamten Lebensweg des Produkts erstreckt. Konsumenten müssten viele Produkte dann gar nicht mehr kaufen, sondern bräuchten sie nur mehr zum Zweck der Nutzung für eine bestimmte Zeit zu mieten.[60]

Noch weiter geht der Chemiker und Unternehmer Hermann Fischer in seinem Buch »Stoff-Wechsel« mit dem Untertitel »Auf dem Weg zu einer solaren Chemie für das 21. Jahrhundert«.[61] Fischer ist Gründer der Firma »Auro Naturfarben« und wurde im Jahr 1992 durch die Umweltorganisation WWF und die Zeitschrift *Capital* zum Ökomanager des Jahres gewählt. In seinem Buch öffnet Fischer dem Leser die Augen für die gigantische Wertschöpfung, die die Natur dem Menschen fast kostenlos zur Verfügung stellt. Fischer zeigt an ungezählten Beispielen aus der Alltagschemie (»Im Badezimmer«, »Beim Frühstück«, »Hausarbeit: Waschen, Reinigen, Pflegen, Einkaufen«, »Baustoffe und Wohnprodukte«, »Kultur, Freizeit, Technik, Medizin« usw.), dass ein Umstieg längst möglich ist: von einer Chemie, die auf Erdöl basiert und somit eine Durchflussökonomie darstellt, zu einer Chemie, die auf pflanzlichen Rohstoffen aufbaut und dadurch eine Kreislaufwirtschaft ermöglicht.

Fischer verweist auf die vielen Vorteile einer solchen Chemie im Vergleich zu einer auf Kohle und Erdöl basierten. Diese Vorteile gehen weit über die prinzipielle Unerschöpflichkeit einer solaren Chemie hinaus, bei der Kohlenstoffatome nicht verbraucht, sondern nur genutzt werden und am Ende wieder in den Kreislauf einmünden (Kapitel 1).[62] Die Umlenkung einer fossilen Durchfluss- in eine solare Kreislaufchemie ist für Fischer eine Revolution der Chemie. »Im Prozess dieser Erneuerung«, so sein geschichtsphilosophisch klingendes Schlussfazit, »steigt die moderne Chemie quasi aus der Unterwelt des Abgestorbenen wieder hinauf ans helle Licht der Sonne, in die Sphäre des Lebendigen.«[63]

Das alles hat natürlich auch Konsequenzen für das Verhältnis der Betriebe zueinander. Sollen Kreisläufe wirklich funktionieren und ineinandergreifen, ist eine völlig neue Form von Zusammenarbeit zwischen den Unternehmen nötig. Denn, so die Medienwissenschaftler Lars Zimmermann und Sam Muirhead, solange jedes Unternehmen nur seinem eigenen Interesse folgt, solange die Unternehmen also nur konkurrieren und darauf vertrauen, dass der Markt schon alles koordinieren werde, ist kaum vorstellbar, wie die Komponenten der einzelnen Produkte aufeinander abgestimmt sein können. Eine solche Abstimmung erfordert, so Zimmermann und Muirhead, dass die Unternehmen sich gegenseitig jene Informationen zur Verfügung stellen, die sie für die Vernetzung der Kreisläufe benötigen. Kooperation ist ohne weitgehende Transparenz nicht vorstellbar. Deshalb schlagen die Autoren vor, alle für die Schließung und Verbindung von Kreisläufen nötigen Informationen allgemein zugänglich zu machen, vorzugsweise über das Internet.[64]

Eine solche »Open-Source-Kreislaufwirtschaft« müsste mit verbindlichen Standards einhergehen, die über die Grenzen von Ländern und Industriebranchen hinaus Gültigkeit haben. Nur so entstehen Produkte, die jeder leicht untersuchen, auseinanderbauen und wieder reparieren kann. Und nur durch eine Offenlegung der Daten (Baupläne, technische Datenblätter, Betriebsanleitungen, Codes etc.) wird es möglich, überflüssige Parallelarbeiten in den

Entwicklungsabteilungen der Unternehmen zu vermeiden und gute Lösungen weiterzureichen, zu verbreiten und sie zu verbessern. Im Bereich der Softwareentwicklung bei Betriebssystemen von Computern (Linux) und bei der mittlerweile weltweit einzigartigen elektronischen Enzyklopädie (Wikipedia) ist eine solche auf Open Source basierte Zusammenarbeit längst Realität. Zimmermann und Muirhead sind davon überzeugt, dass diese Zusammenarbeit, weil sie dezentral strukturiert ist, die Produktivität des Wettbewerbs nicht unterdrücken, sondern sie erst wirklich beflügeln würde.

Kultivierung der Natur

Trotz einiger Pionierleistungen steht die praktische Umsetzung der Idee der Kreislaufwirtschaft noch ganz am Anfang. Wenn wir Natur einerseits sich selbst überlassen, »verwildert« sie. Wenn wir sie andererseits einer ihr fremden Gewalt mit inkompatiblen Anreizen unterwerfen, verformt sie sich und verliert viele Eigenschaften, die wir an ihr schätzen und lieben (ohne dass sie freilich »untergehen« könnte – schließlich braucht die Natur den Menschen nicht). In beiden Fällen, beim Verwildern und Verformen, besteht jedenfalls die große Gefahr, dass die Natur sich nicht mehr als Lebensraum für den Menschen eignet, ihm also Nahrung, Bekleidung, Behausung und anderes nicht mehr zur Verfügung stellt. Der Mensch ist auf Gedeih und Verderb darauf angewiesen, die Natur zu »kultivieren«, also zu hegen, zu pflegen und vorsichtig zu veredeln. Das Wort »Kultur« kommt von lateinisch »colere« und bezeichnet ursprünglich die Bearbeitung des Bodens, die auf die Sorge um seine Fruchtbarkeit zielt. Eine nachhaltige Kultur kann also allein schon vom Begriff her nur eine »Permakultur« sein. Was heißt dies konkret für eine Gesellschaft, die die Agrikultur längst als dominante Kultur hinter sich gelassen hat? Alle Anstrengungen müssen, so die Grundrichtung, auf die bisher nicht einmal ansatzweise ins Auge gefasste Etablierung einer Kreislaufwirtschaft gerichtet werden.[65] In einer vom Rat für Nachhaltige Entwicklung der Bundesregierung 2017 herausgegebenen Studie wird im Vorwort eingeräumt, dass wir in Deutschland bisher fast ausschließlich linear wirtschaften, dass aber, was die Studie am Beispiel dreier Stoffströme zu zeigen versucht, eine »ambitionierte Kreislaufwirtschaft auch unter heutigen Rahmenbedingungen möglich ist, ja mehr noch: profitable Chancen bietet«.[66] Was dann aber folgt, ist äußerst dürftig: der Vorschlag, Router für Telefon und Internet nur mehr auf Mietbasis zur Verfügung zu stellen und damit das Interesse der Hersteller und Vermieter an einer höheren Lebensdauer zu stärken, Batterien für Elektroautos ein zweites Leben als Standbatterien zu ermöglichen und Gips aus Bauschutt zu recyceln.

Wer die Natur wirklich kultivieren möchte, so der Gegenvorschlag, muss an einer anderen Stelle beginnen. Er muss zuallererst die ökologischen Grundlagen allen Wirtschaftens sichern: das Wasser als Lebensspender schlechthin und den Boden, auf dem Landwirtschaft betrieben wird.

Zunächst zum Wasser: Rund zwei Drittel der Erdoberfläche besteht aus Wasser, rund ein Drittel des menschlichen Körpers ebenso. Wasser ist Voraussetzung für das Leben von Pflanzen, Tieren und Menschen. 800 Millionen Menschen aber verfügen heute über keinen genügenden Zugang zu sauberem Wasser. Für die nächsten Jahrzehnte prognostizieren Experten zunehmende Konflikte und Kriege ums Wasser rund um den Globus. Regionale Wasserkreisläufe weisen nicht nur räumliche Eigenheiten (extrem unterschiedliche Regenhäufigkeiten), sondern auch unterschiedliche Eigenzeiten bei der Bereitstellung von Trinkwasser auf. Deshalb besteht weitgehende Einigkeit unter Experten, dass nur eine konsequent nachhaltige Wasserstrategie dieser Situation gerecht werden kann. Das Ziel muss laut den Vereinten Nationen sein, jedem Erdenbewohner ein universelles »Menschenrecht auf Wasser« einzuräumen und dies auch umzusetzen. Streiten sollten wir allein über den Weg dahin.

Was den Boden betrifft, so ist weltweit in den letzten 30 Jahren ein Drittel allen Weidelands, ein Viertel aller Ackerböden und fast ein Viertel des Humus im Wald verweht, versalzen oder verhärtet.[67] In Deutschland verschwinden 74 Hektar fruchtbarer Boden unter Straßen, Häusern, Park- und Sportplätzen, so viel wie 104 Fußballfelder – und zwar täglich.[68] Das ist auch deshalb eine dramatische Entwicklung, weil ein Kubikmeter Erde mehr Organismen beinhaltet, als es weltweit Menschen gibt. Die Entstehung einer einen Meter dicken Bodenschicht aus dem Zusammenwirken dieser Organismen mit einer Vielfalt von Gesteinen, von Wind und Regen, von Wärme und Kälte dauert 15 000 Jahre. Aus ökologischer Sicht ist humushaltiger Boden besonders für die Aufnahme und Speicherung von Regenwasser und die Bindung von Kohlendioxid wichtig. Die einzelnen Schichten des Bodens versorgen je nach Tiefe der Wurzeln verschiedene Pflanzen, die die Nährstoffe des Bodens verwerten und den Boden und die Vielfalt des Bodenlebens bereichern. Wer also das massenhafte weltweite Abtöten von fruchtbaren Böden beenden und den Boden stattdessen kultivieren möchte, muss all diese Eigenzeiten anerkennen und schützen. Das erspart nebenbei jede Menge Chemie und erhöht die Lebensqualität von Tier und Mensch.

Natur als Resonanzraum erfahren

Je mehr sich einerseits unser Umgang mit der natürlichen Umwelt krisenhaft zuspitzt, je mehr die Natur als Bedrohung erscheint, der Mensch sich von ihr entfremdet fühlt, desto größer wird andererseits die Sehnsucht nach der Heilkraft der Natur. Die Bestseller der letzten Jahre über das Seelenleben und den Gemeinschaftssinn von Pflanzen und Tieren zeigen das.[69] Beschränken wir uns jedoch auf die nüchterne Perspektive von Zeitökologie, Evolutionstheorie und Resonanzansatz, dann kann zunächst festgehalten werden: Die Kultivierung der Natur mit dem Ziel, ihre Fruchtbarkeit zu erhalten und nach Möglichkeit zu steigern und bei allen Eingriffen auf stabile, aber entwicklungsfähige Reproduktionsringe mit einem hohen Maß an Biodiversität zu achten, schafft die Grundvoraussetzung dafür, dass der Mensch die Natur als Resonanzraum erfahren kann. Das schließt freilich nicht aus, dass Menschen sich kurzfristig und oft nur mit erheblichem technischen Aufwand auch in die ganz und gar wilde Natur hineinwagen und dort intensive Resonanzerfahrungen machen können (etwa beim Wandern im Urwald, beim Bergsteigen, beim Segeln). Aber dies ist die Ausnahme, nicht die Regel.

Wenn die Möglichkeit von Resonanzen erhalten und gefördert werden soll, ist es klug, ausreichende Sicherheitspolster anzulegen, weil alle Bemühungen um die Synchronisation von Prozessen immer mit Ungewissheiten und Unverfügbarkeiten rechnen müssen. Beispielsweise ist es in Bezug auf den Tag-Nacht-Rhythmus der Arbeitswelt selbstverständlich, dass auch nachts Arbeit möglich sein muss, etwa bei der Feuerwehr, der Polizei oder im Krankenhaus. Aber wo die Nachtarbeit zur Regel wird, müssen wir mit einer Vielzahl von Synchronisationsproblemen in Bezug auf die Passung sowohl zwischen Mensch und Umwelt, Mensch und Mitwelt sowie innerhalb der menschlichen Innenwelt (Biorhythmus) rechnen. Vergleichbares gilt für den Umgang mit Böden, Gewässern und der Pflanzen- und Tierwelt. Erst eine Praxis, die sich mit der Vernetztheit der Umwelt auch der zeitlichen Passung der Prozesse bewusst ist, schützt die Voraussetzungen, bei deren Vorliegen Resonanzen nicht nur möglich, sondern auch wahrscheinlich werden und die Natur insgesamt als Resonanzraum erlebbar ist.

An dieser Stelle zeigt sich ein Mangel der stark auf das Soziale ausgerichteten Resonanztheorie des Soziologen Hartmut Rosa. Rosa geht in seinem Buch »Resonanz. Eine Soziologie der Weltbeziehung« zwar von der zutreffenden Erkenntnis aus, dass der

Mensch auf ein Umfeld angewiesen ist, das ihm nicht »stumm«, sondern »antwortend« gegenübertritt, und dass dies auch für die natürliche Umwelt gilt.[70] Was Rosa aber offenbar nicht zur Kenntnis nimmt, ist die Tatsache, dass die wohltuenden und inspirierenden Naturerfahrungen, von denen er eindrucksvoll berichtet, immer eine elementare Voraussetzung haben: Die Natur muss bereits zivilisiert, gebändigt sein, der Mensch muss sich von seinen existenziellen Nöten in Bezug auf die Natur bereits befreit haben. Wo sich Giftschlangen herumtreiben, Dürrekatastrophen herrschen, Viruserkrankungen grassieren, Tsunamiwellen heranrollen und Wetterwolken oder Steinschlag den Bergsteiger bedrohen, kann der Mensch die Natur nicht als emotionalen und geistigen Resonanzraum erfahren.[71] Es kommt also nie auf die Natur an sich, sondern immer nur auf ihren Zustand an – und wie wir diesen Zustand bewerten.

Zum Schluss drei Beispiele für praktische Regenerativität im Umgang mit der natürlichen Umwelt, die Umweltresonanzen ermöglichen und das Leben bereichern können. Wenn wir unsere Landwirtschaft radikal biologisch ausrichten, »antwortet« uns die Natur so, wie wir es von ihr erwarten. Sie behält und verbessert die Fruchtbarkeit des Bodens und liefert uns zugleich gesunde Lebensmittel. Wenn wir Flüsse renaturieren, »antwortet« die Natur mit der Verringerung der Hochwassergefahr und beschert uns zugleich eine ästhetische Aufwertung der Landschaft. Und wenn wir Verkehr entschleunigen, verlagern und vermeiden, »antwortet« uns die Natur nicht nur durch die Bewahrung von Energiereserven, deren Nutzung auch in der ferneren Zukunft noch möglich sein wird. Sie verschont uns auch mit überflüssigem Dreck, Lärm und Beton und erspart uns – bei einer richtigen Koppelung von Verkehrs- und Siedlungspolitik – die Vergeudung von Zeit und Geld. Eine Neuausrichtung unseres Bewusstseins und unserer praktischen Politik, die all diesen Zwecken dient, fördert also die Fruchtbarkeit der Natur und das gute Leben des Menschen gleichermaßen. Wer die evolutionäre Weisheit, die uns in Pflanzen und Tieren begegnet, richtig zu deuten weiß, den macht die Natur nicht nur klüger. Die Natur wird für den Menschen dann auch zu so etwas wie »Heimat«, zu einem grundsätzlich »freundlich« gesinnten Gegenüber. Alles das gilt prinzipiell für archaische wie industrielle und postindustrielle Kulturen – auch wenn sich die Unmittelbarkeit der Naturerfahrungen und die spirituelle Qualität der Umweltresonanzen dort noch so sehr unterscheiden mögen.

Fazit

Es besteht die ernste Gefahr der »Selbstverbrennung«. Das war die Ausgangsdiagnose dieses Kapitels. Die Klimaproblematik ist nur ein besonders drängendes Beispiel für die umfassende ökologische Destabilisierung, mit der wir heute konfrontiert sind. Um Maßstäbe für einen nachhaltigen Umgang mit der natürlichen Umwelt zu gewinnen, zieht dieses Kapitel Erkenntnisse vor allem aus der Physik, Biologie und Geowissenschaft heran. Sie betreffen den Zusammenhang von Energie, Materie und Information. Es schließt sich die Frage an, wie der Mensch, seit es ihn gibt, die natürlichen Voraussetzungen nutzt, um sich nicht nur am Leben zu erhalten, sondern dieses möglichst gut gelingen zu lassen. Und dann natürlich die Frage, was wir aus all dem für die Zukunft lernen können.

Grundlegend in Hinblick auf einen nachhaltigen Umgang mit der natürlichen Umwelt ist die Erkenntnis, dass die kulturelle Evolution die natürliche Evolution immer nur fortsetzt, an ihre Vorgaben also immer auch gebunden bleibt. Ein nachhaltiger Umgang mit der Umwelt erfordert, so das zentrale Ergebnis der Überlegungen, die Orientierung am

Prinzip der Regenerativität. Die Beschleunigungsschübe der neolithischen und der industriellen Revolution haben die Reichweite der Eingriffe in die Umwelt um Dimensionen erweitert. So ist der Mensch seit wenigen Generationen in der Lage, die in fossilen Energieträgern gespeicherte Energie von Jahrmillionen Sonneneinstrahlung zu nutzen. Das darf ihn jedoch nicht darüber hinwegtäuschen, dass dieser bequeme Weg der Energieversorgung nur für einen Wimpernschlag der Erdgeschichte zur Verfügung steht und seine systematische Nutzung mit enormen Folgen für Lebensstil, Klima und Frieden verbunden ist. Vergleichbares gilt für die Nutzung nicht regenerativer Bodenschätze, vor allem der Metalle und Halbmetalle.

Soll der Umgang mit der natürlichen Umwelt wirklich dauerhaft sein, muss sich der Mensch auf die Früchte der natürlichen Umwelt beschränken, also von der Durchlauf- zu einer Kreislaufwirtschaft umsteuern. Die Kreisläufe betreffen sowohl die Quellen wie die Senken des Naturhaushalts, die letztlich aber als Einheit, als Reproduktionsring zu begreifen sind. Bei der Gestaltung von Reproduktionsringen müssen wir alle Phasen des Wirtschaftens, von der Rohstoffgewinnung über die Produktion, den Konsum und die Reparatur von Produkten bis hin zur Entsorgung von vornherein einbeziehen. Im Bereich der lebendigen Umwelt gilt es zudem, die große Bedeutung der Diversität als Stabilisierungs- und Sicherheitsfaktor im Synchronisationsgeschehen anzuerkennen. Da die Wirkungen menschlicher Eingriffe nie ganz voraussehbar sind, ist der Mensch gut beraten, bei seinen Bemühungen um die Synchronisation von Kreisläufen ausreichend Sicherheitspuffer einzubauen. Wo Natur mit sich selbst im Einklang ist, bestehen gute Chancen, dass

Menschen sie auch als Resonanzkörper erfahren, sodass sie letztlich mit ihrer Umwelt mitschwingen können. Eine Garantie gibt es freilich nicht.

KAPITEL 3

Mitwelt
und Reziprozität

»Neben uns die Sintflut«, so charakterisiert der Soziologe Stephan Lessenich im Titel seines 2016 erschienen Buches das Verhältnis, das wir zu großen Teilen unserer Mitwelt haben.[1] Lessenich ist Ulrich Becks Nachfolger an der Ludwig-Maximilians-Universität München und war zwischen 2013 und 2017 Vorsitzender der Deutschen Gesellschaft für Soziologie. Der Untertitel »Die Externalisierungsgesellschaft und ihr Preis« formuliert die These des Buches: Alles, was aus irgendeinem Grund im Inneren der Gesellschaft nicht gewünscht ist, verlagern wir nach außen. Das beginnt mit der beschämenden Art und Weise, wie wir einen Großteil der Produkte, die unseren Wohlstand ausmachen, weit weg von uns unter Bedingungen herstellen lassen, die wir hier bei uns niemals akzeptieren würden. Es geht weiter damit, wie vor allem die giftigen Teile unseres Wohlstandsmülls im Ausland »entsorgt« werden. Und es endet noch lange nicht mit der Lieferung von Waffen, mit deren Hilfe nicht zuletzt genau die Konflikte kriegerisch ausgetragen werden, die durch unsere Art der globalen Interessendurchsetzung erst entstanden sind. Anders formuliert: Wir leben nicht über *unsere* als vielmehr über die Verhältnisse *anderer*. Wir tun das, so Lessenichs Erklärung, weil wir es uns leisten können, als Folge einer über Jahrhunderte gewachsenen globalen Arbeitsteilung, die von fundamentaler sozialer Ungleichheit geprägt ist. Wir verdrängen den Zusammenhang zwischen unserem Reichtum und der Armut anderer. Mehr noch: Auch die Verantwortung für die Sintflut wird externalisiert. Der im Untertitel verwendete Externalisierungsbegriff bedeutet auch, dass wir die Ursachen für das Elend bei korrupten Eliten, rückständigen Mentalitäten oder in der Natur des Menschen suchen, nur nicht bei uns selbst, genauer: in unserer »imperialen Lebensweise« (Brand / Wissen). Mit den Flüchtlingen wird uns nun ein – freilich winziger – Teil einer Rechnung präsentiert, die im Wesentlichen noch offen ist. Der Schriftsteller Carl Amery spricht in seinem Buch »Auschwitz – der Beginn des 21. Jahrhunderts« mit dem Untertitel »Hitler als Vorläufer« sogar von einer Praxis der globalen Selektion: von einer Trennung zwischen lebenswertem und lebensunwertem Leben, die längst begonnen hat. Ein radikaleres Verstummen der Resonanz mit unserer Mitwelt ist wohl kaum denkbar.

Wenn in diesem Kapitel von Mitwelt die Rede ist, sind zunächst unsere Zeitgenossen gemeint: all jene, die gleichzeitig mit uns den Globus bewohnen. Zur Mitwelt in einem weiteren Sinn zählen aber auch die vorausgegangenen und die nachfolgenden Generationen, weil bekanntlich eine Generation auf den Schultern der nächsten steht.[2] Die Botschaft dieses Kapitels lautet: So wie Nachhaltigkeit in Bezug auf die natürliche Umwelt die Orientierung am Prinzip der Regenerativität erfordert, orientiert sich Nachhaltigkeit in Bezug auf die soziale Mitwelt am Prinzip der Reziprozität. Denn so wie der Klimawandel (»Selbstverbrennung«, Kapitel 2) im Kern eine Folge der Resonanzstörung zwischen Mensch und Umwelt ist, ist die globale Bedrohung zivilisatorischer Standards des Zusammenlebens mit unseren Mitmenschen im Kern eine Folge der Resonanzstörung zwischen Mensch und Mitwelt. Beides hängt zusammen und verstärkt sich wechselseitig. Je enger nämlich der Lebensraum des Menschen wird, je größer die Gefahr des Zivilisationsverlusts, desto geringer die Chancen auf Reziprozität in Bezug auf unsere Mitmenschen. Und je härter der Selektionskampf, je mehr Mittel er verschlingt, desto geringer die Chancen auf Regenerativität in Bezug auf die Natur. Wir dürfen uns also nicht wundern, wenn uns mit der Zerstörung der Umwelt auch die Mitwelt immer mehr um die Ohren fliegt.

Das Zwischenmenschliche

Das Thema Mitwelt betrifft all das, was zwischen den Menschen existiert und passiert. Diese zwischenmenschlichen Verhältnisse werden uns meist erst bewusst, wenn sie bereits problematisch sind. Erst der gezielte Blick auf diese Verhältnisse, die wir auch Gesellschaft nennen, kann mehr Klarheit in das Zwischenmenschliche bringen.[3] Schauen wir uns also genauer an, wie dieses Zwischenmenschliche, das uns heute oft irritiert und erschreckt, entstanden ist, um es besser verstehen und gegebenenfalls beeinflussen zu können.

Evolutionärer Ursprung

Wir beginnen wieder mit dem linearen Aspekt der Zeit und fangen ganz von vorne an. Wie waren eigentlich die Verhältnisse vormenschlicher Lebewesen beschaffen, und zwar zunächst zur nicht belebten Natur? Unsere ersten lebenden Vorfahren, die Pflanzen, sind nicht nur Ausgangspunkt der Evolution des Lebens, sondern auch Grundlage der Nahrungskette. Der italienische Biologe und Philosoph Emanuele Coccia hat die überzeugende These aufgestellt, dass zum Verständnis des pflanzlichen Lebens und seines Bezugs zum Rest des Universums der Atem entscheidend ist. Mit ihrem Atem stellen Pflanzen über die Fotosynthese die Verbindung zwischen der anorganischen und der organischen Welt her, durch das Atmen öffnet sich die Pflanze also zur unbelebten Welt. »Das Blatt ist die paradigmatische Form dieser Öffnung: das Leben, das in der Lage ist, sich von der Welt durchqueren zu lassen, ohne von ihr zerstört zu werden.«[4] Dies ist, so Coccia, die fundamentale Bedeutung der Pflanze an der Schnittstelle zwischen dem unorganischen und dem organischen Bereich der Welt. Da die meisten Pflanzen in die Höhe wachsen, stellen sie eine Verbindung zwischen dem irdischen Boden und der von den Sonnenstrahlen durchdrungenen Atmosphäre her. Insofern stehen Pflanzen für die vertikale Achse der Zeit (Kapitel 1).

Über den Atem hängt alles Leben zusammen: Pflanzen atmen aus, was Tiere und Menschen einatmen, und umgekehrt. Durch den Atem wurde im Laufe von Milliarden Jahren die gesamte Welt des Lebendigen geschaffen. In der Pflanze zeigt sich die Grundlage allen Lebens als Beziehung – zwischen Anorganischem und Organischem sowie zwischen der unendlichen Vielfalt der Lebewesen, die das Organische im Laufe der Evolution des Lebens hervorgebracht hat. Für viele Tiere und auch den Menschen sind Pflanzen auf alle Fälle als Produzent von Sauerstoff, Nahrung, Schutz und Heilmittel unverzichtbar.

Beziehung und Austausch – das sind offenbar die Fundamente des Lebens, auf denen das Verhalten von Tieren und von Menschen zuallererst beruht, unabhängig davon, wie diese Beziehungen im Einzelnen beschaffen sind. Sie können bekanntlich höchst unterschiedlich ausfallen. Üblicherweise wird zwischen konkurrenzorientiertem und kooperationsorientiertem Verhalten unterschieden, wobei diese Muster von Spezies zu Spezies und von Gegenüber zu Gegenüber variieren. Die Bandbreite reicht von »feindlichen« Räuber-Beute- und Versklavungsverhältnissen über »gleichgültige« Verhältnisse bis hin zu »freundlichen« Symbiosebeziehungen. Im Zusammenhang mit symbiotischen Verhältnissen denken wir an Pflanzen, die untereinander kommunizieren und sich etwa wechselseitig vor Gefahren warnen, an die kognitiven Fähigkeiten von Vögeln (vor allem Raben) oder an Zugvögel, die sich in unübersehbaren Schwärmen auf ihren regelmäßigen Interkontinentalreisen auf bis heute rätselhafte Weise miteinander koordinieren. Bekannt ist auch die hohe Kooperationsfähigkeit von Ameisen, die ganze »Staaten« gründen, oder von Vampirfledermäusen, die ihre Nahrung teilen, um überleben zu können. Ein anderes Beispiel sind die temporären Jagdgemeinschaften von Walen und Delfinen, die aus bis zu tausend Tieren bestehen und der effektiven Einkreisung ihrer Beute dienen.[5] Und nicht vergessen werden dürfen die dauerhaften Lebensgemeinschaften zwischen Pilzen und Algen, die Flechten, die sich durch ihr frühes Erscheinen in der Evolutionsgeschichte, ihr langsames Wachstum, ihre Fähigkeit zur Anpassung an vielfältige Umgebungen, ihr hohes Alter und eben auch durch ihr symbiotisches Verhältnis zu ihrem Wirt im Reich des Lebendigen auszeichnen.[6]

Dirk Steffens, ein bekannter Tierfilmer, Journalist (»Terra X«) und Umweltbotschafter (WWF und UN), erläutert in einem Interview den auf das Sozialverhalten bezogenen Unterschied zwischen Menschen und Tieren am Beispiel der nächsten Verwandten des Menschen, der Schimpansen, sehr anschaulich:[7] Schimpansen können »nicht nur lustig und liebevoll sein«, »sondern auch foltern und Vernichtungskriege gegen andere Stämme führen. Bonobos dagegen, nahe verwandte Zwergschimpansen, tragen Konflikte durch Zärtlichkeit und Sex aus. Auch das ist in der sozialen Evolution des Frühmenschen verankert: Sie brauchen in einer Horde Hierarchie, um sie handlungsfähig zu halten. Sie brauchen aber auch Sozialkompetenz für den Zusammenhalt.« Das ist der Grund, so Steffens, warum in jedem Menschen »Gutes und Böses« schlummert. Wenn ein Löwe ein Zebra reißt, sei das »nicht grausam«, sondern »lebenserhaltend«. »Grausam« dagegen »ist ein Mensch, der ein Kind missbraucht oder im Krieg foltert«. Insgesamt begegnen wir in der Welt der Tiere einer Vielfalt von sozialen Beziehungsmustern, angesiedelt im Spannungsfeld von Kooperation und Konkurrenz.

Sprache und Verständigung

Wer das Zwischenmenschliche erforschen will und sich dabei das evolutionäre Erbe bewusst macht, stößt zwangsläufig auf das Thema Sprache. Erkenntnisse über die menschliche Sprachentwicklung zeigen immer auch, wie grundlegend die Fähigkeit des Menschen ist, dauerhafte Beziehungen zu anderen Menschen einzugehen. Ein Aspekt dieser Orientierung auf dauerhafte zwischenmenschliche Beziehungen ist die lange Dauer der Kindheit beim Menschen (Kapitel 2). Zwar haben auch Tiere vielfältige Formen der Kommunikation auf der Basis von Zeichen oder Gesten entwickelt. Bei Singvögeln hat man sogar Dialekte beobachtet, die offenbar durch Lernprozesse über große Strecken weitergetragen wurden. Aber nur der Mensch verfügt über eine symbolgestützte Sprache, die er vor Hunderttausenden von Jahren in einem unvorstellbar langsamen Prozess erworben hat.[8]

Das ist in Hinblick auf den linearen Aspekt der Zeitlichkeit der zwischenmenschlichen Kommunikation überaus bedeutsam. Während Zeichen oder Gesten immer nur auf das Hier und Jetzt bezogen sind, bietet die symbolgestützte Sprache des Menschen den entscheidenden evolutionären Vorteil, sich mit Kommunikationspartnern auch über Nichtpräsentes verständigen zu können: Der Austausch von Symbolen macht es möglich, blitzschnell Vergangenes und Zukünftiges ins Bewusstsein zu rufen und dieses Bewusstsein mit anderen zu teilen. Die Entwicklung der menschlichen Sprachfähigkeit geht nicht nur im Inneren mit einer Vergrößerung des Gehirns, sondern auch im Äußeren mit der enormen Ausweitung der Möglichkeiten zur Planung von Handlungen einher. Dieser evolutionäre Fortschritt hat das Ausmaß der Bearbeitung der natürlichen Umwelt genauso beschleunigt wie die Intensität der Interaktionen mit anderen Menschen. Wegen der großen Bedeutung der Sprache wird der Mensch auch als Geschichtenerzähler charakterisiert, weil die Gemeinsamkeit der Erzählungen, die von Generation zu Generation, oft vermutlich am Lagerfeuer,[9] weitergetragen wurden, die menschlichen Gemeinschaften maßgeblich konstituiert und zusammengehalten hat. Dass aber mit der Entwicklung einer symbolgestützten Sprache und mit den damit einhergehenden komplexen Erzählungen vorsprachliche Gesten nicht überflüssig, sondern nur überlagert wurden und werden, trägt bekanntlich bis heute zur Lebendigkeit der menschlichen Verständigung ganz wesentlich bei.

Forschungen von Entwicklungspsychologen bestätigen diese Erkenntnisse zum menschlichen Zusammenleben: Der Mensch ist auf dauerhafte Kooperationsbeziehungen angewiesen und besitzt die Fähigkeit, diese auch einzugehen. Beobachtet wurde, dass Kinder schon sehr früh fähig sind, Empathie für andere Lebewesen zu empfinden und Kinder im Kindergarten- und Grundschulalter durchschnittlich mehr Mitleid gegenüber Hilfsbedürftigen (etwa Flüchtlingskindern) empfinden als Erwachsene.[10] Die Fähigkeit zur Empathie für andere Menschen haben auch sozialpsychologische Experimente mit Erwachsenen vielfach bestätigt und auch, dass die Abwesenheit von Stress und die Einübung von Achtsamkeit durch Meditation dafür günstige Bedingungen schaffen.[11]

Sprache, Denken und Moralität hängen eng zusammen und entwickeln sich beim Menschen, so der amerikanische Entwicklungspsychologe Lawrence Kohlberg, in charakteristischen Stufen:[12] Am Anfang ihres Lebens orientieren sich Menschen stark an ihren Eltern, vor allem an der Mutter, und damit zusammenhängend an dem Ziel, nicht bestraft, sondern belohnt zu werden. Im Verhältnis zu Gleichaltrigen halten sie sich an das pragmatische Prinzip »Wie du mir, so ich dir« (Stufe der »präkonventionellen Moral«). Erst mit der Zeit lernen die meisten Menschen, dass es eine allgemeine gesellschaftliche Moral gibt, die von der familiären Binnenmoral und vom Tauschprinzip abweichen kann (Stufe der »konventionellen Moral«), wobei allerdings nicht wenige Menschen auf der vorausgegangenen Moralstufe stecken bleiben. Erst in einem fortgeschrittenen Stadium werden einige Menschen fähig, auch von dieser gesellschaftlich herrschenden Moral Abstand zu nehmen und sich ganz grundsätzlich an solchen Moralprinzipien auszurichten, die über die Grenzen der eigenen Gesellschaft hinaus allgemeine Gültigkeit beanspruchen können (Stufe der »postkonventionellen Moral«). Auch wenn also bei manchen Menschen die Moralentwicklung auf der präkonventionellen Stufe stehen bleibt und bei vielen nach der konventionellen Stufe Schluss ist, kann der Mensch grundsätzlich die postkonventionelle Stufe erreichen und damit über eine Kompetenz verfügen, die ihn dann auch zur moralisch fundierten Kooperation mit Menschen anderer Gesellschaften und anderer Kulturen befähigt.

Interessant ist auch, was neuere Untersuchungen mit Positronenemissionstomografen gezeigt haben: Das körpereigene Belohnungssystem reagiert auf Situationen, in denen Menschen anderen Menschen eine Freude bereiten, stärker als auf Situationen, in denen ihnen selbst durch andere Menschen Freude bereitet wird.[13] »Geben ist seliger denn nehmen« ist also nicht einfach nur so ein Spruch, sondern empirisch belegbar. Vielleicht hätte man zu diesem Thema auch einfach beim griechischen Philosophen Platon nachschlagen können. Er berichtet von einem fiktiven Gespräch seines Lehrers Sokrates. Darin vertritt Sokrates die These, dass es besser sei, Unrecht zu erleiden, als Unrecht zu tun, da der seelische Schaden begangenen Unrechts für den Täter schwerer wiege als der Schaden eines erlittenen Unrechts für das Opfer.[14] Wir können also festhalten, dass Menschen ein enormes Potenzial haben, sich zu verständigen, sich in andere hineinzuversetzen und sogar sich selbstlos verhalten zu können. Nur muss dieses Potenzial immer erst entwickelt werden und Entfaltungsräume erhalten.

Beziehung und Moral

In seinem Buch »Naturgeschichte der menschlichen Moral«[15] gibt
der amerikanische Verhaltensforscher Michael Tomasello, langjähriger Co-Direktor am Max-Planck-Institut für experimentelle
Anthropologie in Leipzig, einen Überblick über Ursprünge und
Entwicklungsstufen der menschlichen Moral. Ausgangspunkt dieser Entwicklung ist demnach die aus dem Tierreich ererbte Brut-
pflege, die weitgehend genetisch bedingte Sorge der Eltern für ihre
Nachkommen. Parallel dazu bildet sich, so Tomasello, eine altrui-
tische Moral, eine Moral der Selbstlosigkeit, in der Opfer allein
aufgrund von Mitgefühl, Anteilnahme und Wohlwollen erbracht
werden, ohne dass es einen unmittelbaren Ausgleich gibt. Dies ist
die *erste* Stufe der menschlichen Moralentwicklung.

Die *zweite* Form der Kooperation findet sich beim Menschen
als wechselseitige Zusammenarbeit, die allen Kooperationspart-
nern möglichst ausgeglichene Vorteile verschafft. Diese fairness-
und gerechtigkeitsorientierte Kooperation, die Tomasello zufolge
vermutlich auf den Menschen beschränkt ist, baut auf der ersten
auf, ist in ihrer Anlage aber wesentlich komplexer. In den Interaktionen derer, die sich zur Zusammenarbeit zusammengefun-
den haben, gehen kooperations- und wettbewerbsorientierte Motive ineinander über. Die zentrale Voraussetzung für diese Form
der Kooperation ist, dass die kooperierenden Partner gewillt und
in der Lage sind, ein Ziel gemeinsam zu verfolgen, ein »Wir« zu
bilden. Tomasello spricht von »geteilter Intentionalität«.[16] Diese
Fähigkeit bildet sich allerdings sehr langsam aus. Es begann vor
mehreren Hunderttausend Jahren, als unsere Vorfahren aufgrund
von ökologischen Veränderungen vor der Wahl standen, entweder
gemeinsam auf die Jagd zu gehen oder zu verhungern. Zu einer
gemeinsamen Jagd gehört, dass jeder das beiträgt, was er am besten kann, und dass die Kooperationspartner diese Beiträge als gleichermaßen wertvoll anerkennen. Diese »zweipersonale Moral«

beinhaltet neben der prinzipiellen Gleichberechtigung der Partner Vorstellungen über das, was man vom Anderen erwarten kann. Wenn auf der Jagd der Speer des Kooperationspartners zerbrochen ist, liegt es in meinem eigenen Interesse, ihm bei der Reparatur zu helfen. Ein wichtiger Zweck dieser Moral besteht in der Verhinderung des sogenannten Trittbrettfahrens, also der Beanspruchung von Vorteilen, ohne dafür Nachteile zu übernehmen.

Der *dritte* Schritt in der Evolutionsgeschichte der Moral ereignete sich, so Tomasello, vor etwa 150 000 Jahren mit dem Auftauchen des Homo sapiens. Als die Gruppen größer wurden, bildeten sich demzufolge Untergruppen, die mit anderen Untergruppen um Nahrung konkurrieren mussten. Jetzt kam es darauf an, gegen die Konkurrenz zusammenzuhalten, ein generelles Wirgefühl auszubilden, eine eigene »Kultur« zu schaffen. Tomasello spricht von einem »Gruppengeist«, einer »kollektiven Intentionalität«.[17] Dazu gehört die Existenz von generellen Normen und Institutionen, die völlig objektiv gelten, unabhängig von konkreten Personen, Orten und Zeiten. Die Mitglieder der Gruppe betrachten sich als gemeinsame Urheber dieser Normen und Institutionen. Das garantiert die Bereitschaft, sie auch dann zu verteidigen, wenn man von einer Übertretung nicht selbst betroffen ist. Ausnahmen müssen gegenüber der Gruppe durch Verweis auf die gemeinsamen kulturellen Überzeugungen gerechtfertigt und die Rechtfertigungen auch anerkannt werden.

Die Spuren dieser Entwicklungsstufen der Moral sind heute allgegenwärtig: *erstens* als altruistische Neigung, die wir von den Menschenaffen haben. Wenn das Haus brennt, rette ich erst meine Familie, dann die anderen Bewohner. *Zweitens* die mehr oder minder verinnerlichte Erkenntnis, dass die Zusammenarbeit mit konkreten Anderen nützlich ist. Wenn das Haus brennt, rette ich als Nächstes die Person, die mit mir zusammen den Brand effektiv bekämpfen kann, mit der ich gegenwärtig kollaboriere und durch eine gemeinsame Verpflichtung verbunden bin. Ich befreie also den eingeklemmten Feuerwehrmann, damit er die Spritze bedienen kann. Und *drittens* die Anerkennung der Legitimität der kulturellen Grundlagen der Gruppe und der Gleichwertigkeit ihrer Mitglieder. »Ich rette alle anderen Gruppenmitglieder gleichermaßen und unparteiisch vor dem Unglück (oder vielleicht auch alle anderen Menschen, wenn meine moralische Gemeinschaft die ganze Menschheit ist), wobei ich vielleicht den Verletzlichsten von uns (zum Beispiel Kindern) besondere Aufmerksamkeit schenke.«[18] Gern vergleicht Tomasello die Moral mit der Sprache: Die Evolution hat uns zwar alle Voraussetzungen für das Sprechen mitgegeben, aber was ich dann in einer bestimmten Situation sage, bestimme ich selbst. »Aufs Ganze gesehen«, so sein Resümee, »sollten wir einfach über die Tatsache staunen, dass moralisches Verhalten für die menschliche Spezies irgendwie richtig ist und zum beispiellosen evolutionären Erfolg der Menschen ebenso beiträgt wie dazu, dass jeder Einzelne von uns das Gefühl hat, eine persönliche moralische Identität zu besitzen.«[19] Entscheidend ist bei all dem für Tomasello die spezifisch menschliche Fähigkeit zum Wechsel der Perspektive, die sich bereits im ersten Lebensjahr beobachten lässt: das Sichhineindenken und -hineinfühlen in das Gegenüber. Das können Affen nicht.[20]

Neuere Forschungsansätze an der Schnittstelle zwischen Evolutionsbiologie und Verhaltensforschung zielen auf das Verständnis »komplexer, adaptiver Systeme«. Das sind Systeme, die sich aneinander auf vielfache Weise anpassen. Ulrich Witt vom Max-Planck-Institut für Menschheitsgeschichte in Jena sieht ähnlich wie Tomasello sowohl kooperative als auch konkurrenzorientierte Kräfte im menschlichen Verhalten am Werk. Witt macht darauf aufmerksam, dass Menschen im Gegensatz zu Tieren immer auch von kulturell und sozial gelernten Leitbildern angetrieben und gesteuert werden und dass die konkurrenzorientierten Motive im Hirn in den älteren Arealen, die kooperationsorientierten in den jüngeren Arealen verankert sind.[21]

Witt möchte nun präzisieren, unter welchen Bedingungen welche Beziehungsmuster dominieren. Die entscheidende Variable ist für ihn die Größe der Gruppe, in der Menschen leben. Je größer die Gruppe, desto größer die Gefahr, dass sozialschädliche Verhaltensmuster die Oberhand gewinnen. Man nimmt an, dass die kritische Gruppengröße, ab der das Zusammengehörigkeitsgefühl als Basis der spontanen Kooperationsbereitschaft zum Problem wird, bei 150 Personen bzw. beim Übergang von der Jäger-und-Sammler-Gesellschaft in die Ackerbau- und Viehzuchtgesellschaft liegt. Dass wir heute mit dem Klima- und Migrationsproblem konfrontiert sind, ist für Witt die Folge der expansiven Tendenz der Form des Wirtschaftens, die sich mit dem Beginn der Agrargesellschaften vor über 10 000 Jahren herausgebildet hat. Diese Tendenz hat das Konkurrenzprinzip nahezu zum Alleinherrscher über die Beziehungen zwischen den Menschen gemacht. Vielleicht, so könnte man Witt ergänzen, ist die Vorstellung vom alles dominierenden Konkurrenzkampf im Bereich des Lebendigen, die oft auf Darwin zurückgeführt wird (»survival of the fittest«), sogar eher eine Projektion des Menschen als eine allumfassende biologische Theorie. Immerhin hat sich diese Vorstellung in einer Zeit herausgebildet, in der in Europa die auf Konkurrenzbeziehungen gegründete Marktwirtschaft massiv im Vormarsch war, die die Liberalen als einzige der Natur des Menschen gemäße Ordnung des Wirtschaftens priesen und bis heute preisen. Witt sieht angesichts einer globalisierten konkurrenzorientierten Weltwirtschaft die einzige Hoffnung darin, dass kooperative Leitbilder noch vorhanden sind und es beim Menschen keinen genetischen Determinismus gibt, der uns zur Konkurrenz bis zum Untergang zwingen würde.

Zwischenfazit

Es ist üblich, das Zwischenmenschliche zunächst vor dem Hintergrund der Verhaltens- und Beziehungsmuster zu beleuchten, die der Mensch von den Pflanzen und Tieren geerbt hat. Diese Muster können prinzipiell feindlich und freundlich, konkurrenz- und kooperationsorientiert sein. In der Welt der Pflanzen und Tiere begegnet uns bereits eine unübersehbare Vielfalt solcher sozialen Muster. Durch seine besonders ausgeprägte Fähigkeit zur Kommunikation ragt der Mensch aus der nicht menschlichen Lebenswelt heraus. Die kommunikativen Fähigkeiten des Menschen beruhen auf der Verwendung von sprachlichen Symbolen und sind eng mit seinen moralischen Fähigkeiten verbunden. Offenbar ist die soziale Nähe der kommunizierenden Menschen ein wichtiges Kriterium für die jeweils dominierende Verhaltensweise im Spektrum zwischen Konkurrenz und Kooperation. Je dichter die zwischenmenschlichen Beziehungen werden, desto wichtiger wird es für den Menschen herauszufinden, welche der existierenden Möglichkeiten zur Gestaltung der Mitweltbeziehungen auf welcher Ebene und in welcher Situation sich bewähren und deshalb als normativ akzeptabel gelten können und welche nicht. Genau darin besteht die Aufgabe der Evolution der sozialen Kultur. Ob der Mensch diese Aufgabe allerdings bewältigt und sein kommunikatives Potenzial hierfür nutzen kann, hängt von den Voraussetzungen ab, in die er hineingestellt ist – nachdem er sie freilich, zumindest teilweise, vorher selbst geschaffen hat.

Austausch und Stabilität

Die weitere Erforschung der Zwischenmenschlichkeit erfordert einen vertieften sozialwissenschaftlichen Blick. Wie haben sich die sozialen Verhältnisse, die kommunikativ und moralisch vermittelt sind und auf den geistigen und materiellen Austausch zielen, mit der Zeit verändert? Welche Vorstellungen von Fairness oder Gerechtigkeit gingen mit diesen Veränderungen einher? Und was bedeuten diese Veränderungen für die zyklische Dimension der Zeit, die – über die lineare und exponentielle Zunahme der zwischenmenschlichen Abhängigkeiten hinweg – Stabilität erst ermöglicht?

Mensch und Arbeit II

Wir erinnern uns: In Kapitel 2 haben wir davon gesprochen, dass der Mensch sich durch die aktive und bewusste Produktion seines Lebens, also durch Arbeit, von allen anderen Lebewesen abhebt und sich dies in einem ganz bestimmten Verhältnis zu Umwelt, Mitwelt und Innenwelt zeigt. In diesem Kapitel interessiert uns das durch die Arbeit gegebene Verhältnis zur Mitwelt. Dieses Verhältnis hängt von vielen Faktoren ab: außer von den natürlichen Lebensgrundlagen und dem Stand der Produktivkräfte auch vom Grad der Zerlegung des Arbeitsprozesses (Spezialisierung), von der sozialen und rechtlichen Stellung des Arbeitenden im Gefüge der Arbeitsteilung, von der Frage, was mit dem Produkt der Arbeit anschließend geschieht, vor allem wer es sich aneignet.

All diese objektiven Bestimmungen des Verhältnisses zur sozialen Mitwelt haben Auswirkungen darauf, wie der Einzelne Arbeit subjektiv wahrnimmt. So liegt es auf der Hand, dass ein hoher Spezialisierungsgrad die Identifikation mit dem Arbeitsprozess und vor allem mit dem konkreten Produkt der Arbeit erschwert.

Ähnlich prägt der Grad der Selbstständigkeit beim Arbeiten die Bereitschaft, sich in der Arbeit zu engagieren. Auch das Verhältnis zu den Kollegen und damit die Zufriedenheit am Arbeitsplatz können ganz unterschiedlich beschaffen sein, je nachdem, ob es mehr durch Konkurrenz oder durch Kooperation bestimmt ist. Was schließlich das Produkt der Arbeit betrifft, so kommt es ganz entscheidend darauf an, inwiefern der Arbeitende am Ertrag seiner Anstrengungen beteiligt ist. Wer sich beim Arbeiten anstrengt und eine gute Leistung abliefert, erwartet in aller Regel, dass er am Ende einen entsprechenden Gegenwert dafür erhält.

In Bezug auf die Zeitlichkeit der Arbeit fällt zuallererst ihre Beschleunigung als Folge des Sesshaftwerdens des Menschen auf, der sogenannten neolithischen Revolution. Dieser Quantensprung unterzog den Zusammenhang zwischen Arbeit und Moral einer harten Probe. Sie hält bis heute an und ist keineswegs bestanden. Über 90 bis 99 Prozent aller bisher lebenden Generationen (je nachdem, wann man die Geschichte des Menschen beginnen lässt)[22] waren nicht in der Lage, durch ihre Arbeit ein nennenswertes Mehrprodukt hervorzubringen. Die Jäger und Sammler jagten und sammelten, was sie für ihr Überleben brauchten. Damit waren sie ein paar Stunden am Tag beschäftigt, aber lange nicht so viel wie ihre Nachfahren, die Ackerbauern, Viehzüchter, Handwerker, Fabrikarbeiter und modernen Dienstleister aller Art. Mehr zu produzieren hätte für Jäger und Sammler im Übrigen auch wenig Sinn gemacht, weil sie ja ständig unterwegs waren und dieses Mehrprodukt hätten mitschleppen müssen.

Was in der neolithischen Revolution passierte, war zunächst in zeitlicher Hinsicht ein wahrlich revolutionärer Akt. Der oben konstatierte (Kapitel 2) erhöhte Energieumsatz am Beginn der Sesshaftigkeit hing nämlich eng mit fundamentalen zwischenmenschlichen Veränderungen zusammen. Das revolutionäre Zeitkalkül bestand darin, gejagte Tiere und gesammelte Pflanzen nicht gleich zu verspeisen, sondern sie zunächst zu hegen und zu pflegen und dafür entsprechende Zäune und Gebäude zu errichten, um sich nach einiger Zeit des Wartens, Reifenlassens und Umsorgens umso sicherer und bequemer ernähren zu können. Aus zeittheoretischer Perspektive war diese Revolution ein wagemutiges Unterfangen, das im Kern in einer gigantischen Ausdehnung des Zeithorizonts bestand. Der Aufschub der Bedürfnisbefriedigung in Verbindung mit der Ausdehnung des Zeithorizonts über viele Monate und auch Jahre an der Schwelle von der Jäger-und-Sammler- zur Ackerbau-und-Viehzucht-Kultur war vielleicht der eigentliche Ursprung des Nachhaltigkeitsbewusstseins.

Allerdings konfrontierte die neolithische Revolution die Menschen mit einer neuen Situation, die das zwischenmenschliche Verhältnis betraf: Sie ermöglichte die Erwirtschaftung eines Mehrprodukts, eines Produkts also, das anderen Zwecken als der Reproduktion des Menschen diente. Dieses Mehrprodukt und mit ihm die menschliche Produktivkraft wuchs in den agrarischen Hochkulturen enorm. Vielleicht kann man im Rückblick von einem Quantensprung der Menschheitsgeschichte sprechen. Zum ersten Mal in der Geschichte des Menschen und seiner Arbeit waren Menschen in der Lage, wesentlich mehr hervorzubringen, als für ihr eigenes Leben erforderlich war. Allerdings mussten sie nun irgendwie klären, wer über dieses Mehrprodukt verfügen sollte. Damit war die Grundlage der Entstehung dessen gelegt, was später »Klassengesellschaft« genannt wurde: das Auseinanderfallen der Gesellschaft in die vielen, die die Arbeit taten, und die wenigen, die sie organisierten, die Verteilung der Früchte der Arbeit übernahmen und sich den Großteil davon aneigneten. Die private Aneignung des Mehrprodukts spaltete die Gesellschaften und spaltet sie bis zum heutigen Tag in Arm und Reich, auf nationaler wie auf globaler Ebene. Der Gegensatz zwischen dem globalen Norden und dem globalen Süden, der heute die Welt zu zerreißen droht und unter anderem zu gigantischen Migrationswünschen führt, hat hier seinen Ursprung.

Durch die Steigerung der Produktivität in Verbindung mit der fortschreitenden Arbeitsteilung vervielfachten sich die einzelnen Tätigkeiten. Damit wurde und wird es objektiv immer schwieriger, den Wert, den ein einzelner Beitrag für die Gesellschaft hat, einzuschätzen und mit anderen Beiträgen zu vergleichen. Das gilt natürlich erst recht, wenn diese Beiträge an das Recht gekoppelt sind, über die Beiträge anderer verfügen zu dürfen. Wie ist etwa die Herstellung einer guten Beziehung zu den Göttern zu bewerten – im Vergleich zur Leistung eines Bauern, Schusters oder Fuhrmanns? Oder der Beitrag von Grundherren, Fabrikbesitzern und Inhabern von Bankhäusern im Vergleich zu dem der Pförtner, Busfahrer, Büroangestellten oder Kindergärtnerinnen? Die verbindliche Festlegung des Werts eines einzelnen Beitrags ist aber Voraussetzung für den erfolgreichen Tausch und dieser wiederum Voraussetzung dafür, dass sich ein Gefühl verfestigt, das zu den tiefsten sozialen Gefühlen überhaupt gehört: dass es in einem Gemeinwesen – also einem Dorf, einer Stadt, einem Staat und so weiter – insgesamt gerecht zugeht. Das Gerechtigkeitsgefühl ist, wie schon an Kleinkindern beobachtet werden kann, im Innersten des Menschen verankert. Ein Gemeinwesen, das aus lauter Trittbrettfahrern besteht, die alle nur mitfahren, aber nichts zahlen wollen, kann auf Dauer nicht funktionieren, weil dann niemand mehr da ist, der für den Fahrer und den Kraftstoff aufkommt.

Da diese gesellschaftliche Spaltung in Arbeitende und Eigentümer – in Bezug auf die Produktionsmittel und das Mehrprodukt – schon in antiken Hochkulturen nicht unbedingt selbstverständlich war, verlangte sie und verlangt sie bis heute nach einer Rechtfertigung. Und so bildete sich mit der Sesshaftigkeit all das heraus, was an Rechtfertigungslehren seitdem vorgebracht wurde. *Erstens:* Die Götter haben bestimmte Menschen auserwählt, die von der materiellen Arbeit freigestellt und für höhere Aufgaben bestimmt sind. *Zweitens:* Die Natur hat einen Teil der Menschen – Sklaven, Leibeigene oder auch Frauen – dazu geschaffen, als Werkzeuge die Versorgung des männlichen Bürgers zu übernehmen. Dieser sogenannte freie Bürger, so geht die Rechtfertigungsgeschichte weiter, sei zu Höherem berufen: zu Kunst, Philosophie und zur Führung der Staatsgeschäfte. Und schließlich *drittens*, das neuzeitliche Argument: Die Vernunft gebiete, das Eigentum an den Produktionsmitteln in andere Hände zu legen als die Produktion selbst und die Überschüsse der Produktion systematisch für ihre permanente Erweiterung zu verwenden, also für ein dauerhaftes, sich selbst tragendes Wirtschaftswachstum zu sorgen. Seither wird diese Lehre von Generation zu Generation weitergegeben, im Frühliberalismus zusätzlich durch ihren Einbau in den Marktmythos (Kapitel 5).

Abgesichert durch diese Rechtfertigungslehren und beschleunigt durch die industrielle Revolution, spaltete die Gesellschaft sich weiter fundamental. Denn die privaten Produktionsmittel, die ja das Resultat lebendiger und zeitaufwendiger menschlicher Arbeit waren, traten nun als »geronnene« beziehungsweise »tote« Arbeit (Marx) der lebendigen Arbeit gegenüber. In zeitlicher Hinsicht war entscheidend, dass mit der Zunahme von geronnener Arbeitszeit Beschleunigungsmaschinen in die Geschichte der menschlichen Produktionsverhältnisse einzogen, die ihre Eigentümer zu Herren der Zeit des Arbeitens machten. Wenn seither von Gerechtigkeit gesprochen wird, geht es immer auch um die gerechte Verfügung über Arbeit, ihre Erträge und letztlich über die Lebenszeit des Menschen.

Große Transformation und europäische Arroganz

Wie sehr vor allem die Einrichtung von Märkten die zwischenmenschlichen Beziehungen veränderten hat der österreichische Philosoph, Rechts- und Wirtschaftswissenschaftler Karl Polanyi in seinem erstmals 1944 erschienenen Buch »The Great Transformation« mit dem Untertitel »Politische und ökonomische Ursprünge von Gesellschaften und Wirtschaftssystemen« beispielhaft dargelegt.[23] Gestützt auf eine Vielzahl von kulturanthropologischen Studien, belegt er, dass menschliche Kooperation in der Zeit vor der Durchsetzung der Marktwirtschaft mit ihrem »freien Spiel der Kräfte« völlig anders funktionierte, als wir das seither kennen. In diesen archaischen Gesellschaften, so Polanyi, gab es keinen losgelösten Bereich des wirtschaftlichen Handelns, keinen Homo oeconomicus, keine Rationalität der individuellen Nutzenmaximierung. Austausch und Verständigung waren Phänomene, die den gesamten Menschen und die Begegnung zwischen Menschen gleichermaßen umfassten. Sie hatten immer zugleich eine religiös-mythologische, juristisch-moralische, ästhetische und auch eine ökonomische Dimension. Entscheidend war, dass die wirtschaftliche Tätigkeit des Menschen immer in Sozialbeziehungen eingebettet war.[24] Bis heute kann man in manchem orientalischen Basar hin und wieder noch die irritierende Erfahrung machen, dass Händler Kunden ohne eine ausführliche Unterhaltung bei Tee und Tabak nicht ernst nehmen oder gar wieder hinauswerfen.

Im scharfen Kontrast hierzu sieht Polanyi eine menschheitsgeschichtliche Neuausrichtung, durch die sich die Ökonomie aus ihrer sozialen und kulturellen Einbettung gelöst hat: die »Große Transformation« im Übergang vom 18. zum 19. Jahrhundert. Mit ihr wurde der ebenso anonyme wie abstrakte Markttausch etabliert, getragen von der Überzeugung, dass Märkte sich selbst regulieren können und nicht weiter eingebettet sein müssen.

Zwar gab es Märkte schon seit der späten Steinzeit, zunächst vereinzelt an den Rändern der Gemeinwesen, dann immer mehr auch in ihrem Inneren. Aber sie spielten für die tägliche Bedürfnisbefriedigung und die Lebensgestaltung der allermeisten Menschen kaum eine Rolle. Erst mit dem Anbruch der Moderne in Europa begann die Marktwirtschaft alle Wirtschafts-, Lebens- und Gesellschaftsbereiche zu durchdringen. Genau das zerstörte, so Polanyi, in einem dramatischen Tempo die sozialen und ökologischen Grundlagen, auf denen alles menschliche Leben beruht.[25] Diese Verselbstständigung einer herrschaftlich auftretenden Ökonomie gegenüber allen anderen Aspekten des Lebens und vor allem die Rolle des Geldes werden wir später im 5. Kapitel genauer untersuchen.

Die fortschrittsüchtige Moderne hat fast völlig vergessen, dass es auch ein vormodernes Leben gab und dass dieser Abschnitt der Menschheitsgeschichte ein unvergleichlich längerer war als der danach. Das hängt nicht nur mit der weitverbreiteten Vorstellung zusammen, dass diese ganze »Vorgeschichte« für uns heute nichts Besonderes an Erkenntnissen zu bieten habe. Dazu kommt, dass die letzten 500 Jahre gleichzeitig eine geschichtliche Phase darstellen, in der die Europäer sich die Welt bis zum hintersten Winkel unterworfen haben.[26] Aus zeittheoretischer Sicht war die von Europa der Welt aufgezwungene Große Transformation zunächst vor allem ein gigantischer Beschleunigungsschub mit einer charakteristischen positiven Rückkoppelung. Je schneller nämlich die Europäer mit ihren Schiffen, Nachrichtentechniken und Waffen wurden, desto weiter konnten sie in den Raum ausgreifen. Und je weiter sie in den Raum ausgriffen, desto schneller wurden sie, weil sie mit jedem Unterwerfungsschritt einen besseren Zugriff zu den Ressourcen bekamen, die notwendig wurden, um die Geschwindigkeit weiter zu steigern. Während dieses sich selbst verstärkenden Prozesses wurde der europäische Lebensstil so attraktiv, dass ihm heute fast die ganze Welt nacheifert, wobei außereuropäischen Lebensstilen die Grundlage gleichzeitig immer mehr entzogen wurde und wird.

Dass wir uns der unvorstellbar langen Zeit vor dem Beginn der europäischen Beschleunigungs- und Unterwerfungsgeschichte so wenig bewusst sind, kann auch als Bestätigung für unsere europäische Überheblichkeit gedeutet werden. Bester Beleg ist die in vielen Wissenschaftsdisziplinen herrschende Vorstellung von »Moderne«, »Modernisierung«, »Entwicklung« und »Rationalität«.

Es wird so getan, als gebe es nur eine Richtung der Menschheitsgeschichte und als sei es Aufgabe aller Menschen, die für sich beanspruchen, »modern«, »entwickelt« und »vernünftig« zu sein, den Rest der Menschheit dorthin zu führen, wo sie selbst sich bereits befinden. Da es die Europäer gewesen seien, so die europäische Erzählung der Geschichte der letzten 500 Jahre, die die Welt mit ihrer Technik und ihren Waren beglückt und mit ihrem Geist beseelt hätten, habe die Menschheit den Europäern fast alles zu verdanken. Kurz: Das moderne Europa sei die Spitze der Menschheitsgeschichte.[27]

Dieser Eurozentrismus ist eine recht borniert Sicht auf die Welt. Darauf machen uns seit einiger Zeit auch Wissenschaftler aus außereuropäischen Kulturen aufmerksam. Sie argumentieren, dass die Form von Rationalität, die aus Europa stammt und die Welt so erfolgreich durchdrungen hat und weiter durchdringt, nur eine von vielen möglichen Formen menschlicher Vernunft ist. So kritisiert der aus Kamerun stammende Historiker und Philosoph Achille Mbembe,[28] dass der Kapitalismus mit seiner Art von Vernunft alle Grenzen zu überwinden versuche und, beginnend mit dem Sklavenhandel, die Afrikaner als Arbeitstiere ihres menschlichen Status beraubt habe. Diese »kannibalische Moderne« samt dem Alleinvertretungsanspruch jener weißen Vernunft, die auch die europäischen Verbrechen zu rechtfertigen versuche, sei heute eindeutig zurückzuweisen. Mbembe verweist auf das große Potenzial des afrikanischen Denkens, das endlich rehabilitiert werden müsse. Alten afrikanischen Vorstellungen zufolge sei die Menschheit aus einem Samenkorn hervorgegangen, das sich nur bei entsprechender Vorbereitung des Bodens zur vollen Lebendigkeit entfalten könne. Deshalb schulde der Mensch von Anfang an dem außermenschlichen Leben Dank. Deshalb solle er sich auch bewusst machen, dass er sich die Welt immer nur mit den anderen Lebewesen teilen könne. Der Mensch müsse anerkennen, dass die Welt allen Lebewesen gleichermaßen gehöre, gleichviel ob sie

Pflanzen, Tiere oder Menschen seien.[29] Dem afrikanischen Wissenschaftler Mbembe geht es darum, die Apartheid der Moderne auch im Denken zu überwinden und der Welt »in der Sprache aller Ausdruck zu verleihen«.[30] In Bezug auf die Zeitlichkeit des Menschen ist auch hier bezeichnend, dass das afrikanische Denken den Menschen offenbar nicht primär als linear vorwärtseilendes, sondern als in den Kreislauf des Lebens eingebundenes Wesen sieht.

Die Kritik an der europäischen Überheblichkeit wird auch von kulturanthropologisch-entwicklungssoziologischen Forschungen bestätigt.[31] So machte der Entwicklungssoziologe Dieter Goetze bereits in den 1980er-Jahren darauf aufmerksam, dass in den antikolonialen Befreiungsbewegungen, die sich im 20. Jahrhundert in der Dritten Welt formierten, jene Grundvorstellungen von gesellschaftlichem Zusammenleben und einer darin eingebetteten Wirtschaft fortlebten, die vor der Großen Transformation über Jahrtausende das Leben der Menschen begleitet hatten. Nachdem in Indien und Afrika Kaufleute, Missionare und Entwicklungshelfer aus Europa jahrhundertelang versucht hatten, das Denken der Einheimischen umzukrempeln, erinnerte man sich in den Befreiungsbewegungen des 20. Jahrhunderts wieder an die eigenen Wurzeln. Nicht die Modernisierung nach einem vorgegebenen Muster, sondern die Weiterentwicklung der eigenen Kultur, nicht das Interesse des Einzelnen, sondern das der Gruppe, nicht kurzfristige Nutzenmaximierung, sondern langfristige Sicherung der sozialen und ökologischen Grundlagen – das waren die traditionellen Leitbilder, die auch für die Zukunft gelten sollten.

Goetze erinnert beispielsweise an den »afrikanischen Sozialismus« (vor allem Julius Nyerere), der an alte afrikanische Traditionen wie Naturnähe, Familienverbundenheit oder »Kommunalismus« anknüpfte. Ein anderes Beispiel ist die indische »Sarvodaya«-Bewegung. Für sie galt als oberstes Prinzip des individuellen Handelns die »Wohlfahrt aller«, weil sich der Mensch nur so selbst verwirklichen und Gott finden könne. Maßstab der individuellen Selbstverwirklichung sei dabei, dass alle anderen Lebewesen dieselben Möglichkeiten zur Selbstverwirklichung haben und dass auch die nicht belebte natürliche Umwelt für die kommenden Generationen erhalten bleibt.[32] In der außereuropäischen Vorstellungswelt war es also, so Goetze, keineswegs selbstverständlich, »dass der Mensch sich dadurch Vorteile verschaffen könne und solle, dass er sich auf Kosten anderer durchsetze«.[33]

Hier schließen postkoloniale Denker des 21. Jahrhunderts wie der indische Historiker Dipesh Chakrabarty an.[34] Bei ihm finden wir vor allem ein tiefes Verständnis der Zeitlichkeit des Denkens und Handelns in Bezug auf Umwelt und Mitwelt. Chakrabarty plädiert dafür, nicht nur den Alleinvertretungsanspruch der europäischen Moderne mit ihren Vorstellungen von Rationalität und Wirtschaft zurückzuweisen. Wir sollten uns, so der indische Wissenschaftler, zudem darum bemühen, den Raum für Abweichungen vom zufällig Entstandenen, an das wir uns gewöhnt haben, offenzuhalten. Utopische Fantasie könne und solle ihre Energie aus dem Spannungsverhältnis zwischen dem, was ist, und dem, was sein soll, beziehen.

Was Chakrabarty über die Anführer antikolonialer Befreiungsbewegungen sagt, gilt genauso für alle traditionalen Formen des Wirtschaftens und die Möglichkeit, sich heute auf sie zurückzubesinnen, wenn wir über die derzeit herrschende Wirtschaftsordnung hinauszudenken bereit sind: Damit die Möglichkeit fundamentaler Veränderungen lebendig bleibt, so Chakrabarty, »sollten wir die Erinnerung an den universalen Humanismus … – den Universalismus der Unterdrückten – wachhalten. Es geht darum, dasjenige zu nähren, was sein soll, und sich zugleich auf dasjenige einzulassen, was ist, und dabei auf den Moment zu warten, an dem das Zufällige notwendig wird: Es geht darum, das Pulver trocken zu halten für den Tag, an dem wir es brauchen.«[35] Chakrabarty kommt hier als postkolonialer Historiker offenbar zu einem ähnlichen Ergebnis wie Peter Kafka, denn das Plädoyer für das Offenhalten von Entwicklungen ist immer auch ein Plädoyer für »Vielfalt« und für jene »Gemächlichkeit«, die sich Zeit nimmt zu prüfen, was bei diesen Entwicklungen herauskommt und vor allem ob wir das auch wollen (Kapitel 1).

Rituale und Solidarität

Je mehr gegen Ende des 19. und im 20. Jahrhundert in Europa die Zweifel wuchsen, dass Märkte von sich aus den Zusammenhalt der Menschen tatsächlich gewährleisten können, und je mehr Europa als Folge des Kolonialismus mit Gesellschaften konfrontiert wurde, deren Zusammenhalt nicht durch Märkte begründet war, stellte sich die Frage nach der gesellschaftlichen Kohäsion in aller Schärfe. Dies war die Geburtsstunde der Soziologie. Während die Fokussierung des Marktes in der Wirtschaftswissenschaft mehr auf die Faktoren der Dynamik zielte, ging es der Soziologie um die Frage nach den Faktoren der Stabilität. Für die Soziologie ist die Wirtschaft immer nur ein Teilbereich der Gesellschaft, die über sie weit hinausreicht. Die Antworten auf die Frage nach der Stabilität der Gesellschaft zeigen, dass auch die frühen Soziologen zyklische Muster als ausschlaggebend annahmen. Austauschbeziehungen sind dann stabil, so die Gründerväter der Soziologie, wenn das Zusammenleben durch feste Rituale geprägt ist und hinter diesen Ritualen verlässliche Solidaritätsbeziehungen existieren, die freilich unterschiedliche Grundlagen haben können.

Zunächst zu den Ritualen. Rituale waren offenbar für den Zusammenhalt zwischen den Menschen von frühesten Zeiten an maßgebend: Opferrituale sollten etwa die Götter gnädig stimmen, für Jagdglück und Fruchtbarkeit sorgen, Geburts- und Beerdigungsrituale sollten durch bestimmte Zeremonien die Menschen aus dem Alltag herausheben, Übergangsrituale in einen neuen Lebensabschnitt einführen, politische Rituale Herrscher mit Legitimation ausstatten und Bündnisse besiegeln. In Ritualen werden bestimmte Handlungen standardisiert, sodass sie unabhängig von der jeweiligen Person und Situation immer wieder auf die gleiche Art und Weise vollzogen werden können. Das bewirkt eine zugleich innere wie äußere Reduktion von Komplexität. Indem Rituale fest verankert und organisiert werden, entstehen Institutionen als verselbstständigte Rituale. Zu ihnen gehören bestimmte Rollen und ihnen zugeordnete Verhaltenserwartungen, ungeschriebene und geschriebene Vorschriften, negative und positive Sanktionen. Rituale können als Schnittpunkt zwischen Gesellschaft und Individuum gesehen werde.[36]

Rituale helfen auch, die Störanfälligkeit der Sprache als Bindemittel der Gesellschaft zu begrenzen. Das ist für die Ordnung in einem Gemeinwesen außerordentlich folgenreich. Zu einer solchen Störung kann es kommen, wenn sich die Betroffenen nach einem Diskurs, der zu einem bestimmten Ergebnis führt, das eigentlich verbindlich sein soll, einfach weigern, dieses Ergebnis anzuerkennen. Oft sind es sogar die Diskutanten selbst, die sich nicht mehr an ihr eigenes Ergebnis gebunden fühlen, besonders wenn seit dem Diskurs einige Zeit verstrichen ist. Durch Rituale werden Menschen mit der mehr oder minder sanften Gewalt des gesellschaftlichen Drucks dazu gedrängt, mit den jeweils geltenden Regeln konform zu gehen. Das verhindert, dass sie sich selbst aus der Gesellschaft ihrer Mitmenschen ausgrenzen, wo sie letztlich nicht überlebensfähig wären. Hier sind sich der Philosoph und Soziologe Jürgen Habermas, der Begründer der modernen »Diskurstheorie«, und Tomasello, der Erforscher der »Naturgeschichte der Moral«, einig, sie setzen nur die Akzente unterschiedlich: Sprache und Rituale ergänzen einander als kulturelle Bindungskräfte, sie sorgen für den Zusammenhalt in der Gesellschaft.[37] Anders formuliert: Rituale haben die Aufgabe, die Spannung zwischen Vereinzelungserfahrung und Vergesellschaftungszwang auszubalancieren.[38]

Der zweite Erklärungsansatz für die Stabilität von Austausch-beziehungen ist in der Soziologie mit dem Namen Émile Durk-heim verbunden. Durkheim nennt die Bindekraft einer Gesell-schaft »Solidarität« und möchte insbesondere klären, wie sich die Solidarität der Menschen im Übergang von vormarktlichen zu marktlichen Gesellschaften verändert hat.[39] Durkheim unterschei-det dabei zwei Entwicklungsstufen der Solidarität: die »mechani-sche« und die »organische«. Die mechanische Solidarität ist die typische Bindekraft in Gesellschaften mit geringer Arbeitsteilung, in der die Menschen zusammenhalten, weil sie sich in biologischer oder kultureller Hinsicht als miteinander verwandt empfinden. Ist die Arbeitsteilung einmal weiter fortgeschritten, tritt dieses Gefühl des mechanischen Zusammengehörens zurück und wird immer mehr durch die Erkenntnis ersetzt, dass man voneinander abhän-gig ist. »Organisch« nennt er diese Form der Solidarität deshalb, weil jede gesellschaftliche Gruppe – die Bauern, die Handwerker, die Händler etc. – die andere Gruppe braucht, so wie die Organe im menschlichen Körper einander benötigen, wenn sie funktio-nieren und den ganzen Körper tragen und lebendig halten sollen. Gemeinwesen, in denen die mechanische Form der Solidarität vorherrscht, werden in der Soziologie oft auch als »Gemeinschaft« bezeichnet, beim Überwiegen organischer Momente spricht man von »Gesellschaft« im engeren Sinn (Ferdinand Tönnies). Bezieht man diese Formen von Solidarität beziehungsweise Gemeinwesen auf die Entwicklungsstufen der Moral von Tomasello, dann ent-spricht die mechanisch-gemeinschaftsorientierte Form vermut-lich eher den ersten beiden Moralstufen (Altruismus, Zwei-Perso-nen-Kooperation), die organisch-gesellschaftliche Form eher der kulturell definierten Moral.

Allerdings verschwindet der mechanisch-gemeinschaftliche, also der bloß gefühlte Zusammenhalt in einer modernen Gesell-schaft nicht völlig, sondern er tritt nur in den Hintergrund. Im Vordergrund der modernen Gesellschaft steht nach Durkheims

Vorstellung die Verlässlichkeit der Austauschbeziehungen. Sie ist für den Bestand einer Gesellschaft genauso wichtig wie die Verlässlichkeit des Kreislaufs des Blutes, der Nährstoffe und der Nervenbahnen für die Gesundheit des Menschen. Aber immer wieder, vor allem bei besonderen Ereignissen, die die Gemeinschaftsgefühle hochpushen (Sport, Musik, Politik, aber auch bei der Bewältigung von Katastrophen, der Zuspitzung von Konflikten und im Krieg), zeigt sich die emotionale Bindung als starke Kraft zwischen den Menschen. In jedem Fall besteht die Herausforderung darin, auch hier einen Weg zu finden, der festlegt, wie viel mechanisch-gemeinschaftlicher und wie viel organisch-gesellschaftlicher Zusammenhalt in welchen Fragen und auf welchen Ebenen für die Gestaltung der Beziehungen zur Mitwelt und ihren Strukturen sinnvoll und wünschenswert ist. Und auch diesen Weg müssen die Menschen über einen Prozess finden, in dem rituell-institutionelle und sprachliche Kohäsionskräfte zusammenwirken – wie auch immer diese genau aussehen mögen.

Mechanisch-gemeinschaftliche sowie organisch-gesellschaftliche Kohäsion haben in Bezug auf die Zeitlichkeit eines gemeinsam: Das Gefühl des Zusammengehörens und Zusammenhaltenmüssens fällt nicht vom Himmel. Dieses Gefühl ergibt sich nicht plötzlich per Willensbeschluss oder Verordnung, es muss sich immer erst herausbilden. Und das erfordert Zeit: Zeit, in der das Vertrauen in die Verlässlichkeit von Beziehungen und Institutionen wachsen und gedeihen kann, unabhängig davon, ob die Bindung zur Mitwelt mehr auf Gefühlen oder Einsichten gründet. Entscheidend für das Verständnis dessen, was die soziale Mitwelt im Innersten zusammenhält, ist also jener Prozess, in dem sich das Vertrauen zwischen den Menschen ausbilden kann – oder auch nicht.

Das Prinzip der Wechselseitigkeit

Vertrauen ist auf vertrauensbildende Erfahrungen und vertrauensbildende Erkenntnisse gleichermaßen angewiesen, und das Thema soziale Wechselseitigkeit, also soziale »Reziprozität«, ist dabei von zentraler Bedeutung. Was für einen einzelnen Menschen gilt, der vom ersten Tag seines Lebens an in einem Wechselverhältnis zunächst mit Mutter und Vater, dann zu einem immer größer werdenden Kreis von Menschen steht, gilt auch für die Gesellschaft insgesamt: Ohne ein ausreichendes Maß an Reziprozität ist das freiwillige dauerhafte Zusammenleben von Menschen schlichtweg nicht vorstellbar.[40] Zwar kann die Art des Zusammenlebens für eine begrenzte Zeit auch einseitig erzwungen sein, wie die Geschichte immer wieder bewiesen hat. Aber in den meisten Fällen war dieser Zustand nicht von Dauer und ist auch vor dem Hintergrund eines aufklärerischen Verständnisses von Mensch und Gesellschaft normativ nicht akzeptabel.

So wie das Prinzip der Regenerativität gewährleistet, dass das Verhältnis zur natürlichen Umwelt ein dauerhaftes ist, verbürgt das Prinzip der Wechselseitigkeit die Dauerhaftigkeit des Verhältnisses zur sozialen Mitwelt. Nicht zufällig wähle ich hier das besonders in der Entwicklungssoziologie gebräuchliche Wort »Reziprozität«, weil es die Zyklizität dieser sozialen Beziehung betont und damit den Zusammenhang zwischen Stabilität und Zeit deutlich macht. Allerdings unterstellt Reziprozität, anders als Regenerativität, kein einseitiges Dominanzverhältnis. Reziprozität lässt offen, auf welcher Seite die Wechselbeziehung beginnt und welche Seite dominiert.

Eine Möglichkeit herauszufinden, unter welchen Bedingungen sich Reziprozität im sozialen Miteinander gut entfalten kann und wodurch sie behindert wird, sind Laborversuche, die Soziologen und Sozialpsychologen in vielfachen Varianten immer wieder durchführen.[41] Man konfrontiert die Versuchspersonen mit bestimmten Konflikten und beobachtet dann ihr Verhalten, um herauszufinden, wann sie einander zu übervorteilen suchen und wann sie kooperieren. Das vielfach bestätigte Ergebnis ist wenig überraschend: Wenn Versuchspersonen nur einmal oder nur einige wenige Male aufeinandertreffen, neigen sie zu ausgeprägtem Konkurrenzverhalten. Erst mit der Anzahl der Tauschakte steigt das Vertrauen in den Mitspieler, und die Wechselseitigkeit stabilisiert sich. Das gilt grundsätzlich für Beziehungen innerhalb einer Gruppe wie auch zwischen Gruppen. Je näher die Tauschpartner einander kennen, desto enger – wenn man alle anderen Umstände ausklammert – binden sie sich. Einem Fremden gegenüber bin ich vielleicht dazu bereit, ihm den Weg zu zeigen. Einem Freund helfe ich auch beim Umzug, einen engen Verwandten pflege ich vielleicht sogar, wenn er krank wird.

Praktisch gewendet: Da wir nicht beliebig viele intensive Beziehungen haben können, kommt es darauf an, das rechte Maß zu finden. Diese Erkenntnis bekräftigt im Übrigen, was oben über die ideale Größenordnung für menschliche Gemeinwesen gesagt wurde. Bei einer zu hohen Beziehungsdichte und einer zu schnellen Veränderung der Beziehungsstruktur sind wir in unserem Reziprozitätspotenzial schnell überfordert. Auf der anderen Seite aber kann ein Mangel an Reziprozitätsgelegenheiten dazu führen, dass wir das Vertrauen in die soziale Umwelt verlieren und dass sich unsere Fähigkeit zurückentwickelt, Vertrauen in andere Menschen überhaupt ausbilden zu können. Ein solcher Mangel an Gelegenheiten für Reziprozitätserfahrungen kann sich einstellen, wenn soziale Räume ausdünnen oder ein soziales Netz erstarrt. Mit dem sozialen Urvertrauen schwindet dann auch schnell das Gefühl, von der Mitwelt gerecht behandelt zu werden.

Die Kunst, reziprozitätsfreundliche Verhältnisse zu schaffen, besteht also darin, die räumlichen und zeitlichen Verhältnisse so zu gestalten, dass sie dem menschlichen Wesen und den globalen Bedingungen gleichermaßen gerecht werden.[42] Als Solidaritätsproblem formuliert: Es kommt darauf an, den Geltungsbereich der mechanischen mit dem der organischen Solidarität zu verknüpfen. Man könnte auch sagen, es kommt darauf an, die weitgehend vergessenen Erfahrungen aus der Zeit vor der Großen Transformation wieder in Erinnerung zu rufen und an die sich ständig aufdrängenden Erfahrungen nach der Großen Transformation anzubinden.

Genau das ist das Erkenntnisinteresse der soziologischen Reziprozitätsforschung. Reziprozität ist ein zeitloses Phänomen. Sie kann, darin besteht in der Soziologie weitgehend Einigkeit, die unterschiedlichsten Formen annehmen. Man denke etwa an so archaisch anmutende Institutionen wie die Blutrache oder das Duell, in denen sich die Konfliktparteien zumindest als sozial gleichgestellte Gegner wechselseitig anerkennen müssen, oder an die moderne Reziprozität auf Märkten, auf denen sich die Tauschenden als rechtlich Gleichgestellte begegnen. Oder auch an das große Feld der wohl in allen Gesellschaften auftretenden Korruption. Die archaische wie die moderne Variante von Reziprozität dienen der Konfliktregelung, unabhängig davon, ob sie die Ehre wiederherstellen oder knappe Ressourcen oder Einflusschancen verwalten soll.[43] Blickt man auf die Evolution des menschlichen Wirkens weit hinter die Große Transformation in vormarktwirtschaftliche Zeiten zurück, wird deutlich, dass Reziprozität nicht nur in 90 bis 99 Prozent der Menschheitsgeschichte (Jäger und Sammler) das zentrale Prinzip war, um Arbeitsteilung zu organisieren. Vielmehr spielte die Reziprozität auch nach der Sesshaftigkeit (Ackerbauern und Viehzüchter) im Alltag der Menschen weiterhin eine große Rolle. Was allerdings die politische Herrschaftsstruktur betraf, begann sich in Hochkulturen ein anderes Prinzip durchzusetzen. Soziologen nennen es »Redistribution«: die Abgabe des produzierten Überschusses an Tempel, Klöster, Burgen, Höfe und die Wiederverwendung des Abgegebenen für Zwecke des Gemeinwesens und der Herrschaftssicherung.[44]

Systematisch lassen sich drei Formen von Reziprozität unterscheiden. Bei der *ersten*, der *direkten* Form werden Leistungen ausgetauscht, die die Tauschenden als ungefähr gleich wertvoll einschätzen.[45] Berühmtestes Beispiel aus der Kultur- und Sozialgeschichte des Menschen ist der Austausch von Halsketten und Armbändern in Melanesisch-Neuguinea, über den Forscher zu Beginn des 20. Jahrhunderts lange gerätselt haben: der sogenannte Kula-Handel. Er stellte den Zusammenhalt eines ganzen Volkes, der Trobriander, die weit verstreut auf vielen Inseln relativ autark lebten, durch ein kompliziertes Ringtauschsystem her und bekräftigte ihn immer wieder neu. Entscheidend waren die genau geregelten Übergabezeremonien, nicht die Werte der Gegenstände. Jeder Tauschakt begann mit einer Gabe, die dann, nach wenigen Minuten oder auch erst nach einem Jahr, durch eine Gegengabe erwidert wurde. Wenn eine Gabe erfolgt war, musste sie angenommen werden, und es durfte auch über deren Wert nicht gefeilscht werden. So entstanden lebenslange Partnerschaften von Männern, die das Zusammengehörigkeitsgefühl der Trobriander begründeten. In modernen Gesellschaften kennen wir solche Formen der beziehungsstiftenden Reziprozität zum Beispiel aus Geschenkritualen bei Festen.

Das für den Menschen des 21. Jahrhunderts naheliegendste Beispiel für direkte Reziprozität ist der Kauf einer Ware auf dem Markt. Diese Reziprozität ist hochgradig formalisiert und verrechtlicht und eignet sich kaum für die Grundlegung tieferer persönlicher Beziehungen. Um das Vertrauen in die Verlässlichkeit persönlich unbekannter Tauschpartner (etwa im Fernhandel oder im Internet) zu gewährleisten, wurden längst Systeme zur Zertifizierung von Waren und zur Bewertung von Tauschpartnern eingeführt, sodass erst im Notfall Gerichte bemüht werden müssen. Dass auch schon frühe Phasen des Güteraustausches an ein ausreichendes Maß an Vertrauen gebunden waren, zeigt im Übrigen die vielfach belegte Institution des sogenannten stummen Tausches, der in der Anfangsphase des Warentausches unter Jägern und Sammlern weit verbreitetet war: Die Tauschenden begegneten sich nicht direkt, sondern deponierten Waren auf ihren Streifzügen an bestimmten Stellen für den Tauschpartner und fanden dort oft Monate später dann dasjenige vor, was dieser als Gegengabe für sie abgelegt hatte.

Gemeinsam ist allen direkten Reziprozitätsbeziehungen, dass jeder Tauschakt zwischen den Tauschpartnern – nicht zwischen den Gegenständen! – auf direktem Weg eine bestimmte Form der Gleichheit herstellt und bekräftigt. Die Tauschenden konnten sich allerdings dieser Gleichheit nie ganz sicher sein, solange die Gegengabe nicht erfolgt war. Worin die Gleichheit bestand, ändert sich im Laufe der Zeit in Abhängigkeit davon, um welche Art von Interaktion oder Kontext es sich handelte. Immer aber entstand mit der Zeit eine sich festigende Beziehung, die auf Wechselseitigkeit beruhte und den Umgang der Menschen mit ihrer Mitwelt prägte.

Die *zweite* Form der Reziprozität ist die *indirekte*, auch *generalisierte* Reziprozität.[46] Sie bezeichnet eine soziale Beziehung, bei der kein wirklicher Ausgleich zwischen konkreten Tauschpartnern besteht. Entweder weil Gabe und Gegengabe zeitlich weit auseinanderfallen, wie dies etwa bei der Wechselseitigkeit zwischen Kindern und Eltern der Fall ist. Oder weil Gebende und Nehmende räumlich voneinander entfernt sind, aber durch ein gemeinsames Merkmal wie beispielsweise das Geschlecht, die Herkunft, die Hautfarbe oder die Mitgliedschaft in einem Verein miteinander verbunden sind. Diese indirekte oder generalisierte Reziprozität erfordert von den Tauschenden einen spezifischen Abstraktionsprozess, weil entweder von der Zeit oder vom Raum in einem sozialen Sinn abgesehen werden muss. Generalisierung über die Zeit findet dann statt, wenn Eltern, die viele Jahre lang für ihre Kinder gesorgt haben, erwarten können, dass diese auch für sie sorgen, wenn es nötig werden sollte. Ein Beispiel für Generalisierung über den Raum ist es, wenn jemand in einer Notsituation

Hilfe von einem Angehörigen eines Vereins oder Verbands (vom Automobilklub, von der Gewerkschaft, der Kirche) erhalten hat und aus Dankbarkeit dafür in diesen Verein eintritt. Bei der indirekten bzw. generalisierten Reziprozität wird in aller Regel keine wirkliche Gleichheit hergestellt, die Beziehung bleibt also asymmetrisch. Dennoch erkennen die Interaktionspartner ihre gleiche Wertigkeit als Person an und erzeugen so eine stabile Beziehung. Die Verbindung zwischen den Partnern beruht ganz wesentlich auf einem mehr oder minder fest verankerten Gefühl der Solidarität: der gefühlten Überzeugung, dass man im selben Boot sitzt und nur durch Zusammenhalt die Ziele, die man gemeinsam verfolgt, erreicht werden können.[47]

Aber es gibt noch eine *dritte* Form der Reziprozität, die für die Frage nach dem Gerechtigkeitsgefühl in einem Gemeinwesen vielleicht die interessanteste ist: die *perspektivische*.[48] Sie verweist auf den Kern des Alleinstellungsmerkmals des Menschen, nämlich die Fähigkeit des Menschen, sich in andere Menschen hineinzuversetzen und somit die Welt aus deren Augen zu betrachten. Wer in die Haut des Anderen zu schlüpfen vermag, bewältigt eine überaus anspruchsvolle Aufgabe. Dass perspektivische Reziprozität eine enorme Kraft entfalten kann, zeigt sich auch, wenn Menschen in Not sind, weil sie Opfer eines Unfalls, eines Gewaltaktes oder einer Katastrophe geworden sind. Berichte von solchen Menschen können bekanntlich eine Welle der Hilfsbereitschaft auslösen, obwohl die Tauschpartner weit voneinander entfernt sind und die Wahrscheinlichkeit, dass man dem Anderen in Zukunft noch einmal begegnen wird, eher gering ist. Hier wird im Übrigen besonders deutlich, dass Menschen trotz der oft dominierenden egoistischen Verhaltensweisen in ihrem Inneren über ein enormes Potenzial an sozialen Gefühlen verfügen – nicht nur für die Solidarität mit Gleichgestellten, sondern auch mit Ärmeren und Schwächeren.[49] Perspektivische Reziprozität ist für den Wissenschaftler ebenso interessant wie für den Praktiker anspruchsvoll, weil sie immer auch damit einhergeht, dass der, der sich in die Haut des anderen hineinversetzt, gleichzeitig eine Vorstellung davon entwickelt, wie der andere ihn selbst wahrnimmt. Insofern ist die Wechselseitigkeit der Perspektiven immer auch eine Chance zur Selbstreflexion, ja zur Selbstkritik. Perspektivische Reziprozität kann vielleicht als weit fortgeschrittene Form der kulturell fundierten Moral verstanden werden, also der dritten Stufe der Moralentwicklung nach Tomasello.

Wenn es um perspektivische Wechselseitigkeit geht, ist das Nehmen und Geben kein materieller, sondern ein geistiger Vorgang. Stellen wir uns vor, zwei Personen müssen sich mit einem Objekt (etwa einem Auto, einem Arbeitsvertrag, einer politischen Entscheidung) befassen, um möglichst zu einer gemeinsamen Bewertung zu kommen. Jede Person hat zunächst ihre eigene Perspektive und ihre eigenen Gründe, die beide in die Verständigung eingebracht werden. Erst wenn Perspektive und Gegenperspektive, Gründe und Gegengründe vorgetragen und prinzipiell als gleichermaßen berechtigt anerkannt sind, dann ergibt sich ein Gesamtbild des Gegenstands. Erst das »Hin und Her der Gründe« (Hannah Arendt), erst der »eigentümlich zwanglose Zwang des besseren Argumentes« (Jürgen Habermas) ermöglicht die Verständigung über die Welt. Wir werden weiter unten den Zirkel des Verstehens (»Hermeneutischer Zirkel«) kennenlernen, der beschreibt, wie Verständigung und Erkenntnis zusammenhängen.

In Bezug auf die Zeitlichkeit von Kooperation und Verständigung unterscheiden sich die drei Formen von Reziprozität durch die Länge der Zyklen zwischen Geben und Nehmen. Bei der direkten Reziprozität sind sie kurz, bei der indirekten und der perspektivischen mitunter sehr lang. Je länger der Zyklus ist, desto wichtiger ist der langwierige Aufbau einer Vertrauensbeziehung, weil die Kooperations- und Verständigungspartner viel Geduld brauchen, bis die Zeit gekommen ist, die materielle oder geistige Gegengabe in Empfang nehmen zu können. Dennoch ist den drei

Reziprozitätsformen ihre Sensibilität für Enttäuschungen gemeinsam. Denn Reziprozität ist stets brüchig. Das zwischenmenschliche Vertrauen kann schnell erodieren, manchmal bekanntlich aus nichtigem Anlass und mit unvorhersehbarer Dynamik. Dies zeigt sich freilich bei jeder Form von Reziprozität anders. Für die direkte Reziprozität etwa ist der Härtetest der Umgang mit Schulden. Solange der Gläubiger auf die Rückzahlung der Schuld durch den Schuldner vertraut, ist die Beziehung intakt. Wenn dieses Vertrauen schwindet, beginnt die Beziehung zu kriseln. Verschärft sich das Misstrauen, wird Reziprozität überdehnt. Die Überdehnung erschüttert zugleich den Glauben an die je herrschende Rechtfertigung, die die Betroffenen immer weniger als gott-, natur- oder vernunftgewollt hinzunehmen bereit sind. Dies kann der Beginn einer generellen Systemkrise sein, in der die ganze Ordnung der Arbeitsteilung ins Wanken gerät.[50]

Zwischenfazit

Geht man von der Tatsache der zunehmenden Arbeitsteilung aus, so stellt sich die Frage nach den Gründen für die Stabilität der Austauschverhältnisse. Während des weitaus überwiegenden Teils der Menschheitsgeschichte waren diese Verhältnisse zutiefst in die Gesamtheit der Traditionen des Zusammenlebens eingebunden. Erst in menschheitsgeschichtlich jüngster Vergangenheit bildete sich so etwas wie eine abgetrennte Sphäre der Ökonomie heraus. Je mehr mit der Teilung der Arbeit auch ein umfangreiches Mehrprodukt anfiel, desto drängender stellten sich ökonomische Verteilungsfragen. Auch die Begegnung mit außereuropäischen traditionalen Kulturen erforderte eine Antwort auf die Frage, welche Kräfte ein Gemeinwesen eigentlich zusammenhalten. Das war auch die zentrale Frage der in der zweiten Hälfte des 19. Jahrhunderts entstandenen Soziologie. Aus soziologischer Perspektive basiert die Stabilität von Gemeinwesen ganz wesentlich auf Ritualen, in denen die Zusammengehörigkeit immer wieder erfahrbar wird. Den Wandel von Gesellschaft beschreibt die Soziologie als Wandel der Kräfte, die im Hintergrund dieser Rituale wirksam sind: von einem mehr gefühlten und unhinterfragten Gemeinschaftsbewusstsein hin zu einem Gesellschaftsbewusstsein, das auf der Erkenntnis des wechselseitigen Nutzens basierte. Unabhängig von diesem Wandel galt und gilt jedoch soziales Vertrauen als die entscheidende Grundlage für die soziale Kohäsion. Vertrauen wiederum erfordert eine wie auch immer geartete Reziprozität. Sie kann direkt oder indirekt in materiellen Beiträgen begründet sein, die Menschen füreinander aufbringen. Sie kann aber auch in einer gemeinsamen geistigen Perspektive auf die Welt bestehen, die Menschen miteinander verbindet und dadurch die Stabilität des Gemeinwesens begründet.

Praktische Resonanz II: Reziprozität

Es ist offensichtlich, dass der globale Norden alle Reziprozitätsdimensionen gleichzeitig verletzt. Er ist Schnorrer und Alles-besser-Wisser in einem. Er hat sich im Steigerungsspiel (»Schneller, höher, weiter«) als Sieger qualifiziert. In der Geschichte haben Sieger immer wieder versucht, das Problem der sozialen Synchronisation durch Vorherrschaft zu lösen, zwischen und innerhalb von Ländern. Dieser Versuch besteht im Grunde darin, den Umgang mit der sozialen Mitwelt mehr oder minder am Recht des

Stärkeren auszurichten. Dieses System ist in Kriegszeiten nur besonders offensichtlich (Befehl – Gehorsam), in Klassengesellschaften und autoritären Regimen aber ebenfalls grundlegend, nur dass es sich lange Zeit erfolgreich zu tarnen vermag. Am Ende aber mündete der Versuch einer hegemonialen Stabilisierung von Mitweltverhältnissen bisher immer wieder in Sklavenaufständen, Bauernkriegen, blutigen Revolutionen und Kriegen innerhalb und zwischen Staaten. Wie lange die heute existierenden Formen von Vorherrschaft in technischer Hinsicht möglich sind, wie sich ihr möglicher oder sogar wahrscheinlicher Zusammenbruch vollziehen und welche Rolle dabei dem mittlerweile existierenden Destruktivpotenzial (atomare Stromerzeugung, ABC-Waffen) zukommen wird, wissen wir nicht. Normativ betrachtet jedenfalls, ist die »Sintflut neben uns« (Kapitel 3) genauso wenig akzeptabel wie die »Sintflut nach uns« (Kapitel 2). In welche Richtung müssen wir unsere Mitweltpraxis also neu ausrichten?

Rechte der Menschen ernst nehmen

Einen sehr braven, aber dennoch originellen Vorschlag, um praktische Reziprozität zu fördern, macht die Wirtschaftswissenschaftlerin Evi Hartmann. Sie empfiehlt den Menschen des globalen Nordens, sich vor jedem Einkauf zu fragen, was man wirklich brauche und was nicht. Es geht ihr darum, aus dem Automatismus »Angebot – Werbung – Kauf« auszubrechen. Deshalb sei es hilfreich, bestimmte Wochentage festzulegen, an denen wir nichts kaufen, und stattdessen an diesem Tag ganz gezielt über unsere Bedürfnisse und Werte nachzudenken. An solchen Tagen, sie schlägt den »Moral Monday« vor, sollten sich auch in den Betrieben die Mitarbeiter treffen und über die moralischen Aspekte ihrer Arbeit reden.[51] Hartmann will den Menschen zur Selbstdisziplinierung anstiften, damit seine Vernunft in regelmäßigen Abständen (also zyklisch) zumindest für eine kurze Zeit eine Chance erhält, sich bemerkbar zu machen. Dieser Vorschlag läuft auf das moralische Nachrüsten des Menschen hinaus (Einleitung) und resultiert aus einem ungebrochenen Vertrauen auf die Souveränität des Konsumenten und die Effizienz der Märkte. Die Zwänge des durch Konkurrenzbeziehungen geprägten marktwirtschaftlichen Systems lässt diese Strategie zur Stärkung der Reziprozitätsidee im menschlichen Verhalten unangetastet. Und dennoch enthält dieser Vorschlag einen Appell, die Menschenrechte ernster zu nehmen als bisher.

Weniger Vertrauen auf die Kraft der Selbstverpflichtung haben jene privaten Entwicklungsorganisationen wie Misereor, Brot für die Welt, Oxfam und die Gewerkschaften sowie auf UN-Ebene die International Labour Organisation (ILO). Sie setzen auf die Organisation gesellschaftlicher Interessen und auf verbindliche globale Standards für die Arbeitswelt, die politisch zu setzen und zu überwachen sind. Die Organisationen pochen darauf, dass es sich bei diesen Interessen um Menschenrechte handelt, die dem arbeitenden Menschen einfach zustehen und in seiner angeborenen Würde begründet liegen. Diese Organisationen wissen auch, dass Arbeitnehmerrechte immer erst erkämpft werden müssen, ehe sie respektiert werden.

Im Zusammenhang mit der Etablierung verbindlicher Rechte ist ein Blick in die Menschenrechtscharta der UN angebracht. Dieses Dokument könnte extrem hilfreich sein, wenn es um die Förderung von Reziprozität im globalen Maßstab geht. Wenig beachtet wird bisher, dass die drei Schlussartikel sämtlichen möglichen Ausreden bezüglich des Verpflichtungscharakters dieses Dokuments klipp und klar die Grundlage entziehen. In den abschließenden Artikeln 28 und 29 heißt es unmissverständlich, dass jeder Mensch »Anspruch« auf eine »Ordnung« hat, in der die in dieser Erklärung verkündeten Rechte und Freiheiten »voll verwirklicht werden können«, aus denen sich auch entsprechende Pflichten zur Hilfe ergeben. Und der letzte Artikel – Artikel 30 – präzisiert:

»Keine Bestimmung dieser Erklärung darf dahin ausgelegt werden, dass sie für einen Staat, eine Gruppe oder eine Person irgendein Recht begründet, eine Tätigkeit auszuüben oder eine Handlung zu begehen, welche die Beseitigung der in dieser Erklärung verkündeten Rechte und Freiheiten zum Ziel hat.« Diese Eindeutigkeit steht in krassem Gegensatz zur praktischen Politik des globalen Nordens, politisch also des Westens. Darin beruft man sich in aller Regel auf Eigentumsrechte, die Marktkonkurrenz oder generell auf die ökonomische Vernunft, wenn Defizite in der globalen Umsetzung der Menschenrechte thematisiert werden. Die zitierten Passagen der Menschenrechtscharta stellen jedoch klar, dass der Anspruch auf Vermehrung von Vermögen, sei er auch noch so sehr durch ökonomische »Sach«logiken begründet, in der Rechtssystematik nicht über, sondern unter dem Verfassungsrecht angesiedelt ist.[52]

Reziprozität ist ohne die sozialen Teilhaberechte der Menschenrechtscharta nicht möglich: die Menschenrechte auf Arbeit, Wohnen, Gesundheit, Bildung und Kultur. Das betrifft alle drei Formen von Reziprozität. Direkte, also nicht generalisierte Reziprozität erfordert, dass Menschen im Austausch mit anderen Menschen nicht nur einen formalen, also theoretischen, sondern auch einen inhaltlichen, also tatsächlichen Anspruch auf Arbeit, Gesundheit und Bildung haben. Ohne diese Voraussetzungen müssten sie auf Arbeitsmärkten alle Bedingungen annehmen, wären also hochgradig erpressbar. Indirekte, also generalisierte Reziprozität ist nicht vorstellbar, wenn Menschen den Anspruch auf Arbeit, Bildung und Gesundheitsversorgung nicht auch ihren Nachkommen zugestehen (zeitliche Generalisierung). Generalisierte Reziprozität ist außerdem nicht willkürlich auf einen bestimmten Kreis von Menschen begrenzbar, sondern muss auch entfernter Lebenden zugestanden werden, indem man sie bei der Bereitstellung der Voraussetzungen für ihr Recht auf Arbeit, Bildung und Gesundheit (räumliche Generalisierung) unterstützt. Und perspektivische

Reziprozität kann realistischerweise erst dann erwartet werden, wenn sich Menschen in ihren Bedürfnissen und Fähigkeiten durch die Mitwelt sozial anerkannt fühlen und so ein tiefes moralisches Verantwortungsbewusstsein entwickeln können. Wem hingegen das »Zivilisatorische Minimum« (Negt) verweigert wird, der wird auch kaum willens sein, sich um perspektivische Reziprozität zu bemühen.

Verstehen und Verstandenwerden

Was also wäre zu tun, wenn man sich auf periodische individuelle Moralbesinnung und politische Appelle an die Menschenrechte nicht beschränken möchte? Soziale Reziprozität als Voraussetzung für die Möglichkeit von Resonanz in der Mitwelt erfordert individuell wie kollektiv zuallererst eine gelingende Verständigung. Die Kommunikationspartner müssen zu diesem Zweck bereit und befähigt sein, nicht nur ihre eigene, sondern auch die Perspektive ihres Gegenübers einzunehmen. Genau dies unterscheidet den Menschen von seinen unmittelbaren tierischen Vorfahren (Tomasello). Um die Botschaft meines Gegenübers zu verstehen, muss ich immer irgendwie in seine Haut schlüpfen. Bei der »perspektivischen« Reziprozitätsvariante ist dieses Erfordernis besonders ausgeprägt.

Für den Alltagsgebrauch der Verständigung bietet sich ein relativ bekanntes Kommunikationsmodell von Friedemann Schulz von Thun an.[53] Er definiert Kommunikation zunächst ganz banal als Austausch von Nachrichten. Dabei können sich typische alltägliche Fallstricke ergeben. So kann der beiläufige Kommentar des Gegenübers vom Empfänger schnell als Vorwurf aufgefasst werden, obwohl er nicht so gemeint war. Oder eine normativ gemeinte Äußerung des Senders kommt nicht an, weil der Empfänger sich als gleich- oder sogar höherrangig betrachtet und glaubt, sich nichts vorschreiben lassen zu müssen. Oft ist auch einfach nicht klar, ob Sender und Empfänger von derselben Sache sprechen. Um die genannten Fallstricke des Austausches zu vermeiden, müssen wir uns, so Schulz von Thun, bewusst werden, dass Nachrichten im Kommunikationsakt immer vier »Seiten« haben: erstens die Bedeutung der Nachricht für den Sender, zweitens die Bedeutung für den Empfänger, drittens die Beziehungs- und viertens die Sachdimension. Im Alltag macht meist erst mehrfaches Rückfragen diese vier Seiten einigermaßen klar. Oft scheitern wir ja bereits bei dem Versuch, mit eigenen Worten zu wiederholen, was unser Gegenüber gesagt hat. In solchen kommunikativen Rückversicherungsschleifen ist der Wechsel der Perspektive entscheidend: genauer die Ausweitung auf den Verständnishorizont des Gegenübers.

Der Wechsel einer vertrauten Perspektive hin zu einer fremden, vielleicht sogar irritierenden ist in aller Regel mit inneren Widerständen verbunden, anstrengend und bisweilen schmerzhaft, wenn Menschen mit unterschiedlichen Lebensgeschichten, Grundwerten und kulturellem Hintergrund aufeinanderstoßen. Viele Kommunikationstheorien beschreiben den Kommunikationsprozess deshalb als Spiralbewegung, die das Verstehen erst ermöglicht: als Zirkel des Verstehens, als »Hermeneutischen Zirkel«. Der Begriff »Zirkel« verweist wieder auf die Kreislaufeigenschaft des Prozesses in dem Bewusstsein, dass es beim Kommunizieren selten einen direkten Weg gibt, der an einer ganz bestimmten Stelle beginnt und an einer anderen endet. Vielmehr befinden sich die Kommunikationspartner bereits in einer verstehenden Annäherungsbewegung, weil sie immer ein kognitives Vorverständnis und affektive Voreinstellungen mitbringen. Und sie nähern sich, wenn sie sich nicht einfach im Kreise drehen, ihrem Ziel spiral- oder spindelförmig an, ohne es vielleicht je ganz zu erreichen.[54]

Der Hermeneutische Zirkel führt unmittelbar zum Resonanzphänomen. Geht man davon aus, dass Verständigung nicht nur eine technisch-kognitive Aufgabe ist, sondern im Hintergrund immer schon emotionale Bedingungen mitspielen, die den Kommunizierenden oft nur zum geringen Teil bewusst sind, hängt gelingende Verständigung immer auch davon ab, ob die Partner ähnlich »gestimmt« sind. Erfahrungsgemäß sind zum Beispiel allgemeinmenschliche Emotionen (Ängste, Hoffnungen, Mitleid) und Werte (Freiheit, Gerechtigkeit), die durch Bilder oder auch Erzählungen ausgelöst werden und die Kommunikationspartner miteinander verbinden, dazu geeignet, synchrone Schwingungen zwischen Sender und Empfänger zu erzeugen, die für das Fremdverstehen auch über große kulturelle Distanzen hinweg förderlich sind. Ein solches starkes, die Kommunizierenden verbindendes Gefühl ist etwa die Liebe, die Eltern in aller Regel – zu allen Zeiten und an allen Orten – für ihre Kinder empfinden. Und was die Medien der Kommunikation betrifft, so sind bekanntlich lebensnahe Geschichten, eindrucksvolle Bilder oder eine Musik, die bestimmte Stimmungen fördert, Katalysatoren der Resonanz.[55] Stimmigkeit ist das »Metaideal« einer Kommunikationspsychologie, so Schulz von Thun. Und weiter: Was ich sage, soll »authentisch« und »situationsgerecht« sein. Das erfordert einen »pendelnden Blick« von innen nach außen und wieder zurück. »Man braucht (…) einerseits den ungehinderten Zugang zur inneren Wahrheit, mit der Frage: Was macht mich in dieser Situation aus, was entspricht mir, sodass ich dazu stehen kann? Und zweitens: Was ist die Wahrheit der Situation, worauf kommt es hier an und was verlangt sie mir in meiner gegenwärtigen Rolle legitimerweise ab?«[56] Kommunikation ist für Schulz von Thun der Inbegriff von Lebenskunst, die wesentlich darin besteht, das Leben im Einklang mit sich selbst und der Welt führen zu lernen.

Aus zeitlicher Perspektive geht es um die wechselseitige Synchronisation der Kommunikationspartner als zugleich kreislaufförmiger und vorwärtsgerichteter Vorgang. Dazu müssen sich die Kommunizierenden wechselseitig an die kognitiven und affektiv-emotionalen Eigenzeiten des Gegenübers herantasten. Deshalb empfehlen erfahrene Kommunikationsberater eine Strategie der systematischen »Verlangsamung«, gegebenenfalls unterstützt durch rituelle Pausen, Redesteine, Klangschalen und Ähnliches.[57] An dieser Stelle wird übrigens klar, warum digitale Kommunikation in sozialen Netzwerken so oft entgleist: Sie ist nicht nur anonym und in ihren Multiplikationswirkungen für die Beteiligten unabsehbar, sie ist sehr häufig auch zu schnell, um durch die Kommunikationspartner noch kontrolliert werden zu können. Getrieben durch den »eingebauten« Anreiz zur Aufmerksamkeit, der auch mit einer Verrohung der Sprache und dem Streben nach Echtzeit einhergeht, bleibt immer weniger Zeit zum »Nach«-Denken. Das ist für den Medienwissenschaftler Bernhard Pörksen der tiefere Grund für die »große Gereiztheit«, die uns heute so sehr beunruhigt.[58]

Eine kritische Analyse der realen Verständigungsverhältnisse zeigt, dass es jede Menge strukturelle Resonanzhindernisse gibt, die nichts mit der Anonymisierung und Beschleunigung der Kommunikation selbst zu tun haben und dennoch gelingende Kommunikation erschweren oder verhindern. So wird es mit wachsender sozialer und kultureller Distanz schwieriger, das Ziel eines kognitiven und emotionalen Gleichklangs der Kommunikationspartner zu erreichen. Das wird im gesellschaftlichen Diskurs von Milieus genauso wie im interkulturellen und politischen Diskurs zwischen Nord und Süd deutlich. Gelingende Kommunikation als Voraussetzung für praktische Resonanz in der Mitwelt, die sich am Reziprozitätsprinzip orientiert, setzt voraus, dass die Kommunizierenden solche Asymmetrien begrenzen, abbauen und idealerweise völlig überwinden. Konkret heißt das: Schwächere Kommunikationspartner müssen gestärkt werden, stärkere in ihren Möglichkeiten begrenzt werden. Oft geht es bei solchen kompensatorischen Veränderungen der Rahmenordnung der Diskurse einfach darum, die Schwächeren in die Lage zu versetzen, am sozialen Austausch mit den Stärkeren überhaupt nur teilnehmen zu können. Eine riesige Aufgabe, wenn man an die existierenden

Asymmetrien denkt.[59] Zum Schluss zwei Beispiele, die als idealtypisch gelten können. Sie sollen Möglichkeiten vorstellen, wie Kommunikationsbeziehungen auf Augen- und Herzhöhe gefördert werden könnten. Und es soll klar werden, welche Rolle die Zeit darin spielt.

Das *erste* Beispiel betrifft jene Verständigung, die gegenwärtig vielen Menschen rund um den Globus immer schwerer fällt: die Verständigung von Menschen aus unterschiedlichen Kulturen. Je enger die Welt zusammenrückt, je multikultureller Gesellschaften werden, desto wichtiger wird die Fähigkeit zur interkulturellen Verständigung. Oft geht es in solchen Verständigungsversuchen um Glaubensüberzeugungen und Werthaltungen, die tief im Menschen verankert sind. Der Grundgedanke des praktischen Vorschlags für interkulturelle Verständigungsbemühungen ist einfach: Je mehr und je bessere Gelegenheiten es gibt, einander kennenzulernen, die Perspektive des Anderen zu erfahren, mit ihm mitzudenken und mitzufühlen, desto leichter wird die Verständigung, desto größer werden die Chancen, das Verbindende zu entdecken und Energien zusammenzuführen. Wo Menschen ein dichtes Netz von Vereinen zur Verfügung steht, in denen sie Sport treiben, spielen, kochen, singen, sammeln, forschen, philosophieren und politisieren können, bestehen gute Chancen, dass Menschen ihre Mitwelt als Resonanzkörper ihres eigenen Lebens erfahren.

Das *zweite* Beispiel betrifft das Verhältnis zwischen den Generationen. Dieses Verhältnis wird bekanntlich zunächst in der Familie, dann aber auch in der Schule und am Arbeitsplatz geprägt. Sollen Kinder, Mittelalte und Alte ihre je spezifischen Perspektiven und Potenziale miteinander austauschen können, muss der Umgang mit Zeit entsprechend großzügig gestaltet sein. Wieder dürfen wir die heilsame Wirkung von festen Ritualen nicht unterschätzen. Das gilt für die Familie wie für die Schule, vor allem die Grundschule. Sie ist neben den Kindertagesstätten die einzige gesellschaftliche Institution, die die gesamte nachwachsende

Generation auf prinzipiell gleiche Weise erfasst, und zwar in einem Alter, in dem der Mensch besonders offen für alle Arten von Prägung ist. Wenn die Menschen Schule nicht als Ort der einbahnstraßenartigen Weitergabe von Wissen und Können, sondern auch als Ort des Dialogs zwischen den Generationen begreifen, erhält sie einen völlig neuen Charakter. Der Dialog zwischen den Generationen ermöglicht eine fruchtbare Synthese zweier konträrer Zeitperspektiven: die der Älteren mit dem Blick in die Vergangenheit mit ihrer Erfahrung, ihrer Vorsicht und die der Jüngeren mit dem Blick in die Zukunft, ihrer Neugierde, ihren Träumen, ihrer Lust darauf, die eigenen Kräfte zu erproben, Grenzen zu verschieben, zu experimentieren. Von dieser besonderen Zeitkompetenz der Kinder können die Alten eine Menge lernen. In der Schule zeigt sich ganz besonders klar: Verstehen und Verstandenwerden ist an System- und Eigenzeiten gebunden, deren Synchronisation mit großer Achtsam- und Empfindsamkeit erst ermöglicht werden muss.[60]

Lebendige Demokratie

Demokratie heißt Volksherrschaft. Wenn das Volk wirklich herrschen soll, reicht es bekanntlich nicht aus, es in bestimmten zeitlichen Abständen nur zu befragen, wer es beherrschen soll. Allerdings sind die allermeisten heute existierenden demokratischen Gemeinwesen keine einheitlichen »Volkskörper«, die durch eine gemeinsame Sprache, eine gemeinsame Kultur und eine gemeinsame Geschichte charakterisiert wären. Sie sind vielmehr meist ethnisch gemischte und politisch vielfach gegliederte Gebilde. Entscheidend ist, dass die Mitglieder dieser Gemeinwesen faktisch voneinander abhängig sind und der Wille besteht, diese Abhängigkeiten durch verbindliche Spielregeln zu gestalten. Das beginnt bei den kleinsten Gemeinwesen, den Dörfer und Stadtteilen, und endet bei politischen Gebilden, die ganze Kontinente oder die Welt insgesamt umfassen. Von einem demokratischen

Gemeinwesen kann gesprochen werden, wenn es der Wille ihrer Mitglieder ist, der bei der Definition und Durchsetzung der Spielregeln den Ausschlag gibt. Demokratische Gemeinwesen brauchen eine lebendige Kooperations- und Verständigungskultur, und eine solche ist ohne umfassende Reziprozität nicht vorstellbar. Vieles spricht dafür, eine lebendige Demokratie durch die Integration von Herrschaftsform (staatliche Ordnung), Gesellschaftsform (soziales Zusammenleben) und Lebensform (persönliche Erfahrungen) zu charakterisieren.[61] Denn wie könnte ein Gemeinwesen seine Mitglieder als Souverän anerkennen und sich als öffentliche Angelegenheit, als Republik (von lateinisch »res publica«) begreifen, wenn im praktischen Zusammenleben und im Lebensgefühl der einzelnen Menschen dies alles nicht wirklich spürbar würde?

Demokratien können von ihrer inhaltlichen und ihrer formalen Seite her beleuchtet werden. In inhaltlicher Hinsicht gibt es entsprechend den drei Formen von Reziprozität prinzipiell auch drei Möglichkeiten, die Reziprozitätsidee zur Geltung zu bringen. Dabei geht es immer um die Zuteilung von Rechten und Pflichten, von Leistungen, die empfangen, und Leistungen, die erbracht werden.[62]

Die *erste* Möglichkeit, diese Zuteilungsfrage verbindlich zu regeln, folgt dem Prinzip der direkten Reziprozität. Das ist beim direkten Tausch zwischen Wähler und Gewähltem der Fall. Das Muster lautet: Wie du mir, so ich dir. Ich gebe dir meine Stimme, und du kümmerst dich, etwa im Stadtrat darum, dass ich eine Baugenehmigung bekomme. Diese noch wenig anspruchsvolle Seite der Demokratie ist im Wettstreit der politischen Ideen wenig umstritten.

Die *zweite* Möglichkeit folgt der indirekten bzw. generalisierten Reziprozität und ist im Versicherungsprinzip konkretisiert, das auf die Vermeidung von Risiken zielt. Sie basiert auf der Erkenntnis, dass niemand weiß, ob und wann bei ihm bestimmte Risiken

(Arbeitslosigkeit, Krankheit, Invalidität, Pflegebedürftigkeit) eintreten. Da alle gleich von Risiken betroffen und auf eine Begrenzungsstrategie angewiesen sind, zahlen die Menschen in einen gemeinsamen Topf ein, ohne zu wissen, ob sie ihr Geld je wieder zurückbekommen. Bei dieser Möglichkeit ist die Wechselseitigkeit indirekt, also nicht individuell, sondern kollektiv. Erwachsene sorgen für ihre Kinder in der Erwartung, im Alter einmal ebenfalls versorgt zu werden. Gesunde sorgen für Kranke in dem Bewusstsein, selbst einmal krank werden zu können. Jeder weiß, dass er eines Tages mit mehr oder minder großer Wahrscheinlichkeit von dieser Umverteilung profitieren wird. Die Generalisierung der Reziprozität erfolgt hier über Zeit und Raum, weil nicht die gegenwärtig Gesunden oder die Gegenwärtig Arbeitenden die Sorge direkt übernehmen, sondern alles über die Solidargemeinschaft läuft. Die Fragen, welche Lebensrisiken gesellschaftlich abgefedert werden sollen, wer profitiert und wer bezahlen soll, ist bekanntlich durchaus umstritten, wobei es immer auch um den Grad der erwünschten Reziprozität geht. Eine lebendige Demokratie sorgt dafür, dass dieser Streit so fair wie möglich bleibt.

Noch weiter entfernt von rein individueller Interessenverfolgung ist die *dritte* Möglichkeit der Reziprozität, die perspektivische. Sie zeigt sich in der Bereitschaft, der Gesellschaft das, was man von ihr mitbekommen hat (Ausbildung, berufliche Startchancen, kulturelle Möglichkeiten), auch wieder zurückzugeben. Wenn diese Bereitschaft für die große Mehrheit verbindlich ist, kann sich der Einzelne in allen wichtigen Angelegenheiten darauf verlassen, dass sich die Gesellschaft für ihn mitverantwortlich fühlt. Eine solche Reziprozität entzieht sich allen Berechnungen: Die Mitglieder sind durch eine allgemeine »Reziprozitätsschuld« aneinander gebunden, sie haben sich die zu erwartende Gegenleistung im Vorfeld immer schon »verdient«. Die perspektivische Reziprozität konkretisiert sich in den verbindlichen normativen Rahmenbedingungen des Gemeinwesens, die in Verordnungen,

Gesetzen und Verfassungen fixiert und vor allem in tief verankerten Überzeugungen und Haltungen begründet sind. Hier bestehen die größten politischen Differenzen, weil diese Normen von grundsätzlichen Vorstellungen über das Verhältnis von Gesellschaft und Politik, von privater und öffentlicher Sphäre, von Menschenbildern und Weltanschauungen abhängen. Hier ist das Feld, auf dem die Demokratie ihre eigentliche Bewährungsprobe zu bestehen hat.

Demokratische Gemeinwesen lassen sich danach unterscheiden, wie das Gewichtungsverhältnis zwischen diesen drei Möglichkeiten gestaltet ist. Am einen Ende des Kontinuums stehen jene Gemeinwesen, in denen soziale Gerechtigkeit ausschließlich über individuelle Interessenverfolgung stattfindet. Am anderen Ende jene Ordnungen des Zusammenlebens, die ganz auf kollektive Einbettung des Bürgers setzen. Der erste Typ hat an seine Bürger keine besonderen moralischen Ansprüche. Der zweite schon, denn er braucht sich nicht um ein ausgefeiltes System der Risikoabschätzung und der Umverteilung zwischen Arm und Reich zu kümmern. Vielmehr muss er dafür sorgen, dass alle bereit sind, wechselseitig Solidarität und Verantwortung zu übernehmen – eine Aufgabe, die bei den Mitgliedern des Gemeinwesens neben einem hohen Maß an Bildung auch ein hohes Maß an Identifikation mit dem Gemeinwesen erfordert. Keiner dieser Typen kann für sich in Anspruch nehmen, den Stein der Weisen zu repräsentieren. Jedes Gemeinwesen muss selbst herausfinden und festlegen, wie es die soziale Wechselseitigkeit organisieren will.

Atmende Demokratie

Damit sind wir bei der formalen Seite der Demokratie angekommen. Welche Verfahren sind geeignet, die Bürger zu Souveränen ihres Gemeinwesens zu machen? Hier kommt es zuallererst auf das Vertrauen in die Legitimität der Ordnung an. Wenn die Mitglieder des Gemeinwesens herrschen und diese Herrschaft eine öffentliche Angelegenheit sein soll, müssen die Betroffenen nicht nur konkrete Spielzüge, sondern auch das ganze Spiel mit all seinen Regeln teilen können. Das ist der grundlegende Anspruch einer demokratisch-republikanischen Ordnung.[63] Aber was folgt daraus konkret für die Begründung des Vertrauensverhältnisses zwischen Bürgern und Politikern? Und unter welchen zeitlichen Voraussetzungen kann ein solches Vertrauensverhältnis reifen?

Das Grundmodell einer in diesem Sinn demokratischen Ordnung, wie auch immer sie gestaltet sein mag (mehr indirekt, mehr direkt), ist bekannt: Das Volk, also die Mitglieder des Gemeinwesens, gibt Macht an die Politik ab, die Politik muss dem Volk erklären, wie sie mit dieser Macht umgeht. Allein schon aus dieser Perspektive erfordert Demokratie Zeit auf beiden Seiten: auf der Seite des Volkes, das entscheiden muss, welche Befugnisse es abgeben will und welche nicht, und prüfen muss, was die Politik aus diesem Vertrauensvorschuss jeweils gemacht hat. Und Zeit auf der Seite der Politik, die sich um das Gemeinwohl kümmern und ihre Anstrengungen, Erfolge und Misserfolge dem Volk zugleich erklären muss. Auch hier haben wir es mit einem Reziprozitätsproblem zu tun: Die jeweiligen Beiträge von Volk und Politik müssen als gleichwertig anerkannt werden. Die Qualität der Erklärungen und die Qualität des Vertrauens hängen zusammen, denn nur wenn die Bürger verstehen, was die Politik für sie tut, kann die Politik erwarten, dass die Bürger nicht nur die Spielregeln einhalten, sondern sich bei ihrer Festlegung auch aktiv einbringen.[64]

Eine interessante Erweiterung dieses Reziprozitätsmodells der Demokratie hat der Politikwissenschaftler Herfried Münkler vorgenommen. Er spricht angesichts der gegenwärtigen Herausforderungen von einer charakteristischen »Pendelbewegung« zwischen Bürgern und Politikern, die zur Bewältigung erforderlich ist. Soll ein wirkliches Vertrauensverhältnis entstehen, müssen beide Seiten, Bürger wie Politiker, einsehen, dass sie gleichermaßen Opfer bringen müssen. Angesichts der Vergrößerung der Politik in einer sich rasch globalisierenden Welt sollten, so Münklers Vorschlag, Politiker an anderer Stelle ihren Zuständigkeitsbereich verkleinern, indem sie auf der regionalen und lokalen Ebene über direkte Abstimmungen mehr Macht an das Volk abgeben. Das Volk wiederum sollte im Gegenzug seine eigene, angesichts der Größe der Herausforderung nicht verwunderliche »Inkompetenz aktiv bekämpfen«. Und dafür muss es eben Zeit aufbringen und, wie Münkler meint, auch »Verdienstausfälle« in Kauf nehmen.[65]

Eine lebendige Demokratie ist also nicht zum zeitlichen Nulltarif zu haben. Auch hier haben wir es mit komplexen Synchronisationsprozessen zu tun. Meist wird an solchen Stellen auf die immense Bedeutung von politischer Öffentlichkeitsarbeit, politischer Bildung und von Institutionen für die Partizipation der Bürger (Volksabstimmungen, Parlamente, Räte) verwiesen. Um die Qualität der Verständigung zwischen Bürgern und Politikern zu erhöhen, gibt es eine Fülle von Möglichkeiten – mit enormen Konsequenzen für den Umgang mit Zeit. In parlamentarischen Demokratien wären etwa auf allen Ebenen (Bund, Länder, Gemeinden) Bürgerbeiräte denkbar. Per Los bestimmte Bürger könnten sich – für eine bestimmte Zeit von ihrer Erwerbsarbeit freigestellt – in politische Fragen einarbeiten, ihre Alltagsperspektive und ihre praktischen Erfahrungen einbringen und die Abgeordneten beraten. Vielleicht ein gutes Mittel, um dem Auseinanderklaffen zwischen »denen da oben« und »uns hier unten« entgegenzuwirken.[66]

Zur Belebung des demokratischen Prozesses wäre darüber hinaus, anders als der von Münkler geforderte freiwillige Verzicht der Bürger auf Einkommen, eine grundlegende Umverteilung von Zeit aus dem ökonomischen System in das politische System wünschenswert: die Verkürzung der Zeiträume, in denen Mitglieder eines Gemeinwesen arbeiten (damit auch der Zeiten, in denen sie das durch Arbeit verdiente Geld wieder ausgeben), und die Ausdehnung jener Zeiten, in denen sich Menschen um die allgemeinen Angelegenheiten des Zusammenlebens kümmern.[67]

Eine lebendige Demokratie, die auf dem reziproken Vertrauen von Bürgern und Politikern aufbaut, braucht letztlich eine engere Verbindung zwischen dem Privatem und dem Öffentlichen, in sozialer wie in mentaler Hinsicht: eine wirkliche perspektivische Pendelbewegung. Man könnte vielleicht das Pendeln zwischen Gesellschaft und Politik als rhythmischen Wechsel der Aufmerksamkeit zwischen Privatem und Öffentlichem interpretieren. Dann wäre Demokratie eine Art atmendes System, in dem sich Phasen der Konzentration auf das individuell-private Leben und Phasen der Konzentration auf das kollektiv-öffentliche Leben regelmäßig abwechseln.[68] Wenn dieser Rhythmus gelingt, wenn die Eigenzeiten des Gemeinwesens sich aufeinander einschwingen, kann sich, so die Hoffnung, politische Resonanz ereignen.[69]

Kultivierung der Gesellschaft

Natürlich stellt sich sofort die Frage, aus welchem Motiv heraus Menschen sich in den demokratischen Prozess einbringen sollten. Was könnte sie dazu motivieren, sich politisch bilden zu wollen und die Pflichten der Rolle des Souveräns ernst zu nehmen? Auf diese Frage hat der Sozialphilosoph Axel Honneth, ein Schüler von Habermas, durch Rückgriff auf Hegel eine interessante Antwort gefunden: Die Motivation liegt in einer dreifachen Anerkennungserfahrung begründet. Menschen müssen erstens im privaten Leben die Erfahrung der Liebe machen, zweitens im öffentlichen Bereich die Erfahrung, Rechtssubjekt zu sein, und drittens in der Gesellschaft die Erfahrung von Solidarität. Solidaritätserfahrung heißt, dass ich das Gefühl entwickeln kann, dass meine besonderen Eigenschaften und Fähigkeiten einen Beitrag zum Gemeinwesen leisten, so wie auch andere Menschen ebenfalls durch ihre besonderen Eigenschaften und Fähigkeiten ihren Beitrag leisten, der wiederum auch mir zugutekommt. Entscheidend ist, so Honneth, die Erfahrung der »reziproken«, also »symmetrischen« Anerkennung der einzelnen Person für die gemeinsame Praxis.[70]

Dabei kommt es Honneth zufolge nicht auf die objektive Seite der Anerkennungsverhältnisse an. Vielmehr ist die subjektive Seite mindestens genauso wichtig. Entscheidend ist die Wechselwirkung, also das, was die Anerkennungserfahrung mit dem Einzelnen macht. Konkret: Durch die Liebe wächst das Selbstvertrauen, durch das Recht die Selbstachtung und durch die Solidarität die Selbstschätzung.[71] Der äußere Dreiklang sozialer Erfahrungen ist Voraussetzung für die Chance eines inneren Dreiklangs des persönlichen Wachstums. Und dieses befähigt und motiviert dann den Menschen, sich in das Gemeinwesen aktiv einzubringen, und schließlich auch, sich in demokratischen Diskursen an der Suche nach dem Gemeinwohl zu beteiligen. Anders gesagt: Verhältnisse und Verhalten sind engstens – dialektisch! – aufeinander bezogen.[72] Indem Verhältnisse und Verhalten sich wechselseitig unterstützen und immer neue Qualitäten hervorbringen, schraubt sich das Potenzial von Vernunft und Freiheit, das bei Hegel «Geist» heißt, quasi immer weiter empor. Diese Bewegung wertet zugleich das Selbstbewusstsein des Einzelnen auf und kultiviert die gesamte Gesellschaft – als Nährboden einer sozialen Permakultur. In diesem Bild begegnen wir wieder jener spiral- oder spindelförmigen Zeit, in der das lineare und das zyklische Moment zusammenkommen (Kapitel 1).

Wer aber, so muss abschließend gefragt werden, ist für eine solche Kultivierung der Gesellschaft zuständig? Wer kann dafür sorgen, dass jeder Mensch in seiner Besonderheit von jedem anderen als Bereicherung des Gemeinwesens anerkannt wird und dadurch in seinem Selbstwertgefühl wachsen kann? Welche Rolle hat dabei der Sozialstaat, und wie beeinflusst die Globalisierung der Politik diese Rolle?[73] An dieser Stelle sind wir zunächst mit dem bekannten Kooperationsdilemma konfrontiert: Wer den ersten Schritt zur

Kooperation macht und sich solidarisch zu anderen verhält, die vielleicht sozial schwächer sind, der geht in aller Regel ein Risiko ein. Oft schließen sich die Konkurrenten nämlich dem guten Beispiel nicht an, sondern spielen den Vorteil, nicht mit sozialem Ballast beschwert zu sein, gnadenlos aus. Das Kooperationsdilemma verschärft sich noch, wenn man berücksichtigt, wie ungleich die Ressourcenausstattung auf den Märkten in der Realität meist ist. Dem Schwächeren kann man jedenfalls den ersten Schritt nicht zumuten, der Stärkere hat ihn nicht nötig.

Wenn uns diese Situation ratlos macht, weil die Chancen für Solidarität oft so bescheiden sind, könnten wir – wieder der vertikalen Richtung der geschichteten Resonanz folgend (Kapitel 1) – den Blick auf frühere Phasen der menschlichen Geschichte ausweiten. Und hier stoßen wir auf eine mindestens zweieinhalb Jahrtausende alte sozialethische Idee: das Subsidiaritätsprinzip, die Hilfe zur Selbsthilfe, als Ergänzung des Solidaritätsprinzips.[74] Subsidien nannte man die Hilfstruppen des römischen Kaisers, die immer erst dann an die Front mussten, wenn die vordersten Formationen in einer Schlacht in Bedrängnis gekommen waren, und die wieder abzogen, sobald die Gefahr vorüber war. Das Subsidiaritätsprinzip, das in Europa vor allem in der katholischen Sozialethik verankert ist, besagt dreierlei. *Erstens:* Wenn jemand in einer Situation überfordert ist, weil seine eigenen Kräfte nicht ausreichen, diese zu bewältigen, hat er Anspruch auf Hilfe. *Zweitens* soll Hilfe nur so weit gehen, dass sich der Hilfsbedürftige wieder selbst helfen kann, die Hilfe soll also keine Dauereinrichtung werden. Und *drittens* soll die Hilfe jeweils von den Nächststehenden kommen, die die Stärken und Schwächen des Hilfsbedürftigen am besten kennen. Gemeinsamer Grundgedanke des Subsidiaritätsprinzips ist es, die Fähigkeiten jedes einzelnen Menschen so gut wie möglich zu entwickeln, weil sich der Mensch erst durch die praktische Betätigung seiner Fähigkeiten als Person entfalten kann. Dass Menschen zur Hilfe für Schwache verpflichtet sind, entspricht im Übrigen genau dem Geist, der in den Schlussartikeln der Menschenrechtscharta zum Ausdruck kommt.

Üblicherweise wird das Subsidiaritätsprinzip allein auf die Politik bezogen. Dafür gibt es jedoch keinen vernünftigen Grund, sobald man die vom Liberalismus dogmatisch vertretene strikte Trennung zwischen Politik und Ökonomie relativiert. Auch ökonomische Akteure können überfordert sein, Unternehmen etwa, wenn Politik und Gesellschaft von ihnen verlangen, faire Löhne zu zahlen und Naturressourcen zu schonen. Nötig sind also Instanzen, die ganz generell für Abhilfe sorgen, ganz gleich, ob sie eher politisch oder ökonomisch ausgerichtet sind. Begreifen wir das Subsidiaritätsprinzip als grundlegendes sozialethisches Prinzip mit rechtlichem Status, dann hat der Hilfsbedürftige ein Anrecht auf Hilfe und der von ihm Angerufene, wenn er zuständig und fähig ist, eine Pflicht zu helfen. Wer die Gesellschaft kultivieren möchte, um so einen Nährboden für eine lebendige und atmende Demokratie zu schaffen, muss also überall dort, wo Anerkennungsverhältnisse gefährdet sind, Hilfe organisieren. Und zwar von unten nach oben, von der Kommune über das Land bis hin zu den Vereinten Nationen. Wollen wir aus dem skizzierten Kooperationsdilemma herauskommen, brauchen wir mittel- und langfristig einen globalen Föderalismus – eine globale politische und soziale Permakultur.[75]

Gesellschaft und Politik als Resonanzraum erfahren

Was also müssen wir tun, damit Menschen Gesellschaft und Politik als Resonanzraum erfahren können? Wie kann das Reziprozitätsprinzip konkret zur Geltung kommen?

Erstens benötigen Menschen Verhältnisse, die ihnen das Gefühl ermöglichen, rundum – also privat, rechtlich und sozial – anerkannt zu sein. In Bezug auf die soziale Anerkennung erfordert das,

Räume bereitzustellen, in denen sich die Menschen nicht ständig mit anderen vergleichen lassen müssen, in denen ihre je eigene Individualität gewürdigt wird. An dieser Maßgabe sollte sich die Gestaltung des Miteinanders in Familien, Schulen, Betrieben und anderswo orientieren.

Für die Ermöglichung von gesellschaftlichen Resonanzerfahrungen ist es *zweitens* förderlich, die Fähigkeit der perspektivischen Reziprozität nicht erlahmen zu lassen. Ihr geht es wie einem Muskel: Je mehr sie gefordert ist, desto stärker wird sie. Nötig sind ausreichende gesellschaftliche Räume praktizierter Solidarität, in denen Menschen erfahren können, wie bereichernd die tatkräftige Unterstützung anderer ist. Wir erinnern uns an Berichte aus Hochwassergebieten oder die Szenen am Münchner Hauptbahnhof, als 2015 der große Andrang der Flüchtlinge begann. Solche Räume sind auch jene Orte, an denen Menschen, deren Leben durch Drogen völlig entgleist ist, wieder ins Leben zurückgeführt werden.[76] So etwa im italienischen San Patrignano, einem Dorf in der Nähe von Rimini, der europaweit größten und angeblich erfolgreichsten Einrichtung dieser Art. Dort können Menschen die Erfahrung machen, wie heilsam das geregelte Zusammenleben mit anderen und das Arbeiten mit eigenen Händen sein kann, weil sie sehen, was sie gemeinsam zustande bringen. Die Bewohner dieses Dorfes erfahren und erkennen, dass eine Droge tatsächlich nichts anderes ist als ein Ersatz für etwas, das ihnen vorher verloren gegangen ist, dass die Drogensucht ein Versuch ist, ein flüchtiges Surrogat für das Glück zu erhaschen. Ist solch ein Dorf vielleicht gar ein Modell für die Therapie jener Konsumsucht, die im globalen Norden Millionen Menschen längst heimgesucht hat? Gelegenheiten für gemeinsame positive Erfahrungen haben, wie alle kollektiven Gefühle, jedenfalls ein enormes Ansteckungspotenzial.

Drittens schließlich: Sollen Menschen Gesellschaft und Politik als Resonanzraum erfahren, so muss die demokratische Ordnung grundlegend neu konzipiert werden. Hartmut Rosa macht in seiner Interpretation des Rechtspopulismus und der Krise der Demokratie als Resonanzpathologie die Bedeutung der zeitlichen Dimension deutlich. Je komplexer die Beziehungen werden, je pluralistischer die Welt ist, desto zeitaufwendiger wird der »responsive Prozess der abwägenden, argumentierenden und austauschenden Begegnung«. »Weil diese Zeit aber in einer konkurrenz- und marktgetriebenen Beschleunigungsgesellschaft nicht mehr zur Verfügung steht, muss die Politik den genuinen demokratischen Prozess entweder umgehen oder stillstellen (wie etwa in der Eurokrise, als Parlamente zu ›Abnickorganen‹ degradiert wurden) – oder aber sie produziert Ergebnisse, die immer schon anachronistisch sind, weil die Verhältnisse sich schneller ändern, als sich demokratisches Handeln vollzieht.«[77]

Aber wie hängt diese Krise mit anderen Resonanzstörungen in der sozialen Mitwelt zusammen? Rosa hat es versäumt, Resonanzerfahrungen an den Begriff der Arbeit anzubinden. Erst in der Arbeit stellt der Mensch den Zusammenhang zwischen Umwelt, Mitwelt und sich selbst her – und zwar nicht als drei getrennte Vorgänge, sondern als integrierten Prozess. Es ist schwer vorstellbar, wie in einer grundsätzlich auf Arbeit beruhenden Gesellschaft Menschen, die vergeblich nach Arbeit suchen oder die beständig vom Verlust ihres Arbeitsplatzes bedroht sind, Resonanz mit ihrer sozialen Mitwelt erfahren können. Wie können beispielsweise prekär beschäftigte oder arbeitslose Eltern ihren Kindern ein Vorbild in Bezug auf Selbstständigkeit und Selbstbewusstsein sein? Wie können Familien und Freundschaften »Quellen starker Resonanzerfahrungen« (Rosa) sein, wenn das ganze Leben vom Zwang zum Erfolg, vom ständigen Verglichenwerden mit anderen und von gleichzeitigem Kontrollverlust überschattet ist? Und wie soll eine Gesellschaft ihren Mitgliedern das Gefühl geordneter Verhältnisse vermitteln, wenn diese Gesellschaft gleichzeitig ein völlig kurzsichtiges Verhältnis zu den natürlichen Lebensgrundlagen hat? Kein

Wunder, dass das Verstummen der gesellschaftlichen Resonanz sich fortpflanzt und in ein Verstummen der politischen Resonanz übergeht. Eine lebendige Demokratie muss an die Arbeitswelt rückgekoppelt sein – Arbeit nicht nur im Sinn eines garantierten Arbeitsplatzes, sondern als Anspruch und Raum zur Selbstentfaltung.

Fazit

Nicht nur »nach uns« droht die »Sintflut«, »neben uns« ist sie längst da. Das war die Ausgangsdiagnose dieses Kapitels. Die Frage nach einem angemessenen Umgang mit der sozialen Mitwelt ist deshalb unausweichlich. Um sie zu beantworten, haben wir Erkenntnisse teils aus der Verhaltensbiologie, teils aus der Kulturanthropologie, der Soziologie und der Politikwissenschaft herangezogen. Sie betreffen die Verhaltensweisen und Beziehungsmuster, die einerseits zwischen den Menschen bisher existiert haben und die andererseits zukünftig als Maßstäbe für soziale Nachhaltigkeit gelten können.

Wie bei der Mensch-Umwelt-Beziehung, so müssen wir auch bei der Mensch-Mitwelt-Beziehung als Erstes die gigantische Beschleunigung, die sich mit der Sesshaftigkeit und dann noch einmal mit der Industrialisierung vollzogen hat, zur Kenntnis nehmen. Sie zeigt sich in der aus der Zunahme der Arbeitsteilung resultierenden historisch beispiellosen wechselseitigen Abhängigkeit der Menschen und im ebenso beispiellosen Wachstum des Mehrprodukts. Die Aufgabe der kulturellen und sozialen Evolution bestand und besteht nun darin, die Folgen dieser Beschleunigung zu bewältigen. Es müssen Austauschprozesse eingerichtet werden, die technisch für Stabilität und normativ für Akzeptanz sorgen.

Als Grundlage zur Bewältigung dieser Aufgabe stehen dem Menschen jene Verhaltens- und Beziehungsmuster zur Verfügung, die er aus der Pflanzen- und Tierwelt geerbt hat, und vor allem seine aus dem Reich des Lebendigen herausgehobenen kommunikativen und moralischen Fähigkeiten. Je komplexer die Teilung der Arbeit und der Umfang des Mehrprodukts wurden, desto wichtiger wurde die Verständigung über die Modalitäten dieses Austausches und damit die Grundlagen des sozialen Zusammenhalts.

Die Grundbotschaft dieses Kapitels lautet: So wie die dauerhafte Einbindung des Lebens in die natürliche Umwelt durch das Prinzip der Regenerativität gesichert werden muss, erfordert die dauerhafte Einbindung des Lebens in die soziale Mitwelt die Orientierung am Prinzip der Reziprozität. Das betrifft den materiellen Austausch (Geben und Nehmen) genauso wie die geistige Verständigung (Verstehen und Verstandenwerden), mit deren Hilfe Gemeinwesen den verbindlichen Rahmen für diesen Austausch festlegen. Praktische Reziprozität in Bezug auf die soziale Mitwelt ist deshalb ohne eine lebendige, atmende Demokratie nicht vorstellbar, in der sich Bürger und Politiker sozial begegnen und ihre Perspektiven wechselseitig aufeinander beziehen. Eine solche Demokratie kann nur auf dem Boden einer gut ausgebildeten gesellschaftlichen Anerkennungskultur gedeihen. Sie muss über den Schutz der Privatsphäre und den Rechtsstaat weit hinausgehen, die Arbeitswelt als Basis der Mitwelt einschließen und sich der Bedeutung des Subsidiaritätsprinzips bewusst sein. Eine solche Anerkennungskultur schafft die notwendige Voraussetzung dafür, dass der Mensch Gesellschaft und Politik als Resonanzraum des eigenen Lebens erfahren kann. Eine Garantie ist sie freilich nicht.

KAPITEL 4

Innenwelt
und Reflexivität

»Rentier' ich mich noch?« ist der Titel eines Buches über unsere Arbeitswelt.[1] Die Publikation beschreibt, wie es die spät- und postmoderne Arbeitswelt schafft, Arbeitnehmer dazu zu bringen, das Anliegen ihres Betriebs zu ihrem eigenen Anliegen zu machen: die Rentabilität. Das ist alles andere als selbstverständlich, wenn man sich daran erinnert, dass für die betriebliche Rentabilität früher einmal ausschließlich der Arbeitgeber zuständig war. Damals war für die meisten Arbeitnehmer klar, dass sie sich in erster Linie um ihre eigenen Interessen (Löhne, Arbeitszeiten, Arbeitsbedingungen) kümmern mussten. Heute aber sollen gemäß den »Neueren Steuerungskonzepten im Betrieb«, so der Untertitel des Buches, Arbeitnehmer als »Arbeitskraftunternehmer« behandelt werden und sich auch selbst so sehen und fühlen. Wie der eigentliche Unternehmer, so sollen auch die Arbeitskraftunternehmer sich mit all ihrer Kraft an den Anforderungen der Märkte orientieren, eigene Potenziale selbst einbringen und auftretende Risiken selbst tragen. Die Arbeitnehmer sollen ihre eigene Rentabilität als integralen Bestandteil der Gesamtrentabilität des Betriebs, sich selbst als Kostenfaktor begreifen. Diese Sichtweise ersetzt die direkte Steuerung, das Kommandoverhältnis aus Befehl und Gehorsam, durch eine indirekte. Die Unternehmensführung erreicht ihre Ziele dadurch, »dass sie die Handlungsbedingungen im Unternehmen so anordnet, dass genau dann, wenn die abhängig beschäftigten Mitarbeiter tun, was sie – daraufhin – selber wollen, etwas herauskommt, was die Unternehmensführung will«.[2] Das hat weitreichende Konsequenzen: Zum einen entzieht diese indirekte Steuerung der betrieblichen und gewerkschaftlichen Interessenvertretung im traditionellen Sinn den Boden. Die Selbstständigkeit des Arbeitnehmers, die ja offiziell immer wieder gefordert ist, wird funktionalisiert und macht ihn in der Realität vielmehr unselbstständig. Der Arbeitnehmer ist zwar nach wie vor in abhängiger Stellung beschäftigt, aber diese Tatsache soll ihm nicht mehr bewusst sein, er soll sich als Eigentümer des Betriebs fühlen, der sich seine Arbeitskraft nutzbar macht. Diese raffinierte Form der Umpolung geht weit über das Arbeitsverhältnis hinaus. Die Frage »Rentier' ich mich noch?« betrifft nicht nur die Menschen, die Angst vor der nächsten Entlassungswelle haben. Alle und alles muss in dieser Welt auf den Prüfstand der Rentabilität. Die Angst, im Kampf um Rentabilität, Attraktivität, Anerkennung und Liebe zu kurz zu kommen oder ganz aus dem Rennen zu fallen, begleitet das Leben zahlreicher Menschen, viele reagieren mit Symptomen der Erschöpfung, des Ausbrennens, mit Depressionen.

Wie dies die Lebendigkeit der Innenwelt bedroht und ihre Schwingungen verstummen lässt, ist Thema dieses Kapitels. Mit Innenwelt ist all das gemeint, was den Menschen in seinem Inneren ausmacht, oft als Körper, Seele oder Geist umschrieben. Grundsätzlich gilt: Wer in seiner sozialen Mitwelt Resonanz spürt (Kapitel 3), der hat gute Chancen, auch seine Innenwelt als Resonanzraum zu erfahren. Und innere Resonanz – so die These – ist die zentrale Voraussetzung nicht nur dafür, dass Menschen ihr Leben als gutes Leben empfinden. Sie ist auch eine gute Grundlage dafür, dass Menschen die Idee der nachhaltigen Entwicklung zu ihrem persönlichen Leitbild machen. Wer nämlich mit sich selbst im Einklang ist, dem fällt es leichter, sich auch um den Einklang mit anderen zu kümmern. Wer andererseits daran gewöhnt ist, sich selbst ständig Gewalt anzutun, dem scheint auch die Gewalt, die er auf seine Mitwelt ausübt, nicht als Problem, sie ist ihm oft nicht einmal bewusst. Ignorieren wir also die Erfordernisse der Innenwelt des Menschen, brauchen wir uns nicht zu wundern, wenn die Opfer irgendwann ausrasten und Verhaltensweisen zeigen, die uns sprachlos machen.

Der Lebenslauf

Schauen wir uns die zeitlichen Maße des menschlichen Lebens etwas genauer an. Es geht um den Lauf des menschlichen Lebens. Was zeichnet ihn aus, was sind seine dynamischen, was seine trägen Momente? Und wann gilt uns dieses Leben, rein individuell betrachtet, als ein gutes, ein gelingendes? Beginnen wir wieder mit der linearen Seite der Veränderungen, also jenen Veränderungen, die ebenso unmerklich wie unwiederbringlich unser Leben begleiten.

Verlängerung, Beschleunigung, Flexibilisierung

Das durchschnittliche Menschenleben im globalen Norden ist heute in den hoch entwickelten Ländern etwa dreimal so lang wie in der Zeit unserer steinzeitlichen Vorfahren und etwa zweimal so lang wie in den heute am wenigsten entwickelten Ländern der Erde. Dabei werden Frauen und Menschen aus höheren Schichten bekanntlich älter als Männer und Menschen mit niedrigerem Status. Aber wie lange kann so ein menschliches Leben eigentlich dauern? In der Biologie gibt es Versuche, den Alterungsprozess von Lebewesen zu erklären. Eine dieser Theorien hat einen besonders offensichtlichen Bezug zur Zeitdimension: die Stoffwechseltheorie des Alterns.[3] Der Energieumsatz pro Gramm Körpergewicht, so der Biologe Roland Prinzinger, ist praktisch bei allen Lebewesen gleich, das »Lebenslicht« verbrennt nur bei den einen heller und kürzer, bei den anderen schwächer, dafür länger. Der hektische Kolibri stirbt früh, die träge Schildkröte dagegen wird uralt.

Das Besondere beim Menschen ist Prinzinger zufolge, dass er zwei- bis viermal so viel Zeit mit der Beschaffung der Mittel für sein Leben verbringt wie die allermeisten Tiere. Der Mensch ist das einzige »Arbeitstier«, das die Evolution hervorgebracht hat. Das hohe Aktivitätsniveau des Menschen ist nicht nur die Folge dessen, dass er als Warmblütler einen Großteil der Energie für die Temperaturregulierung benötigt. Entscheidend ist der Umstand, dass sich der Mensch auf der Grundlage seiner geistigen Fähigkeiten eine kulturelle und soziale Welt geschaffen hat, die ihm auch dann, wenn er nicht aktiv ist, jede Menge Energieverbrauch abverlangt. Die hochmoderne, hochdynamische, hochflexible Lebensweise des Menschen der Gegenwart ist aus dieser biologischen Perspektive jedenfalls einzigartig – ein evolutionäres Experiment mit ungewissem Ausgang.

Eine kleine Zeitreise macht wieder deutlich, dass dieses Experiment erst vor Kurzem begonnen hat. Wer heute auf die Welt kommt, der kann damit rechnen, dass sich in seinem Leben fast alles ändern wird, was für seine Lebensplanung von Bedeutung ist: der Wohnort, der Lebenspartner, der Beruf, das Einkommen, die Freizeitgestaltung, die technischen Geräte des Alltags, die Modeströmungen und so weiter. Wer vor 500 Jahren auf die Welt kam, für den blieben die meisten dieser Lebensumstände im Laufe seines Lebens relativ konstant, wenn er nicht gerade in die Wirren der Reformationszeit und der Konfessionskriege geriet. Und noch viel langsamer ging es vor 5000 oder 50 000 Jahren zu, als es Jahrtausende dauerte, ehe kleinste technische Neuerungen wie der Stiel am Faustkeil oder die Zähmung von Pferden in die Welt kamen.

Heute prägen Schnelligkeit und Flexibilität unsere Biografien. Dabei bezieht sich das Wort »Schnelligkeit« auf das Tempo der Bewältigung von Aufgaben aller Art: schnell studieren, schnell Karriere machen, schnell ein Haus bauen und abbezahlen, schnell noch Kinder in die Welt setzen und so weiter. Und wenn von »Flexibilität« die Rede ist, zielt dies auf die Bereitschaft, sich an diese Aufgaben jeweils optimal anzupassen. Wir haben uns längst daran gewöhnt, unser ganzes Leben auch »indirekt« steuern zu lassen, wenn wir unsere Rentabilität nicht gefährden wollen – wie oben für die Arbeitswelt bereits erläutert. Und solche Gefahren drohen ständig. Besonders risikoreiche Lebensphasen sind erfahrungsgemäß die Übergänge von einem Lebensabschnitt zum nächsten. Denn jeder Abschnitt erfordert andere Mittel der Bewältigung, und diese müssen wir immer erst erwerben. Das gilt nicht nur für die materiellen Voraussetzungen des Lebens. Wenn beispielsweise Kinder zu Jugendlichen oder Jugendliche zu Erwachsenen werden, sind die bewährten Mittel, mit denen sie Aufmerksamkeit und Anerkennung auf sich ziehen, schnell entwertet. Dann müssen sie jeweils aus der unübersichtlichen Palette von Optionen jene herausfischen, die den neuen Anforderungen am besten gerecht werden. Vielfach hat sich eine regelrechte Hochrüstungsspirale herausgebildet, die den in der sogenannten Multioptionsgesellschaft um Anerkennung und Aufmerksamkeit Ringenden zur ständigen Selbstoptimierung treibt. Nur mit immer ausgefeilteren und immer schneller wechselnden Mitteln, so glaubt er, nimmt ihn seine Mitwelt noch wahr. Bei all dem ist es heute ein wahres Kunststück, immer »in« genug zu sein und nicht in einen krankhaften »Anerkennungswahn« zu verfallen, wie der Jugend- und Gewaltforscher Wilhelm Heitmeyer die zwanghafte und bisweilen gewalttätige Form der Selbstinszenierung nennt.[4]

Die psychischen Folgen des Flexibilisierungszwangs hat der amerikanische Soziologe Richard Sennett in seinem Buch »The Corrosion of Character«, deutsch »Der flexible Mensch«, sehr eindrucksvoll dargestellt.[5] Sennett zeigt, wie das Leben unter Zeitdruck auf eine oft unbemerkte Weise die gesamte Lebensführung des Menschen steuert. Beruf, Wohnort, soziale Stellung, Familie – alles unterwirft er den schnell wechselnden und kaum voraursehbaren Anforderungen des Wirtschaftslebens. Das Leben wird zu einem ziellosen und immer schwerer durchschaubaren Stückwerk. Und das hat, so Sennett, Konsequenzen für das Innerste des Menschen. Für den »flexiblen Menschen« wird vieles zum Flexibilisierungshindernis, was traditionellerweise Kennzeichen eines erfüllten Lebens war: die vertraute Nachbarschaft, feste Freundschaften und schließlich ein fester Charakter. Alles Langfristige ist in der Lebensplanung ein potenzielles Risiko. »Bleib in Bewegung, geh keine Bindungen ein, und bring keine Opfer!« Das sind die Maximen eines flexiblen Lebens.[6]

Der polnische Soziologe Zygmunt Baumann spricht ganz ähnlich von der »Flüchtigen Moderne«, die sich über das Bedürfnis der Menschen nach etwas Festem, das Orientierung und Halt gibt, rücksichtslos hinwegsetzt. Der gewöhnliche Alltag konfrontiert den modernen Menschen mit einer übermächtigen Gewalt, gegen die er sich nicht zu wehren vermag, weil er nicht einmal deren Urheber kennt.[7] Und Hartmut Rosa diagnostiziert eine neue Form von Identität, die für den modernen Menschen charakteristisch ist: die »situative Identität«. Diese Identität ist nicht mehr fest mit einer bestimmten Person verbunden, sondern sie wandelt sich je nach Situation. Radikale »situative Identität« sieht Rosa »dadurch gekennzeichnet, dass ein Subjekt etwa in der Kirche gläubig und introvertiert, in der Beziehung ›soft und feminin‹, bei der Arbeit aber chauvinistisch und vitalistisch, auf der Friedensdemonstration pazifistisch-alternativ, in der Parteiversammlung aber militaristisch-aggressiv und atheistisch sein kann, ohne die damit verknüpften Inkonsistenzen als problematisch zu empfinden«.[8]

In nur scheinbarem Gegensatz dazu steht die seit rund eineinhalb Jahrzehnten in Europa entstehende »identitäre Bewegung«.[9] An dieser Stelle ist ein kurzer Exkurs angebracht. Der Wandel des Identitätsbewusstseins ist inhaltlich nämlich eigentlich eine Abschwächung der Identitätsidee. Bezeichnenderweise geht sie jedoch bei vielen Menschen offenbar mit einer formalen Überhöhung des Identitätsgedankens einher. Diese Menschen fixieren sich krampfhaft auf einen einzelnen Aspekt ihres Lebens, grenzen also die Vielfalt der Aspekte – Alter, Geschlecht, Beruf, soziale Stellung, Interessen, weltanschauliche Orientierung, Zugehörigkeit zu einem vielfach geschichteten politischen Gemeinwesen und so weiter – aus ihrem Bewusstsein aus. Sie klammern sich an diesen einen Aspekt und stabilisieren dadurch ihre innere Unsicherheit. Dieser eine Aspekt ist typischerweise die angeborene Eigenschaft der ethnischen Zugehörigkeit. Mag die Welt auch noch so widersprüchlich, unvorhersehbar und chaotisch erscheinen: Diese Eigenschaft, so glauben die »Identitären«, könne ihnen niemand streitig machen. Die ethnische Identität, ähnlich wie die nationale Identität, macht diese Menschen zu Mitgliedern einer größeren Gemeinschaft und schafft so jenes Maß an Sicherheit und Stabilität in der Innenwelt, die sie in der Außenwelt schmerzlich vermissen. Um diese Gemeinschaft zu schützen, so glauben die Identitären, müssen sie sie möglichst rein halten, damit sie sich in einer Welt, die durch die Konkurrenz pluraler Ethnien geprägt ist, möglichst gut behaupten kann.

Reifung und Beziehung

Bisher ist es nur eine Minderheit, die auf Beschleunigungs- und Flexibilisierungszwänge mit identitären Wahnvorstellungen reagiert. Aber es könnten bald mehr sein. Jedenfalls sind die skizzierten Zumutungen von Beschleunigung und Flexibilisierung eine echte Herausforderung für die Innenwelt des Menschen. Fragen wir nun, welche Trägheitsmomente alle Anstrengungen, mit Beschleunigung und Flexibilisierung zurechtzukommen, begrenzen. Was wir in Kapitel 1 als Hierarchie der Zeiten und geschichtete Resonanz bezeichnet haben, zeigt sich hier als geschichtete Plastizität des menschlichen Lebens. Das liegt an den Prägungsprozessen, die den Menschen hervorgebracht haben.

Wie Pflanzen und Tiere für ihre Reifung Zeit brauchen, so dauert es auch beim Menschen seine Zeit, bis er physisch und psychisch ein rundum lebensfähiges Wesen geworden ist. Genauso wie die Verarbeitung der physischen Nahrung ihre Eigenzeit erfordert, benötigt auch die geistige Nahrung ihre Zeit, bis sie ins Innere des Menschen eindringen und wirklich aufgenommen werden kann. Hier interessiert vor allem die Eigenzeit der psychischen Reifung. Was in Kapitel 3 für die Entstehungsphasen der Moralität festgestellt wurde (dass Menschen erst im Laufe ihres Lebens lernen, sich nicht nur am individuellen Vorteil, sondern auch an allgemeinen Prinzipien zu orientieren), kann generalisiert werden: Die Prägung des Menschen basiert auf Reifungsprozessen, die in ganz bestimmte Emotionen eingebettet sind, denen wiederum ganz bestimmte Erfahrungen zugrunde liegen. Der Mensch wird vermutlich immer am stärksten von dem geprägt, was er persönlich erlebt hat. Dann natürlich auch davon, was ihm nahestehende Menschen über ihre persönlichen Erfahrungen erzählen. Erst mit einigem Abstand beeindruckt ihn das, was er über die Medien (Bilder, gesprochene und geschriebene Sprache) aufnimmt. Belehrungen in der Absicht, den Umweg über Erfahrungen abzukürzen und den Menschen so schneller reifen zu lassen, haben im Vergleich dazu weniger Prägungskraft.

Die Trägheitsmomente der psychischen Reifung zeigen sich besonders deutlich an den sozialen Beziehungen, ohne die der Mensch bekanntlich nicht leben kann. Schon im Mutterleib und erst recht mit der Geburt jedes Menschen entsteht eine intensive Beziehung zwischen Kind und Mutter. Es ist völlig unbestritten, dass für das Heranwachsen des werdenden Menschen Beziehungen zu Erwachsenen, in der Regel den Eltern, später dann auch den Gleichaltrigen unverzichtbar sind. Auch wenn sich die Funktionen der Beziehungspartner für die eigene Entwicklung im Laufe der Zeit ändern (Ernährer, Beschützer, Vorbild, Partner, Gegner, Rivale und so weiter), bleibt die Notwendigkeit ausreichender guter und das heißt auch altersgemäß passender Beziehungen bestehen. Es gibt eine Vielzahl von wissenschaftlichen Belegen dafür, dass stabile Beziehungen, die von wechselseitiger Empathie getragen werden, eine – wenn nicht die – zentrale Voraussetzung für die menschliche Entwicklung sind. Nicht zuletzt die eindrucksvollen Erkenntnisse der Hospitalismusforschung haben gezeigt, dass Kinder ohne stabile Beziehungen kaum lebensfähig sind.

Erst wenn ich Empathie durch verlässliche Andere erfahre und diese erwidere, kann sich das Bewusstwerden der Gefühle für meine eigene Person entfalten. Erst so kann sich allmählich das herausbilden, was Entwicklungspsychologen »personales Selbst« nennen. Während Empathie das Gemeinsame mit dem Gegenüber fokussiert, fokussiert das Subjektbewusstsein das Besondere des Eigenen. Wer in frühen Jahren die Erfahrung dauerhaft fehlender oder unsicherer Beziehungen macht, reagiert in aller Regel entweder mit Rückzug, manchmal in Verbindung mit Depression oder Autoaggression, oder mit Aggression auf andere. Weil zum Beispiel im Krieg Empathie hinderlich ist, wird Soldaten meist systematisch ihre angeborene und gelernte Empathie abtrainiert. Kriegs- oder Vergewaltigungsopfer sind einerseits Opfer eines radikalen Empathieverlusts, andererseits schützen sie sich in ihrem Trauma oft selbst durch innere Verhärtung. Sie lassen dann Gefühle kaum mehr an sich heran, weder ihre eigenen noch die anderer – und werden so nicht selten selbst wieder zu Gewalttätern mit gestörtem Empathievermögen.

Im Zusammenhang mit Beziehungen und Empathie ergibt sich auch die Frage nach dem Verhältnis von sozialen Kontakten und dem Alleinsein, einem seit Jahrhunderten beliebten Thema der Literatur.[10] Dabei geht es um das rechte Verhältnis zwischen der Öffnung nach außen und der Schließung und Ausrichtung nach innen. Indem er sich zu anderen hin öffnet, verschafft sich der Mensch immer auch die Nahrung für inneres Wachstum. Aber diese Nahrung muss er verdauen, und dazu ist das Alleinsein –

vielleicht in der Natur oder zu Hause beim Lesen, Musikhören, Meditieren oder auch nur beim Nachdenken – hilfreich. Nur so kann der Mensch den nur in der Außenwelt möglichen Dialog mit anderen Menschen in der Innenwelt als »inneren Monolog« weiterführen. Genau diese Balance zwischen Öffnung und Schließung ist es vermutlich auch, die Aristoteles mit seiner Lehre vom rechten Maß *(mesotes)* intendierte. Ähnlich dürfte es auch beim Verhältnis zwischen Vertrauen und Misstrauen sein, also bei der Herausbildung persönlicher Haltungen gegenüber der sozialen Mitwelt, die beide unverzichtbar sind und je nach Situation und Person klug und sorgfältig ausbalanciert werden müssen.

Gesundheit und Prävention

Wenn körperliche und psychische Reifungsprozesse nachhaltig gestört sind, leidet früher oder später die Gesundheit darunter. Gesundheit ist, so die Weltgesundheitsorganisation (WHO), das vollständige körperliche, seelische und soziale Wohlbefinden. Dass zwischen einem so verstandenen Zustand und der Zeitdimension ein enger Zusammenhang besteht, wissen wir im Prinzip längst, aber erst seit einiger Zeit erforschen wir diesen mit Nachdruck. So geben uns Chronobiologie und Chronomedizin Auskunft über Hunderte von Rhythmen in unserem Körper, die mit den Zyklen von Tag und Nacht, des Mondes und der Jahreszeiten einhergehen.[11] Gut erforscht ist auch die Bedeutung des Schlafes, der Chronotypen und der Körpersignale. Wie sehr eine stabile Gesundheit auf elastischen Kreisläufen und damit auf zyklischen Prozessen der Wiederkehr des Ähnlichen beruht, ist in Bezug auf Blut, Atmung, Stoffwechsel, Nervensystem (Zusammenspiel von Sympathikus und Parasympathikus) und andere Aspekte bekannt. Weniger bewusst ist uns, dass auch die Mikrobiologie, etwa bei der zyklischen Regeneration der Zellen oder ihrer Selbstreinigung (Autophagie), sowie die An- und Abschaltung der Aktivierung von

Genen für das Verständnis der Zeitdimension im menschlichen Leben wichtig sind.[12]

Zurück zur obigen Definition von Gesundheit. Wenn nur das subjektive Wohlbefinden als Gesundheitskriterium zählt, ist jeder gesund, der keinen Leidensdruck verspürt, auch wenn er eigentlich, ohne es zu wissen, vielleicht aufgrund seiner wenig gesundheitsförderlichen Lebensweise schon sterbenskrank ist. Gesundheitswissenschaftler haben daraus schon sehr früh den Schluss gezogen, beim Thema Gesundheit eine subjektive *und* eine objektive Seite zu unterscheiden. Damit geht auch ein Wechsel der Perspektive von der Krankheits- zur Gesundheitsforschung einher, der die Bedeutung der Zeitlichkeit im Zusammenhang mit Gesundheit deutlich werden lässt.

Der israelisch-amerikanische Soziologe Aaron Antonovsky war es, der diesen Perspektivwechsel eingeleitet hat.[13] Nach ihm gibt es im Leben jedes Menschen Faktoren, die die Fähigkeit des Wohlbefindens mindern, und solche, die sie steigern. Zu den belastenden Faktoren zählt Antonovsky unterschiedliche Arten von Stressoren, nämlich biochemische, physische und psychosoziale. Als Widerstandsressourcen gelten förderliche körperliche, psychische, materielle, soziale und kulturelle Faktoren. Für den Gesundheitszustand des Menschen ist entscheidend, welche Widerstandsressourcen er im Laufe seines Lebens aufgebaut hat. Die zentrale Widerstandsressource nennt Antonovsky »Kohärenzsinn«. Darunter versteht er das Grundvertrauen des Menschen darauf, dass er die Herausforderungen des Lebens verstehen, die nötigen Kräfte zur Bewältigung mobilisieren und das Engagement seiner Kräfte als sinnvoll erleben kann. Für den Zusammenhang zwischen Zeit und Gesundheit heißt das: Je mehr Zeit den Menschen gelassen wird, diesen Sinn auch tatsächlich zu entwickeln, desto größer die Chancen, gesund zu bleiben. Präventive Gesundheitsförderung – vor allem Gesundheitsbildung – hat dann die primäre Aufgabe, Menschen zu befähigen, ihre je individuelle Eigenzeit der Ausprägung des Kohärenzsinns herauszufinden und im Leben konkret einzufordern.

Während bei Antonovsky der Akzent noch wie bei der Definition der WHO auf den subjektiven Voraussetzungen von Gesundheit liegt, betonen andere Gesundheitskonzepte stärker die objektiven Aspekte. Sie unterscheiden zwischen inneren Ressourcen und äußeren Anforderungen.[14] In zeitlicher Hinsicht hängt dann Gesundheit von der richtigen Passung in mindestens zweifacher Hinsicht ab: Erstens gibt es bei Gesundheitsrisiken prinzipiell in zeitlicher Hinsicht immer zwei Arten von Intervention, nämlich die Erhöhung der Ressourcen und die Reduktion der Belastungen. Und zweitens ist die Passungsarbeit in Bezug auf Ressourcen und Anforderungen nur zum kleineren Teil eine individuelle, zum größeren Teil eine gesellschaftliche Aufgabe. Kohärenzgefühl und Passung von Ressourcen und Anforderungen – das sind also die fundamentalen Bausteine von Gesundheit, individuell wie kollektiv.[15]

In Bezug auf die Zeitdimension der Gesundheitsprävention ist wichtig, sich bewusst zu machen, wie zeitaufwendig die wechselseitige Anpassung von Ressourcen und Anforderungen in aller Regel ist. Die größte Schwierigkeit einer ganzheitlichen Strategie der Gesundheitsförderung besteht vermutlich darin zu verhindern, dass die Verantwortung für die Gesundheit ständig hin- und hergeschoben wird und das nötige Geld sowie die aufgewendete Zeit als Argument dafür ins Feld geführt werden. Zunächst schieben Gesellschaft und Individuum Verantwortung hin und her, wie man an den nicht enden wollenden Auseinandersetzungen um öffentliche und private Gesundheitsvorsorge sieht. Hin und her geschoben wird die Verantwortung aber vor allem, und darauf kommt es hier an, zwischen seelischen, körperlichen und sozialen Leiden. Man denke etwa an die gigantischen, aber als prinzipiell bezahlbar anerkannten Aufwendungen für den Versuch, seelische Leiden mit chemischen Mitteln zu lindern. Und man denke an die meist als unbezahlbar zurückgewiesene, aber prinzipiell bestehende Möglichkeit, die sozialen Ursachen solcher Leiden zu beseitigen, konkret: die Arbeits-, Konsum- und Lebenswelt so zu verändern, dass krank machende Faktoren (Angst, Stress, Frustration etc.) systematisch zurückgehen.

Krankheit und Therapie

Folgt man dem gegenwärtigen gesundheitswissenschaftlichen Diskurs, ist Krankheit durch ein gestörtes Kohärenzgefühl als Folge eines Missverhältnisses zwischen Ressourcen und Belastungen charakterisiert. Welche Therapieansätze sind nun an die Ökologie der Zeit und die Resonanztheorie am besten anschlussfähig?

Eine therapeutische Richtung, die direkt an Erkenntnisse der Resonanztheorie anschließt, ist die Musiktherapie. Jeder kennt die enge Wechselwirkung zwischen Körper, Seele, Geist und Musik. Man vermutet, dass unser musikalisches Vermögen und die von der Musik gesteuerte Bewegung des Körpers im Tanz sogar älter sind als die Sprache.[16] Musikalische Schwingungen in Gestalt von bewegter Luft, erzeugt durch die menschliche Stimme beim Singen oder durch spezielle Instrumente, erreichen das Ohr des Hörers, können dann unter ganz bestimmten Bedingungen den Körper insgesamt in Schwingung bringen, Gruppen von Menschen erfassen und sie in einen ekstatischen Zustand versetzen. Nachgewiesen wurde, dass Musik über die Ausschüttung von Botenstoffen im Gehirn stärkste Reize zu erzeugen vermag, die tief in den Körper eingreifen, das Schmerzempfinden senken und nicht zuletzt auch Krankheiten heilen können. Hirnphysiologisch wirkt Musik oft ähnlich wie Ausdauersport. Es gibt mittlerweile eine Reihe von Versuchen, den Resonanzansatz auf die Musiktherapie und auf andere Formen der Kunsttherapie anzuwenden.[17]

Ein weiterer therapeutischer Ansatz, der gut an die zeitökologisch-resonanztheoretische Perspektive anschließt, ist die Ener-

giemedizin, auch Informations- oder Schwingungsmedizin genannt.[18] Sie beruft sich auf jahrtausendealte asiatische Traditionen und sieht sich durch die moderne Quantenphysik bestätigt.
Wenn alles Teilchen und Welle zugleich ist, dann sind Materie und
Energie nur unterschiedliche Seiten all dessen, was es im Universum gibt. Das war ja auch der Ausgangspunkt von Cramers Resonanztheorie (Kapitel 1). Ein Körper – auch ein lebender – oder
auch ein Organ innerhalb dieses Körpers ist dann nichts anderes als ein besonders verdichtetes Energiefeld. Das Besondere an
dieser Sichtweise ist, dass es ihr zufolge keine festen Grenzen zwischen dem Inneren und dem Äußeren dieser Körper oder Organe
geben kann. Vielmehr sind das Innere und das Äußere durch ständige Resonanzen miteinander verbunden. Diese Annahme eröffnet eine Vielfalt von Möglichkeiten der nicht invasiven Therapie,
die also nicht in chirurgischen Eingriffen oder in der Aufnahme
von Stoffen besteht. Ein Beispiel ist die Homöopathie, die, so zumindest ihr Anspruch, ihre Wirkung durch die Übertragung von
Informationen erzeugt. Viele körperliche, psychische und soziale
Probleme interpretiert die Energiemedizin als energetische Blockaden, also als Schwingungsstörungen, und therapiert sie konsequenterweise durch deren Auflösung.

Ein bekanntes Beispiel ist Shiatsu[19]: der gezielte Fingerdruck,
durch den der Energiefluss so weit reguliert werden kann, dass die
Selbstheilungskräfte des Körpers oder Organs wieder selbst für
einen gesunden Fluss der Energie und damit für die Wiederherstellung der Eigenschwingungen sorgen können. Für den Erfolg
einer Shiatsu-Therapie kommt es darauf an, dass der Therapeut
keinem festen Schema folgt, sondern auch zu seinem Patienten
eine Resonanzbeziehung aufbaut – eine Beziehung, die durch
»mitfühlende Distanznahme« gekennzeichnet ist: Der Therapeut
ist sich bewusst, dass seine Wahrnehmungen und Deutungen stets
subjektiv sind, lässt sich deshalb stark durch die körperlichen und
verbalen Reaktionen des Patienten leiten und versucht, zwischen

persönlichem Mitgefühl und persönlicher Abgrenzung eine gute Balance zu finden.[20]

Auch in der Psychotherapie wird der Zusammenhang zwischen Gesundheit, Krankheit und Zeit seit einiger Zeit genauer erforscht. Gemeinsamer Ausgangspunkt ist die Erkenntnis, dass Materielles und Geistiges nicht streng voneinander getrennt existieren, wie noch René Descartes im 17. Jahrhundert und viele Denker nach ihm geglaubt hatten. Auf den Menschen bezogen, müssen wir Leib und Seele vielmehr als Einheit begreifen, eine Sichtweise, die sich oft auf Gottfried Wilhelm Leibniz beruft. So hat der Philosoph und Psychotherapeut Thomas Fuchs die Rolle der Zeit im Zusammenhang mit Gesundheit und psychischen Erkrankungen genauer untersucht.[21] Fuchs erinnert daran, dass der Mensch im normalen Alltag selbstvergessen in der Zeit lebt (implizite Zeit) und diese Zeitlichkeit erst durch Störungen bewusst wahrnimmt (explizite Zeit). Das ist der Fall, wenn wir beispielsweise durch ein plötzliches Ereignis erschrecken oder erstaunen, wenn also aus »unbewusst gelebter« »bewusst erlebte« Zeit wird.

Für Fuchs ist nun wichtig, dass das Zeiterleben immer mit sozialem Erleben einhergeht, die Frage der Synchronisation von Eigenzeit und sozialer Zeit (Fuchs spricht von »Weltzeit«) also genauer beleuchtet werden muss. Wenn die implizite Zeit explizit wird, handelt es sich im Kern um eine soziale Desynchronisation. Dann wird der betroffenen Person plötzlich bewusst, dass das, was vergangen ist, nicht mehr existiert, oder dass es das, was kommen kann oder wird, noch nicht gibt. Ein solches Bewusstsein kann mit heftigen Gefühlen wie einerseits Bedauern, Trauer, Reue und Schuld, andererseits Begehren, Ungeduld, Sehnsucht und Hoffnung einhergehen. Das kann beim Menschen einerseits die Angst nach sich ziehen zurückzubleiben, andererseits den Drang vorauszueilen. Verfestigen sich solche Ängste oder Triebkräfte und ergreifen sie den ganzen Menschen, so bereitet dies die Grundlage für zwei konträre, paradigmatische, aber manchmal auch gemeinsam auftretende Krankheitsbilder: die Depression und die Manie. Fuchs spricht in diesem Zusammenhang explizit vom »Verlust der zwischenleiblichen Resonanz oder Schwingungsfähigkeit«.[22] Wenn bei der Depression das Zurückbleiben, bei der Manie das Vorauseilen zum Problem geworden ist, kann die Therapie nur in einer »Resynchronisierung« bestehen: Der Depressive muss sich langsam wieder an Rhythmen mit Erfolgserlebnissen, der Manische an die Trägheit seines Leibes herantasten. Und eine Gesellschaft, die sich ernsthaft um Präventionsmaßnahmen bemüht, ist gut beraten, im Fall der Depression die Leistungsschraube zurückzudrehen, im Fall der Manie in den sozialen Rhythmus »Hemmungen« einzubauen.[23] Das Mindeste wäre, so Fuchs, die Respektierung von Sonn- und Feiertagen. Solche »Hemmungen« sind auch ausgiebige Urlaubszeiten, in denen man in keiner Weise für das übliche Getriebe und Gehetze zur Verfügung steht, sowie regelmäßige Auszeiten im Lebenslauf, die Raum für die Besinnung über das eigene Leben bieten können.

Der Arzt Hans Jürgen Scheurle hat eine andere interessante Idee für einen resonanztheoretischen Ansatz in der Psychotherapie entwickelt.[24] Scheurle zeigt zunächst, dass viele Begriffe, die das Verhältnis Körper-Seele einschließlich der »Sinneselemente« (die Luft zum Atmen, das Licht zum Sehen, die Gravitation für den sich aufrichtenden Körper) betreffen, resonanztheoretisch voll abgebildet werden können. Das gilt auch für die Verarbeitung von Sinneseindrücken im Gehirn wie im gesamten Körper mit seinen Wahrnehmungs- und Bewegungsorganen. Aus dieser Perspektive muss die mechanistische Vorstellung, das Großhirn »steuere« den übrigen Körper, durch eine »Resonanztheorie des Gehirns« abgelöst werden. Ihr zufolge stehen das Gehirn und der übrige Leib nicht mehr in einem kausalen, sondern einem »partnerschaftlichen« Verhältnis zueinander. Krankheit ist dann, und hier bezieht sich Scheurle auf Fuchs, im Kern eine Störung dieser Partnerschaft aufgrund einer reduzierten Schwingungsfähigkeit.[25]

Wie sehr das lineare und das zyklische Moment in therapeutischen Prozessen zusammenwirken, hat Erhard Mergenthaler in einem »Therapeutischen Zyklusmodell« veranschaulicht.[26] Dieses Modell beansprucht, sowohl die Prozesse im Patienten wie die Interaktion zwischen Patienten und Therapeuten in der Sprache der Resonanztheorie zu beschreiben. Das Modell legt dar, unterstützt durch eine detaillierte computergestützte Dokumentation, wie in einem therapeutischen Gespräch Emotion (»affektive Sprache«), Abstraktion (»sprachliche Reflexion«) und Narration (»Geschichten erzählen«) zusammenwirken und wie der Therapeut durch das gezielte Aufgreifen der am Patienten beobachteten Reaktionen den Heilungsprozess fördern kann, an dessen Ende ein verändertes Befinden und Verhalten des Patienten stehen. Das Therapeutische Zyklusmodell erinnert im Übrigen an den Hermeneutischen Zirkel, der die Sinnerschließung etwa beim Lesen oder der wechselseitigen Verständigung zwischen Kommunikationspartnern als Prozess beschreibt und dabei die Informationsverarbeitung genauso ernst nimmt wie das Vorverständnis mit all seinen emotionalen Einfärbungen (Kapitel 3). Auch hier, in Bezug auf Krankheit und Therapie, begegnet es uns also wieder: das Bild von der Spiral- beziehungsweise Spindelform der Zeit.

Zwischenfazit

Mit dem Fortschreiten der Geschichte des Menschen verlängert sich sein Leben in zwei großen Sprüngen: mit der Sesshaftigkeit und mit der Industrialisierung. Letztere brachte innerhalb weniger Generationen mit der Verlängerung des Lebens auch eine enorme Beschleunigung des Alltags sowie neuartige Flexibilisierungszwänge mit sich, die offenbar immer mehr Menschen zu schaffen machen. Gleichzeitig zeigen sich die Trägheitsmomente des Lebens immer deutlicher, weil der Mensch an körperliche, psychische und soziale Reifungsprozesse gebunden bleibt. Gesundheit als körperliches, seelisches und soziales Wohlbefinden und Gesundheitsprävention stehen auf allen Ebenen des Menschen im engen Zusammenhang mit zeitaufwendigen Prozessen der Ausbalancierung von Gegensätzen. Wo sie nicht gelingen, sprechen wir von Krankheit und versuchen durch therapeutische Maßnahmen die Balance zurückzugewinnen. So gibt es Ansätze, die das Resonanzgeschehen in und zwischen Menschen therapeutisch nutzbar zu machen versuchen. Dabei spielt oft die Respektierung von Rhythmen und Zyklen eine entscheidende präventive und therapeutische Rolle. Sie helfen dem Menschen, sich den linearen und oft genug exponentiellen Beschleunigungszwängen zu widersetzen.

Körper, Seele, Geist

In der Innenwelt sind lineare und zyklische Veränderungen meist stark miteinander verflochten. Lenken wir nun den Blick ganz auf die Zyklen und ihre stabilisierende Kraft im Leben. Um die zyklischen Prozesse, die Rhythmen und ihre Synchronisation in der Innenwelt des Menschen und damit die Chancen der inneren Resonanz besser verstehen zu können, ist es naheliegend, zunächst von der geläufigen Dreiteilung Körper, Seele und Geist auszugehen. Wenn von Körper, Seele und Geist die Rede ist, erinnern wir uns, dass der Mensch als körperliches Wesen ganz wesentlich Geschöpf der Natur und als seelisches Wesen ganz wesentlich Geschöpf der Kultur und Gesellschaft ist (Kapitel 1)[27]. Wie sehr er als geistiges Wesen aber auch Geschöpf seiner selbst ist, soll im Folgenden deutlich werden.

Mensch und Arbeit III

Die Notwendigkeit, das Leben durch Arbeit als tätige Aneignung der Natur täglich selbst hervorzubringen, ist eine Konstante der Menschheitsgeschichte. Während es in den vorausgehenden Kapiteln um Arbeit im Kontext von Umwelt (2. Kapitel) und Mitwelt (3. Kapitel) ging, interessiert uns in diesem Kapitel das Verhältnis, das das »Arbeitstier« Mensch in der Arbeit zu sich selbst eingeht. Dabei gilt es als Erstes festzuhalten: Beim Arbeiten erlebt sich der Mensch als ein Wesen, das durch sein Tun selbst Wirkungen hervorbringen kann. Das wurde nicht immer so gesehen. In der antiken Philosophie spielte Arbeit als Produktion der Mittel des Lebens noch keine Rolle, weil diese Aufgabe als eines freien Menschen unwürdig galt. Erst in der Neuzeit interessiert sich die Philosophie für das Thema Arbeit, und zwar vor allem für den Zusammenhang zwischen Arbeit, Mensch, Freiheit und Fortschritt. Für Hegel etwa war Arbeit wichtig, weil sich in ihr der Weltgeist »entäußert« beziehungsweise »vergegenständlicht« und der Mensch sich nach getaner Arbeit nicht nur selbst in seinem Produkt wiedererkennen kann, sondern ihm dabei eben auch der Weltgeist begegnet. Dadurch, so Hegel, materialisiert sich der Weltgeist, erscheint schrittweise auf der Erde und ermöglicht Fortschritt und Freiheit. Marx stellt Hegel vom Kopf auf die Füße, indem er, statt wie Hegel und viele andere Philosophen des Deutschen Idealismus im Weltgeist die letzte Triebkraft von Fortschritt und Freiheit zu sehen, von den materiellen Gegebenheiten ausgeht, die den Menschen zur Arbeit nötigen. Allerdings sieht Marx in der kapitalistischen Form des Arbeitens einen inneren Widerspruch am Werk (zwischen Produktivkräften und Produktionsverhältnissen), der erst überwunden werden muss, bis die Arbeit des Menschen ihn tatsächlich frei machen kann.

In Bezug auf die Zeitlichkeit der Arbeit ist wichtig, dass beide Philosophen, Hegel und Marx, sich darin einig sind, dass es die

Rückwirkungen der Arbeit auf den Menschen sind, die den Menschen und seine Gesellschaft jeweils auf eine höhere Ebene heben. Hegel und Marx nannten diese Wechselwirkung zwischen Gesellschaft und Individuum, die sich durch die menschliche Arbeit erst herstellt, »Dialektik«. Honneths Anerkennungstheorie hat, wie wir gesehen haben (Kapitel 3), genau diesen dialektischen Prozess weiterverfolgt und damit die Vorstellung von der Kultivierung der Gesellschaft als Fundament einer lebendigen, atmenden Demokratie begründet. Diese Sicht ist auch bestens anschlussfähig an die zeitökologische Perspektive. In der Arbeit begegnet uns ein Wechselspiel zwischen einem vorwärtstreibenden, linearen und dem rückwirkenden, zyklischen Moment: Ersteres erhöht die Eingriffstiefe in die Welt (Weltreichweite), Letzteres die Selbstbewusstwerdung des Menschen (Selbstbewusstsein).

Das zyklisch-rhythmische Moment der Arbeit hat nicht nur Philosophen, sondern auch Historiker und Nationalökonomen interessiert. Eine der genauesten Untersuchungen dazu stammt von Karl Bücher. Er beschreibt Ende des 19. Jahrhunderts in seinem Buch »Arbeit und Rhythmus«[28] eindrucksvoll, wie neben dem linearen vor allem ein zyklisches Zeitmuster beim Arbeiten wirkt. Dieses zyklische Muster verleiht der Arbeit eine ganz bestimmte Eigenzeit und kann ökonomisch genutzt werden. Bücher konstatiert zunächst eine Neigung des Menschen, beim Arbeiten Rhythmen zu bilden: kompliziertere und längere Bewegungen in einfache und kurze Abschnitte zu zerlegen, die er immer wieder wiederholen kann. Der rhythmische Charakter der Arbeit gilt ihm als ökonomisches Entwicklungsprinzip schlechthin, als Grundvoraussetzung aller Produktivitätssteigerung. Dies hängt, so sagt Bücher, mit der körperlichen, der geistigen und der sozialen Dimension dieses Rhythmus zusammen. In körperlicher Hinsicht bewirkt das rhythmische Arbeiten, dass die Muskeln nicht so schnell erlahmen wie beim unrhythmischen Arbeiten. In geistiger Hinsicht führt der Rhythmus zu einem Automatisierungsprozess, da er an die Stelle der vom Willen geleiteten die automatische Bewegung treten lässt.[29] Was die soziale Dimension betrifft, so spornt der Rhythmus in allen Fällen, in denen mehrere Menschen an ein und demselben Arbeitsprozess beteiligt sind, die Arbeitenden zur Steigerung ihrer Anstrengungen an.[30] Bücher zufolge haben die Menschen die rhythmischen Bewegungsformen mit den Tieren gemeinsam. »Das trabende Pferd und das beladene Kamel bewegen sich ebenso rhythmisch wie der rudernde Schiffer und der hämmernde Schmied.«[31] Bücher wendet sich deshalb auch gegen die vielfach geforderte Abschaffung einförmiger Arbeit, die angeblich »geisttötend« und »besonders aufreibend« sei.[32] Neben der Forderung nach Selbstbestimmung des zeitlichen Verlaufs der Arbeit hofft Bücher für die Zukunft, »dass es gelingen wird, Technik und Kunst dereinst in einer höheren rhythmischen Einheit zusammenzufassen, die dem Geiste die glückliche Heiterkeit und dem Körper die harmonische Ausbildung wiedergibt, durch welche sich die besten unter den Naturvölkern auszeichnen«.[33]

Dass die zyklischen Rückwirkungen der Arbeit auf den Menschen zu einer Resonanzquelle werden können, weiß auch die moderne Arbeitspsychologie. So betont der Neurobiologe Joachim Bauer die drei zentralen Bezüge, in denen sich Arbeit immer vollzieht (Bezug zur Natur, zu den Mitmenschen, zur eigenen Person), und beschreibt das Zusammenwirken von physiologischen, sozialen und personalen Faktoren, die in der Lage sind, für gute Arbeit zu sorgen.[34] Gute Arbeit macht nach Bauer die natürliche Umwelt zu einem wohnlichen Ort, verschafft uns soziale Teilhabe und Anerkennung und ermöglicht uns, unsere eigenen Fähigkeiten zu erleben und zu genießen. »Wo uns das, was wir durch Arbeit zuwege gebracht haben, gefällt und Freude macht, wo wir uns in dem, was wir tun, in unserer Identität wiedererkennen und wo wir für das von uns Geleistete die Anerkennung und Wertschätzung anderer gewinnen, dort wird Arbeit zu einer Resonanzerfahrung.«[35]

Zivilisatorisches Minimum

Arbeitslosen bleibt diese Resonanzerfahrung verwehrt. Der Soziologe Oskar Negt spricht treffend von einem »Skandal der Arbeit«, wenn dieses »zivilisatorische Minimum« nicht gewährleistet ist. »Eine Gesellschaft«, so Negt, »die dieses Minimum nicht mehr anzubieten im Stande ist, verspielt langfristig ihren moralischen Kredit, der für eine einigermaßen friedliche Konfliktregelung der Interessen ihrer Mitglieder unabdingbar ist.«[36] Welche Folgen diese Verweigerung hat, ist bekannt: Unabhängig davon, ob Arbeitslosigkeit durch wirtschaftliche Zwangslagen oder individuelle Unzulänglichkeiten erklärt wird, führt sie zu einem schnellen Anwachsen von Gewaltpotenzialen, weil viele Betroffene nicht bereit sind, sich einfach in ihr Schicksal zu fügen.

Negt präzisiert: »Wenn ich von Gewalt spreche, so meine ich das buchstäblich: Arbeitslosigkeit ist ein Gewaltakt, ein Anschlag auf die körperliche und seelisch-geistige Integrität, auf die Unversehrtheit der davon betroffenen Menschen. Sie ist Raub und Enteignung der Fähigkeiten und Eigenschaften, die innerhalb der Familie, der Schule, der Lehre in der Regel in einem mühsamen und aufwendigen Bildungsprozess erworben worden sind und jetzt, von ihren gesellschaftlichen Betätigungsmöglichkeiten abgeschnitten, in Gefahr sind zu verrotten und schwere Persönlichkeitsstörungen hervorzurufen.«[37]

Diese Angst, nicht mehr gebraucht zu werden, ist bekanntlich weltweit allgegenwärtig, und die Prognosen für die Zukunft sind alles andere als beruhigend. Gesellschaften, die Angst haben, dass ihnen die Arbeit ausgeht, sind dazu bereit, nahezu alles, was ihnen eigentlich lieb und teuer ist, den Zielen der Beschäftigung der Menschen und des Wachstums der Wirtschaft unterzuordnen: das Wohlbefinden des Menschen, das Glück der Kinder, soziale Beziehungen, kulturelle Traditionen und die natürlichen Lebensgrundlagen.

Im globalen Süden verbindet sich die Angst der Menschen davor, dass ihnen das zivilisatorische Minimum dauerhaft verweigert werden könnte, mit der Angst, für immer vom Wohlstand der Erde ausgeschlossen zu bleiben. Die Ängste des Südens verstärkt, dass entgegen allen Freiheitsbeschwörungen des Nordens zwar die Grenzen für Kapital und Waren einigermaßen verschwinden, diejenigen für Menschen aber nicht und dass versucht wird, die Erhöhung der Mauern gegen Menschen sogar zu rechtfertigen – als vorübergehende Zwischenlösung. Wenn die in Europa »erfundene« Wirtschaftsordnung rund um die Welt Lebensperspektiven junger Menschen massenhaft zerstört, indem sie ihnen das »zivilisatorische Minimum« vorenthält, kann nicht verwundern, wenn weltweit die Bereitschaft wächst, zivilisatorische Selbstverständlichkeiten nicht mehr zu respektieren, und Gewalt in unterschiedlichsten Formen rasant an Attraktivität gewinnt.[38]

Bedürfnis und Befriedigung

Arbeit ist nicht nur eine Notwendigkeit für den Menschen als Gattungswesen. Für die allermeisten Menschen ist sie auch ein echtes Bedürfnis: Das zeigt sich bei Millionen von Menschen in Industrieländern, die arbeiten, obwohl sie nicht müssen. Aber was heißt »Bedürfnis« eigentlich? Wir werden sehen, dass uns auch im Bedürfnisbegriff nicht nur das lineare, sondern auch das zyklische Moment menschlicher Lebensäußerungen begegnet. Bedürfnisse bedeuten nämlich innere Unruhe, die nach einer entsprechenden Aktivität verlangt und wieder verschwindet, wenn sie befriedigt ist – bis sich neue Bedürfnisse melden.

Gehen wir wieder von der Dreigeschöpflichkeit des Menschen aus und fragen wir nach den Gefühlen, die der Schöpfungsprozess auf jeder Ebene als Spuren hinterlassen hat. Hier bietet sich das bekannte Bedürfniskonzept des amerikanischen Psychologen Abraham Maslow an. Es ist nämlich ganz hervorragend dazu

geeignet, den zeitlichen Zusammenhang von Bedürfnissen auf-
zuhellen.³⁹ Maslow unterscheidet zwar nicht drei, sondern fünf
Bedürfnisebenen, die aufeinander aufbauen. Aber diese fünf Ebenen lassen sich unschwer zu drei Ebenen zusammenfassen, die
der Dreigeschöpflichkeit des Menschen entsprechen: erstens die
biologischen Grundbedürfnisse, zweitens die Bedürfnisse nach
Schutz bzw. Sicherheit und nach sozialer Anerkennung und drittens das Bedürfnis nach Selbstanerkennung und Selbsterfüllung.
Diese Ebenen stellt Maslow in seinem Modell als Schichten einer
Pyramide dar, um die gestufte Bewusstheit und Dringlichkeit der
Bedürfnisse auszudrücken. Bedürfnisse werden dem Menschen
nämlich von unten nach oben stufenweise bewusst und verlangen
genau in dieser Reihenfolge nach Befriedigung – genauso wie die
Planung und der Bau eines Hauses vom Untergrund und von den
Fundamenten her erfolgen muss.

In zeitlicher Hinsicht ist entscheidend, dass auch die Zeitmuster und damit die Synchronisationsbedingungen dieser Hierarchie folgen müssen. Die Eigenzeiten der biologischen Bedürfnisse bilden den Rahmen, innerhalb dessen soziale Bedürfnisse
befriedigt werden können, und diese wiederum sind der Rahmen
für die zeitlichen Chancen zur Selbstverwirklichung. Wer etwa
dauerhaft hungert, dessen Aktivitäten zielen nicht auf Zukunftsvorsorge für Krankheiten und Alter, sondern auf die Beschaffung
von Nahrung für den Augenblick. Auf jeder Bedürfnisebene gibt
es jeweils charakteristische Zyklen zwischen Bedürfnis und Befriedigung. Auf der biologischen etwa zwischen Anstrengung und
Erholung, auf der emotionalen und affektiven zwischen Gebun-
denheit und Freiheit, auf der kognitiven zwischen Zweifel und
Gewissheit.

Am spannendsten ist die Spitze der Pyramide. Hier geht es um
das Bedürfnis, sich selbst anerkennen zu können und, im engen
Zusammenhang damit, in seinem Inneren das zu finden, was dem
eigenen Leben seine Besonderheit verleiht. Selbstanerkennung

und Selbsterfüllung betreffen den Menschen als Geschöpf seiner selbst. Entscheidend ist hier, dass der Mensch über ein Bewusstsein seiner selbst verfügt. Nur dann kann er seinen Selbstwert ermessen und sein Leben so formen, dass es für ihn stimmig ist. Auch hier ist neben dem Freiraum, der für diese Suche und die Entfaltung des persönlichen Potenzials wichtig ist, die Zeitdimension entscheidend. Wo besonders in der frühen Phase des Lebens nicht der Raum und die Zeit für das Suchen und Experimentieren mit diesem Potenzial für Versuch und Irrtum zur Verfügung stehen, kann sich eine dauerhafte Bedürfnisbefriedigung nicht einstellen. Wieder haben wir es mit Zyklen zu tun, mit einer Fortbewegung zwischen inneren Zuständen, zwischen Unruhe, Ruhe und neuer innerer Unruhe.

Maslow war davon überzeugt, dass diese Bedürfnisstruktur im Grunde in allen Kulturen und Gesellschaften existiert und es nur darauf ankomme, die für die eigene Kultur und Gesellschaft geeigneten Bedürfnisinhalte für sich zu erschließen. Dies ist jedoch nicht ganz so einfach, weil Menschen, insbesondere wenn sie unter Zeitdruck stehen, bekanntlich dazu neigen, sich einfach an ihre Umwelt anzupassen, die individuellen Glücksstrategien also möglichst risikoarm auszurichten. Dann kann es leicht geschehen, dass sie ihre Energien auf eine falsche Bedürfnisebene oder auf Bedürfnisziele lenken, die nicht zu ihnen passen. Dass sie falsch sind, zeigt sich, wenn sich herausstellt, dass die erhoffte Befriedigung ausbleibt und eine Alternative existiert hätte.

Ein besonders drastisches Beispiel für eine solche Fehlorientierung erzählt der ehemalige Microsoft-Manager und spätere Leiter der Google-Forschungsabteilung, der Ägypter Mo Gawdat, im Rückblick auf den »Wendepunkt« seines Lebens. Er erinnert sich an einen Tag, an dem er gleich zwei Rolls-Royce-Limousinen gekauft hat. »Ich habe mich reingesetzt und war glücklich. Aber dieses Gefühl hielt nur ein paar Sekunden an.«[40] Und er erzählt weiter, dass von diesem Tag an alles in seinem Leben anders geworden sei.

Er habe immer klarer erkannt, dass er in den vergangenen Jahren gar nicht mehr in der Lage gewesen sei, innezuhalten und »dankbar« für das zu sein, was er bereits erreicht hatte. Immer klarer sei ihm geworden, dass das ständige Bemühen, das Leben »perfekter« zu machen, nicht wirklich zu einem »erfüllteren« Leben führe. Mo Gawdat, ein studierter Ingenieur, begann, so erzählt er weiter, in einem Diagramm Messwerte für die glücklichsten und die unglücklichsten Momente in seinem Leben einzutragen, und machte eine für ihn erstaunliche Feststellung: »Jedes Mal, wenn ich unglücklich war, lag es nicht daran, wie das Leben gerade war, sondern daran, dass ich es mit meiner Vorstellung von einem idealen Leben verglich. Und immer wenn ich glücklich war, war mein Leben genau so, wie ich es haben wollte.« »Glück« sei »einfach nur die Zufriedenheit, die man spürt, wenn das Leben gerade stimmig ist«.[41] Die »Glücksformel«, so nennt der Manager sein Buch, das zum Weltbestseller geworden ist, mag zwar insofern brauchbar sein, als uns die ständige Fixierung auf die Abweichungen von einem vorgestellten Ideal tatsächlich nicht wirklich guttut. Eine anspruchsvolle Bedürfnis- und Zufriedenheitstheorie müsste jedoch angeben können, ob dies nur an zu hoch gesteckten oder aber an substanziell falschen Idealen liegt. Und dies müsste in die Frage münden, ob der ständige Zwang zum interpersonellen Vergleich tatsächlich in der Natur des Menschen begründet liegt, wie viele behaupten, oder nicht vielmehr eine notwendige Konsequenz einer die Gesellschaft beherrschenden Konkurrenzlogik ist. Dazu mehr in Kapitel 5.

Was wir oft vergessen, wenn wir über Bedürfnisse sprechen und über das Ziel, den Zyklus durch Befriedigung der inneren Unruhe zu schließen, ist jenes Bedürfnis, das das Verhalten des Menschen spätestens vom ersten Tag nach der Geburt an ganz fundamental bestimmt: das Bedürfnis nach Wachstum. Gemeint ist die Neugierde auf die Welt, das Ausprobieren der eigenen Möglichkeiten, das Austesten von Grenzen. In der Maslow'schen Pyramide könnte man diese Wachstumsbedürfnisse als vertikale Kraft von unten nach oben verstehen. Dass Wachstumsbedürfnisse viele Jahre lang der elterlichen Unterstützung bedürfen, hängt mit der biologisch langen Kindheit zusammen. Wie diese Unterstützung aussehen kann, ist in unzähligen Büchern beschrieben worden.[42] Quintessenz ist: Wer als Mutter, Vater, Erzieher und Lehrer das Wachstum von Kindern unterstützen möchte, muss mit großer Achtsamkeit beobachten, wie sich dieses Wachstumsbedürfnis jeweils genau äußert, und dann die nötigen Hilfen bereithalten, damit es befriedigt werden kann – wie ein guter Gärtner seinen Pflanzen ansieht, was sie jeweils an Licht, Wasser und Gesellschaft anderer Pflanzen benötigen, damit sie sich wohlfühlen.[43]

Handlung und Zielsetzung

Sehen wir einmal vom Arbeiten als anthropologischer Existenzbedingung und von der Bedürftigkeit als biologisch, kulturell, sozial und individuell geprägtem Schlüssel zur je individuellen Gestaltung des Lebens ab. Beschränken wir uns auf die reine Aktivität, auf das menschliche Handeln als solches. Dann zeigt sich noch sehr viel deutlicher das Zusammenwirken des zyklischen und des linearen Moments. Aus psychologischer Perspektive gelten Handlungen als zeitlich in sich geschlossene, von Willensentschlüssen ausgehende und auf ein Ziel gerichtete Aktivitäten, die sowohl inhaltlich als auch zeitlich klar gegliedert sind. Vom bloßen Verhalten, das dynamische Moment im Reich der Pflanzen und Tiere, werden zwischenmenschliche Handlungen gemeinhin durch die Bewusstheit des Ziels abgegrenzt, die darin besteht, dass wir Handlungsergebnisse gedanklich vorwegnehmen können. Im Gegensatz zum bloßen Verhalten ist das Handeln also gewissermaßen verzögert, was der gedanklichen Vorbereitung geschuldet ist.[44] Marx hat das einmal sehr anschaulich formuliert: »Eine Biene beschämt durch den Bau ihrer Wachszellen manchen menschlichen Baumeister. Was aber von vornherein den schlechtesten Baumeister vor der besten Biene auszeichnet, ist, dass er die Zelle in seinem Kopf gebaut hat, bevor er sie in Wachs baut.«[45]

Das deutsche Wort »Handlung« macht noch einen weiteren Aspekt des Handelns deutlich. Die Handlungen haben etwas mit menschlichen Organen zu tun, wobei die Hand stellvertretend für die gesamte Organnatur des Menschen steht. Handlungen verlängern gewissermaßen die inneren Organe nach außen in den Raum hinein, in Richtung auf die den Menschen umgebende Welt. Handlungen sind, wie der Soziologe Günter Dux[46] treffend sagt, »Anschlussorgane«. Damit übertragen Handlungen auch die Zeitmuster der inneren Natur, die ja von der äußeren Natur ererbt sind, auf das Zeitmuster der Handlung selbst. Aus seiner Überzeugung vom »Vorrang der Natur« gegenüber der Kultur erklärt Dux das menschliche Handeln und damit letztlich alles, was der Mensch an Geistesgeschichte hervorgebracht hat, aus den Bedingungen, die die Natur ihm setzt.

Dux unterscheidet in seiner Handlungstheorie eine Verfahrens- und eine Inhaltsseite der Handlung. Vom Verfahren her basiert jede Handlung auf der generellen Fähigkeit des Menschen, in Gedanken der Handlung vorauszulaufen, bis zur Erfüllung im Ziel, und anschließend wieder gedanklich an den Ausgangspunkt zurückzukehren, ehe die Handlung dann wirklich gestartet wird.[47] Zur Inhaltsseite gehört die Gesamtheit der materialen Welt, wie sie dem Menschen einerseits gegenübertritt und wie er sie andererseits selbst verkörpert. Diese Verbindung zwischen äußerer und innerer Natur ist es, die der Mensch als natürliches »Bedürfnis« wahrnimmt und die nach der Handlung verlangt.

Um, so Dux weiter, den Anschluss des inneren Organs an die äußere Welt über das Handeln zu ermöglichen, bringt der Mensch ein spezifisches Vermögen hervor: den Geist. »Geist ist die vom Organismus entwickelte Kompetenz, sich die zum Umgang mit der Wirklichkeit notwendigen Mittel zu verschaffen.«[48] Der Geist befähigt den Menschen, ein reflexives Verhältnis zu seiner eigenen Motorik zu entwickeln, indem er Bedürfnisse aufgreift und auf deren Befriedigung hinwirkt. Dabei passt der Organismus die Motorik den situativen Gegebenheiten so an, dass es immer wieder zu einem Ausgleich der Befindlichkeit kommt, die das nach Befriedigung verlangende Bedürfnis zuvor gestört hatte.

Für den Zusammenhang zwischen Handeln und Zeit ist Dux zufolge wichtig, dass der Wechsel der Situationen und der in ihnen stattfindenden Handlungen stets auf das Subjekt hin ausgerichtet ist. Das Handlungssubjekt kann die Motorik anhalten und wieder fortsetzen, ganz wie es ihm sinnvoll erscheint. Diese Fähigkeit zum Anhalten im »Jetzt« ist eine für die Zeitlichkeit der Handlung zentrale Kompetenz des erwachsenen Menschen, die Kinder mit ihrem Drang nach unmittelbarer Bedürfnisbefriedigung noch nicht entwickelt haben. Erst so erfährt sich der Mensch als Subjekt.

Die dem Menschen eigene Fähigkeit, die Handlung anzuhalten und anschließend entweder erneut aufzunehmen oder sie zu unterlassen und gegebenenfalls durch eine andere Handlung zu ersetzen, hat Dux zufolge weitreichende Konsequenzen für die Bewusstseinsentwicklung. Mit dieser Fähigkeit geht nämlich die Vorstellung einher, dass es auch eine Zeit vor und eine Zeit nach der Handlung gibt, dass also jede Handlung in Vergangenheit und Zukunft als Zeithorizonte eingebunden ist.[49] Die zeitliche Grundstruktur jeder Handlung ist somit linear und zyklisch zugleich: linear, weil die Handlungszeit vom Handelnden weg zum Handlungsziel hin verläuft, auch wenn das Subjekt noch so viele Umwege geht. Und zyklisch, weil das Subjekt am Ende einer gelungenen Handlung in etwa sein eigenes Ziel erreicht, die Linie sich also im Großen und Ganzen, aber immer mit der Möglichkeit zur Abweichung, zum Kreis hin schließt.[50] Die Entwicklungslogik der Zeit führt für Dux hin zu einem Zuwachs an Autonomie, Planungs- und Organisationskompetenz und damit letztlich zur sukzessiven Befreiung des Handelns vom Zwang, immer das Gleiche wiederholen zu müssen.

Dux betont, dass damit in Zukunft die Möglichkeiten des einzelnen Menschen wie die der Menschheitsgeschichte insgesamt für ausgeprägtere lineare Handlungsstrukturen zunehmen werden. Wenn Dux recht hat, dann haben wir allen Grund, mit Optimismus in die Zukunft zu blicken, denn die Möglichkeiten, weit in die Zukunft reichende Visionen zu entwickeln und unser individuelles und kollektives Leben autonom zu gestalten, erweitern sich demzufolge auf lange Sicht immer mehr. Die Grundlage dieser säkularen Linearität ist und bleibt aber der Kreislauf, weil uns als Individuen wie als Gattungswesen die äußere und die innere Natur, die ökologischen und die organischen Voraussetzungen des Lebens dieses Muster vorgeben. Wie sonst sollten die Bedürfnisse des Menschen auf Dauer befriedigt werden können, wenn wir nicht die inneren Kreisläufe (Atem, Nahrung, Anstrengung/Ruhe etc.) wie auch die äußeren (Sauerstoff, Fotosynthese, Tag/Nacht) in ihrer existenziellen Bedeutung anerkennen und ständig den allergrößten Teil dieser Kreisläufe unmerklich synchronisieren?

Bei all dem ist jede Handlung immer auch kreativ, kann also immer auch Neues hervorbringen. Durch sein Handeln tastet der Mensch ständig den Raum der Möglichkeiten ab und sorgt nicht selten für Überraschungen. Wenn wir uns an Peter Kafkas Theorie (Kapitel 1) erinnern, dann können wir die Voraussetzungen für die Kreativität des Handelns auch präzisieren: Je mehr Vielfalt der Handelnde vorfindet und je mehr Gemächlichkeit ihm zu ihrer Wahrnehmung und zum Ausprobieren von Optionen zugestanden wird, desto höher sind seine Chancen, einen weiteren Schritt in Richtung auf mehr Autonomie und ein besseres Leben gehen zu können.

Subjektivität und Leiblichkeit

Wenn wir von Körper, Seele und Geist als Momenten der menschlichen Innenwelt sprechen, wollen wir letztlich immer das Wesentliche und je Besondere des einzelnen Menschen, seine »Subjektivität«, verstehen. Das Wort »Subjekt«, das wir aus der Grammatik als Gegenstand eines Satzes kennen, bezeichnet grundsätzlich etwas, das einem anderen zugrunde liegt (von lateinisch »subiectum« für das »Daruntergelegte«). Beim Satz ist es das Prädikat, das die Tätigkeit, die das Subjekt vollzieht, oder die Eigenschaft, die ihm zukommt, ausdrückt. Wenn der Mensch also Subjekt seiner Arbeit, seiner Bedürfnisse, seines Handelns ist, heißt das: Er selbst ist es, der seinem Leben zugrunde liegt. In der Antike und noch im Mittelalter war dies zumindest für einen erheblichen Teil der Menschen anders. Und in der Neuzeit verwehren wir Tieren wie Pflanzen diesen Status ebenso, ohne darin ein nennenswertes Problem zu sehen. Die Philosophie setzt den Subjektbegriff oft auch mit dem Begriff der Person gleich, um das im Menschen zu betonen, was sein je besonderes Inneres ausmacht und seine Verantwortlichkeit anderen Menschen gegenüber begründet.[51]

Dass der Mensch als Subjekt beziehungsweise als Person gelten soll, lässt sich nicht nur philosophisch, sondern auch durch den gesunden Menschenverstand schnell bekräftigen. Kaum jemand würde nämlich das Gegenteil als wünschenswert erachten: dass seine Aktivitäten grundsätzlich nicht in der eigenen, sondern in der Hand einer fremden Person oder einer Maschine liegen. Dabei muss nicht ausgeschlossen sein, dass sich der Mensch einer höheren Instanz unterordnet – aber eben ohne Zwang, aus freien Stücken. Jedenfalls würden sich die meisten von uns weigern, in der Hierarchie der Wesen den Status von Haustieren, Sklaven oder Robotern einnehmen zu wollen. Mit dieser Klärung des Subjektbegriffs, also der Stellung, die der Mensch in der Welt grundsätzlich einnimmt, ist aber noch nichts darüber ausgesagt, was zur

Subjektivität des Menschen eigentlich alles nötig ist und wie der Einzelne das für sich herauszufinden vermag.

Auf diese Frage hat ein zugleich arbeits- und gesundheitswissenschaftlicher Ansatz eine überzeugende Antwort gefunden. Ausgangspunkt der Argumentation ist eine kritische Analyse der in der Einleitung dieses Kapitels angesprochenen Veränderungen in der Arbeitswelt. Wenn Arbeitnehmer die Interessen ihres Unternehmens an Profitabilität zu ihren eigenen Interessen werden lassen, wenn gleichzeitig die am Arbeitsplatz zugestandenen Freiheitsspielräume neben der Leistungsbereitschaft auch die Arbeitszufriedenheit und schließlich das Kohärenzgefühl sogar noch steigern, stellt sich die Frage, ob das tatsächlich für die Beschäftigten gut ist. Und vor allem woher man weiß, was man eigentlich in seinem Innersten wirklich mit guten Gründen als »gut« empfinden kann. Diese Frage stellen sich vor allem Wissenschaftler, die den genauen Zusammenhang von Psyche und Körper untersuchen: neben Gesundheitswissenschaftlern vor allem solche Arbeits- und Sportwissenschaftler, die sich speziell für die menschliche Psychomotorik interessieren. Aufgrund der eingangs geschilderten paradoxen Situation in der modernen Arbeitswelt und der Welt insgesamt (Selbstverwirklichung als Selbstdisziplinierung, freiwillige Unfreiheit beziehungsweise erzwungene Freiheit) wollen sie den Kohärenzbegriff »kritisch« wenden.[52]

Dazu weisen sie zuallererst den weitverbreiteten technisch-funktionalen Blick auf den Körper des Menschen zurück. Der Körper ist keine Maschine, von der wir vor allem erwarten, dass sie reibungslos funktioniert. Besser geeignet ist vielmehr der etwas altmodisch klingende Begriff »Leib«, wenn die biologische Seite des Menschen gemeint ist. Im Leibbegriff, der aus der Lebensphilosophie stammt, sind nämlich die Seele und der Geist, sind letztlich auch die sozialen Beziehungen des Menschen immer schon mit enthalten.[53] Die Leiblichkeit des Menschen, so die kühne Idee, fügt sich nicht in »die gängigen Dualismen von Subjekt und

Objekt, Innen und Außen, Individuum und Gesellschaft«.[54] »Die gelebte Leiblichkeit ist der Rahmen, in dem sich unsere Handlungen abspielen, der Leib bildet den existenziellen Ort, von dem alles seinen Sinn bekommt.«[55] »Leib« bezeichnet das, was dem unmittelbaren Erleben und Begreifen der Welt zugrunde liegt, »Körper« nur das Objekt einer Beobachtung oder das Instrumentelle, das Behandelbare. Wenn Menschen etwa gehen, Rad fahren, spielen und Sport treiben, werden die einzelnen Bewegungen nicht vom Gehirn gesteuert, sondern sie sind bereits im Leib gespeichert. Der Versuch, diese Bewegungen bewusst zu kontrollieren, führt ja bekanntlich meist sehr schnell zu Koordinationsproblemen. Auch Mimik und Gestik sind leibliche Phänomene, die sich zwar am Körper zeigen, deren Hintergrund aber in Gefühlen liegt, die letztlich meist durch soziale Begegnungen und Beziehungen entstehen. Und Traumapatienten haben seelische Verletzungen oft tief in ihrem Leib gespeichert, wo sie sie erst behutsam hervorholen müssen, um sie verarbeiten zu können.[56]

Zwischenmenschliche Begegnungen und Beziehungen werden aus der Perspektive eines kritischen Kohärenzbegriffs als »Zwischenleiblichkeit« gefasst. Sobald wir mit anderen Menschen in Kontakt kommen, entsteht ein Kräftefeld, ohne das unsere individuellen Handlungen nicht verstehbar wären. Und hier begegnen wir wieder dem bereits in Kapitel 3 im Zusammenhang mit der zwischenmenschlichen Verständigung diskutierten Resonanzphänomen: Der leibgestützte wechselseitige Austausch funktioniert nicht einfach nach dem Modell von Sender und Empfänger, die streng getrennt sind, sodass Äußerungen jeweils eindeutig zugeordnet werden könnten. Vielmehr handelt es sich, wie zum Beispiel die Säuglingsforschung im Zusammenhang mit der Wirkungsweise von Spiegelneuronen gezeigt hat, um einen psychomotorischen Dialog, um wechselseitige »Resonanz«, die bereits im Mutterleib beginnt.[57] Im engen Zusammenhang mit den kognitiven Wechselwirkungen zwischen den Kommunikationspart-

nern entstehen entsprechende emotionale und affektive Wechselwirkungen zwischen ihnen. Die Austauschpartner spüren, dass
sie füreinander bedeutsam sind, und genau dadurch entsteht ein
gemeinsamer Raum zwischen ihnen. Entscheidend ist: Dieses
wechselseitige Gefühl muss den Partnern nicht unbedingt bewusst
sein, um zu wirken. Der Raum der zwischenleiblichen Begegnung
lässt sich auch nicht ohne Weiteres durch objektive Eigenschaften definieren. Er entsteht »durch die wechselseitige Bedeutung
innerhalb gemeinsamer Bilder, Erfahrungen, Hoffnungen, Fanta-
sien«.[58] Diese perspektivische Reziprozität ergibt sich quasi wie
von selbst.

Dem leibphänomenologischen Ansatz zufolge hängt alles davon ab, ob Menschen fähig sind, sich selbst in ihrer Ganzheit zu
begreifen. Dabei reichen die kognitiven Anstrengungen des Geistes nicht aus. Vielmehr geht es darum, mit großer Sensibilität allen
Veränderungen in den Gefühlen und ihrem Ausdruck im Körper
»nachzuspüren«. Der psychomotorische Dialog bezieht Körper,
Seele, Geist und soziale Beziehungen mit ein und hat die bestmögliche personale »Stimmigkeit und Authentizität«[59] zum Ziel.
Dieser Dialog soll dem Menschen letztlich bei allen wichtigen
Entscheidungen des Lebens helfen herauszufinden, was er eigent-
lich will – im Hinblick auf das zugrunde liegende Ziel des »guten«
Lebens.

Die zwischenleibliche Resonanz als leibliches Hin- und Her-
schwingen von Fragen und Antworten zum guten Leben basiert
letztlich darauf, dass der Leib nicht nur ein ziemlich zuverlässiger
Speicher vergangener Erfahrungen ist, sondern auch als Ratgeber
für zukünftige Weichenstellungen außerordentlich hilfreich sein
kann. Der zyklische Charakter dieser Bewegung zeigt sich darin,
dass das Subjekt bei all seinem Bemühen um Klarheit immer wieder zu sich selbst zurückkehren kann und muss.

Eingreifen und Begreifen

Auch viele Pflanzen und Tiere verfügen, wie wir in Kapitel 3 gesehen haben, über erstaunliche geistige und kommunikative Fähigkeiten, aber nur der Mensch besitzt die Fähigkeit des »Reflektierens«. Nur das Reflektieren versetzt ihn in die Lage, selbst Subjekt seines Lebens zu sein. Reflexion ist wortwörtlich die Zurückbiegung des Geistes auf sich selbst. Pflanzen und Tiere mögen sich vielleicht an vieles aus der Vergangenheit erinnern können, vielleicht können einige Tiere sogar ihre Zukunft erahnen. Aber keine Pflanze und kein Tier ist offensichtlich in der Lage, jenen basalen Zyklus zwischen Flexion und Reflexion, zwischen Tun und Prüfen, zwischen Eingreifen und Begreifen zu vollziehen, der den Menschen zu einer einzigartigen Spezies gemacht hat. Dieser Fähigkeit zum *Be*greifen dessen, was das *Ein*greifen bewirkt, hat es der Mensch zu verdanken, dass er, seit es ihn gibt, seine Instrumente und Institutionen ständig verändern konnte, dass er also nicht nur eine Natur-, sondern auch eine Kulturgeschichte »geschrieben« hat.[60]

Vor dem hier dargestellten leibtheoretischen Hintergrund können wir die Frage, inwiefern der Mensch Schöpfer seiner selbst und damit Subjekt seines Lebens ist, nochmals vertiefen. Wenn wir sagen, dass sich jeder Mensch auch selbst hervorbringt, wenn wir also gedanklich von der biologischen und soziokulturellen Schöpfung abstrahieren, bleibt zunächst allein der Geist des einzelnen Menschen übrig. Gemeint ist der »subjektive« Geist, der vom »objektiven«, der sich in den kulturellen Schöpfungen des Menschen – Bauwerken, Literatur, Musik – verkörpert, zu unterscheiden ist. Für diesen Zusammenhang von Leib und Geist hat die Leibphänomenologie den etwas sperrigen, aber treffenden Begriff der »reflexiven Leiblichkeit« geprägt. Sie soll dem Menschen eine Antwort auf die Frage geben, woher er eigentlich wissen kann, was er selber will.[61] Reflexive Leiblichkeit »begleitet in einer Art

wohlwollenden Zeugenhaltung und gleichsam aus den Augen-
winkeln die leiblichen Befindlichkeitsänderungen, mit denen wir
geradezu seismografisch auf unsere Mitwelt reagieren können«.[62]

Um noch klarer zu sagen, worauf es ankommt: Wenn im Zusammenhang von Körper, Seele und Geist vom Begreifen als spe-
zieller Fähigkeit des Geistes die Rede ist, wird oft vorschnell das
Kognitive vom Affektiven, Emotionalen und Körperlichen abge-
trennt. Begreift man den Menschen aber als dreifaches Geschöpf
und macht sich die dadurch gegebene Schichtung des menschlichen Seins und Bewusstseins und auch die damit gegebenen
Dominanzverhältnisse klar, dann muss man die Vorstellung von
einem abgetrennten Geist zurückweisen, ohne den Begriff Geist
aufzugeben. In der Innenwelt des Menschen sind ständig verschie-
denste kognitive Kräfte am Werk, für die sich Begriffe wie Un-
terbewusstsein, Unbewusstes, Intuition, Gefühl, Vernunft und
andere eingebürgert haben. Folgt man dem leibphänomenologischen Ansatz, so ist es das Gesamtkonzert dieser Kräfte, die sich
wechselseitig hemmen und bestärken können, aus dem sich unser
Denken und Handeln schließlich ergeben. Weil diese Kräfte bei
der Verbindung der Innen- mit der Außenwelt unterschiedliche
Ausdrucksmittel haben, stecken in ihnen unterschiedliche Teilpo-
tenziale, die erst durch ihr Zusammenwirken ihr volles Potenzial
entfalten können. So hat zum Beispiel die Intuition eine besondere Nähe zu ästhetischen Mitteln (Bild, Musik, Tanz etc.) und
ist an Einzelheiten der Außenwelt orientiert. Die Vernunft hingegen bedient sich der Sprache und ihrer oft binären Struktur (richtig – falsch) und zielt deshalb auf ganzheitlichere Konzepte der
Welt, die den Menschen umgibt. Wie wir wissen, kommen diese
beiden Zugänge zur Welt oft nicht zur Deckung, weil sich einerseits nicht alles in Sprache formen, andererseits nicht alles ästhe-
tisch ausdrücken lässt. Wir sind also gut beraten, wenn wir zulassen, dass der Bauch dem Kopf und der Kopf dem Bauch »beim
Denken hilft« (Bas Kast). Je zwangloser, je flüssiger der Austausch

zwischen Bauch und Kopf ist, desto zuverlässiger bekommt jedes der beiden Potenziale die nötige Anerkennung.[63]

Und dennoch: Der Geist sollte den Überblick bewahren. Und der ist gar nicht so leicht zu erlangen, wenn man bedenkt, wie sehr es schon aus evolutionsbiologischen Gründen auf die Vielfalt der Perspektiven ankommt, mit der wir uns in unserer Innenwelt die natürliche Umwelt (Kapitel 2) genauso wie die soziale Mitwelt (Kapitel 3) aneignen. Thomas Fuchs betont deshalb, wie wichtig es ist, achtsam mit Prozessen des Erkennens und Entscheidens umzugehen. Wir können und sollten uns das innere »Reifen« von Urteilen über die Welt und unsere Reaktionen darauf ohne Zeitdruck bewusst machen können. Damit sind für Fuchs im Übrigen die Vorstellungen von Hirnforschern widerlegt, die den Menschen ganz und gar zum Opfer irgendwelcher Außenreize und neurologischer Antworten machen. »Entscheidungen sind umso freier, je mehr Aspekte und tiefere Schichten der Person in den dynamischen Prozess des Erwägens und Vorfühlens eingehen, je mehr sie sich selbst dabei transparent und zugleich spürbar wird.« Oder in den Worten des Lebensphilosophen Henri Bergson: Wir sind dann frei, »wenn unsere Handlungen aus unserer ganzen Persönlichkeit hervorgehen, wenn sie sie ausdrücken«.[64]

Zur Bedeutung des Gehirns als letztliche Steuerungsinstanz dieses Reifungsprozesses stellt Fuchs, in impliziter Anlehnung an Hegel, klar: »Das Leben in seiner Evolution hat mit dem Gehirn ein Organ entwickelt, dessen Komplexität die Entstehung von Empfindung, Gefühl, Denken und Wollen ermöglichte, und das zum Träger subjektiv erlebter Bedeutungen werden konnte. Diesem subjektiven Geist stellte das sich entwickelnde Gehirn immer mehr Freiheitsgrade zur Verfügung und vervielfachte dadurch seine Wahl- und Handlungsmöglichkeiten – bis hin zu der Möglichkeit unvorhersehbarer Kohärenz- und Sinnbildung, wie sie im Selbstverhältnis und in der freien Entscheidung des Menschen auftaucht. Das Gehirn ist also ein Organ der Freiheit.«[65] Man kann es auch so sagen: In der Hierarchie der Zeiten des Lebendigen, von der Natur über die Kultur hin zur einzelnen Person, ist die Freiheit der menschlichen Person die bisher erreichte Spitze, und innerhalb der Person ist es das Gehirn, in dem sie ihren Ort »gefunden« hat.[66] Vielleicht ist die oft gebrauchte Metapher vom Jazzorchester angebracht, um zu veranschaulichen, was geschieht, wenn sich unterschiedlichste Menschen mit unterschiedlichsten Instrumenten treffen, zu spielen beginnen, einander zuhören, aufeinander reagieren und gemeinsam Spaß haben. Aber auch hier muss einer zumindest den Anstoß geben.

Zwischenfazit

Welche zyklischen Momente verleihen dem menschlichen Leben Stabilität? Die Arbeit als elementare Existenzbedingung des Gattungswesens, die Bedürfnisbefriedigung als Resultat einer inneren Unruhe und das Handeln aufgrund von Zielsetzungen sind Aktivitäten, die nicht nur linear nach vorne drängen, sondern immer auch auf die Wiederkehr des Ähnlichen zielen. Diese Aktivitäten zeigen zudem allesamt ein zutiefst interdependentes und hierarchisches, also vertikales Verhältnis von Körper, Seele und Geist. Weil das so ist, sind soziale Beziehungen im Kern zwischenleibliche Beziehungen, die dem Zusammenspiel von Körper, Seele und Geist zugleich vorausgehen und nachfolgen. In diese zwischenleiblichen Beziehungen ist die Innenwelt des Menschen zutiefst eingebunden. Aber es ist letztlich dennoch die Wächterfunktion des Geistes, die dafür sorgt, dass der Mensch selbst es ist, der all den zyklischen Lebensäußerungen zugrunde liegt – als Subjekt seines eigenen Lebens.

Praktische Resonanz III:
Reflexivität

Die Maxime »Augen zu und durch« in Kombination mit konsequenter Selbstoptimierung, Verhärtung von Körper, Seele und Geist und immer häufiger konstruierte und übersteigerte Scheinidentitäten – das sind vielfach die Reaktionen auf die Beschleunigungs- und Flexibilisierungszwänge, die uns die weit fortgeschrittene Moderne und Postmoderne zumutet. Eine nachhaltige Entwicklung braucht jedoch Menschen mit einer resonanzfähigen Innenwelt, die mit Körper, Seele und Geist achtsam umgehen. Dazu gehört, sich das in der Regel recht konfliktreiche innere Geschehen bewusst zu machen, aufmerksam zu beobachten und dabei die letztliche Sonderstellung des Geistes für die personale Subjektivität anzuerkennen. Während wohlfeile Ratgeber meist relativ zusammenhanglose Empfehlungen zur Erhöhung von Wohlbefinden und Leistungsfähigkeit geben, schlage ich im Folgenden ein Konzept der systematischen Selbsterweiterung des Menschen vor. Wenn der Mensch ein Geschöpf der Natur (als Körperwesen), der Kultur und Gesellschaft (als seelisches Wesen) und seiner selbst (als geistiges Wesen) ist, muss auch die Selbsterweiterung auf diese drei Momente im Leben des Menschen bezogen werden. Schauen wir uns die drei sich so eröffnenden Praxisfelder der leiblichen Reflexivität genauer an.

Genießen

Wir beginnen mit der Selbsterweiterung des Körpers. »Wer nicht genießt, ist ungenießbar«, so singt der Liedermacher Konstantin Wecker. Genuss lässt den Körper Botenstoffe produzieren, die Zufriedenheits- und Glücksgefühle verschaffen und den Geist beflügeln. Das Genießen zählte immer schon zu den großen Themen des Nachdenkens. So sah Epikur im dritten Jahrhundert vor Christus das Wesen des Menschen in seinem Streben nach Lust begründet. Lust war für Epikur aber nicht Ausschweifung, sondern Lebensfreude oder »kluge« Lust, die stets auch die Folgen des Genusses mitberücksichtigt. Epikur machte darauf aufmerksam, dass wir oft kurzfristig auf Annehmlichkeiten verzichten, um uns langfristig Unannehmlichkeiten zu ersparen. Andererseits sind wir oft dazu bereit, zunächst Schmerzen zu ertragen, um später umso länger genießen zu können. Kluge Lust zielt für Epikur auf das nie ganz erreichbare Ideal der Integration von Körper, Seele und Geist. Sie ist also ganzheitliche und dauerhafte Lust.[67]

Die alten Griechen meinten, vor allem negative Gefühle und Gedanken beeinträchtigten den Genuss. Epikur dachte dabei an die Furcht vor den Göttern und an die Angst vor dem Tod. Er plädiert für ein in materieller Hinsicht genügsames und zurückgezogenes Leben, das uns relativ unempfänglich für seelische Turbulenzen mache. Da das »Naturgemäße« leicht, das »Eitle« aber schwer zu beschaffen sei, führe ein aufwendiger Lebensstil in Abhängigkeit und Verlustangst, also in ständige seelische Unruhe. Die vielleicht wichtigste Botschaft der antiken Glücksphilosophie ist, dass zwischen Lust und Tugendhaftigkeit kein Widerspruch bestehen muss, kluge Lust vielmehr immer mit Wachheit für sich selbst und andere und letztlich mit freier Selbstbestimmung über das eigene Leben einhergeht.

Ähnlich kritisiert der römische Philosoph Seneca in seiner Schrift »De brevitate vitae« (»Über die Kürze des Lebens«) viele seiner Zeitgenossen, sie vergeudeten ihr Leben nur. Allerdings betont er, dass die geistige Beschäftigung, das Philosophieren und damit die Hinwendung zur Zeitlichkeit des Lebens, vor allem auch die Öffnung für das, was schon vergangen ist, wirklich dauerhaften Genuss verschaffe. »Das Leben teilt sich in die flüchtige Gegenwart, die unabänderliche Vergangenheit und die ungewisse Zukunft. Die Geschäftigen haben keine Zeit, sich der Vergangenheit zu erinnern, und hätten sie diese, so wäre ihnen ihre Vergangenheit unerfreulich. Die Gegenwart vertun sie. Ein Leben ohne Geschäfte, verbracht mit Sammeln von Gegenständen, Betrachten von Wettkämpfen, Körperpflege, Spielen, Sport, unbedeutender Kunst, sinnlosen Forschungen, Anhäufen von unnützem Wissen, Orgien oder in Abgestumpftheit, ist keine Muße. Diese genießt allein, wer sich der Weisheit widmet. Ihm steht alles Hervorragende und Gute der Vergangenheit jederzeit zur Verfügung. Man kann mit allen Weisen früherer Zeiten umgehen, indem man sich mit ihren Lehren und Leben beschäftigt, und auf diese Weise Unsterblichkeit erlangen, da die Weisheit nie vergeht.«[68] Seneca geht es also offenbar nicht um die Vergeistigung des Lebens und der Welt als Wert an sich, sondern um die beispiellose Qualität, die kulturelle Genüsse dem Menschen zu bieten vermögen.

Vergleicht man die moderne Glücksforschung mit der antiken Glücksphilosophie, so gibt es beachtliche Gemeinsamkeiten, auch wenn die modernen Ratgeber nicht vor zu viel Furcht vor den Göttern warnen oder die Beschäftigung mit Kulturgütern als seelisches Allheilmittel empfehlen. Eine zentrale Erkenntnis der alten Philosophen ist heute auf alle Fälle aktueller denn je: Das Glück des Menschen kann immer auf zwei Wegen vermehrt werden – indem man sich *mehr* Güter beschafft oder indem man *weniger* Güter begehrt. Die Diskrepanz zwischen Bedürfnissen und Mitteln der Befriedigung ist also das Problem. Praktisch gewendet: Auch Genügsamkeit (Suffizienz) kann ein Weg zur Intensivierung des Genusses sein. »Befreiung vom Überfluss« hat der Postwachstumstheoretiker Niko Paech sein Buch deshalb betitelt.[69]

Welche zeitlichen Voraussetzungen hat das Genießen? Zeit braucht der Glückssucher erstens, um seine Sinne zu schärfen, damit er bei der unübersehbaren Fülle der Angebote das für ihn Wichtige auch wirklich erkennen kann, und zweitens, um das, was er erkannt hat, geistig zu verarbeiten. Wo ihm die Außenwelt die Kontrolle über sein eigenes Leben entrissen hat oder es ihm einfach entglitten ist, kommt nicht nur der Genuss zu kurz, sondern Achtsamkeit und Nachdenklichkeit für das Wichtige in der Welt drohen zu veröden. Als gefährlichste Glückskiller gelten neben der Gier nach Konsum das Sichvergleichen mit anderen, das Es-allen-recht-machen-Wollen, die Selbstüberforderung und Ähnliches. Zwar können Shopping, Glücksspiele, intensive Arbeitsphasen, Kurzurlaube und Drogen das Leben mit intensiven Flow-Erlebnissen anreichern, aber dauerhafte Zufriedenheit ist etwas anderes. Glücksfaktoren sind hingegen geistige und körperliche Betätigung, die Pflege guter Beziehungen sowie Achtsamkeit für sich selbst und die Welt, die uns umgibt. Die neuere empirische Glücks- und Gesundheitsforschung belegt zudem den engen Zusammenhang zwischen Zufriedenheit und den ihr förderlichen Umgebungsbedingungen: Je sozial ausgeglichener und kooperationsorientierter Gesellschaften sind, je weniger sich Menschen also gezwungen sehen, ständig um ihre Position in der sozialen Hierarchie zu kämpfen, desto höher sind tendenziell auch Zufriedenheit und Wohlbefinden.[70] Aus hirnphysiologischer Sicht sind sozialer Ausgleich und Kooperation deshalb so wohltuend, weil das Gehirn dann in den Modus der »Kohärenz« schalten kann und weniger Energie benötigt.[71]

Auch wenn sich das Genießen zunächst im Körper als Ausschüttung von Glückshormonen zeigt, sind immer auch Seele und Geist beteiligt. Es kommt darauf an, dass sich keine dieser Ebenen unserer Innenwelt absondert, sich verhärtet, die anderen Ebenen bedroht oder beherrscht. Glücklich kann ich nur sein, wenn ich »mit mir selbst eins bin«, meint zum Beispiel der Benediktinermönch Anselm Grün.[72] Dank der engen Verbindung zwischen Körper, Seele und Geist ist es möglich, sich seelisch zu stabilisieren und geistig wach zu halten, indem man Aktivitäten des eigenen Körpers, wie im Wald laufen oder im Garten arbeiten, rituell genießt. Nebenbei bemerkt: Unabhängig davon, ob der Mensch bei der Suche nach Genusserlebnissen auf die äußere oder innere

Natur setzt, richtet sich diese Suche immer wieder hin zu seinen evolutionären Wurzeln, ist also vertikal ausgerichtet (Kapitel 1). Für die Genusspraxis ist noch etwas wichtig: Der Mensch als Macher hat in seinem Bemühen um Selbstoptimierung oft auch verlernt, dass er nicht nur machen, sondern auch lassen kann. Vielleicht sollten wir manchmal jene Genüsse wiederentdecken, die uns allein unsere Sinne vermitteln können, ohne dass wir gleich tätig werden.

Anerkennung als Wechselprozess

Das zweite Praxisfeld der leiblichen Reflexivität sind die sozialen Beziehungen. Hier geht es um die soziale Selbsterweiterung. Im gemeinsamen Genuss beim Essen, Arbeiten, Spielen, Musikhören, Wandern und so weiter lässt sich Zusammengehörigkeit, wie wir wissen, besonders intensiv erleben. In solchen Genusserlebnissen spürt der Mensch körperlich, dass er dazugehört, er fühlt sich als Teil eines größeren Ganzen (Kapitel 3). Er spürt am eigenen Leib, wie viel die soziale Anerkennung für das persönliche Wohlbefinden bedeutet.

Wichtig ist dabei die Erkenntnis, dass Anerkennung immer zwei Seiten hat, die in aller Regel nicht getrennt zu haben sind, eine passive und eine aktive: Ich werde von anderen anerkannt, und ich erkenne andere an. Diese Wechselseitigkeit der Anerkennung (Honneth), die wir in Kapitel 3 als wesentliches Merkmal einer kultivierten Gesellschaft und als Voraussetzung für die Akzeptanz und Mitwirkung in einer »lebendigen« und »atmenden« Demokratie kennengelernt haben, wird oft in der gemeinsamen Arbeit am direktesten erlebt. Dabei kann nämlich die überaus wichtige Erfahrung gemacht werden, dass es genau auf die Unterschiedlichkeit der Fähigkeiten ankommt, wenn das Resultat der Arbeit gut sein soll. In der Arbeitsteilung, in Teams, deren Mitglieder verschiedene Qualifikationen, Alter, Geschlechter und so weiter haben, können wir das Wesen der Reziprozität und damit den gleichen Wert, den die vielen Einzelnen für das Ganze haben, ganz unmittelbar erfahren. Während Konkurrenz immer mit Ausgrenzung und Abwertung einhergeht, fördert Kooperation dort, wo sie gelingt, die Anerkennungserfahrung mit ihren beiden Seiten besonders intensiv. Indem die individuellen Beiträge als physisch gleich wichtig erfahren werden, erfahren sich nämlich auch die Menschen als gleichermaßen bedeutsam. Menschen, denen solche Erfahrungen trotz aller Bemühungen immer wieder verweigert werden, sind bekanntlich früher oder später nicht nur frustriert, sondern oft auch aggressiv. Dass in der herrschenden Wirtschaftsordnung mit der gleichen physischen Bedeutung der Arbeitsbeiträge noch lang keine gleiche finanzielle Entlohnung verbunden ist, steht natürlich auf einem anderen Blatt. Dazu mehr in Kapitel 5.

Natürlich fällt uns die wechselseitige soziale Anerkennung im sozialen Nahraum leichter als bei großer räumlicher Distanz. Das ist umso gravierender, je mehr große räumliche Distanzen mit Unterschieden in der sozialen Stellung und erst recht mit kulturellen Gegensätzen einhergehen. Hier helfen, wie so oft, Moralappelle an die Fernverantwortung nicht weiter. Um große soziale und kulturelle Unterschiede zu überbrücken, ist in aller Regel ein anspruchsvoller Perspektivwechsel erforderlich, und der bringt ganz bestimmte zeitliche und räumliche Voraussetzungen mit. »Am ersten Tag deutete jeder auf sein Land«, so erzählte der arabische Astronaut Sultan bin Salman Al Saud, »am dritten oder vierten Tag auf seinen Kontinent, ab dem fünften Tag sahen wir nur noch den ganzen Planeten.« Und sein deutscher Kollege Thomas Reiter, besonders beeindruckt von den 16 Sonnenaufgängen, die man pro Tag durch die Fenster der Raumstation sehen kann, aber auch besorgt aufgrund der Rauchsäulen über den Kriegsgebieten der Erde, glaubt, dieser Blick von außen auf die Erde werde umso mehr »heilende Effekte« haben, je mehr Menschen an ihm teilhaben können.[73]

Wenn der Blick von oben ausreichen würde, die Fähigkeit und Bereitschaft zur wechselseitigen Anerkennung in einer globalen Welt wesentlich zu erhöhen, dann müssten die Millionen Fernreisenden, die jährlich um den Globus fliegen, wahre Anerkennungsmeister sein. Wichtiger als die räumliche Vogelperspektive sind aber soziale Begegnungen zwischen den Kulturen, und zwar auf der Erde, auf allen sozialen Ebenen: beim Jugendaustausch, im Beruf, in der Freizeit, in der internationalen Politik, in Wissenschaft und Philosophie. Ohne die systematische Einübung des Perspektivwechsels hat die Fähigkeit zur sozialen Anerkennung über die kulturellen Grenzen hinaus wenig Chancen, sich entwickeln zu können.[74]

Identität und Willensfreiheit

Die Erfahrung des körperlichen Genusses und der wechselseitigen sozialen Anerkennung ist eine notwendige, aber nicht hinreichende Bedingung für praktische Resonanz in der Innenwelt. Vielen Menschen fehlt es trotz aller Genuss- und Anerkennungsfähigkeit an Selbstvertrauen. Ihnen ist nicht so recht klar, was sie selbst als Person eigentlich auszeichnet und was sie selbst in ihrem Innersten eigentlich wollen.[75] Um mit sich selbst ins Reine zu kommen, um innere Resonanzen tatsächlich zu erleben, muss der Mensch zu sich selbst finden, sich selbstreflexiv verhalten können. Daran sind, wie wir oben gesehen haben, Körper, Seele und Geist gleichermaßen beteiligt, wobei der Geist freilich eine Wächterfunktion einnimmt.

Schauen wir uns diese Wächterfunktion noch etwas genauer an. Selbstreflexivität erfordert, dass der Mensch bewusst geistig aus der Gegenwart heraustritt, indem er den Augenblick überschreitet. Der Philosoph Dieter Sturma hat dafür den Begriff der »Zeitneutralität« geprägt: die Fähigkeit, den Blick immer wieder zurück in die Vergangenheit und nach vorne in die Zukunft zu lenken.

Erst dadurch kann dem Menschen die Einheit seiner Person bewusst werden.[76] Erst durch ein neutrales Verhältnis zur Zeit kann entstehen, was wir als »moralische Persönlichkeit« oder »moralisches Subjekt« bezeichnen, erst so kann der Mensch Sturma zufolge zu festen Wertmaßstäben für sich selbst finden. Wer über solche Maßstäbe verfügt, der tut sich in konkreten Situationen (seien sie auch noch so komplex und überraschend) leichter, den Überblick zu bewahren und daraus praktische Konsequenzen für das konkrete Tun abzuleiten. Wem es jedoch egal ist, ob er heute noch derselbe ist, der er gestern war, und morgen noch derselbe sein wird, der er heute ist, der braucht sich auch um feste Wertmaßstäbe nicht zu kümmern. Wer sich dem Diktat des Augenblicks unterwirft, dem Spruch »Nach mir die Sintflut« folgt, wird konsequenterweise moralische Skrupel leicht ablegen oder erst gar nicht entwickeln und sich bedenkenlos dem Kalkül des momentan empfundenen maximalen Eigennutzes ausliefern.

Identitätsbewusstsein und Moralität hängen also eng zusammen und gehen mit einem ganz bestimmten Verhältnis zur Zeit einher. Peter Heintel, österreichischer Philosoph und Begründer des »Vereins zur Verzögerung der Zeit«, bringt dies auf den Punkt: »Wenn man auf die Eigenzeit der Seele nicht Rücksicht nimmt, verliert man sich allmählich selbst, wird man zum Vollzugsorgan außenbestimmter Ereignisfolgen. Die Gefahr dabei ist, dass man mit der Zeit gar nicht mehr so recht weiß, was man tut, und vor allem, warum man es tut. Man hat das Begründungsverhältnis zu sich selbst verloren.«[77] Einfacher gesagt: Wer sich, freiwillig oder gezwungenermaßen, keine Zeit zum Nachdenken und Einfühlen in seine Innenwelt lässt, der wird zur Marionette, an deren Strippen andere ziehen. Einer Marionettengesellschaft ergeht es wie den Insassen eines Flugzeugs, das seinen Piloten verloren hat und blind in den Raum hineinrast.

An dieser Stelle muss noch einmal auf den engen Zusammenhang zwischen individueller und kollektiver Identität aufmerk-

sam gemacht werden. Die Zumutungen der Beschleunigungs-
und Flexibilisierungszwänge bedrohen beide gleichermaßen, denn
die individuelle Versuchung zur Konstruktion von übersteiger-
ten, auf einen einzigen Aspekt des Lebens reduzierten Kunstiden-
titäten (Stichwort: Ethnizität) führt zwangsläufig zu kollektiven
Verwerfungen. Deshalb ist eine kollektive Erinnerungskultur für
das Selbstverständnis von Gemeinwesen außerordentlich wichtig. Das betont unter anderem die Kulturwissenschaftlerin Aleida
Assmann, die zusammen mit ihrem Mann Jan dafür 2018 den
Friedenspreis des Deutschen Buchhandels erhalten hat.[78] In ihrer
Rede zur Preisverleihung zitieren sie die in der Türkei geborene
und in den Vereinigten Staaten lehrende Politikwissenschaftlerin
Seyla Benhabib: Es ist das »vielstimmige Gespräch über Generationen hinweg, das Vergangenheit, Gegenwart und Zukunft durch
widerstreitende Erzählungen verbindet«.[79] Mit einem Verweis auf
das Beispiel der Altstadt von Hebron mit ihren jüdischen, christlichen und islamischen Spuren, die wie Schichten der Geschichte
aufeinanderliegen und den Bewohnern gleichermaßen präsent
sind, plädieren Aleida und Jan Assmann am Ende ihrer Rede dafür, die gemeinsame Arbeit an der Erinnerung der Vergangenheit
zur Grundlage für eine gemeinsame Gestaltung der Zukunft zu
machen.[80]

Für uns ist wichtig: Für das Gespräch zwischen den Generationen und Kulturen müssen sich Gemeinwesen auf alle Fälle ausreichend Zeit lassen. Wenn diese Zeit fehlt, neigen Gemeinwesen
dazu, das kollektive Bewusstsein stark zu vereinfachen, den inneren Pluralismus einzuschränken, ihr Inneres autoritär umzustruk-
turieren und ihrer Umwelt gegenüber aggressiv aufzutreten. All
das sind typische Anzeichen für die kollektive Unfähigkeit, aus
der Geschichte zu lernen – weshalb sich diese häufig wiederholt.
Das gilt für Kollektive wie für Individuen gleichermaßen. Individuelle und kollektive Reflexivität müssen also stets im engen Zusammenhang gesehen werden.

Die Identität der Person ist die logische Voraussetzung der personalen Willensfreiheit. Der Philosoph Peter Bieri hat das Wesen der Willensfreiheit und die Bedeutung, die der Zeitdimension dabei zukommt, beispielhaft herausgearbeitet.[81] Der freie Wille fällt den Menschen nicht einfach in den Schoß, so Bieri in »Das Handwerk der Freiheit«, sondern sie müssen ihn sich erst erarbeiten. Die Willensfreiheit ist mithin nur eine Möglichkeit von vielen, der Mensch kann sich immer auch an dumpfen inneren Eingebungen oder an aufdringlichen äußeren Moden orientieren. Aber er kann sich eben auch Zeit nehmen, sich seinen eigenen Willen »anzueignen«. Dafür bietet Bieri ein geeignetes Werkzeug an: Der Mensch kann die Entstehungsgeschichte des eigenen Wollens, das innere Erleben der »Geburt« des Willens, aufmerksam beobachten und prüfen, ob der Wille wirklich zur eigenen Person passt. Er kann den eigenen Willen so zum »gewollten« und »verstandenen« Willen machen. Willensbildung wird auf diese Weise zu einem echten Kreislaufprozess mit klarer linearer Tendenz zu einem angezielten Endpunkt – ein spiral-, ein spindelförmiges Geschehen.

Die Chancen für die Willensfreiheit sind umso größer, so Bieri in »Handwerk der Freiheit«, je mehr unser Leben von einer ganz bestimmten Zeiterfahrung begleitet ist. Die Zeiterfahrung kann sogar als Maß für die Freiheit des menschlichen Willens verstanden werden: Der »Getriebene« erfährt die Zeit als »flache Strecke«, der »Mitläufer« als »langweilig«, der »Freie« aber als »Leidenschaft«. Nur der kann den eigenen Willen beobachten, verstehen und wollen, der sich mit dem Willen auch die Zeit aneignet, sie intensiv, und das heißt eben mit all seinen Gefühlen, also »leidenschaftlich«, erlebt.[82] Willensfreiheit ist somit keine isolierte Leistung des Kopfes, sondern setzt immer das Zusammenspiel von Körper, Seele, Geist und Beziehungen voraus. Oder aus der Perspektive der Leibphänomenologie: Willensfreiheit ist die Kunst, mit Zwischenleiblichkeit kompetent umzugehen. Ihre Kernfrage lautet: Welcher Wille ist mit welchem Gefühl verbunden? Passen

Wille und Gefühl wirklich zusammen – wenn ich mich nach einem frustrierenden Arbeitstag durch einen Abstecher im Elektromarkt oder in der Boutique entschädige oder gleich eine Flugreise im Reisebüro buche?

Bei allen Überlegungen zu den inneren und äußeren Voraussetzungen der Freiheit des Menschen dürfen wir jedoch nicht vergessen, was in Kapitel 1 ausführlich begründet wurde. Es existieren immer nur Möglichkeitsräume, die genutzt werden können oder nicht. Freiheit kann man sich also nie einfach so nehmen, etwa indem man sich aus den Zwängen des Alltags hinausdenkt (»outside of the box«). Freiheit bleibt immer auch an die Einsicht in die Notwendigkeiten gebunden: die Freiheitsräume, die uns die Evolution von Natur und Kultur zur Verfügung stellt, die Elastizitäten der Eigenzeiten, innerhalb derer wir uns bewegen. Deshalb ist der Unterschied zwischen dem starren Takt der Maschinen und den flexiblen Rhythmen des Lebens so wichtig. »Die Rhythmen sind der tragende Grund und die gestaltende Kraft unserer temporalen Freiheit und unserer zeitlichen Einschränkungen«, schreiben Karlheinz Geißler und Martin Held in ihrem Editoral zu »Von Rhythmen und Eigenzeiten«.[83] An dieser Stelle wird noch einmal das Zusammenspiel von zyklischen und linearen Bewegungen, also von relativ festen Gestalten und flüssigen Prozessen, deutlich. Ausgangspunkt ist der Mensch als Einheit von Körper, Seele, Geist und Beziehungen, der ganz im Hier und Jetzt zu ruhen vermag. Indem er sein Bewusstsein in seine biografische Vergangenheit und von dort in seine biografische Zukunft lenkt, indem er also mit Zeit elastisch umgeht beziehungsweise das Verstreichen der Zeit neutralisiert, greift er gewissermaßen linear hinaus aus dem Augenblick. Aber er kommt immer wieder zu sich selbst zurück – und zwar bereichert. Genau das verbürgt, dass er Subjekt seines Lebens ist und bleibt.

Kultivierung des Alltags

Reflexivität als körperliche (Genuss), seelische (Anerkennung) und geistige (Identität und Willensfreiheit) Selbsterweiterung ist also eine Haltung, die den ganzen Menschen durchdringt. Weil diese Haltung das Leben gewissermaßen veredelt, kann auch von Kultivierung gesprochen werden, und weil diese dauerhaft sein soll, handelt es sich um eine Art von alltagsbezogener Permakultur.

Die möglichen Elemente einer solchen Kultivierung des Alltags zähle ich hier nur stichwortartig auf. Bei der Kultivierung des Alltags geht es nicht einfach um Entschleunigung, sondern um die Pflege der drei soeben vorgestellten Praxisfelder: Genuss, Anerkennung, Willensfreiheit. Welche Ratschläge könnten hilfreich sein? Unmittelbar auf den Umgang mit Zeit zielen etwa Empfehlungen wie: sich nicht hetzen lassen, auf dem eigenen Tempo bestehen, eines nach dem anderen erledigen, sich eine gute Pausenkultur zulegen und insgesamt geduldig mit sich selbst, der Mitwelt und der Umwelt umgehen.

Zur Kultivierung des Alltags in einem weiteren Sinn gehört auch all das, was die persönliche Verletzlichkeit begrenzt, also die Widerstandsfähigkeit (Resilienz) gegen unangemessene Belastungen erhöht. In körperlicher Hinsicht heißt das, sich Zeit zu nehmen für eine gesunde Lebensweise (vor allem Ernährung und Sport). In seelischer Hinsicht gilt es zum Beispiel, die richtige Balance zwischen sozialer Sensibilität und Robustheit für sich herauszufinden und zu pflegen, also das Ausmaß des Mitgefühls für andere Menschen so zu dosieren, dass es auf Dauer verkraftbar und bereichernd ist. In geistiger Hinsicht sollten wir uns mit intellektuellen Herausforderungen nicht überfordern, aber auch nicht zu sehr verwöhnen. Wenn der Geist wie ein Muskel funktioniert, müssen wir ihn benutzen, damit er seine Kraft behält und erhöht. Da sich in unserem Inneren relativ feste »mentale Infrastrukturen« (Harald Welzer) festgesetzt haben, gilt es, diese systematisch mental zu verflüssigen. Oft hilft dabei, Routinen und Rituale probehalber zu durchbrechen und einfach Neues auszuprobieren.[84]

Ganz entscheidend ist auch hier wieder der systematische Wechsel der Perspektive. Im Alltag betrifft das vor allem konflikthaltige Situationen. Aber man sollte es schärfer formulieren: Es gibt eine moralische Pflicht zur Multiperspektivität, weil der Mensch dazu durch die Evolution als einziges Lebewesen befähigt ist und weil er nur so seine Verantwortung in einer immer komplexer werdenden Welt wahrnehmen kann.[85] Hier haben Appelle an Gefühle wie Verantwortung oder Empathie keine Chance, hier können nur der Geist beziehungsweise die Kognition weiterhelfen. Im Gegensatz zu Emotionen, die im älteren limbischen System des Gehirns verankert und deshalb nur schwer beeinflussbar sind, sind Kognitionen nämlich im jüngeren Stirnhirn lokalisiert. Kognitionen können schon ab dem dritten Lebensjahr gelernt und trainiert werden. Versuche zeigen, dass Kinder, die früh gelernt haben, die Perspektive zu wechseln, es im späteren Leben leichter haben.[86] Damit wir aber dieser Pflicht zum Perspektivenwechsel nachkommen können, müssen wir unseren Alltag so einrichten, dass ausreichend Räume und Zeiten der Stille, der Ruhe, der Muße zur Verfügung stehen, ohne die das oft mühsame, bisweilen auch schmerzliche Hineindenken und Hineinfühlen in andere Menschen, Gesellschaften, Kulturen, vielleicht auch andere Lebewesen überhaupt nicht möglich ist. Auch der Umgang mit Erinnerungen gehört hierher, weil sowohl die Unfähigkeit des Vergessens und Loslassens wie die Unfähigkeit zur Erinnerung verhängnisvoll sein können.[87] Vielleicht lassen sich Erinnern und Vergessen in eine Kultur der Neugierde integrieren, vielleicht gehört das Hegen und Pflegen dieser dem Menschen angeborenen Eigenschaften zu den wichtigsten Aufgaben einer Kultivierung des Alltags – nicht nur bei Kindern und Jugendlichen.

Ein kultivierter Alltag ist ohne Spiritualität, die über den Geist im engeren Sinn hinausgeht, nicht denkbar. Hier bietet sich das altmodische Wort »Muße« an. Spiritualität, die sich der engen Verbindung von Geist und Körper bewusst ist, kann sich einer Fülle von Techniken bedienen, die ohne größere Mühe in den Alltag zu integrieren sind: bewusstes Atmen, Gymnastik und Yoga, Gehen und Laufen, Singen, Musizieren und so weiter oder einfach nur Meditieren. Muße ist immer eine Unterbrechung der Alltagsgeschäfte, die dem Menschen dazu dienen kann, immer wieder zu sich selbst zurückzufinden und sich die »Autorenschaft« für sein Leben (Julian Nida-Rümelin) bewusst zu machen.[88] Oder, in der Sprache der Leibphänomenologie, zu erfahren, wie es sich anfühlt, selbst das Subjekt seines Lebens zu sein.

Das Ich als Resonanzraum erfahren[89]

Die Kultivierung des Alltags schafft die notwendigen Bedingungen dafür, dass der Mensch seine Innenwelt als Resonanzraum erfahren kann. Diese Bedingungen sind jedoch keineswegs ausreichend, um die Verbindung zwischen der Resonanz der Innenwelt, der Mitwelt und der Umwelt herzustellen. Wie viele Menschen sind mit sich selbst weitgehend im Reinen, leben aber ein Leben, das die »Sintflut« neben und nach uns mit großer Gleichgültigkeit hinnimmt und dadurch unterstützt. Vermutlich stammen die meisten Bücher, die den Resonanzbegriff im Titel führen, von Autoren, die mit Gesellschaftskritik wenig am Hut haben.[90] Dennoch enthalten sie manchmal praktische Tipps zum klugen Umgang des Menschen mit sich selbst, an die wir durchaus anknüpfen können.

Die Entdeckungsreise in den inneren Resonanzraum kann an unterschiedlichen Einstiegspunkten beginnen und unterschiedlichen Akzentsetzungen folgen. Unterschiedliche Einstiege sind wichtig, weil auch die Lebenswege der Menschen, die Situationen, unter denen sie am meisten leiden, und die Ziele, die sie verfolgen, unterschiedlich sind. Genauso, wie nicht jeder Mensch auf demselben Weg für neue Erfahrungen empfänglich ist, weil die Ängste vor dem Neuen individuell recht unterschiedlich beschaffen sind. Auch hier, wo es um die Passung zwischen praktischen Tipps und ihren Adressaten geht, kommt es also auf die Resonanz an. Sie kann ihrem Wesen nach nicht willkürlich erzeugt werden. Sie ergibt sich, wenn die Bedingungen günstig sind – oder eben auch nicht.

Wer etwa für einen *körperlichen* Einstieg empfänglich ist, kann mit einer Übung zum bewussten Atmen, Stehen, Gehen oder Laufen beginnen und dabei herausfinden, wie sich die Veränderung von Körperhaltung und Tempo anfühlt.[91] Erinnert sei noch einmal an die Heilsamkeit, die die grüne Natur auf uns ausübt, die Begegnung mit dem Urgrund unserer Existenz, aus dem wir geboren sind, oder das Zusammenleben mit Haustieren. Hintergrund dieser heilenden Wirkung sind die Hierarchie der Resonanzschichten und die Möglichkeit des Menschen, sich über den Kontakt zu jenen Lebewesen, deren Gene in ihm weiterleben, zu stabilisieren. So findet der Mensch einen festen Boden für seinen persönlichen Anker, einen Boden, der lange vor ihm schon da war und nach ihm weiter bestehen wird. Wer einen *seelischen* Einstieg wählt, für den könnte das Konzept des Fokussierens von Gefühlen geeignet sein. Es geht von der Tatsache aus, dass bedrohliche Gefühle körperliche Reaktionen wie einen stockenden Atem oder Druck in der Magengegend hervorrufen können und man sich durch »innere Achtsamkeit« über den Zusammenhang zwischen Gefühl und Körperreaktion schrittweise klar werden kann.[92] Will man die praktische Reflexivität über den *Geist* erweitern, so bieten sich weitere erprobte Praktiken wie etwa die systematische Einübung des Wechsels der Perspektive in Abhängigkeit von der Vielzahl der Rollen, in die wir im Alltag schlüpfen, an (Familie, Schule, Arbeitsplatz, Politik) oder Fantasiereisen, die uns vor allem an ferne Orte oder Zeiten (Vergangenheit, Zukunft) führen können.[93]

Der Leibphänomenologe Jörg Schröder – Autor des Buches »Besinnung in flexiblen Zeiten« – beschreibt etliche praktische Übungen, die das Potenzial haben, die menschliche Reflexivität in einem ganzheitlichen Sinn radikal zu erweitern. Ausgehend von einem kritischen Kohärenzbegriff, geht es Schröder darum, den Zusammenhang zwischen Krankheiten und gesellschaftlichen Bedingungen herauszuarbeiten. Indem er beim leiblichen Zugang zur Innenwelt Körper, Seele, Geist und Beziehungen immer schon mit einbezieht, lassen sich auch das Thema Macht und Herrschaft fokussieren. Wenn man beispielsweise Abhängigkeitsbeziehungen – wie zwischen Eltern und Kindern, Lehrern und Schülern, Arbeitgebern und Arbeitnehmern – nachspielt, können Körpersignale der Macht (Haltung, Mimik, Gestik, Sprache etc.) dargestellt und variiert werden. So erfahren die Teilnehmer der Übung spielerisch die Möglichkeiten alternativer Verhaltensweisen und erproben diese vor allem auch aufseiten der Abhängigen. Im Hinblick auf die Zeitdimension ist vor allem die »subversive Entschleunigung« oder die »revolutionäre Pause« interessant. Dabei können wir erleben, wie wir, indem wir Handlungsvollzüge verlangsamen oder unterbrechen, uns selbst, die eigenen Bedürfnisse und die persönlich verpflichtenden Werte spüren. Das »Innehalten« unterbricht Situationen und macht es möglich, in ihnen den »eigenen Sinn« zu entdecken und zur Geltung zu bringen.[94] Dies ist die Voraussetzung für den Aufbau von Widerstand, der schließlich die Weichen des Verhaltens neu stellen kann.

In solchen Übungen geht es nicht einfach darum, eine neue Erfahrung zu machen und eine neue Handlungsweise einzuüben. Vielmehr können Menschen so verfestigte Zyklen aufbrechen. Das kann zunächst nur probehalber und im geschützten Rahmen geschehen, dann aber wieder zum gewohnten Zyklus zurückführen. Möglich ist auch, dass, nach mehreren Erprobungsphasen, aus den neuen Erfahrungen auch neue Erkenntnisse resultieren: vielleicht die Erkenntnis, dass man etwas auch ganz anders machen kann und dass es sich dann besser anfühlt. Der für die Freiheit des Menschen alles entscheidende Moment ist der Kairos, der rechte Augenblick, das Hier und Jetzt. In diesem Augenblick wird der freie Wille geboren. Übersetzt in die Sprache der Evolution: Das experimentelle Verzögern und Unterbrechen von Handlungsvollzügen zielt auf den Moment, in dem ein neuer Zyklus möglich wird, weil in ihm alles besser zusammenpasst als im alten (Peter Kafka).

Wer seine Innenwelt als Resonanzraum erleben will, muss unabhängig vom gewählten Einstieg und den möglicherweise praktizierten Übungen also lernen, sich selbst gegenüber achtsam zu sein. Das bedeutet, sensibel für alle Arten von inneren Veränderungen zu werden. Dabei ist in erster Linie der Geist gefordert. Aber aufgrund des engen Wechselverhältnisses zwischen Geist, Seele und Körper, so die Erkenntnis der Leibphänomenologie, müssen auch das Unbewusste, das Unterbewusste, die Intuitionen, Emotionen und Affekte, der ganze Körper in dieses Streben nach Achtsamkeit einbezogen werden. Eine Haltung, die auf das Begreifen des Sinns des Lebens mit allen Sinnen zielt, bezeichnet man gemeinhin als eine spirituelle Haltung. Die große Kunst der Reflexivität als Voraussetzung der praktischen Resonanz in der Innenwelt besteht in diesem spirituellen Sinn vermutlich darin, sich nicht nur zwischen diesen Momenten flüssig hin und her zu bewegen, sondern dabei den basalen Rhythmus zwischen *Ein*greifen und *Be*greifen immer im Hinterkopf zu behalten. Die größte Herausforderung bei der Synchronisation der Prozesse ist heute freilich die zunehmende Geschwindigkeit unserer Lebenswelt: Je höher das Tempo des *Ein*greifens wird, desto mehr müssen wir den Akzent auf das *Be*greifen setzen. Oder explizit gesellschaftlich und politisch formuliert: Je schneller wir in der Hochgeschwindigkeits- und Nonstop-Gesellschaft des 21. Jahrhunderts in unserem *Tun* unterwegs sind, desto wichtiger wird das *Lassen* – um zur Ruhe zu kommen, innezuhalten und die Richtung zu überprüfen.[95]

Fazit

Die Angst vieler Menschen um die eigene Rentabilität war die Ausgangsdiagnose dieses Kapitels. Diese Angst, die oft nicht auf die Arbeitswelt beschränkt bleibt, wirft die Frage auf, wie der Mensch als personales Wesen mit sich selbst so umgehen kann, dass er sein Leben als stimmig erfährt. Die Antwort sucht dieses Kapitel in biologischen, humanwissenschaftlichen und anthropologischen Erkenntnissen über das gute und gelingende Leben und zur Bedeutung, die der Zeit dabei zukommt.

Zunächst müssen wir uns bewusst machen, dass sich das Leben des Menschen, seit es ihn gibt, nicht nur deutlich verlängert hat. Es ist auch, vor allem seit Beginn der Industrialisierung, durch zunehmende Beschleunigung und Flexibilisierung geprägt, die sein Identitätsbewusstsein und seine Gesundheit insgesamt auf besondere Weise herausfordern. Vor diesem Hintergrund wird die Ausbalancierung von Körper, Seele und Geist zu einer anspruchsvollen Aufgabe. Ihre Bewältigung erfordert vielfältige Synchronisationsprozesse. Richten wir unser Augenmerk auf die Zyklen, die für die Stabilität in der menschlichen Innenwelt, für die Wiederkehr des Ähnlichen also, sorgen, so fällt der Blick auf den Menschen als ein arbeitendes, bedürftiges, handelndes und vor allem reflexionsfähiges Wesen. Dabei zeigt sich das Alleinstellungsmerkmal des Menschen: der basale Zyklus zwischen *Ein*greifen und *Be*greifen. Nur dank dieses Kreislaufs kann der Mensch sicher sein, dass er selbst es ist, der seinem Leben zugrunde liegt, dass er also Subjekt seines Lebens ist. Aber dieses *Be*greifen ist keine isolierte Fähigkeit des Geistes, sondern es muss in einem radikal ganzheitlichen Sinn verstanden werden. Körper, Seele, Geist und soziale Beziehungen sind daran beteiligt. Sie müssen deshalb aus einem Guss gedacht werden, damit wir uns in der Innenwelt flüssig zwischen den Ebenen hin und her bewegen können. Aber dennoch kommt dem Geist als Wächter der Freiheit in der personalen Innenwelt eine Sonderstellung zu.

Ganzheitliche Reflexivität in diesem umfassenden Sinn kann als Selbsterweiterung begriffen werden. Sie erfordert entsprechend der Dreigeschöpflichkeit des Menschen dreierlei Fähigkeiten und Möglichkeiten: körperlich zu genießen, sich wechselseitig sozial anzuerkennen und ein Identitätsbewusstsein der Person als Basis für die Freiheit des Willens zu erlangen. Letzteres, personale Identität und Willensfreiheit, ist der Kern des Menschenbildes und letztlich auch des Gesellschaftsverständnisses der europäischen Aufklärungsidee. Erst diese dreifache Selbsterweiterung schafft die Voraussetzung für innere Resonanzerlebnisse und damit nicht zuletzt auch für die Bereitschaft und Fähigkeit, das Leitbild einer nachhaltigen Entwicklung als persönlichen Auftrag und persönliche Chance anzunehmen. Eine Garantie für eine solche Resonanz gibt es freilich nicht.

KAPITEL 5

Vom Geldwohlstand zum Zeitwohlstand

Dass es in armen Ländern Menschen gibt, die ihre Organe oder Kinder verkaufen, um überleben zu können, wissen wir. Dass aber auch ohne existenzielle Not menschliche Gefühle extrem verhärten können, macht uns immer wieder sprachlos. So beherrschte in Deutschland im April 2017 ein junger Mann die Schlagzeilen, der einen Bombenanschlag auf einen voll besetzten Mannschaftsbus von Borussia Dortmund verübte. Sein Kalkül: Wenn nach dem Anschlag der Aktienkurs des Vereins abstürzen würde, könnte er einen hohen Spekulationsgewinn erzielen, weil er sich vorher mit geliehenem Geld eine große Menge Optionsscheine gekauft und auf den Abstieg von Borussia Dortmund gewettet hatte. Lediglich durch glückliche Umstände gab es nur zwei Verletzte. Weil sie den »scheinbar gänzlich empathielosen Menschen« verstehen wollten, recherchierte ein Team von SPIEGEL-Reportern monatelang die tieferen Motive des Täters. Das Ergebnis: Es seien vor allem die Einsamkeit gewesen und die vage Hoffnung, diese durch Geld kompensieren und überwinden zu können. »Der Fall ist einzigartig«, so das Resultat der Journalisten, denn Sergej W. ist möglicherweise der erste deutsche Attentäter, »der töten wollte, um geliebt zu werden«.[1]

Aber ist es nicht ähnlich schwer nachzuvollziehen, wenn ein Apotheker Medikamente für Krebskranke panscht oder der Hersteller von Brustimplantaten billiges Industriesilicon verwendet?

Weniger spektakulär sind andere Fälle von Resonanzverstummen, in denen wirtschaftliche Akteure Gesundheit und Leben von Mitmenschen aufs Spiel setzen, getrieben weniger durch ausgeprägte kriminelle Energie als durch den banalen Wunsch nach wirtschaftlichem Erfolg oder einem Leben im materiellen Wohlstand. Solches Streben nach Erfolg und Wohlstand finden wir massenhaft im Zentrum unserer Gesellschaft: beim Handel mit Drogen, beim Export von Waffen, beim Spekulieren mit Nahrungsmitteln, bei Abgasmanipulationen der Autoindustrie und so weiter. Um einen kollektiven Fall von sozialer Gleichgültigkeit handelt es sich auch, wenn der globale Norden ganz selbstverständlich einen nicht unerheblichen Teil seiner Konsumgüter von Menschen des globalen Südens herstellen lässt, ohne deren Arbeit, deren menschenunwürdige Umstände uns bestens bekannt sind, auch nur ansatzweise fair zu bezahlen. Und dann gibt es noch jene Form von Resonanzverstummen gegenüber dem Elend nicht menschlicher Lebewesen, an dem Millionen Menschen tagtäglich mitwirken: gegenüber Puten, Hühnern, Schweinen und Rindern, deren einziger Zweck darin besteht, sich möglichst schnell und kostengünstig in menschliche Nahrung zu verwandeln.

Diese Fälle von Resonanzverstummen haben eines gemeinsam: In ihnen spielt Geld die zentrale Rolle. »Geld regiert die Welt«, heißt es oft lapidar. Darum geht es in diesem letzten Kapitel – und dass wir uns von dieser Herrschaft befreien können. Das Kapitel möchte den Zusammenhang zwischen Resonanzverstummen, Beschleunigungs- und Flexibilisierungszwang und der Macht, die Geld auf den Menschen ausübt, genauer untersuchen. Und es will zeigen, dass die Behauptung, die herrschende Wirtschafts- und Gesellschaftsordnung sei alternativlos, falsch ist. Die These lautet: Wenn wir das Leitbild der nachhaltigen Entwicklung wirklich ernst nehmen, können wir den Geldmotor, der uns zum »Schneller, höher, weiter« treibt, drosseln, in vielen Fällen sogar ganz abschalten. Die nicht ganz einfache praktische Aufgabe besteht darin, den

Fortschritt umzulenken: vom herrschenden exponentiellen und linearen Muster in ein spiralförmiges, das neben der linearen die zugrunde liegende zyklische Veränderungsdynamik ernst nimmt und beide Dynamiken in ihrem inneren Zusammenhang begreift.

Moderne und Marktwirtschaft

Die oben aufgelisteten Beispiele legen nahe, dass Geld tatsächlich mit einer eigenartigen Macht ausgestattet ist. Dann stellt sich als Erstes die Frage, wie das Geld eine derartige Macht erlangen konnte. Auf der Suche nach einer Antwort ist ein gründlicher Rückblick auf die normative Seite jener Beschleunigungs- und Flexibilisierungsgeschichte nötig, die wir in den drei vorausgehenden Kapiteln kennengelernt haben. Wir müssen uns also mit dem Zusammenhang zwischen Wirtschaft, Politik und den Leitbildern, die mit der Machtergreifung des Geldes engstens verbunden waren und bis heute sind, genauer befassen. Dabei geht es zunächst um die extrem kurze Epoche der Menschheitsgeschichte, die wir »Moderne« nennen. Es gilt, die normativen Kräfte in ihr zu identifizieren, die das Verhältnis des Menschen zur natürlichen Umwelt, zur sozialen Mitwelt und zu sich selbst maßgeblich geprägt haben und weiter prägen. Wir müssen zeigen, wie diese Kräfte die beispiellose Beschleunigung und Flexibilisierung im Umgang mit Umwelt, Mitwelt und Innenwelt und dabei das dreifache Resonanzverstummen zustande gebracht haben und dies weiterhin tun.

Moderne und Aufklärung

Als »Moderne« bezeichnet man üblicherweise jene Epoche, die mit dem endgültigen Untergang der mittelalterlichen Weltordnung im 15. Jahrhundert begann. Die Entdeckung und Eroberung Amerikas, die wissenschaftlichen Erkenntnisse über die Unhaltbarkeit des von der Kirche verkündeten Weltbilds, die Krise des Papsttums und die Spaltung des Christentums, die zur Reformation, zu europaweiten Religionskriegen und schließlich zur Neuordnung Europas im Zeichen von Absolutismus und Merkantilismus führte, waren Meilensteine dieses Epochenübergangs. Sozial- und wirtschaftsgeschichtlich trieb der Aufstieg der Städte und des Bürgertums die Moderne voran. Die Arbeitsteilung nahm enorm zu, neben die Landwirtschaft trat ein immer größer werdender handwerklicher und schließlich industrieller Wirtschaftssektor, immer mehr Arbeitsprodukte wurden zu Waren, also für den Markt hergestellt.

In geistiger Hinsicht geht die Moderne mit der sogenannten Aufklärung einher. Als Quelle der menschlichen Erkenntnis sollten nur mehr die Sinne und das Denken des Menschen Anerkennung beanspruchen dürfen. Die Prinzipien der Aufklärung, davon waren viele Denker überzeugt, ermöglichen es dem Menschen, seinen geistigen Horizont immer mehr zu erweitern und auch das Wunderwerk der Schöpfung besser zu begreifen und sogar weiterführen zu können. Es liegt auf der Hand, dass ein solches Verständnis des geistigen Fortschritts auch neue Vorstellungen über das Wesen von Mensch und Gesellschaft hervorbrachte. Aufgeklärte Denker wollten sich bekanntlich nicht damit abfinden, dass Menschen von Geburt an in unterschiedliche Stände hineingezwungen waren und eine traditionell vorgegebene Ständeordnung das gesellschaftliche Zusammenleben bis ins Detail bestimmte.

Die revolutionäre Forderung der radikalen europäischen Aufklärungsphilosophie lautete: So wie Menschen einander bei der Geburt im Wesentlichen gleichen – bis auf wenige biologische Unterschiede wie Geschlecht, Gewicht oder Hautfarbe –, so sollte auch die Gesellschaft sie prinzipiell als gleichwertig anerkennen. Wo Gott beziehungsweise die Natur keine Unterschiede mache, solle also auch der Mensch keine Grenzen ziehen. Und wo es biologische Unterschiede gab, hielt man Menschen für fähig, selbst darüber zu entscheiden, ob sie aus ihnen gesellschaftliche Unterschiede ableiten wollten oder nicht. Einig waren sich die meisten Aufklärer: Wer aus biologischen Unterschieden gesellschaftliche Unterschiede etwa in Bezug auf legitime Rechte und Ansprüche ableite, verletzt den Kern des aufklärerischen Menschenbildes und Gesellschaftsverständnisses.[2] Insgesamt war der Anspruch der Aufklärer eine geistige Kampfansage gegen alle hergebrachten Überzeugungen und Traditionen. Sie wurden dem Zwang der Rechtfertigung vor dem Menschen unterworfen. Die Aufklärer brachten so eine neuartige Unruhe in die Welt des menschlichen Geistes.[3]

Menschenwürde und Menschenrechte

Mit der Idee der Menschenwürde und den sie konkretisierenden Menschenrechten erfasste die von Aufklärungsdenkern geschürte geistige Unruhe auch die Grundfesten der Ordnung des Zusammenlebens. Die Idee der Menschenwürde gilt als Kern der Ethik eines aufgeklärten, modernen Gemeinwesens. Das Wort »Würde« kommt von »Wert« und bezeichnet die Vorstellung, dass der Träger der Würde von sich aus Achtung verdient. Der Mensch hat, das ist die zentrale normative Botschaft der europäischen Aufklärung, einen Wert an sich, ohne dass er irgendwelche weiteren Bedingungen erfüllen muss. Solche Kriterien, die in der Geschichte immer wieder aufgestellt wurden, wenn es um die Begründung der Aufteilung von Ansprüchen und Pflichten unter den Menschen ging, wurden nun explizit zurückgewiesen. Als Mensch geboren zu sein reicht demzufolge aus, den Anspruch auf das Menschsein im vollen Umfang erheben zu können.

Fragt man genauer nach, was mit dieser Selbstwerthaftigkeit des Menschen gemeint ist, so können zwei Bedeutungen unterschieden werden.[4] Zum einen bezeichnet die Menschenwürde den angeborenen und unveräußerlichen Wesenskern des Menschen, eine *Vor*gabe also für das menschliche Leben. Zum andern bezeichnet der Begriff auch einen Gestaltungsauftrag, eine *Auf*gabe für den Menschen.[5] Allerdings ist an dieser Stelle eine wichtige Differenzierung erforderlich: Die mit dem Begriff der Würde ausgedrückte prinzipielle Gleichstellung der Menschen wurde nicht von allen Aufklärungstheoretikern geteilt und noch viel weniger in die Praxis umgesetzt. Die Verfasser der Präambel der amerikanischen Unabhängigkeitserklärung kamen deshalb auch nicht auf den Gedanken, ihre eigenen Sklaven in die Freiheit zu entlassen und ihnen Bürgerrechte zuzusprechen. Knechte, Mägde und all die menschlichen »Arbeitstiere«, die fernab der Heimat in Bergwerken und Plantagen schufteten, auf deren Arbeit die europäische Agrar-, Handwerks- und Industriekultur aufgebaut war, wurden mehr oder minder explizit aus dem Kreis der »Menschen« ausgeschlossen – und sind dies oft bis zum heutigen Tag. Diese Diskrepanz von Ideal und Realität ändert aber nichts an der Tatsache, dass es innerhalb des Ideals keine Möglichkeit der Abstufung zwischen der Würde des Einen und der des Anderen gibt, die sich vor der aufklärerischen Vernunft rechtfertigen ließe. Bezüglich der Würde sind alle Menschen gleich. In dieser Hinsicht war das Menschenbild der Aufklärung ein echter Fortschritt gegenüber dem der Antike, in der etwa der griechische Philosoph Aristoteles noch wie selbstverständlich davon überzeugt war, dass nur freie, männliche Vollbürger Athens »Menschen« seien – Wesen also, die für sich selbst leben konnten und sollten – und dass alle anderen Lebewesen allein dazu da seien, ihnen zu dienen.[6]

Die Idee der Menschenwürde erfuhr eine beispiellose Karriere in der Geschichte des Aufklärungsdenkens. Sie ist prinzipiell anschlussfähig an religiöse, philosophische, geschichts-, politik-, rechts- und sozialwissenschaftliche Diskurse, an die europäische Verfassungsentwicklung zumindest der vergangenen 300 Jahre und seit über 100 Jahren an die Entwicklung des internationalen Rechts. Die Menschenwürde gilt als Leitwert, als regulative Idee, in der all das enthalten ist, was wir mit Freiheit, Gleichheit und

Solidarität letztlich bezwecken wollen. Deshalb waren die Väter und Mütter des Grundgesetzes gut beraten, die Achtung und den Schutz der unantastbaren Würde des Menschen als »Verpflichtung aller staatlichen Gewalt« anzuerkennen – und zwar nicht irgendwo, sondern an herausragender Stelle, nämlich im ersten Absatz des ersten Artikels des Grundgesetzes.

Wenn die Menschenwürde in der aufgeklärten Moderne die zentrale regulative Idee ist, stellt sich als Nächstes die Frage, wie sie sich konkretisieren lässt. Friedrich Schiller schrieb zum Beispiel: »Zu essen gebt ihm, zu wohnen. Habt ihr die Blöße bedeckt, gibt sich die Würde von selbst.«[7] In der Tat ist ein menschenwürdiges Leben ohne die Möglichkeit der Befriedigung der Grundbedürfnisse nicht vorstellbar, einschließlich der Möglichkeit, sich für andere durch Arbeit nützlich zu machen, als »zivilisatorisches Minimum« (Oskar Negt).

Die Frage, was aus der Idee der Menschenwürde konkret folgt, wenn man die Bedürftigkeit und die Fähigkeiten des Menschen ernst nimmt, muss prinzipiell zu jeder Zeit, an jedem Ort und in jedem Gemeinwesen neu beantwortet werden. Dazu hat man Rechte definiert, die wie die Prämisse der Würde auch als angeboren gelten. Im Gegensatz zum übrigen Recht werden die Menschenrechte also nicht vom Staat verliehen, sondern durch ihn nur als »Grundrechte« anerkannt.

Die Ausdehnung der Idee der gleichen Würde und der angeborenen Rechte auf prinzipiell alle Menschen wurde im Wesentlichen erst ab dem 18. Jahrhundert gefordert. Triebkraft war auch hier das Bürgertum, also jene besitzende – und teils auch gebildete – Klasse, die vorwiegend in Städten lebte und die neue Form des Wirtschaftens, die Marktwirtschaft, meist gegen den Widerstand von Adel und Klerus, vorantrieb. Die Mitglieder des Bürgertums waren es, die in ihrem eigenen Interesse für die Freiheit der Bauern auf dem Land und der Handwerker und Händler in den Städten eintrat, weil Bauernbefreiung und Gewerbefreiheit die rechtliche Grundlage für die Gründung jener Manufakturen und Fabriken bildeten, deren Eigentümer sie waren.

Der Kampf der Bürger um Menschen- und Grundrechte konzentrierte sich lange Zeit vor allem darauf, sie vor Willkürhandlungen des Staates zu schützen, vor allem vor Verhaftung und Freiheitsentzug ohne Gerichtsverhandlung und vor Abgaben und Steuern ohne Rechtsgrundlage. Damit einher ging auch ein neues bürgerliches Staatsverständnis: Prinzipiell freie und gleiche Bürger sollten die Basis des Staates bilden und sich auch religiös nicht bevormunden lassen. Zu diesen Zwecken musste die Allmacht der Fürsten durch Verfassungen und Parlamente begrenzt werden. Manche bürgerlichen Denker forderten sogar eine völlige Ablösung der Fürstenherrschaft durch die Volksherrschaft: die Umwandlung des Staates von einer Monarchie in eine Republik – in eine »öffentliche Angelegenheit« (von lateinisch »res publica«).

Wie eng die unruhestiftenden Aufklärungsideen, die aus ihnen abgeleiteten revolutionären Konsequenzen in Bezug auf gesellschaftliche Ordnungsfragen und der Umgang mit Zeit zusammenhängen, haben Marx und Engels in ihrem 1848 erschienenen »Manifest der Kommunistischen Partei« in erstaunlicher Klarheit und mit beeindruckender sprachlicher Wucht formuliert und ausdrücklich als historische Leistung des Bürgertums anerkannt: »Die Bourgeoisie, wo sie zur Herrschaft gekommen, hat alle feudalen, patriarchalischen, idyllischen Verhältnisse zerstört. Sie hat die buntscheckigen Feudalbande, die den Menschen an seinen natürlichen Vorgesetzten knüpften, unbarmherzig zerrissen und kein anderes Band zwischen Mensch und Mensch übrig gelassen als das nackte Interesse, als die gefühllose ›bare Zahlung‹. Sie hat die heiligen Schauer der frommen Schwärmerei … in dem eiskalten Wasser egoistischer Berechnung ertränkt.« Und weiter: Die »fortwährende Umwälzung der Produktion, die ununterbrochene Erschütterung aller gesellschaftlichen Zustände, die ewige Unsicherheit und Bewegung zeichnet die Bourgeoisepoche vor allen anderen aus. Alle festen eingerosteten Verhältnisse mit ihrem Gefolge von altehrwürdigen Vorstellungen und Anschauungen werden aufgelöst, alle neugebildeten veralten, ehe sie verknöchern können. Alles Ständische und Stehende verdampft.«[8]

Formale und materiale Seite der Rechte

Die Idee von der rechtlichen Freiheit und Gleichheit aller Menschen, die den ökonomischen Interessen des Bürgertums entsprang, entsprach zunächst exakt der Funktionsweise der bürgerlichen Wirtschaftsordnung, der Marktwirtschaft. Im Gegensatz zu einer ständisch-feudalen Wirtschaftsordnung, in der durch Geburt festgelegt war, wie jemand sein Leben zu führen hatte, gilt auf dem Markt jeder als formal frei und gleich. Persönliche Eigenschaften wie Herkunft oder Geschlecht dürfen auf Märkten grundsätzlich keine Rolle spielen. Mit der Durchsetzung der Menschenrechte wurden so die formalen Voraussetzungen für eine gigantische Ausweitung der Güter- und Arbeitsmärkte geschaffen. Dies verhalf der Wirtschaftsweise des Bürgertums zum Durchbruch, weil den Bürgern nun prinzipiell die gesamte Gesellschaft als Geschäftsfeld offenstand. Die jahrtausendelange Praxis der rechtlich abgesicherten ökonomischen Diskriminierung schien endgültig beendet.

Je weiter die Entwicklung der Marktwirtschaft voranschritt, desto deutlicher wurde allerdings ein fundamentales Konstruktionsproblem, das den Kern der Menschenrechte betraf. Es waren vor allem die frühen Sozialisten und dann Karl Marx, die auf das Auseinanderklaffen zwischen der rechtlichen und der sozialen Seite dieser bürgerlichen Rechte aufmerksam machten. Dass jemand nämlich die Möglichkeiten der Märkte auch tatsächlich nutzen kann, ist mit seiner rechtlichen Freiheit und Gleichheit noch keineswegs gewährleistet. Am Gütermarkt ist es die entsprechende Kaufkraft, die entscheidet, ob jemand seine Bedürfnisse auch wirklich befriedigen kann oder nicht. Und am Arbeitsmarkt zeigt sich der Unterschied zwischen der rechtlichen und sozialen Seite der Rechte dort, wo erst der erfolgreiche Verkauf der eigenen Arbeitskraft die Voraussetzung dafür schafft, die Rechte auch tatsächlich einlösen zu können. Die rechtliche Möglichkeit, arbeiten zu dürfen, nützt mir wenig, wenn ich niemanden finde, der zum Kauf meiner Arbeitskraft bereit ist. Marx spricht nicht unironisch von der »doppelten Freiheit« des Lohnarbeiters: Er ist zwar »persönlich« frei, muss also keinem Herrn mehr dienen, aber eben auch »sachlich«, weil er keine eigenen Produktionsmittel hat, mit denen er für sich selbst arbeiten könnte.[9]

Der Begriff der Menschenrechte beinhaltet also von Anfang an ein Spannungsverhältnis zwischen Anspruch und Wirklichkeit. Im 19. Jahrhundert war noch völlig unklar, ob und wie die rechtliche und die soziale Seite, auch als formale und materiale Seite der Rechte bezeichnet, umgesetzt werden sollten und ob und wie die Rechte der Staatsbürger und der Wirtschaftsbürger zur Deckung gebracht werden könnten. Diese Unklarheit nahmen Sozialisten zum Anlass, die Weiterentwicklung der Idee der Menschenrechte voranzutreiben. Meist gegen den Widerstand der Liberalen erkämpften sie erste Schritte, um die formalen Rechte material auszufüllen, also sozial zu konkretisieren.[10] Während die erste Generation der Menschenrechte, nämlich die politischen Abwehrrechte, die im 18. und 19. Jahrhundert im Mittelpunkt standen, den Bürger also lediglich vor Übergriffen des Staates schützen sollten, versprachen ihm die Rechte der zweiten Generation, die im 20. Jahrhundert den Grundrechtskatalogen vereinzelt und gegen meist massiven Widerstand von Liberalen und Konservativen hinzugefügt wurden, zudem die soziale Teilhabe im Gemeinwesen. Beispielsweise wurde das Recht auf Unversehrtheit des Bürgers ausgedehnt zum Recht auf Gewährleistung eines Existenzminimums, das Recht auf Meinungsfreiheit zum Recht auf Bildung, das Recht auf freie Berufswahl zum – bis heute nicht eingelösten – Recht auf Arbeit.[11]

Dass die Menschenrechte ausgedehnt wurden und sich für die materialen Voraussetzungen öffneten, um die formalen Rechte tatsächlich einzulösen, ergab sich allerdings nicht zwangsläufig aufgrund einer irgendwie gearteten inneren Logik, sondern war das Resultat lang anhaltender und unerbittlich geführter politischer Auseinandersetzungen. Das hängt damit zusammen, dass die Einbeziehung der materialen Seite der Menschenrechte auf ein völlig anderes Verständnis von Wirtschaft zielt: dass sich auf Märkten nämlich nicht isolierte und anonyme Akteure begegnen, sondern Menschen, die von Anfang an gesellschaftlich eingebunden und geprägt sind, die sich ständig mit Zwängen auseinandersetzen müssen und systematisch auf Unterstützung und Kooperation angewiesen sind. Während es aus einem rein formalen Rechtsverständnis heraus so etwas wie Gesellschaft eigentlich gar nicht gibt, ist für ein materiales Rechtsverständnis genau diese gesellschaftliche Eingebundenheit des Menschen von entscheidender Bedeutung. Noch heute sträuben sich übrigens viele Marktradikale beispielsweise gegen die Einführung von rechtsverbindlichen Frauenquoten. Sie sehen die Gleichstellung als rein formales Problem und wollen die unterschiedlichen sozialen Voraussetzungen, unter denen Männer und Frauen am Leistungswettbewerb teilnehmen, bei der Definition von Grundrechten nicht zur Kenntnis nehmen.

Noch einmal zurück zum »Kommunistischen Manifest«. Marx und Engels behaupten, das Bürgertum opfere auch die Würde des Menschen und seine hergebrachten Rechte, weil sie sich offenbar als Ballast der Beschleunigung und Flexibilisierung widersetzen: Die »Bourgeoisie ... hat die persönliche Würde in den Tauschwert aufgelöst und an die Stelle der zahllosen verbrieften und wohlerworbenen Freiheiten die *eine* gewissenlose Handelsfreiheit gesetzt. Sie hat ... an die Stelle der mit religiösen und politischen Illusionen verhüllten Ausbeutung die offene, unverschämte, direkte, dürre Ausbeutung gesetzt.«[12] Diese Kritik kann freilich nur für eine Rechtsordnung Gültigkeit beanspruchen, die rein auf die formale Seite sozialer Beziehungen beschränkt ist. Die mit der bürgerlichen Moderne verbundenen Beschleunigungs- und Flexibilisierungszwänge beschädigen in der Tat dort, wo sie sich ohne Rücksicht auf die sozialen Realitäten ungehindert austoben können, auch die normativen Grundlagen der Aufklärung. Wo alles »Stehende und Ständische verdampft«, lösen sich auch die Würde und die Rechte des Menschen in Dampf auf. Eine andere Frage ist, welches Schicksal die normativen Grundlagen der Aufklärung unter den Bedingungen einer Wirtschaftsordnung erfahren, die sich gern als sozial und ökologisch eingehegt betrachtet. Dieser Frage wollen wir im Folgenden in einem etwas ausführlicheren Exkurs zur Geschichte der Marktwirtschaft nachgehen. Die Darstellung erfolgt, anders als bei Marx und Engels, nicht aus einer äußeren Perspektive heraus, sondern verbleibt möglichst nah an der Selbstbeschreibung dieser Ordnung und damit am marktwirtschaftlichen Mainstream. Das hat den Vorteil, dass nicht nur der Leser diese Darstellung leicht nachvollziehen kann. Zudem kann, wenn sich bei der Beschreibung auch Kritik an dieser Ordnung aufdrängt, diese Kritik als »starke« Kritik qualifiziert werden, weil sie sich als im Inneren dieser Ordnung selbst begründet erweist.

Aufstieg und Niedergang der Marktwirtschaft

Die Vorstellung, dass Wirtschaft am besten über Märkte zu organisieren sei, ist historisch relativ jung. Zwar gibt es Märkte bereits seit der Jungsteinzeit (Kapitel 3), aber auf ihnen handelte man nur einen kleinen Teil der Güter und Dienste, die für das gewöhnliche Leben nötig waren – vor allem Luxusgüter für die Reichen, keinesfalls Alltagsgüter für die einfachen Leute.

Es war der viel zitierte schottische Moralphilosoph Adam Smith, der in seinem Buch »Untersuchung über den Ursprung des Wohlstands der Nationen« 1776 die theoretischen Grundlagen der Marktwirtschaft formuliert hatte.[13] Smith ging von einem naturgegebenen Hang des Menschen zum Tauschen aus und davon, dass jeder im Tausch das Beste für sich herauszuholen versucht. »Nicht von dem Wohlwollen des Fleischers, Brauers oder Bäckers erwarten wir unsere Mahlzeit, sondern von ihrer Bedachtnahme auf ihr eigenes Interesse.«[14] Die Grundüberzeugung des Adam Smith lautete: Wenn jeder nur seinem eignen Verdienstinteresse folgt und darum bemüht ist, für sich das Beste aus den Märkten herauszuholen, ist für alle am besten gesorgt. Die »unsichtbare Hand des Marktes«, also das Zusammenspiel von Angebot und Nachfrage und die sich so automatisch herausbildenden Marktpreise, so sein zentrales Argument, sei klüger als die sichtbare Hand jedes in fürstlichen Diensten stehenden Wirtschaftsplaners, sei er auch noch so gut informiert, intelligent und wohlwollend. Diese »unsichtbare Hand« bewirke nämlich, dass jeder Nachfrager genau seine Bedürfnisse befriedigen könne und jeder Anbieter genau seine verfügbaren Fähigkeiten anbieten könne. Der Markt vollbringe somit das Kunststück, das Eigennutzstreben des Einzelnen in die Wohlfahrt aller zu überführen. Das steigere, das war das große Versprechen des »Erfinders« dieser Wirtschaftsordnung, den »Wohlstand der Nationen« bestmöglich.

Dieses Prinzip gilt konsequenterweise, so die Verfechter des freien Marktes bis zum heutigen Tag, im Prinzip auch für den Handel zwischen den Nationen, letztlich für den Welthandel. Je größer die Märkte, desto besser könnten die Möglichkeiten, die auf einer äußerst vielgestaltigen Welt prinzipiell vorhanden sind, für die Menschen auch tatsächlich erschlossen werden. Erst der freie Handel mache es möglich, so das Standardbeispiel des 18. Jahrhunderts, dass Engländer portugiesischen Wein trinken und Portugiesen sich in englisches Tuch hüllen können. Mehr noch: Der grenzüberschreitende, tendenziell globale Freihandel fördere den Weltfrieden. Denn der Verkehr von Waren und Menschen schaffe wechselseitige Abhängigkeiten, Freundschaften sowie verwandtschaftliche Beziehungen.[15] Fast schien es, als könne der Markt das Paradies auf Erden herbeizaubern – vorausgesetzt, der Staat hielte sich aus dem Wirtschaftsgeschehen weitgehend heraus. Der liberale Staat solle sich, im Gegensatz zur damaligen Praxis des absolutistischen Staates, als »Nachtwächterstaat« im Wesentlichen auf den Schutz des Eigentums der Marktteilnehmer und die Einhaltung des Vertragsrechts beschränken.[16]

Die reale Entwicklung hat das wirtschaftsliberale Versprechen eines irdischen Paradieses gut hundert Jahre nach der theoretischen Begründung des Marktsystems jedoch ab Mitte des 19. Jahrhunderts ganz offensichtlich gehörig blamiert. Nach mehreren weltweiten Wirtschaftskrisen wurden die europäischen Staaten, die sich dem liberalen Konzept zufolge auf eine reine Nachtwächterfunktion beschränken sollten, durch starke gesellschaftliche Gruppen vor allem der Großagrarier und der Eisen- und Stahlindustriellen seit den späten 1870er-Jahren dazu gedrängt, durch Zölle die nationalen Unternehmen vor der ausländischen Konkurrenz zu schützen, also massiven Protektionismus zu betreiben. Eine starke Lobby sorgte in allen europäischen Industriestaaten zudem für eine aktive Kolonialpolitik, die Aufteilung der letzten weißen Flecken auf der Landkarte und die Kontrolle über die Rohstoffe der Welt. Das Zeitalter des Imperialismus, wie man diese Phase später nannte, war zugleich der Vorabend des Ersten Weltkriegs.

Das Deutsche Reich, das im Konzert der Mächte zunächst als wirtschaftlicher Nachzügler aufholen wollte, verhielt sich in dieser Phase besonders risikofreudig. Auch die in Gewerkschaften und Parteien organisierte Arbeiterbewegung trug ihren Teil dazu bei, dass sich ein aus dem Wirtschaftslobbyismus geborener Interventionsstaat herausbildete. Sie trieb die europäischen Regierungen zu massiven Eingriffen in die Arbeitsmärkte und zu einer umfassenden Sozialpolitik und unterstützte in Deutschland in Gestalt der Sozialdemokratie sogar den Ersten Weltkrieg durch einen

Burgfrieden mit der kriegswilligen Regierung. Die Revolution in Russland von 1917, die gescheiterte Rätebewegung in Deutschland 1918 und 1919 und die nach Kriegsende – wie im Übrigen auch nach dem Zweiten Weltkrieg – in allen politischen Lagern Deutschlands leidenschaftlich geäußerte Kritik an der herrschenden Wirtschaftsordnung erschütterten den Glauben an die Marktwirtschaft als quasinatürliche Ordnung massiv.

Aber die Wirtschaftsliberalen wollten sich nicht geschlagen geben. Mit dem Rücken zur Wand starteten Publizisten, Unternehmer und Wirtschaftswissenschaftler ab den späten 1930er-Jahren eine neue, weltweite Initiative zur Wiederbelebung der Idee des freien Marktes. Dieser »Neoliberalismus« wollte nicht nur ein Gegengewicht zum Sozial- und Wohlfahrtsstaat sein, wie ihn die Anhänger des englischen Wirtschaftswissenschaftlers John Maynard Keynes vertraten, sondern erst recht zu Sozialismus und Kommunismus. Der Neoliberalismus beanspruchte von Anfang an nichts weniger als weltweite Hegemonie, in dem Bewusstsein, die der Natur des Menschen gemäße und damit einzig vernünftige Ordnung des Wirtschaftens global durchsetzen zu müssen. Obwohl die Marktidee schon vor dem Ersten Weltkrieg, dann im Zusammenhang mit der großen Weltwirtschaftskrise ab 1929, durch den Zusammenbruch der Weimarer Republik und in der Zeit des Nationalsozialismus ihren ursprünglichen Glanz verloren hatte, lehrt, glaubt und verehrt man ihre Ideologie bis auf den heutigen Tag. Für viele ist sie zur Religion geworden, die sie missionarisch bis in die hintersten Winkel des Globus tragen wollen.[17]

Pervertierung der Aufklärungsideale

Für unsere Frage nach den Wurzeln des Resonanzverstummens ist nun das Verhältnis von Marktwirtschaft und Menschenwürde von zentraler Bedeutung. Entscheidend ist: Im Marktkonzept ist nicht vorgesehen, dass der Mensch einen Wert an sich hat. Das Marktkonzept registriert den Menschen mit all seinen Bedürfnissen nur unter der Voraussetzung, dass er mit einer entsprechenden Kaufkraft ausgestattet ist, dessen unterschiedliche Höhe die Bedeutung dieses Menschen für den Markt festlegt. Erst ein mit Kaufkraft ausgestatteter Mensch kann den Markt wirklich betreten und eine entsprechende Nachfrage nach einem Gut auslösen. Was für die menschlichen Bedürfnisse gilt, gilt ebenso für seine Fähigkeiten. Auch die Arbeitsfähigkeit wird nämlich auf dem Markt erst dann wahrgenommen, wenn für sie eine entsprechende Verwertungschance besteht. Das Marktkonzept zeichnet sich somit durch eine spezifische Engführung des Blickes auf die rein formale Seite des menschlichen Miteinanders aus, blendet das Inhaltliche, die soziale Dimension, also völlig aus. Schärfer formuliert: Der Markt interessiert sich für den Menschen, seine Bedürfnisse und seine Fähigkeiten schlichtweg nicht, sondern nur für das Geld, das mit ihm verdient werden kann. So verwundert es nicht, dass der bekannte neoliberale Wirtschaftswissenschaftler Friedrich August von Hayek zwar die »edlen« und »lobenswerten« »Gefühle« anerkennt, die im Begriff der Menschenwürde zum Ausdruck kommen, aber betont, dass mit diesen Gefühlen in der Praxis, wo es um rationale Überzeugungen und entsprechende Problemlösungen gehe, nichts Rechtes anzufangen sei.[18]

Betrachten wir das Verhältnis von Markt und Menschenwürde genauer – und zwar auf der Grundlage dessen, was jedermann ohne große wirtschaftswissenschaftliche Theoriekenntnisse oder als theoretischer Mainstreamer überprüfen kann. Klammern wir zudem viel diskutierte Praktiken wie Korruption und Betrug aus, die jenseits oder auch nur an der Grenze der Legalität in großem Stil und mit offenbar wachsender Unverfrorenheit stattfinden und glücklicherweise hin und wieder auch an die Öffentlichkeit gezerrt werden. Und beschränken wir uns ganz auf die Mythen des Marktes selbst: auf die herrschende Vorstellungen von seinem Funktionieren und seinen Leistungen.

Es beginnt mit dem Mythos von der Gewaltfreiheit der Märkte und der Souveränität des Konsumenten. Gemeint ist die Idee, Märkte seien nur rein technische Einrichtungen, um Marktteilnehmer zu koordinieren, und deshalb völlig unverdächtig, irgendeine Form von Gewalt ausüben zu können. Ergänzt um die Idee, dass es unter den Marktteilnehmern die Konsumenten seien, die den Ton des Wirtschaftsgeschehens angeben (Konsumentensouveränität).

Tatsächlich ist das Marktsystem durch und durch von jener Gewalt durchdrungen, die in der Soziologie seit Johann Galtung als »strukturelle Gewalt« bezeichnet wird. »Strukturell« heißt diese Form von Gewalt, weil sie keinen Personen zugeordnet werden kann, sondern in den Regeln der Institution selbst verankert ist. Und von »Gewalt« sprechen wir, weil Menschen zwar, oberflächlich betrachtet, durch andere Menschen, im Grunde aber durch ganz bestimmte Verhältnisse daran gehindert werden, sich ihrem eigenen Willen gemäß zu verhalten.

Gemessen an ihrem Freiheits- und Gleichheitsanspruch, so wird sich zeigen, ist die Idee der Marktwirtschaft seit Anfang des 20. Jahrhunderts zu einer einzigen großen Lebenslüge geworden.[19] Beginnen wir mit der Überprüfung beim Anspruch auf *Freiheit*. Hier liegt es nahe, am Thema Werbung anzusetzen. Die bestbezahlten Psychologen arbeiten nicht in der Verbraucheraufklärung, im Bildungs- oder Gesundheitssystem, sondern in der Werbebranche. Vielen Menschen gilt die Werbung als eine der kreativsten Wirtschaftsbranchen, als Popkultur, als Kunst. Lehrbücher der Werbewirtschaft empfehlen zum Beispiel seit einiger Zeit besonders das sogenannte Guerilla-Marketing: Werbekampagnen, die sich nach dem berühmten Schneeballeffekt in den sozialen Medien von selbst ausbreiten und verstärken, nachdem sie einmal bei einer kleinen Gruppe von Trendpionieren, von sogenannten Influencern, angekommen sind. Im Klartext: Hersteller und Händler machen ihre Konsumenten selbst zu Werbeagenten, nutzen deren Kreativität und Vernetzung und bezahlen dafür keinen Cent. Sieht man von solchen Werberaffinessen ab, so besteht das Grundprinzip der Werbung darin, das Bewusstsein der Konsumenten systematisch in eine ganz bestimmte Richtung zu lenken, sie zu ganz bestimmten Leitbildern, zu einem ganz bestimmten Lebensstil zu verführen, und zwar zu dem, der den Profitinteressen der Wirtschaft am meisten dient. Alternative Leitbilder und Lebensstile, die auf nichtmaterielle Genüsse, vielleicht sogar auf Genügsamkeit zielen, werden so systematisch zurückgedrängt.[20]

Werbung unterminiert ständig die Fähigkeit des Menschen zur freien Willensbildung. Die ersten Opfer sind die, die sich am wenigsten zur Wehr setzen können: Kinder, psychisch Labile und Menschen, die an einer latenten Angst vor gesellschaftlicher Ausgrenzung leiden.[21] Indem Werbung die Schwachen überwältigt, verstößt sie nicht nur gegen die Grundidee der Mündigkeit und Autonomie des Menschen.[22] Diese systematische Überwältigung pervertiert auch das Prinzip der Konsumentensouveränität, das die Vertreter der reinen Lehre der Marktwirtschaft als entscheidendes Qualitätsmerkmal dieser Wirtschaftsordnung stets predigen. Macht man dann die Konsumenten auch noch für die ökologischen und sozialen Schäden verantwortlich, die diese Wirtschaftsordnung erzeugt, redet man ihnen zu allem Überfluss noch ein schlechtes Gewissen ein, ist das purer Zynismus.[23]

Der Gipfel der Pervertierung des Anspruchs der Aufklärung, den Menschen als zur Mündigkeit fähiges Wesen ernst nehmen zu wollen, besteht darin, dass die Konsumenten die ihnen durch Werbebotschaften aufgenötigte Gehirn- und Seelenwäsche auch noch aus ihrer eigenen Tasche bezahlen müssen: einmal, weil die Werbungskosten von Händlern und Herstellern als Zwangsabgabe auf den Kaufpreis draufgeschlagen werden, zum anderen, weil in Ländern wie Deutschland, in denen Werbungskosten steuerlich absetzbar sind, der Staat die ihm so entgehenden Steuern der Unternehmen durch höhere Steuern seiner Bürger kompensiert.

Nähme man die Idee des Marktes, insbesondere sein Freiheitsversprechen, wirklich ernst, müsste Werbung durch Information ersetzt werden: eine neutrale, umfassende und vergleichende Information über die Gesamtheit der Eigenschaften von Produkten und Dienstleistungen, die auch die sozialen und ökologischen Umstände von Produktion, Verpackung, Transport, Vermarktung und Entsorgung einbezieht. Wenn der Konsument tatsächlich der »Souverän« der Wirtschaft wäre, wenn sich der Markt also tatsächlich nach seinen Wünschen ausrichten würde und insofern so »demokratisch« wäre, wie die Markttheorie behauptet, dürfte es Werbung gar nicht geben.

An die Pervertierung des Freiheitsideals schließt sich die des Anspruchs auf *Gleichheit* nahtlos an. Zwar behandeln reale Märkte prinzipiell alle Menschen gleich, insofern in der Regel niemand aufgrund biologischer, kultureller, verwandtschaftlicher oder ähnlicher Kriterien – wie einst unter feudalen Bedingungen – vom Marktzugang ausgeschlossen wird. Dass aber tatsächlich eine Vielzahl von Diskriminierungen existiert und die Möglichkeiten, in den Markt einzutreten, nicht nur auf Arbeitsmärkten extrem ungleich verteilt sind, was vom Marktgeschehen selbst mitverursacht wird, kann jeder ohne große wirtschaftswissenschaftliche Kenntnisse täglich beobachten. Gleich werden die Menschen durch Märkte immer nur in formaler Hinsicht behandelt. Inhaltlich, also in sozialer Hinsicht, bevorzugen oder benachteiligen Märkte die Marktteilnehmer, je nachdem, wie sie ausgestattet sind, nicht nur als potenzielle Arbeitnehmer mit Arbeitskraft, sondern auch als potenzielle Konsumenten mit Kaufkraft. Vergleichbares zeigt sich natürlich auch für die dritte Kategorie von Marktakteuren: die Unternehmer. Mögen in der Theorie ihre Startchancen noch so gleich verteilt sein, sobald einer aus irgendeinem Grund die Nase vorne hat, kommt er in aller Regel in der nächsten Runde in den, verdienten oder nicht verdienten, Genuss von Vorteilen: Er kann effizienter produzieren (die sogenannten Skalenerträge),

Durststrecken besser durchhalten, günstiger an weiteres Kapital kommen und so weiter.

Der Grund für diese Rundum-Ungleichbehandlung ist einfach: Auf Märkten lautet die Devise »Wer zahlt, schafft an«. Oder schärfer formuliert: Es herrscht das Recht des Stärkeren, das ökonomische Faustrecht. Für den Umgang mit Märkten ist genau das der entscheidende Punkt. Wer Märkte als faire Institutionen lobt und dabei auf die äußerliche und durch das Recht auf Marktteilnahme definierte Gleichheit verweist, täuscht über dieses inhaltliche Wesensmerkmal hinweg. Reale Märkte haben kein Problem damit, dass weder die Ausgangsbedingungen der Marktteilnehmer noch die Resultate des Marktgeschehens durch und durch ungleich sind. Wenn dann der Staat noch ein Erbrecht schafft, das die im Markt entstehende Ungleichheit immer wieder auf die nächste Generation überträgt (ganz wie im Feudalismus), statt dass nach jedem Ableben eines Marktakteurs die Karten neu gemischt würden (wie es einem konsequenten Liberalismus eigentlich entsprechen würde), wird die strukturelle Ungleichheit auf Dauer angelegt, sodass sie sich meist von selbst verschärft. Die Politische Ökonomie der Marktwirtschaft behandelt Menschen also nicht erst ungleich, wenn sie den Markt schon betreten haben, sondern auch schon dann, wenn sie ihn betreten wollen.[24]

Rücksichtslosigkeit
gegenüber Zusammenhängen

Zur Pervertierung der Ideale der Aufklärung kommt die Gleichgültigkeit von Märkten gegenüber den Zusammenhängen der Welt, in die sie eingebettet sind.[25] Was wir in den Kapiteln 2, 3 und 4 über Kreisläufe und Rhythmen, über Wechselwirkungen, über Synchronisationserfordernisse und Resonanzchancen erfahren haben, ignorieren die Märkte weitestgehend. Reale Märkte kann es überhaupt nur dort geben, wo räumliche und zeitliche

Zusammenhänge systematisch ausgeblendet und aufgelöst sind: auf der Seite der Natur in isolierte, homogene und abzählbare Güter (etwa einen Kubikmeter Holz oder ein Mittelklassewagen), auf der Seite des Menschen in isolierte, klare und in ihrer Stärke konkretisierbare Bedürfnisse (etwa das Kaminfeuer für eine Wintersaison oder die tägliche Fahrt zur Arbeit). Erst unter diesen beiden Voraussetzungen, also der Isolierung von Gütern und Leistungen von einem Großteil ihrer faktischen Grundlagen, kann es ein Angebot und eine Nachfrage überhaupt geben, kann »die unsichtbare Hand« des Marktes (Adam Smith) für solche Güter und Leistungen einen Preis finden. Sobald man diese Modellannahmen fallen lässt und die räumlichen und zeitlichen Voraussetzungen ins Geschehen einbezieht, erweist sich das Marktmodell als hoffnungslos überfordert. Zu diesen realen Voraussetzungen gehört beim Heizmittel Holz alles, was mit dem Ökosystem Wald zusammenhängt (Nutzungsmöglichkeiten, Tierwelt, Landschaft, Klima), und alles, was mit dem Heizen von Räumen zu tun hat (bis hin zu alternativen Quellen von Wärmeenergie und so weiter). Und beim Verkehrsmittel Auto alles, was mit der Herstellung, dem Betrieb, der Entsorgung und alternativen Mitteln der Fortbewegung zusammenhängt (Gewinnung von Rohstoffen für Fahrzeuge und Fahrbahnen, Zeitersparnis und Prestigegewinn für die Nutzer, Abgase, Entsorgung, öffentlicher Verkehr und so weiter).

Vor allem ist die Beziehung zwischen den Werten, die auf Märkten gelten, und jenen anderen Werten, die die Natur hervorbringt, völlig ungeklärt. Das hat zum Beispiel Pavan Sukhdev, ein ehemaliger Topmanager der Deutschen Bank, der nun Präsident der Umweltorganisation World Wide Fund For Nature (WWF) ist, prägnant formuliert: »Ich habe mich immer gefragt, warum manche Dinge einen Wert haben und andere nicht. Mir erscheint es bizarr, dass die Natur so viel für uns bereitstellt, das wertvoll ist. Pflanzen, Tiere, frisches Wasser, Lebensraum und vieles mehr. Das ist ein fundamentales Problem der Ökonomie. Die Natur schickt keine

Rechnung, und alles, an dem kein Preisschild dranhängt, scheint für uns wertlos. Das ist verrückt und dumm. Die Wirtschaft betreibt Raubbau an der Natur, ohne dafür zu bezahlen. In der Ökonomie bezeichnet man diese Lücke in der Buchhaltung als externe Effekte.«[26] In der Physik, so der gebürtige Inder und studierte Physiker, gibt es keine externen Effekte. Dieser Widerspruch zwischen Ökonomie und Physik habe ihn zeit seines Lebens beschäftigt. Jetzt habe er sich für Letztere, für die Natur, entschieden.

Was bedeutet diese strukturelle Gleichgültigkeit gegenüber räumlichen und zeitlichen Zusammenhängen in Hinblick auf die Frage, wie Märkte mit Zeit umgehen? Märkte sind in zeitlicher Hinsicht gigantische Beschleunigungsmaschinen, weil sie sich das, was nützlich ist, aus der Welt einfach herausreißen und sich mit den Folgen dieser Praxis nicht weiter belasten. Indem Märkte mit Zusammenhängen rücksichtslos umgehen, verkörpern sie den puren Egoismus und erziehen die Marktakteure dazu, ihn zu übernehmen, wenn sie erfolgreich sein wollen: »neben uns« und »nach uns« die »Sintflut« – Hauptsache, hier und jetzt stimmt der »Profit«.

Nicht weniger rücksichtslos geht die Marktökonomie mit den Bedürfnissen der Menschen um. Im Modell des Marktes kommen diese von außen, und – so die reine Lehre der Allgemeinen Gleichgewichtstheorie – der Markt sorge nur dafür, dass diese Präferenzen bestmöglich berücksichtigt würden. Das mag für etliche Konsumbedürfnisse und für Marktteilnehmer mit entsprechender Kaufkraft tatsächlich zutreffen, wobei wir zum Schluss dieses Kapitels im Zusammenhang mit der »Wohlstandsillusion« eine wichtige Einschränkung hinzufügen werden. Hier ist aber wichtiger, dass reale Menschen nicht nur Bedürfnisse nach Konsumgütern und Dienstleistungen haben. Sie wünschen sich in aller Regel auch einen sicheren Arbeitsplatz, als »zivilisatorisches Minimum« (Negt), ordentliche Arbeitsbedingungen, die auch den eigenen Vorstellungen von sinnvollem Tätigsein möglichst nahekommen. Und sie wünschen sich eine Entlohnung ihrer Arbeit, die dem Wert der Arbeitsleistung wirklich entspricht. Diese arbeitsbezogenen Bedürfnisse aber befriedigen reale Märkte, anders als die Märkte der theoretischen Modelle, nur sehr begrenzt oder überhaupt nicht.[27]

Aus zeittheoretischer Perspektive ist die Zeithierarchie der Märkte der Grund für diese strukturelle Rücksichtslosigkeit der Märkte gegenüber den arbeitsbezogenen Bedürfnissen. Auf Märkten reagieren Mengen und Preise nicht einheitlich und »unendlich schnell«, wie das Marktmodell behauptet, sondern es existiert eine spezifische Hierarchie, eben eine Zeithierarchie: Am langsamsten sind die Märkte der Naturressourcen, gefolgt von den Arbeitsmärkten und schließlich den Gütermärkten. Am schnellsten sind die wahrlich blitzschnellen Geld- beziehungsweise Finanzmärkte.[28] Die Ware Arbeitskraft ist also um Dimensionen langsamer und unflexibler als die Ware Kapital, die in Sekundenbruchteilen rund um die Welt gebeamt werden kann. Es ist das Kapital, das sich die Arbeit dort holen kann, wo es sie zu den günstigsten Konditionen erhält, nicht der Mensch, der den Platz zur Arbeit nach eigenen Vorstellungen wählt. Die Zeithierarchie der Märkte legt fest, wer den Takt schlägt und wer nach diesem Takt marschieren, besser: springen muss.

Aufgrund dieser doppelten Rücksichtslosigkeit gegenüber natürlichen und menschlichen Voraussetzungen von Märkten kann nicht verwundern, was in 250 Jahren Realgeschichte der Marktwirtschaft rein empirisch offensichtlich wurde und sich auch theoretisch gut erklären lässt: Märkte mögen zwar manchmal, wenn es um den Ausgleich von Angebot und Nachfrage bei wirklich abgrenzbaren Gütern geht, tatsächlich eine effiziente Lösung des Interessenausgleichs bereitstellen. Märkte versagen aber weitestgehend, wenn es um den Ausgleich zwischen unterschiedlichen Märkten, also Märkten mit unterschiedlichen Gütern, geht (Spillover-Effekt). Man muss sich nur einmal vergegenwärtigen, was passiert, wenn etwa Güter und Arbeitsmärkte sich wechselseitig vom Gleichgewichtspunkt immer mehr wegziehen: wenn etwa ein Nachfragerückgang auf Gütermärkten einen Nachfragerückgang auf Arbeitsmärkten nach sich zieht oder ein Rückgang der Nachfrage nach Arbeit wiederum einen Rückgang der Nachfrage nach Konsumgütern. In solchen Fällen kommt es, wie jede der Wirtschaftskrisen der vergangenen 150 Jahre bestätigt, zu Kurzarbeit, Entlassungen, Produktionsstilllegungen – und all den bekannten weiteren ökonomischen, gesellschaftlichen und politischen Destabilisierungen, Verwerfungen und Katastrophen.

Diese Form der Blindheit der Märkte für gesamtgesellschaftliche Erfordernisse können wir generalisieren: Die anfangs faszinierende, ja revolutionäre Idee von der Klugheit der »unsichtbaren Hand« hat sich in der Realität im Laufe der Zeit als höchst beschränkt erwiesen, weil Märkte über kein Instrumentarium verfügen, um Kollektivgüter vernünftig zu handhaben. Wenn jeder sich nur um sich selbst kümmert, bleibt das Bedürfnis nach Kollektivgütern wie frischer Luft, sauberem Wasser oder auch nach Gesundheit, Bildung, Sicherheit und Frieden systematisch unbefriedigt. Denn der verantwortungsvolle Umgang mit solchen Gütern lässt sich nicht durch anonyme Akteure, die nur an ihrem Eigennutzen interessiert sind, bewerkstelligen, sondern erfordert eben sozial koordiniertes Handeln.

Dass Egoismus und Konkurrenzverhalten in aller Regel zu schlechteren Ergebnissen führen als sozial koordiniertes Verhalten, ist eigentlich eine triviale Erkenntnis. Das erleben wir im Alltag ja ständig: Wenn etwa bei einem Besuch in der Fußgängerzone Väter ihre Söhne auf die Schulter nehmen, damit sie dem Straßenclown, der gerade ein paar Kunststücke vorführt, besser zuschauen können, wenn dann andere Väter, weil der Blick ihrer eigenen Kinder verstellt ist, diese ebenfalls auf die Schulter heben und am Schluss alle Kinder auf Schultern sitzen, ohne mehr sehen zu können als am Anfang – und einige Väter mit einem Hexenschuss nach Hause gehen.[29]

Weil reale und allein durch individuelle Interessen gesteuerte Märkte Kollektivgüter systematisch vernachlässigen, darf sich niemand wundern, wenn große Bereiche unserer Lebenswelt nicht gepflegt werden und verlottern. Anders gesagt: Vor lauter *Produk*tion von Gütern kommt die *Re*produktion der Lebenswelt systematisch zu kurz.[30] Oder, um den Bezug zur Zeitdimension von Märkten noch klarer zu formulieren: Märkte sind nicht nur Ausdruck von Beschleunigung und Flexibilisierung, sie fördern diese Tendenzen zudem massiv – allen voran die Finanzmärkte, die den Takt angeben. Wo nur der Preis zählt, können Entscheidungen blitzschnell fallen, wägt niemand mehr mühsam zwischen unterschiedlichen Aspekten der Umwelt, Mitwelt und Innenwelt ab. Indem der Markt Qualität in Quantität transformiert, führt er die Arbeitsteilung ins Turbozeitalter. Märkte vergessen gewissermaßen, sich um das Erhalten ihrer Voraussetzungen zu »kümmern«. Oder bildlich in der Sprache des Raumes: Märkte beschränken sich weitestgehend auf die lineare oder gar exponentielle Bewegung, sie versäumen systematisch die Rückbindung, den Kreis.

Wie Märkte Hass säen

Das Menschenbild der Marktmodelle, die sich reale Marktwirtschaften zum Vorbild nehmen, setzt Menschen voraus, die zuallererst an ihren eigenen Vorteil denken. Die Interessen anderer gelten ihnen dabei als Randbedingung, sie haben keinen Eigenwert, oft genug gelten sie als Hindernis. Der »Homo oeconomicus«, wie dieser Mensch in den herrschenden wirtschaftswissenschaftlichen Modellen heißt, ist eben ein konsequenter Egoist: ein reiner Privatmensch, ohne soziale Einbindung, ohne Erziehung, ohne Vertrauen. Alles in seinem Leben ist auf das Tauschen bezogen, auf den individuellen Vorteil – andere Tätigkeiten haben den Status eines Hobbys wie Briefmarkensammeln, das man genauso gut auch sein lassen kann.

Ganz anders das Menschenbild, das wir haben, wenn wir Menschen einfach als Menschen betrachten. Dann erscheint uns der Mensch als Wesen, das von Anfang an auf Gemeinschaft, Gesellschaft und Politik angewiesen ist. Dieses Menschenbild geht auf die Tradition sowohl der griechischen Philosophie als auch teilweise auf die Philosophie der Aufklärung zurück. Als Mitglied eines Gemeinwesens ist der Mensch vielfältig geprägt: in kultureller und sozialer Hinsicht von humanistischen und religiösen Werten, in politischer Hinsicht durch eine Verfassungsordnung. Aus dieser Perspektive hat der Mensch zwar auch eigene Interessen, diese wägt er aber immer schon mit den Interessen Anderer ab. Er neigt zwar auch zur Selbstliebe, aber diese wird durch die Notwendigkeiten der Kooperation und Verständigung und deshalb auch durch mehr oder minder ausgeprägte Empathie gegenüber Anderen immer schon ausbalanciert. Der Mensch ist im Grunde das, was Aristoteles »Zoon politikon« genannt hat: ein Gemeinschaftswesen. Für ihn sind Tugenden und Werte wie Hilfsbereitschaft, Gerechtigkeit, Nächstenliebe, Solidarität und andere hochbedeutsam. Papst Franziskus hat 2016 zum Beispiel an die Barmherzigkeit als einen zentralen Wert des Christentums erinnert. Wie kann es realen Menschen, so muss an dieser Stelle gefragt werden, gelingen, diese beiden konträren Menschenbilder – den konkurrenzorientierten Wirtschaftsmenschen und den kooperationsfähigen und potenziell kooperationswilligen Gemeinschaftsmenschen – in ihrer Alltagspraxis miteinander zu versöhnen? Wie verhindern wir, dass die tägliche Dressur des Wirtschaftsbürgers zur Egomaschine (Frank Schirrmacher) den Kultur- und Staatsbürger zum Sklaven des Wirtschaftsbürgers werden lässt?

Vielleicht sind die sich offenbar häufenden Übergriffe auf Polizisten, Feuerwehrleute und Sanitäter ein Hinweis darauf, dass bei etlichen Menschen die Balance längst verloren gegangen ist. Vermutlich ist die Verrohung der Gesellschaft kein Betriebsunfall der Marktwirtschaft, sondern zentrales Moment ihres Programms.

Vor diesem Hintergrund kann nicht überraschen, dass die strukturell erzeugte Gleichgültigkeit dieser Egomaschinen gegenüber Gefühlen und Werten wie Mitmenschlichkeit, Solidarität und Menschenwürde ein ausgezeichneter Nährboden für jene mittlerweile epidemisch gewordene Haltung ist, die man treffend als »Nützlichkeitsrassismus«[31] bezeichnen kann: die Abstufung des Werts des Menschen nach seiner Nützlichkeit für andere. Und nicht verwundern kann dann auch, dass bei all jenen, die sich aus dem Kreis der Nützlichen ausgeschlossen fühlen oder die vor diesem Zustand auch nur ständig Angst haben müssen, die Bereitschaft ausgesprochen gut gedeiht, zivilisatorische Standards bewusst zu übertreten. Dazu zählen offenbar immer häufiger auch Amokläufe, Taten also, die einfach Angst und Schrecken verbreiten wollen, weil die Täter die für ihren Hass Verantwortlichen längst nicht mehr ausmachen oder gar erreichen können.[32]

Dass Märkte weder gerecht noch klug sind, bestätigt auch ein Blick in die Geschichte der Marktwirtschaft. Seit dem 19. Jahrhundert greift der Staat immer häufiger und immer umfassender in Märkte ein, wie die oben genannten Beispiele illustrieren. Trotz dieser realen Überformung des Marktes durch die Politik versprechen Neoliberale immer noch, Märkte hätten grundsätzlich die Fähigkeit, soziale Ungleichheiten auszugleichen. Man müsse nur die »unsichtbare Hand« in all ihrer Klugheit schalten und walten lassen, alle Hindernisse, die sich ihr entgegenstellen, hinwegräumen. Dann würde sich, so die Logik des Marktmodells, auf längere Sicht der Wohlstand für alle – wirklich für alle! – einstellen. Denn der freie Austausch von Kapital, Gütern und Arbeitskräften sorge dafür, dass letztlich überall auf unserem Globus dieselbe Ausstattung mit all dem zur Verfügung stehe, was der Mensch brauche und sich wünsche. Bis es so weit ist, so die marktradikale Botschaft, sollen sich die Flexibelsten und Leistungsfähigsten unter ihnen ruhig auf den Weg machen und dort ihr Glück versuchen, wo die Märkte sie brauchen können. Nur dumm, dass die,

die diesem Ruf folgen, in der Realität durch immer höhere Mauern daran gehindert werden, diese Märkte überhaupt zu erreichen.

Wenn Märkte mit hohem Druck die freie Bewegung von Kapital und Gütern fördern, die freie Bewegung von Arbeitskräften aber einem strengen ökonomischen Nützlichkeitskalkül unterwerfen, zeigt dies, wie strukturelle und personelle Gewalt ineinander übergehen. Und es zeigt vor allem, wie Märkte und ihre Mythen tagtäglich unbändigen Hass schüren, wenn sie Menschen etwas schmackhaft machen, es ihnen gleichzeitig vorenthalten und sie dann auch noch für das Ergebnis selbst verantwortlich machen (»Jeder ist seines Glückes Schmied«).

Mit gutem Grund kann man den Markt auch als den zentralen Mythos der Spätmoderne bezeichnen. Mythen haben seit jeher die Aufgabe, auch ohne strenge Wahrheitsprüfung geglaubt zu werden. Mythen sollen eine Gemeinschaft von Gläubigen stiften, die gleichzeitig die Kritiker als Häretiker aus dieser Gemeinschaft ausgrenzen. Wenn dann obendrein in der praktischen politischen Gestaltung der Märkte die Verantwortlichen einerseits das Prinzip der Marktfreiheit als große humane Utopie weltweit verkünden, andererseits aber ständig mit zweierlei Maß messen, wird dieser Marktzynismus unerträglich. Wo es auf Märkten keine Personen gibt, die man für die Ergebnisse des Marktgeschehens verantwortlich machen könnte, findet die Wut der Opfer keine Adressaten. Wohin also mit der Wut? Das ist das zentrale Dilemma dieser Ordnung, das ist die Besonderheit ihrer Gewalt. Die Institution Markt erweist sich als das Gegenteil dessen, was sie ursprünglich einmal sein sollte: Der Markt wird zum zentralen Hindernis für die Integration der Menschen, innerhalb und zwischen nationalen Gesellschaften.[33]

Zwischenfazit

Auf der Suche nach den Gründen des umfassenden Resonanz-
versagens ist es sinnvoll, sich die Entstehung der Normen genauer anzusehen, an denen unser Umgang mit Umwelt, Mitwelt und Innenwelt ausgerichtet ist. Dazu müssen wir zum
Beginn der Moderne zurückgehen, zu den Ideen der Epoche
der Aufklärung. Ihre zentrale normative Leitidee ist die Menschenwürde, konkretisiert in den Menschenrechten. Deren
Kern ist das Recht auf Freiheit und Gleichheit. Dabei zeigt sich
von Anfang an ein Spannungsverhältnis zwischen den rechtlichen Ansprüchen und der faktischen Umsetzung dieser Rechte.
Dieses Spannungsverhältnis hat sich mit der Zeit immer mehr
zu einem Widerspruch zwischen der formalen und der inhaltlichen Seite von Freiheit und Gleichheit verschärft. Im Zentrum
der Diskussion über diese Normen steht die durch die revolutionäre Rolle des Bürgertums vorangetriebene marktwirtschaftliche Ordnung. Sie ging ursprünglich mit dem Versprechen einher, eine gewaltfreie Organisation der menschlichen
Arbeitsteilung zu sein, ist aber mit der Zeit immer unüberseh-
barer zu einem Ort neuartiger Gewaltverhältnisse geworden.
Sie pervertierte das Freiheits- und das Gleichheitsideal der Aufklärung immer deutlicher. Zudem haben Märkte die durch
ihre Funktionslogik systematisch begründete Eigenschaft, die
ökologischen und soziokulturellen Zusammenhänge, in die sie
eingebettet sind, auseinanderzureißen. Märkte machen Menschen zu Wirtschaftsbürgern, konditionieren sie tendenziell
zu Egomaschinen und beschädigen so systematisch ihre Fähigkeit zur Kooperation. In Bezug auf den Umgang mit Zeit sind
Märkte nicht nur Ausdruck der Beschleunigungs- und Flexibilisierungszwänge. Sie fördern und erzwingen diese Kräfte

auch durch ihre Rücksichtslosigkeit gegen alles, was sich ihrem Tempo widersetzt. Für Marktteilnehmer, die nicht mithalten können, bergen Märkte ein enormes Hasspotenzial.

Geld, Kapital und Zeit

Auf Märkten wird meist mit Geld gezahlt. Was aber ist Geld eigentlich? Eine häufige Antwort lautet: Geld ist lediglich, wie ja auch der Markt selbst, eine technische Einrichtung zur Beschleunigung und Flexibilisierung jener wirtschaftlichen und sozialen Prozesse, die mit der zunehmenden Arbeitsteilung einhergehen. Diese Einrichtung bestehe, so lehrt es jedenfalls die Mainstreamökonomik, in genau drei Funktionen: Geld drücke den Wert von Waren aus, erleichtere ihren Tausch und ermögliche die Aufbewahrung des Wertes. Bekanntlich wurden diese drei Funktionen in der Geschichte des Geldes zunächst durch unterschiedlichste Waren wie Muscheln, Salz, Vieh oder Edelmetalle erfüllt – bis schließlich auch Papierzettel und heute elektronisch gespeicherte Daten als Geld fungierten. Geld sei also genauso praktisch wie harmlos. Es berge keine Geheimnisse, zeige keinerlei Eigensinn, sei purer Ausdruck praktischer Vernunft. Der Verdacht, das Geld regiere die Welt, sei deshalb schlichtweg absurd. Auch in der vierten möglichen Funktion des Geldes, in seiner Fähigkeit, Wert zu vermehren, vermag die herrschende Lehre nichts Problematisches oder gar Gefährliches zu erkennen. Geld könne eben auch für produktive Zwecke verwendet werden. Wer Geld nicht gegen Konsumgüter eintausche, sondern spare und dann für produktive Zwecke investiere, den belohne die Marktwirtschaft eben konsequenterweise für seinen Bedürfnisaufschub, für seine Verzichtsleistung: mit einem Aufschlag auf das verliehene Geld, dem Zins.

Geprägte Freiheit?

Wer so denkt, für den ist Geld etwa genauso selbstverständlich wie der Stiel am Faustkeil: ein riesiger Fortschritt gegenüber dem stiellosen Vorläufermodell. Wenn es nur so einfach wäre. Über die Entstehung und Funktion des Geldes gibt es reichlich Literatur, aus wirtschaftsgeschichtlicher, kulturanthropologischer, theologischer und philosophischer Perspektive.[34] Die einen sehen das Geld als Konsequenz des fortgeschrittenen Tauschhandels. Damit der Bauer, der in der Stadt beim Schmied eine neue Sense kaufen will, das Getreide, den Käse, den Wein etc., mit dem er die Sense bezahlt, nicht in die Stadt mitzuschleppen braucht und auch noch einen Schmied finden muss, der genau an diesen Gütern interessiert ist, zahlt er mit Geld. Für andere Autoren ist Geld die Konsequenz dauerhafter zwischenmenschlicher Gewaltverhältnisse und des Aufkommens staatsähnlicher Strukturen, oft in Verbindung mit religiösen Praktiken. Demzufolge dient Geld von Anfang an der Abschöpfung von Überschüssen durch die Herrschenden – in Form von Tributzahlungen, Abgaben infolge von Schuldknechtschaftsverhältnissen und anderen Zwangsgeldern, die in Tempeln, Klöstern, Burgen und an Höfen deponiert wurden.

Die meisten Kulturanthropologen und Wirtschaftshistoriker sind sich vermutlich einig, dass diese Faktoren alle irgendwie zusammengewirkt haben, ehe das Geld zu dem wurde, was es heute ist. Das Wesen des Geldes besteht zweifellos darin, Gegenstände oder Handlungen, die an sich (physisch und psychisch) völlig unterschiedlich sind, miteinander zu vergleichen. Oder, wie der Philosoph und Soziologe Georg Simmel es in seiner 1900 erschienenen »Philosophie des Geldes« formuliert: »Alle anderen Dinge haben einen bestimmten Inhalt und gelten deshalb; das Geld umgekehrt hat seinen Inhalt davon, dass es gilt, es ist das zur Substanz erstarrte Gelten, das Gelten der Dinge ohne die Dinge selbst.«[35] Das Geld sei ein »Interaktions- bzw. Tauschmedium«, das nicht nur zur Ausweitung der Arbeitsteilung beitrage. Es »neutralisiere«, »rationalisiere« und »vereinfache« auch die Beziehungen zwischen den Menschen, es begründe durch seine Symbolik eine soziale »Sondersprache«, lehrt auch die zeitgenössische Soziologie.[36]

Wegweisend für das Verständnis unserer gegenwärtigen Probleme mit dem Geld wurden die Erkenntnisse des deutschen Soziologen Max Weber. Weber fragt in »Wirtschaft und Gesellschaft«, worin die großartige Leistung des Geldes angesichts einer weit fortgeschrittenen marktwirtschaftlichen Arbeitsteilung eigentlich bestehe. Geld habe die faszinierende Fähigkeit, alle wirtschaftlichen Werte in Zahlen ausdrücken zu können: nämlich in den Geldpreisen der Waren. Die in Geld ausgedrückten Warenpreise, so Weber, informierten alle Marktteilnehmer nicht nur über die tatsächliche, sondern auch über die potenzielle Nützlichkeit dieser Waren, weil diese Information nicht nur den gegenwärtigen, sondern auch den zukünftigen Nutzen der Ware erfasse. Die im Geldpreis ausgedrückte Information erlaube es den Marktteilnehmern, ihre Entscheidungen buchstäblich nach bestmöglichem Wissen zu treffen, und zwar als Konsumenten wie als Produzenten.[37] Geld leiste somit einen entscheidenden Beitrag für die »Entzauberung der Welt«, indem es die zwischenmenschlichen Beziehungen den Regeln einer strengen Rationalität unterwerfe. Weber setzt dabei voraus, dass im Hintergrund dieser faszinierenden Informationsleistung des Geldes die von Adam Smith gepriesene »unsichtbaren Hand« des Marktes ihren Dienst verrichte. In einer solchen um das Geld herum zentrierten »Erwerbswirtschaft« drehe sich alles um den Erwerb und die Verwendung von Geld. Eine solche Gelderwerbswirtschaft ist für Weber jeder anderen Form des arbeitsteiligen Wirtschaftens überlegen, sie ist schlichtweg Ausdruck höchster Rationalität.[38] Von dieser Erkenntnis ist es nur mehr ein kleiner Schritt zur Behauptung, Geld sei nichts anderes als »geprägte Freiheit« (Dostojewski) – ein Spruch, der bei der Einweihung neuer Sparkassenfilialen gern zitiert wird.

Seit mindestens 2500 Jahren gibt es jedoch auch eine ganz andere Sicht auf das Geld.[39] Es ist ein riesiger Unterschied, so der griechische Philosoph Aristoteles, ob Geld dazu verwendet wird, konkrete Gebrauchswerte zu erwerben oder um seinen eigenen Wert, den Tauschwert, zu vermehren.[40] Wird Geld lediglich zum Erwerb von Gebrauchswerten verwendet, besteht dabei, wenn es mit rechten Dingen zugeht, immer ein Gleichgewicht zwischen den Tauschenden. Weil es auch in der Natur überall solche Gleichgewichte gibt, wenn Lebewesen beispielsweise Nährstoffe aufnehmen und ausscheiden, handelt es sich hierbei um eine naturgemäße Verwendung des Geldes. Letztlich ist Geld in diesem Zusammenhang für Aristoteles als Mittel des Austausches von Gebrauchswerten nichts anderes als Ausdruck der großen kosmischen Gerechtigkeit, die das Universum beherrscht. Ganz anders ist es zu beurteilen, so Aristoteles, wenn Geld die Vermehrung von Wert bezweckt. Zielt ein Tausch nämlich darauf ab, Geld gegen Mehr-Geld zu tauschen, also Geld gegen Zinsen zu verleihen, geht dies notwendigerweise mit einem Ungleichgewicht einher: Der Verkäufer hat so viel Geld, dass er auf Teile davon verzichten kann, der Käufer so wenig, dass er sich Geld borgen muss. Die Verwendung des Geldes zur Vermehrung von Wert, die »Chrematistik«, ist deshalb, so Aristoteles, ganz und gar unnatürlich.

Wenn solche Geldvermehrungsmotive eine Marktwirtschaft beherrschen, bringt sie Aristoteles zufolge zwangsläufig massenhaft Schuldner-Gläubiger-Verhältnisse hervor. Diese zerstören die kosmische Gerechtigkeit gleich doppelt: *Erstens* werden Menschen, die beim Tausch nicht an konkreten Gebrauchswerten, sondern am abstrakten Wert an sich interessiert sind, in ihrem Streben maßlos, weil dem Geld kein Maß an sich innewohnt. Geld kann man nie genug haben, bei Brot, Käse, Wein ist die weitere Vermehrung ab einem bestimmten Punkt sinnlos. Und *zweitens*, so Aristoteles, spaltet die Chrematistik zwangsläufig das Gemeinwesen in Schuldner, die für andere arbeiten, und Gläubiger, die andere für sich arbeiten lassen. Wer sich einmal, aus welchen Gründen auch immer, verschuldet hat und für das geliehene Geld Zinsen zahlt, der muss oft zeit seines Lebens für andere mitarbeiten, und zwar in vielen Fällen in einem wachsenden Umfang. So entsteht unter ehemals freien Bürgern ein Verhältnis der Schuldknechtschaft, ein Ungleichheitsverhältnis also, das nicht auf der geburtsmäßigen Herkunft oder auf natürlichen Eigenschaften des Menschen und seiner Umwelt beruht, sondern allein auf einer bestimmten Funktion des Geldes, die kulturell und gesellschaftlich entstanden und deshalb auch veränderlich ist. Genau wegen dieser von Aristoteles so treffend analysierten Eigendynamik des Geldes werden nicht nur der Wucher, sondern auch das ganz normale Zinsnehmen in allen großen Weltreligionen vom Grundsatz her abgelehnt, auch wenn die Praxis oft anders aussah und bis heute aussieht.[41]

Geldwiderspruch und kapitalistische Verwertungslogik

Marx hat die Geldkritik des Aristoteles noch etwas präzisiert und vor allem auf die weit fortgeschrittene industrialisierte Marktwirtschaft des 19. Jahrhunderts bezogen. Jeder weiß, dass Geld seine Funktionen nur erfüllen kann, wenn es vertrauenswürdig ist. Der Geldbesitzer muss sicher sein, dass es, auch wenn Geld nur aus Symbolen besteht, jederzeit gegen etwas wirklich Wertvolles, also gegen tatsächliche Gebrauchswerte, eintauschbar ist. Diese Möglichkeit der unbegrenzten Aufbewahrung verleitet den Geldbesitzer nun, so Marx, zur Schatzbildung. Qualitativ ist Geld nämlich in jede Ware eintauschbar, quantitativ jedoch nicht. Aus diesem inneren Widerspruch des Geldes zwischen seiner quantitativen Schranke und seiner qualitativen Schrankenlosigkeit erklärt Marx das Motiv der Geldvermehrung. Dieser Widerspruch treibt »den Schatzbildner stets zurück zur Sisyphusarbeit der Akkumulation.

Es geht ihm wie dem Welteroberer, der mit jedem neuen Land nur eine neue Grenze erobert.«[42]

Nun hat der Geldbesitzer, so Marx weiter, in seinem Bemühen, einen möglichst großen Geldschatz anzusammeln, freilich ein doppeltes Problem: Einmal muss er seine Werte zunächst selbst erarbeiten, zum anderen muss er auf die Rückverwandlung dieser Werte in eine andere Ware mit einem entsprechenden Gebrauchswert verzichten. »Arbeitsamkeit, Sparsamkeit und Geiz bilden daher seine Kardinaltugenden, viel verkaufen, wenig kaufen, die Summe seiner politischen Ökonomie.«[43] Marx fragt nun, wie der Geldbesitzer diese beiden Seiten zusammenbringen könne, und gibt sich selbst die Antwort: Der Geldbesitzer muss auf dem Markt eine Ware finden, die beim Verbrauch ihren Wert nicht verliert, sondern behält, weil sie selbst Wert schaffen kann. Und diese Ware findet er: die menschliche Arbeitskraft. Die kann der Geldbesitzer aber nur kaufen, wenn sie frei verfügbar ist. Deshalb konnte sich der Kapitalismus erst entwickeln, als massenhaft Bauern auf dem Land wegen des dortigen Produktivitätsfortschritts überflüssig geworden waren. Das war der eigentliche Grund, warum man diese Bauern aus der Grundherrschaft entlassen hat, sodass sie in die Städte zogen und dort nach einem neuen Lebensunterhalt suchen mussten. Wie übrigens heute Millionen von Arbeits- und Armutsmigranten, die aber offenbar immer weniger gebraucht werden. Die »doppelte Freiheit der Lohnarbeiter« – persönlich frei von Leibeigenschaft und sachlich frei von eigenen Produktionsmitteln – war im Kern eine gigantische Enteignung, die sich ähnlich auch in der Zerschlagung der städtischen Zünfte und in den globalen Raubzügen der Kolonialmächte in Übersee vollzog. Die Trennung von Arbeit und Eigentum wurde zum Startschuss des Kapitalismus. Marx spricht von der »ursprünglichen Akkumulation«.

Damit sind wir im Innersten des Kapitalismus angekommen: bei der systematischen Organisation von Mehrarbeit zum Zweck der Produktion von Mehrwert. Der Geldbesitzer koppelt Gewinn und Investition systematisch aneinander, hebt mithilfe der Verwendung von Lohnarbeit die Schatzbildung also auf eine rationelle, weil dauerhafte Stufe. Marx betont, dass der Geldbesitzer im Kapitalismus dies nicht aus freien Stücken tut, sondern durch die Konkurrenz systematisch dazu gezwungen ist, wenn er als Kapitalbesitzer nicht ökonomisch sofort wieder untergehen möchte. »Als Fanatiker der Verwertung des Werts«, so Marx, »zwingt er (der Kapitalist, F. R.) rücksichtslos die Menschheit zur Produktion um der Produktion willen … Was aber bei diesem (dem Schatzbildner, F. R.) als individuelle Manie erscheint, ist beim Kapitalisten Wirkung des gesellschaftlichen Mechanismus, worin er nur ein Triebrad ist.«[44] Und weiter: Die Entwicklung der kapitalistischen Produktion »macht eine fortwährende Steigerung des in einem industriellen Unternehmen angelegten Kapitals zur Notwendigkeit, und die Konkurrenz herrscht jedem individuellen Kapitalisten die immanenten Gesetze der kapitalistischen Produktionsweise als äußere Zwangsgesetze auf. Sie zwingt ihn, sein Kapital fortwährend auszudehnen, um es zu erhalten, und ausdehnen kann er es nur vermittelst progressiver Akkumulation.«[45] Geld als Kapital ist vor diesem Hintergrund das genaue Gegenteil von »geprägter Freiheit«: Es ist Ausdruck purer Zwangsverhältnisse. Die Krux ist nur, dass es mit dem Fortschreiten der Geldherrschaft immer schwieriger wird, konkrete Personen für die überall spürbaren Zwänge verantwortlich zu machen (strukturelle Gewalt).

Marx bietet uns eine bis heute unübertroffene Beschreibung des Kerns der kapitalistischen Wirtschaftsweise. Übersetzen wir die Sprache des 19. in die des 21. Jahrhunderts, so können wir festhalten: Die permanente Rückverwandlung von Gewinnen in neue Investitionen stellt eine positive Rückkoppelung dar, ein kybernetisches Prinzip, das wir aus der Einleitung kennen: einen Automatismus, der den Output eines Prozesses, in diesem Fall den Gewinn, sofort wieder zum Input desselben Prozess werden lässt, sodass der Prozess sich selbst trägt und sich ständig selbst verstärkt.

Wäre ein Heizungsthermostat positiv rückgekoppelt, sodass er mit zunehmender Raumwärme für eine zunehmende Erhöhung der Raumtemperatur sorgen würde, würden die Menschen, die sich in ihm befinden, über kurz oder lang unweigerlich verglühen.

Hier sind wir am Kern des Zusammenhangs von Geld und Zeit angekommen. Die positive Rückkoppelung von Gewinn und Investition ist der Motor, der die Welt zum »Schneller, höher, weiter« antreibt. Und zwar nach und nach in allen Lebensbereichen. Jetzt heißt es: Je mehr Wasser fließt, Strom verbraucht wird, Müll anfällt, Menschen, Waren und Daten transportiert, Operationen durchgeführt und Sicherheitsvorkehrungen – im Innern wie im Äußern – nötig werden, desto besser für die Vermehrung, Verwertung, Anhäufung (»Akkumulation«) von Geld. Selbst Versicherungen profitieren von den Risiken, sie müssen diese eben nur richtig kalkulieren. Das vom Akkumulationszwang angetriebene Steigerungsprinzip dringt schließlich sogar in die Tiefenstrukturen der Psyche und des Körpers des Menschen vor, es erfasst seine Aufmerksamkeit, seine Bedürfnisstruktur, sein Bemühen um Selbstoptimierung, um Einfluss auf und Macht über sich selbst und andere Menschen.[46]

Wenn diese Analyse zutrifft, ist es vergebliche Liebesmühe, einem Kapitalisten zu empfehlen, sich doch mit dem zu begnügen, was er hat, und davon vielleicht noch etwas für gute Zwecke abzuzweigen. Zwar mag es angesichts guter Geschäfte und fetter Überschüsse immer wieder Spielräume geben, die besonders in Marktnischen gut gedeihen können. Aber das Gesetz der Konkurrenz sorgt dafür, dass dies die Ausnahme bleiben muss. Nächstenliebe ist im Kapitalismus grundsätzlich nicht vorgesehen. Wo »Produktion um der Produktion willen« – wohlgemerkt: von Geld – Zweck des Wirtschaftens ist, wird die Nützlichkeit des Produzierten zur Nebensache. Wie kann ich möglichst schnell aus einem Dollar, Euro oder Yen zwei machen? Das ist die Frage, um die sich alles dreht. Von der Antwort darauf, nicht etwa von den Bedürfnissen oder Fähigkeiten der Menschen, hängt es ab, wo, wie und was wir produzieren und was nicht. Und das wiederum bestimmt die Lebensbedingungen von Pflanzen, Tieren und Menschen.

Der Akkumulationszwang ist das Kraftzentrum des Kapitalismus, von dem alle strukturelle Gewalt ausgeht. Die »Produktion um der Produktion willen« befreit die Wirtschaft von ihrer eigentlichen Aufgabe: durch Nutzung menschlicher Fähigkeiten den bestehenden Bedarf zu decken. Mögen einerseits der Bedarf und andererseits die Fähigkeiten von Hunderten von Millionen Menschen noch so groß sein: Wenn man mit ihnen kein Geld verdienen kann, existieren sie für die herrschende Wirtschaftsordnung schlichtweg nicht. Wenn der französische Wirtschaftswissenschaftler Thomas Piketty in seinem viel beachteten Buch »Das Kapital im 21. Jahrhundert«[47] nachgewiesen hat, wie radikal dieses Zwangsgesetz der Akkumulation die Einkommen aus lebendiger menschlicher Arbeit und die Einkommen aus toter Arbeit, also die Kapitalerträge, seit zwei Jahrhunderten immer mehr auseinanderreißt, hat er tatsächlich die Marx'sche Analyse auf die Höhe unserer Zeit gebracht.

Aber die Konsequenzen dieser Wirtschaftsweise gehen viel tiefer. Der Kapitalismus ist, wie wir sehen werden, nicht nur eine Wirtschafts-, sondern auch eine Gesellschaftsordnung. Die zwanghafte Akkumulation von Geld prägt nämlich das gesamte Leben der Menschen, und zwar gründlich: erstens das praktische Handeln und zweitens die Art und Weise, wie den Menschen ihre Praxis bewusst wird. Und ganz anders, als Max Weber dies gerühmt hatte, bürgt das Geld nicht für ein Maximum an Rationalität, es hilft dem Menschen nicht als Träger umfassender Informationen. Es bewirkt das genaue Gegenteil: Es führt ihn in die Irre.

Irreführung der Freiheit des Handelns

An dieser Stelle sollte sich der Leser vielleicht kurz an Kapitel 4 erinnern. Dort war im Zusammenhang mit der Innenwelt des Menschen von Zyklen beziehungsweise von Rhythmen der Arbeit, der Bedürfnisse und der Handlungen die Rede. Und auch vom basalen Kreislauf zwischen *Ein*greifen und *Be*greifen und der Subjektivität des Menschen, die Körper, Seele und Geist zwar gleichermaßen umfasst, aber im Gehirn als »Organ der Freiheit« (Fuchs) lokalisiert ist. Ein paar wenige Beispiele sollen genügen, um zu zeigen, wie sehr das Geld diese Freiheit ganz offensichtlich zu überlisten versucht. Und wie erfolgreich es dabei ist, wie sehr es den Menschen die Subjektrolle in ihrem Leben streitig macht.

Beginnen wir beim angeblich freien Konsumentenverhalten, das es schon allein aufgrund von Werbung gar nicht geben kann, wie oben erläutert wurde. Die ökonomische Verhaltensforschung hat längst eindrucksvolle Erkenntnisse über die Tendenz des Geldes, den menschlichen Willen zu überrumpeln und die Handlungsmotivation des Menschen zu kanalisieren, vorgelegt. So haben Wissenschaftler der Universität Bonn das Phänomen, dass der Preis eines Weines Einfluss auf das Geschmackserlebnis des Weintrinkers hat, mithilfe eines Kernspintomografen untersucht. Die Forscher konnten genau nachverfolgen, wie die Preisinformation das Belohnungssystem im Gehirn überlistet.[48]

Auch die britische Psychologin Claudia Hammond berichtet von Versuchen über die irreführende Funktion des Geldes. Geld kann unter bestimmten Bedingungen, so Hammond, unsere Sinne trüben und unser Verhalten steuern.[49] Der Genuss von Schokolade etwa kann bereits dadurch beeinträchtigt werden, dass man dem Esser im Vorfeld Geldscheine zeigt. Und in der Glücksforschung ist schon lange bekannt, dass wachsendes Geldeinkommen und Geldvermögen Menschen nicht automatisch glücklicher macht.

Dass Geld auch die Moralität und Sozialität des Menschen be-schädigen kann, zeigt der amerikanische Philosoph Michael J. San-del in seinem Buch »Was man für Geld nicht kaufen kann«.[50] Sein Ausgangspunkt ist die Beobachtung, dass heute nahezu alles käuf-lich ist: die Benutzung von Fahrspuren für Fahrgemeinschaften durch Alleinfahrer, die indische Leihmutter zur Austragung von Embryos, das Recht zur Einwanderung in die Vereinigten Staaten, die Handynummer eines Arztes, eine komfortablere Knastzelle und vieles andere mehr. »Im Lauf der letzten drei Jahrzehnte haben es die Märkte – und die damit verbundenen Wertvorstellungen – geschafft, unser Leben wie nie zuvor zu beherrschen. Nicht dass wir uns bewusst dafür entschieden hätten. Es scheint einfach über uns gekommen zu sein.«[51]

Diese Entwicklung sollte uns, so Sandel, aus zwei Gründen Sorgen bereiten: erstens, weil die Kommerzialisierung des Lebens die soziale Ungleichheit dramatisch verschärft, und zweitens, weil durch sie die Korruption systematisch zunimmt. Wir erleben der-zeit, so Sandel, die Herausbildung einer alle Lebensbereiche um-fassenden »Marktgesellschaft«. Und das hat Konsequenzen: Der Handel mit Blut oder Lebensversicherungen verdrängt etwa das Bewusstsein, moralisch zur freiwilligen Blutspende verpflichtet zu sein, oder den Respekt vor der Menschenwürde. Dieser Han-del wertet letztlich altruistische und humanistische Haltungen ge-nerell ab. Altruismus, Humanismus, Solidarität und Gemeinsinn sind für Sandel aber keine Handelsgüter, die verbraucht werden, wenn man sie nutzt. Sie gleichen vielmehr Muskeln, die durch Übung stärker werden. Wo das Marktprinzip die gesamte Gesell-schaft durchdringt, so Sandels eindringliche Warnung, verküm-mern all die Tugenden, Werte und Prinzipien, auf denen das Ge-meinwesen aufgebaut ist: das Engagement für die gleiche Würde des Menschen und die Demokratie.[52]

Exkurs:
Finanzialisierung der Gesellschaft

Vielfach wird die Kommerzialisierung (Kommodifizierung, Ökonomisierung) beklagt, die unseren Alltag immer stärker prägt. Im Bildungssystem zeigt sie sich, wenn die Privatwirtschaft im öffentlichen Schulwesen immer mehr Einfluss gewinnt, finanzielle Aspekte bei der Auswahl von Bildungsgängen und -inhalten immer wichtiger werden und Bildungsprozesse von der Kita bis zur Uni immer mehr unter Zeitdruck geraten, Bildung also zur Turbobildung mit dem Ziel der kostengünstigen Produktion von Humankapital entartet.[53] Im Gesundheitssystem zeigt sich die Kommerzialisierung, wenn es sich immer konsequenter am Rentabilitätsprinzip orientiert, das Honorierungssystem für Ärzte und Krankenhäuser sich an den Interessen der Industrie (Pharma, Apparate) ausrichtet und das Bedürfnis vieler Patienten nach menschlicher Zuwendung und »sprechender Medizin« darunter leidet. In der Arbeitswelt zeigt sich die Kommerzialisierung, wenn Arbeit immer billiger wird und auf Abruf verlangt wird, wenn also verlässliche Arbeits- und Einkommensverhältnisse auf dem Rückzug sind. In der Güterproduktion zeigt sich die Kommerzialisierung, wenn der physische und noch mehr der moralische Verschleiß (Modezyklen) systematisch in die Produkte eingebaut wird und wenn in vielen produktiven Bereichen mehr Geld in das Marketing für bereits existierende Produkte als in die Forschung für innovative Neuentwicklungen investiert wird. Und in der Stadtplanung zeigt sich die Kommerzialisierung schließlich überall dort, wo Einheitsarchitektur beispielsweise von Einkaufszentren jahrhundertelang gewachsene Stadtkulturen zerstört und eine immer noch auf das Auto konzentrierte Verkehrsinfrastruktur das Stadtbild beherrscht, wobei die ästhetischen und gesundheitlichen Bedürfnisse der Bewohner regelmäßig wirtschaftlichen Interessen untergeordnet werden. In all diesen Fällen führt die mit der Akkumulationslogik einhergehende Prioritätensetzung dazu, dass wir menschliche Potenziale – in Bezug auf Bildung, Gesundheit, Arbeitswelt, Güterproduktion, Stadtplanung und so weiter – der Geldlogik opfern.

Wenn wir in diesem Abschnitt aber von »Finanzialisierung« sprechen, ist so etwas wie die zweite Stufe der Kommerzialisierung gemeint. Finanzialisierung ist genau das, was Aristoteles vor zweieinhalbtausend Jahren vorhergesehen hat: Die Orientierung des gesamten Lebens am Gelderwerb wird zum Spaltpilz des friedlichen Zusammenlebens. Das belegt ein Blick auf die Rolle der Finanzindustrie, der das Wesen der Finanzialisierung der Gesellschaft offenbart. Finanzielle Anreize sind in einer finanzialisierten Gesellschaft nicht mehr Zusatzmotivationen des wirtschaftlichen Handelns, sondern die hauptsächliche, immer häufiger die einzige Motivation. Die Dominanz der Finanzindustrie verschärft die soziale Ungleichheit noch mehr, als die Realwirtschaft es tut, und zwar in vertikaler wie in horizontaler Hinsicht. In vertikaler Hinsicht, weil sich der Gegensatz von Arm und Reich, gemessen an Geldvermögen und Einkommen, seit Langem vertieft.[54] In horizontaler Hinsicht, weil sich die Investitionen in Ballungszentren und den sie umgebenden Speckgürteln konzentrieren, das Land, die Peripherie zurückfällt und oft genug einfach abgehängt wird. Dazu passt, dass die Höhe der Einkommen und damit auch die Möglichkeiten der Vermögensbildung im Zentrum der finanzialisierten Gesellschaft (Dienstleistung am Geld) am höchsten, an ihren Rändern am niedrigsten ist (Dienstleistungen am Menschen, also Erziehung, Pflege). Dazwischen liegen jene in sich sehr unterschiedlichen Bereiche, in denen reale Güter hergestellt werden (etwa Lebensmittel, Maschinen, Gebäude). Kurz: Je mehr Verantwortung eine Person für die Verwertung von Geld trägt, desto stärker profitiert sie von den Resultaten. Dahinter steht das berühmte Matthäus-Prinzip: »Wer hat, dem wird gegeben werden, wer nichts hat, dem wird auch der letzte Rest noch aus der Tasche gezogen« – ein Prinzip, das eine finanzialisierte Ökonomie mit aller Konsequenz durchsetzt. Wenn die Geldlogik dennoch den Menschen immer wieder auch nutzt, handelt es sich um einen positiven Nebeneffekt, gewissermaßen einen Kollateralnutzen der Finanzwirtschaft.

Dieser Wirtschaftssektor dominiert längst in vielerlei Hinsicht die Realwirtschaft, in der die Wachstumsraten in vielen Branchen kaum mehr zunehmen. Das ist in einer Ökonomie, die seit ihrem Bestehen sowohl die Ungleichheit innerhalb wie zwischen den Generationen systematisch verstärkt, kein Zufall. Allein schon, um die damit auftretenden Ungleichgewichte und Probleme zu überdecken und Krisen zu befrieden, sind gewaltige Mittel erforderlich. So ist nicht nur die Wirtschaft, sondern auch der Staat immer mehr dazu gezwungen, Zahlungsversprechen an die Stelle realer Zahlungen treten zu lassen. Das Wachstum von Schulden und Vermögen und noch mehr das von abgeleiteten Finanzpro-dukten (Derivaten) koppelt sich immer weiter vom Wachstum des realen Sozialprodukts ab. Die Finanzwirtschaft gibt der Real-wirtschaft längst Profitraten vor, die diese kaum mehr erwirtschaf-ten kann.[55] Indem die Finanzindustrie mit Vermögen und Schul-den handelt und dabei immer wieder neue, komplexe und riskante Produkte entwickelt, ist sie in den letzten Jahrzehnten so groß ge-worden, dass sich Staaten rund um den Globus reihenweise ge-zwungen sehen, sie bei Fehlkalkulationen und in Krisen als »sys-temrelevant« zu betrachten und vor einer drohenden Insolvenz zu retten (»too big to fail«).

Über dieses Privileg verfügen natürlich auch einige Bereiche der Realwirtschaft: etwa die Betreiber von Atomanlagen aufgrund des physischen Risikopotenzials, für das sie verantwortlich sind, oder auch Pharma- oder Autoproduzenten, die auf hohe Gewin-ne durch oft fragwürdige Produkte pochen, weil sie sonst angeb-lich keine Forschung mehr betreiben können und Arbeitsplätze streichen müssen. Ob Finanz- oder Realwirtschaft, für beide gilt:

Indem der Staat sich durch große Konzerne, oft auch ganze Branchen erpressen lässt, befreit er Teile der Wirtschaft faktisch von den Spielregeln des Wettbewerbs, verleiht ihnen also einen Sonderstatus. Dann kann es vorkommen, dass private Renten- und Lebensversicherungen die ihren Kunden ursprünglich zugesicherte Versorgung im Alter nachträglich absenken und der Staat ihnen dies erlaubt, nur weil auf den Kapitalmärkten über längere Zeit die Zinsen gefallen sind. So wird der altehrwürdige Rechtsgrundsatz, dass Verträge einzuhalten sind, aufgekündigt. All dies untergräbt, wie wir längst wissen, die demokratische Ordnung in ihrem Kern. Bezeichnend sind auch die weitgehende Unfähigkeit der Finanzindustrie, aus Krisen zu lernen, und ihr Erfindungsreichtum (Optionshandel, Bündelung und Weiterverwertung von Schuldpapieren, Einführung neuer Bezahl- und damit Verschuldungssysteme, Entwicklung von Blockchain-Technologien zur Generierung neuer Formen staatsunabhängigen Geldes wie etwa Bitcoin).[56]

Kapitalismuskritiker fordern deshalb seit Langem eine glaubwürdigere Alternative zu diesem Sonderstatus der Finanzwirtschaft: ihre Überführung in Gemein- oder Staatseigentum.[57] Der Schweizer Wirtschaftswissenschaftler Hans Christoph Binswanger, einer der Ersten, der die ökologische Blindheit der herrschenden Wirtschaftswissenschaft und Wirtschaftspraxis zu seinem Thema gemacht hat, bringt die Aufgabe der Transformation der Finanzwirtschaft auf den Punkt: Es kommt darauf an, »nicht nur die Möglichkeiten auszuschöpfen, welche die Dynamik des Geldes bietet, um neue Lösungen für eine umweltkonforme Ausrichtung der Investitionen zu finden, sondern auch diese Dynamik so zu bändigen, dass sie sich nicht verselbstständigt und in ein nicht mehr kontrollierbares quantitatives Wachstum einmündet«. Binswangers Maxime: »Die Geld-Schöpfung, die im Belieben des Menschen steht, muss der Natur-Schöpfung, die nicht Sache des Menschen ist, untergeordnet werden. Wir müssen wieder Ökonomie lernen im ursprünglichen Sinne des ›guten Haushaltens‹.«[58]

Irreführung des Bewusstseins

Die Institution Geld und ihre zentrale wirtschaftliche Bedeutung führen nicht nur das Sein, sondern auch das Bewusstsein in die Irre. Das beginnt schon beim individuellen Selbstbewusstsein des Menschen. Noch einmal Marx: »So groß die Kraft des Geldes, so groß ist meine Kraft ... Das, was ich *bin* und *vermag*, ist also keineswegs durch meine Individualität bestimmt. Ich *bin* hässlich, aber ich kann mir die *schönste* Frau kaufen. Also bin ich nicht *hässlich*, denn die Wirkung der *Hässlichkeit*, ihre abschreckende Kraft ist durch das Geld vernichtet ... Ich bin *geistlos*, aber das Geld ist der *wirkliche Geist* aller Dinge, wie sollte sein Besitzer geistlos sein? Zudem kann er sich die geistreichen Leute kaufen, und wer die Macht über die Geistreichen hat, ist der nicht geistreicher als der Geistreiche?«[59] Wer heute Kontaktanzeigen liest oder Partygesprächen unter Managern lauscht, wird bestätigen können, wie aktuell die Marx'sche Behauptung im Grunde ist.

Dass sich die Institution Geld in Europa ab der zweiten Hälfte des 19. Jahrhunderts sehr schnell und sehr tief in das gesellschaftliche Bewusstsein eingegraben hat, lässt sich beispielhaft bei dem französischen Katholiken und Sozialisten Charles Péguy in seinem 1914 erschienenen Büchlein »Theologie des Geldes« nachlesen.[60] Geld hat es, so Péguy, in kürzester Zeit geschafft, das »Volk«, dessen ehemals im Kern freie Handwerker und freie Arbeiter, in Diener der kapitalistischen Wertschöpfung zu verwandeln, die sich daran gewöhnt haben, jede Aktivität in Arbeitsaufwand und Mehrwertertrag umzurechnen. »Seit Jesus Christus hatte die Welt sich weniger verändert als in den letzten dreißig Jahren«, stellt Péguy fest.[61] Während Armut als Folge einer Fügung Gottes oder des Schicksals früher mehr oder minder knurrend hingenommen wurde, gilt sie jetzt als Schande, ein Eingeständnis, dass man die neuen Verhältnisse nicht zu nutzen verstehe. Während die Freiheit der Arbeit früher immer auch, ähnlich der Freiheit zum Gebet,[62] auf Gott und die Mitmenschen bezogen war, besteht die Freiheit heute darin, »gefällig« zu sein. Geld verändert also, so Péguy, unser Verhältnis zur Wahrhaftigkeit, auch gegenüber uns selbst, weil uns das Geld dazu erzieht, nicht mehr an das zu glauben, woran wir wirklich glauben.[63] Dass sich die Menschen diese neue Versklavung gefallen lassen, kann man sich als eine Art »Stockholm-Syndrom des Kapitalismus« erklären: Die Geiseln schlagen sich auf die Seite der Geiselnehmer, um ihr Überleben zu sichern.[64]

Heute heißt es meist, dass alles von einem mündigen Umgang mit Geld abhänge. Es gibt Wissenschaftler, für die Geld, ganz in der Tradition Webers, sogar Garant von Vernunft und friedlichem Wettstreit ist. »Wo Geld fließt, fließt kein Blut«, »Geld verdienen« sei eine »konzentrierte Zukunftsvorsorge«, das Geld sei heute ein »funktionaler Ersatz für die unmöglich gewordenen Ideen des Humanismus«, meint beispielsweise Medientheoretiker Norbert Bolz.[65] Andererseits haben in den vergangenen Jahrzehnten Vertreter der Kritischen Theorie immer wieder an die Marx'sche Kritik des Warenfetischismus erinnert und diese auch weiterentwickelt.[66]

Für Marx waren ökonomische Phänomene erst dann wirklich erklärt, wenn sie aus der Entwicklungslogik der Warenproduktion und der ihr zugrunde liegenden Dialektik der Arbeit – als Ort und Nahtstelle des Stoffwechsels zwischen Mensch und Natur – abgeleitet werden können. Zu diesen ökonomischen Phänomenen gehört ganz zentral der »Fetischismus« der Warenwelt. Gemeint ist damit, dass die Warenform »den Menschen die gesellschaftlichen Charaktere ihrer eigenen Arbeit als gegenständliche Charaktere der Arbeitsprodukte selbst, als gesellschaftliche Natureigenschaften der Dinge zurückspiegelt«.[67] Einfacher gesagt: Die gesellschaftliche Arbeitsteilung erfolgt nicht durch gesellschaftliche Absprache und Entscheidungen von Menschen, sondern durch individuelle Orientierung an Marktsignalen, an den Resultaten der »unsichtbaren Hand« des Marktes.[68] Vom Fetisch spricht Marx, weil – wie in der Sphäre des Religiösen – die vom

Menschen selbst geschaffenen Verhältnisse auf einmal Gewalt über ihn erlangen.

Der Geldfetisch kann nirgends so deutlich beobachtet werden wie beim Umgang mit den in Geldpreisen ausgedrückten Tauschwerten der Waren. Das gilt unabhängig davon, ob man diese Preise als Resultat von Angebot und Nachfrage (herrschende Lehre) oder als Resultat der durchschnittlich gesellschaftlich notwendigen Arbeitszeit, die zu ihrer Herstellung notwendig war (Marx), begreift. Menschen, deren Bewusstsein in den kapitalistischen Verhältnissen befangen ist, nehmen es dann als quasinatürliche Tatsache hin, dass bestimmte Medikamente – etwa für die Therapie von Krebserkrankungen – einfach zu teuer sind, um sie für jeden bedürftigen Patienten zur Verfügung stellen zu können. Und auf der anderen Seite akzeptieren sie, dass gebrauchte Autos mit überzüchteten Motoren an Jugendliche oder elektronische Spielzeuge an Kinder zu Spottpreisen verkauft werden. Märkte und Geld haben in unserem Denken eine naturgleiche Autorität erlangt. Selbst krasseste Formen von Ungleichheit, Ausbeutung und Fremdbestimmung zaubert diese Naturalisierung auf wunderbare Weise einfach weg. Indem sie nicht als Ergebnis menschlichen Handelns, sondern als Gegebenheiten der Natur erscheinen, gelten sie aus sich selbst heraus gerechtfertigt. Wenn Ostdeutsche nach der Wende klagten (und manche tun es heute noch), sie hätten ja in der DDR auch jahrzehntelang gearbeitet, und es sei ungerecht, dass ihre Leistung im vereinigten Deutschland nun auf einmal nichts mehr zähle, ist dies ein nachvollziehbarer moralischer Aufschrei. Bei nüchterner Betrachtung müsste er sich aber nicht gegen die oft beklagte Kolonialherrenmentalität westlicher Politiker oder die ungenügende Solidarität westdeutscher Bürger richten, sondern gegen das ganz und gar unbarmherzige Wertgesetz des Kapitalismus.

Die Theorie vom Fetischismus der Warenwelt wurde im Anschluss an Marx weiterentwickelt. So hat zum Beispiel der Sozialphilosoph Erich Fromm in »Kunst des Liebens«[69] und »Haben oder Sein«[70] geld- beziehungsweise kapitalgetriebene Gesellschaften als krank charakterisiert. Wo Menschen darauf fixiert sind, möglichst viele Sachen zu haben und diese als ihr privates Eigentum zu kontrollieren, kommt das Sein des Menschen zu kurz. Je mehr sich der Mensch auf das Haben und Kontrollieren seiner Umwelt fokussiert, so Fromm, desto weniger kann er einfach genießen und kreativ tätig sein, desto weniger ist er auch beziehungsfähig. Wer sich auf den Modus des Habens einmal eingelassen hat, der verlernt, was Liebe ist. Genau daran aber ist Fromm zufolge der Kapitalismus interessiert, weil sich mit Liebe, Beziehungen und Kreativität in aller Regel keine so guten Geschäfte machen lassen, wie wenn Menschen in ihrem Leben auf die Vermehrung ihres materiellen Besitzes hin konditioniert werden.[71]

Einen anderen Aspekt der Irreführung des Bewusstseins hat der ungarische Sozialphilosoph Georg Lukács herausgearbeitet. Er zeigt, wie sich die Sphäre des Dinglichen von der Sphäre des Menschlichen, aus der sie entstanden ist, im Denken immer mehr abgelöst hat, wie sich das Bewusstsein also »verdinglicht«. An die Stelle der qualitativ-menschlichen Komponenten der Arbeit treten menschenfremde Eigengesetzlichkeiten, die sich aus der Warenlogik ergeben.[72] Demzufolge erzwingen vor allem die zunehmende Zerlegung der Verrichtungen in abstrakte Teiloperationen und die Vorgabe eines Durchschnittstempos die Verdinglichung in der Arbeitswelt, so Lukács. Zurück bleibt ein quantitativ-sachlich bestimmtes Verhältnis des arbeitenden Menschen zum Produkt, zu seiner Umwelt und zu sich selbst. Dem Verlust der Sinnlichkeit entspricht zwar ein Zugewinn an Rationalität, aber in einem spezifischen Sinn: Es entwickelt sich, so Lukács, eine allseitig kalkulatorische Grundhaltung – im Prinzip in allen Bereichen der Gesellschaft, des Staates und des Denkens.[73]

Metaphern der Zwischenmenschlichkeit

Die kollektive Bewusstseinsprägung durch das Geld zeigt sich besonders penetrant in der in diesem Buch immer wieder angesprochenen Rede vom ökonomischen »Sach«zwang. Dieses Wort wird immer dann bemüht, wenn Menschen Belastungen zugemutet werden. »Sach«zwang heißt vom Wort her, dass der Zwang nicht von Menschen, sondern von der Natur der Sache ausgeht. Der Vorteil dieses Arguments: Wenn ich keinen Menschen als Urheber von Zumutungen ausmachen kann, ist Widerspruch sinnlos. Wer würde der Natur vorwerfen, dass sie uns nicht immer nur sonniges Wetter beschert? Und wer sich angesichts schlechten Wetters nicht entsprechend schützt, der gilt eben als selbst schuld, wenn er leidet. Deshalb ist ein kritischer Blick auf das »Sach«zwangsargument, das ein Allgemeininteresse unterstellt, hinter dem in Wahrheit oft ein Partikularinteresse verborgen ist, unabdingbar.[74]

Indem die Rede vom »Sach«zwang soziokulturelle Gegebenheiten naturalisiert, macht sie Politik als Zukunftsgestaltung genau genommen überflüssig. Vom »Sach«zwang ist es nur ein kleiner Schritt zur »Alternativlosigkeit«. Wo Politik »alternativlos« ist, ist Demokratie sinnlos, kann die Herrschaft getrost Autokraten, Technokraten oder gleich Maschinen übertragen werden. Je alternativloser die Wege in die Zukunft zu sein scheinen, desto mehr wird den Menschen, insbesondere den jungen, für die die Zukunft besonders wichtig ist, die Möglichkeit der selbstständigen Gestaltung ihrer Zukunft vorenthalten. Die Ideologie vom »Sach«zwang eignet sich deshalb ganz hervorragend zur Legitimation politischer Exklusionsstrategien, wenn es darum geht, bei knapper werdenden Verteilungsspielräumen bestimmte Menschen von benötigten knappen Gütern wie Arbeitsplätzen, Marktanteilen oder Naturressourcen auszuschließen.

Ein prominentes Beispiel dafür, wie die vermeintlichen Sachgesetzlichkeiten der herrschenden geldgetriebenen Wirtschaftsordnung das Bewusstsein verblenden, hat die deutsche Bundeskanzlerin Angela Merkel geliefert. Nicht nur, dass sie angesichts des Ausbruchs der Finanzkrise 2007 in der Tradition von Margaret Thatchers TINA-Argument (»There is no alternative«) von der »Alternativlosigkeit« politischer Entscheidungen sprach und eine »marktkonforme Demokratie« forderte,[75] sondern vor allem, dass sie gleichzeitig immer wieder den Zusammenhang zwischen Märkten und Menschen einräumen musste. Ein besonders schönes Zitat stammt aus einem Vortrag vor international agierenden Managern und Politikern im Jahr 2010 in Seoul. In diesem Vortrag äußerte die deutsche Bundeskanzlerin, die damals vermutlich mächtigste Politikerin der Welt also, die »Bitte« an »die Märkte«, »die ja irgendwie auch durch Personen konfiguriert sein müssen«, doch »ab und zu auch auf die Politik Rücksicht zu nehmen«.[76] Wer Markt und Kapital als grundlegende Institutionen unseres Wirtschaftens befürwortet, der darf sich nicht wundern, wenn die Dynamik der Egomaschinen alle Lebensregungen erfasst und Humanität langsam, aber sicher zur Restgröße verkommt. Wer als Anhänger der Marktwirtschaft Märkte um Rücksichtnahme bittet, gleicht einem Anhänger des Boxsports, der bedauert, dass bei diesem Sport immer alle so hart aufeinander einschlagen.[77]

Wie tief sich die Verdinglichung in unser Bewusstsein eingegraben hat, zeigt sich auch in der sogenannten digitalen Revolution. Sie hat innerhalb von lediglich zwei Jahrzehnten gigantische Möglichkeiten hervorgebracht, Daten über Menschliches und Gesellschaftliches zu erfassen, zu sammeln, zu systematisieren, zu verbreiten, zu vergleichen, zu hierarchisieren und zu generieren. Diese Möglichkeiten drohen die Menschen und ihre Beziehungen heute immer mehr zu überfordern. Der Soziologe Steffen Mau hat gezeigt, welche Macht Zahlen über uns mittlerweile erlangt haben.[78] Wo alles gemessen, bewertet, gerankt und geratet wird – die Leistungen von Kindern, die Fitness von Erwachsenen, die Rentabilität von Dienstleistungen und Finanzprodukten und so weiter –, wird der Marktwettbewerb, so der Befund, zu einer wahrhaft totalen Institution. Wir leben mittlerweile, so Mau, in einer »Numerokratie« angesichts des Zwangs, in allen möglichen und unmöglichen Bereichen mit guten Zahlen glänzen zu müssen. Der alles bestimmende Zahlenvergleich verschärft dieser Diagnose zufolge die Ungleichheit unter den Menschen, den Kampf um Lebenschancen, die Fremdbestimmung. Er reduziert alles Qualitative auf Quantitatives und beschleunigt genau dadurch soziale Selektionsprozesse gnadenlos. Das Interesse, alles, was da kreucht und fleucht, dem Verwertungsprozess zuzuführen und aus Leben Geld zu machen treibt diese ganze Zählerei an.

Die vorausgehenden Beobachtungen und Interpretationen über den Irrweg unseres Bewusstseins und die Metaphern, in denen wir Zuflucht suchen, um das alles irgendwie erklären und managen zu können, stammen allesamt aus der europäisch-westlichen Welt. Es ist interessant, wie aus einer nicht westlichen Perspektive das Bewusstsein gesehen wird, das Menschen in kapitalistischen Gesellschaften typischerweise entwickeln. Geld gleicht, so der buddhistische Wirtschaftsethiker Karl-Heinz Brodbeck, einem Virus, das den menschlichen Geist infiziert, sich dabei aber tarnt. Mit der Geldrechnung »schleicht sich schrittweise neben der Sprache eine völlig neue Bewusstseinsform in den menschlichen Geist. Es ist die Rechnung einer abstrakten Entität … Die in der Sprache liegenden Ideen werden im Denkprozess überlagert durch die Herrschaft der Zahl: Der Logos unterwirft sich der Ratio.«[79] Aus der buddhistischen Sicht verkörpert die im Westen herrschende Rationalität des Geldes das exakte Gegenteil der buddhistischen Erkenntnis von der gegenseitigen Abhängigkeit aller Wesen. Brodbeck verweist auf den engen Bezug zwischen dem Geld und der für den Buddhismus zentralen Lehre von den drei Giften. Nach dieser Lehre sind es die menschliche Gier, der menschliche Hass und die menschliche Verblendung, die den Menschen im Kreislauf der Wiedergeburt immer wieder zurückwerfen. »Der innerste Kern des modernen Kapitalismus«, so Karl-Heinz Brodbeck, »ist die Herrschaft einer irrationalen Gier auf der Grundlage eines Irrtums, entfaltet im verblendeten Wettbewerb ... Wir haben das Management des Planeten einer irrationalen ... Leidenschaft übergeben, die zudem blind ist und im Wettbewerb nicht nur theoretisch, sondern ganz praktisch die gegenseitige Abhängigkeit der Menschen voneinander und von der Natur leugnet. Ökonomisch verblendete Menschen handeln ohne Wissen darum, aber sie erfahren das, was sie sich wechselseitig planetarisch antun, als fremden Sachzwang.«[80]

Wichtig ist: Die genannten Metaphern der Zwischenmenschlichkeit – »Sach«zwang, Nummer, Virus – sind weniger Ausdruck der Verwendung des Geldes als Tauschmittel als vielmehr der Verwendung des Geldes als Kapital. Schon einfache Märkte, in denen Geld also noch nicht Selbstzweck, sondern nur Mittel für den Erwerb von Gebrauchswerten ist, orientieren sich zwar an der formalen Freiheit und Gleichheit der Tauschenden, berücksichtigen also ihre sozialen Unterschiede nicht, genauso wie sie die Naturressourcen einfach als gegeben betrachten. Auf einfachen Märkten werden damit System- und Eigenzeiten und damit auch die Wiederkehr des Ähnlichen nur rein zufällig respektiert. Kapitalistische Märkte aber steigern diese zufällige Abkopplung zu einer systematischen Notwendigkeit.

Eine Gelderwerbswirtschaft stülpt also der Welt ein anderes Zeitmuster auf als eine einfache geldvermittelte Tauschwirtschaft. An die Stelle von Kreisläufen und Rhythmen, an die Stelle von Regenerativität, Reziprozität und Reflexivität, tritt unter dem Zwang der Geldvermehrung eine lineare, letztlich exponentielle Bewegung, an die Stelle einer negativen tritt eine positive Rückkopplung. Indem der Überschuss an Geld zwanghaft wieder zur weiteren Überschussproduktion verwendet wird, wird gemäß der Marx'schen Arbeitswerttheorie aus vergangener Arbeitszeit immer wieder zukünftige Arbeitszeit generiert. Auch wo die Überschüsse nur mehr aus Finanzspekulationen erzielt und in Finanzspekulationen investiert werden, erwarten die Eigentümer dieser Überschüsse, dass die Gelderträge wie alle anderen Gelderträge auch, prinzipiell jederzeit in wirklichen physischen Reichtum (Autos, Häuser, Jachten) eingetauscht werden können. Denn für den Konsumenten ist Geld immer zugleich eine »gefrorene Begierde« (James Buchanan).[81]

Wo die Eigendynamik des Geldes das ökonomische Geschehen beherrscht, stellt sich die Frage nach den Konsequenzen für den Umgang mit Zeit in aller Schärfe. Wer Geld in Hinblick auf zukünftige Gewinne ausgibt, macht nicht nur die Gegenwart, sondern auch die Zukunft zu Geld. Erwartet er für die Zukunft viel Geld, hat sie einen hohen Preis, dann investiert er viel Geld in sie und verzichtet auf gegenwärtigen Konsum. Erwartet er für die Zukunft wenig Geld, ist sie fast wertlos, dann kann er das Geld getrost heute schon ausgeben. So erhält die Zeit einen in Geld gemessenen Preis.[82] Wer die Zeit jedoch nicht als Geldwert, sondern wie Aristoteles als Ausdruck einer kosmischen Ordnung oder gar wie in vielen Religionen als Geschenk Gottes sieht, für den muss eine solche Praxis schlichter Frevel sein.

Symphonie des Lebens, Lärm des Geldes

Wie verhalten sich Zeit und Geld nun tatsächlich zueinander? Diese Frage führt uns zu der oft zitierten Gleichung »Zeit ist Geld«. Sie geht auf einen 1748 veröffentlichten Ratgeber für junge Kaufleute des amerikanischen Verlegers und Schriftstellers Benjamin Franklin zurück. Für Max Weber war diese Gleichung der Inbegriff der Ethik des Protestantismus und dieser wiederum die entscheidende geistige Grundlage für den Erfolg der kapitalistischen Wirtschaftsweise.[83] Ein kritischer Blick auf diese Gleichung, die bekanntlich oft verwendet wird, um Menschen zu hetzen, kann ohne große geistige Ausflüge etliche Asymmetrien zwischen Geld und Zeit ausmachen, die die Gleichung, gewollt oder ungewollt, unterschlägt.

Zunächst zeigt sich die Asymmetrie von Zeit und Geld allein schon darin, dass Menschen in aller Regel, wenn nichts Dramatisches dazwischenkommt, über etwa gleich viel Lebenszeit verfügen – jedenfalls innerhalb eines bestimmten kulturellen und sozialen Umfelds. Ganz anders das Geld, das fast überall extrem unterschiedlich unter den Menschen verteilt ist. Die Asymmetrie von Zeit und Geld begegnet uns auch, wenn jemand etwa nach einem schweren Unfall erleichtert feststellt, dass nur Sachen, aber keine Menschen zu Schaden gekommen sind. Sachen kann man in vielen Fällen mithilfe von Geld reparieren und ersetzen, die Lebenszeit von Menschen nicht. Eine Asymmetrie von Zeit und Geld liegt ferner vor, wenn uns zum Beispiel am Ende des Lebens, wenn unsere Zeit knapp wird, bewusst wird, dass alles Geld der Welt nicht ausreicht, das Leben zu verlängern, während wir uns auf der anderen Seite sehr wohl vorstellen können, unsere Zeit zu nutzen, wenn im Laufe des Lebens das Geld knapp wird, entweder um Geld zu verdienen oder um das Leben einfach mit weniger Geld zu genießen.

Die Asymmetrie von Zeit und Geld sollte im Übrigen auch durch den obigen Nachweis deutlich geworden sein, dass das Geld sehr viel weniger Respekt vor der Autonomie des Menschen hat als die Zeit, weil es dazu tendiert, das Handeln und Denken systematisch in die Irre zu führen. Bei einem Überfluss an Zeit kann das zwar auch geschehen, aber vermutlich eher selten. Und die Asymmetrie von Zeit und Geld wird schließlich sichtbar, wenn wir uns bewusst machen, dass mit dieser Gleichung der Teil der Lebenszeit, der nicht genutzt wird und auch nicht nutzbar ist, einfach unter den Tisch fällt. Damit übergehen wir nicht zuletzt die Lebenszeit der Menschen, die zu den 90 bis 99 Prozent jener Generationen zählen, die vor Beginn der Geldherrschaft die Erde bewohnt haben.

In der Gleichung »Zeit ist Geld« begegnet uns also noch einmal die ganze Arroganz der europäischen Moderne, die das Geld zu ihrem neuen Gott erhoben hat. Zeit ist in Wirklichkeit nur im Kapitalismus Geld, und zwar auch nur in ihrer »geronnenen«, »erstarrten« (Liessmann[84]) Form, keinesfalls aber als fließende Zeit. Das Fließen gehört aber zur Zeit immer auch dazu – vorwärts und in Kreisen, in Form einer Spirale, einer Spindel. Die Gleichung »Zeit ist Geld« ist also ein verhängnisvoller Irrtum. Die Wahrheit ist: Die Zeit ist älter und universeller als das Geld, und zwar um Dimensionen.

Schauen wir uns zum Schluss den Zusammenhang von Geld und Zeit in seiner Dynamik noch etwas genauer an. Das Um-sich-selbst-Kreisen des Geldes, die Logik des Produzierens um der Produktion willen, die zwanghafte Rückkoppelung von Gewinn und Investition, verleihen dem Geld nicht nur eine beispiellose Kraft, das Handeln und Denken des Menschen in die Irre zu führen. Je ausschließlicher »Produktion um der Produktion willen« betrieben wird, desto konsequenter kommt die Reproduktion zu kurz. Oder zeitökologisch-resonanztheoretisch formuliert: Je mehr alles auf lineare und sogar exponentielle Veränderung ausgerichtet ist, desto wahrscheinlicher fehlt die Wiederkehr des Ähnlichen, desto zwingender müssen wir auf Resonanzen verzichten. Oder in einer aus resonanztheoretischer Perspektive naheliegenden Metapher, die auf die Schwingung von Luftschichten verweist: Die Kraft des Geldes erzeugt Bewegungs- und Wachstumsmuster, die eher an Lärm als an Musik, eher an Totes als an Lebendiges denken lassen.[85]

Erstens: Die Richtungen, in die sich Geld als Kapital bewegt, gibt es selbst vor. Das Prinzip lautet: Wo schon viel ist, dort muss noch mehr hin. Zwar gibt es Ausnahmen, wenn Märkte gesättigt sind und neue Geschäftsfelder erschlossen werden müssen. Aber dort, wo der Wirtschaftsmotor brummt, wo nicht nur der Grundbedarf befriedigt, sondern Güter des gehobenen Bedarfs bis hin zu Luxusgütern produziert werden, stellt man in aller Regel auch technisch hochwertige Produkte her oder entwickelt sie zumindest, um sie dann anderswo herstellen zu lassen. Dadurch entstehen in den bereits gut versorgten Regionen der Welt auch die relativ höchsten Einkommen. Und diese fungieren in aller Regel als Nachfrage, auch nach technisch hochwertigen Gütern und Luxusgütern, und treiben so das Brummen der Wirtschaft weiter an. Das ist eine klassische positive Rückkoppelung. Es herrscht das Matthäus-Prinzip »Wer hat, dem wird gegeben«.

Pflanzen, Tiere und Menschen, insofern sie nicht der Geldlogik gehorchen, folgen einem gegenteiligen Prinzip: Wenn diese Lebewesen gesättigt sind, stellen sie ihre diesbezüglichen Aktivitäten ein oder lenken sie auf andere Ziele. Bäume wachsen nicht in den Himmel. Irgendwann ist bei ihnen immer Schluss. Dasselbe gilt für den Körper von Tieren und Menschen. Wenn sie alt sind, werden sie krumm und bucklig und landen schließlich wieder unter der Erde. Die Richtung des Lebens ist also zyklisch, die des Geldes nicht.[86]

Zweitens: Auch die Geschwindigkeiten der Bewegung von Geld als Kapital einerseits und des »Rests« der Welt andererseits unterscheiden sich grundlegend. Geld und Kapital bewegen sich dank der modernen Informationstechniken beinahe unendlich schnell. Im Computerhandel werden gigantische Summen in Bruchteilen von Sekunden um die Welt gebeamt – täglich mehrere Billionen Euro, Dollar, Yen. Geld und Kapital wachsen aufgrund des eingebauten Selbstvermehrungsanspruchs nahezu ohne Begrenzung in die Höhe. Geld ist, wie andere Waren auch, im Kern geronnene und gespeicherte Arbeitszeit. Wird Geld als Kapital verwendet, also für neue Produktionsprozesse investiert, so wirkt es als Beschleunigungsmaschine. Wer also in der Produktion von Waren und Dienstleistungen Kapital einsetzen kann, lässt Beschleunigungsmaschinen gegen Menschen antreten, geronnene Zeit gegen rinnende Zeit, tote gegen lebendige Arbeit.

Im Gegensatz zu diesen Beschleunigungsmaschinen beziehungsweise dem Kapital, das sie verkörpern, kämpft der »Rest« der Welt
gegen die Trägheit und ist nur begrenzt beweglich. Güter müssen
oft aufwendig transportiert werden, Tiere und Menschen bewegen sich mit ihrer eigener Geschwindigkeit. Pflanzen haben meist
einen festen Standort, lassen sich nur begrenzt umsiedeln. Andere
Naturressourcen, fruchtbarer Boden, Gewässer, Bodenschätze und
so weiter, haben ihren festen Ort im Ökosystem. Und Menschen,
die aus der Welt von Geld und Kapital ganz ausgeschlossen sind,
diese aber für ihr Überleben brauchen, sind meist extrem langsam
unterwegs. Migranten brauchen bisweilen Jahre, bis sie dort ankommen, wo sie hinwollen. Und sie brauchen noch sehr viel länger, bis sie dort, wenn alles gut geht, auch heimisch werden.

Und *drittens:* Die gigantische Beweglichkeit des Geldes, seine
atemberaubende Fließgeschwindigkeit und die Möglichkeit, es
zu speichern, führen zur Verwischung aller Grenzen, zwischen
Räumen wie zwischen Zeiten. Orte, die ohne Geld nichts miteinander zu tun hätten, werden durch die Fernwirkung des Geldes
plötzlich miteinander verbunden. Tuvalu, eine Insel im Südpazifik
etwa, wird vom Untergang bedroht, und zwar durch Entscheidungen, die an den Börsen in New York, Frankfurt und Tokio
gefallen sind. Und Grenzen zwischen Staaten öffnen sich für Geld,
Waren, Ideen und Menschen – sofern sie als nützlich anerkannt
werden. In Bezug auf zeitliche Grenzen verbindet Geld Situationen, die ohne die Herrschaft des Geldes wenig miteinander zu tun
hätten. Geld und Kapital sind Zeitspeicher, in denen zunächst
nur vergangene Arbeitszeit abgelagert ist, wie in allen Produkten menschlichen Wirkens auch. Das Heimtückische am Geld
ist aber, dass es nicht nur vergangene, sondern, wenn es als Kapital verwendet wird, auch zukünftige Zeit speichern kann. Denn
im Unterschied zu Konsumgütern oder zu solchem Geld, das zu
deren Erwerb dient, dient Geld als Kapital der Beschaffung von
Mitteln für die weitere Produktion. Damit erhebt es Anspruch

auch auf zukünftige Zeitpotenziale. Wer sich Geld geliehen hat, hat schon einen Teil seiner Zukunft verkauft. Wo Geld als Kapital fungiert, müssen sich menschliche Arbeitskraft und natürliche Ressourcen bewegen, ist es mit Ruhe und Genügsamkeit endgültig vorbei. Durch seine Fähigkeit, räumlich und zeitlich auszugreifen und zu vermischen, zerstört Geld räumliche und zeitliche Grenzen.

Anders in dem Bereich der Welt, der nicht von Geld und Kapital gesteuert ist: Dort werden Grenzen oft verteidigt, meist respektiert, und wenn sich Komplexität dadurch besser bewältigen lässt, werden auch neue Grenzen errichtet und aufrechterhalten. Das gilt für die unbelebte Welt wie für die belebte, für Pflanzen, Tiere und auch Menschen. Evolution beziehungsweise Selbstorganisation sind ja, wie wir im 1. Kapitel gesehen haben, genau dadurch charakterisiert, dass mit der Zunahme von Vielfalt und Komplexität auch ständig neue Grenzen zwischen Umwelten und Systemen eingezogen werden und so Subsysteme entstehen, mit deren Hilfe die jeweiligen Umweltanforderungen besser zu bewältigen sind als ohne sie. Kurz: Zeit und Geld haben zwar gemeinsam, dass sie irgendwie mit Schwingungen zu tun haben. Aber das ist schon alles. Im Kern sind Zeit und Geld von ihrer Dynamik her Gegensätze, so wie Musik und Lärm.

Und wem gehört eigentlich die Erde?

Leser, denen diese Metapher zu abgehoben ist, können sich eine etwas bodenständigere Frage stellen, die freilich eine ganz ähnliche Konsequenz nach sich zieht. Wem gehört eigentlich die Erde, wer ist ihr Eigentümer? Eine Frage also, die den ganz großen Raum und die ganz große Zeit betrifft. Geht man von den realen Eigentumsverhältnissen aus, so wissen wir, wie stark seit ein paar Jahrzehnten diejenigen Kräfte sind, die alles und jedes privatisieren wollen. Kommerzialisierung öffentlicher Dienstleistungen, Freihandelsverträge, Landgrabbing, Biopatente, Treibhauszertifikate, Finanzialisierung und so weiter.

In krassem Gegensatz dazu steht eine andere Vorstellung vom Eigentum an der Erde und dem aus ihr abzuleitenden Auftrag an diejenigen, die auf ihr leben und sie bearbeiten: die Vorstellung vom Gemeineigentum. Sie findet sich außer in der mittelalterlichen Allmende (Kapitel 3) in so unterschiedlichen Dokumenten wie dem 1894 herausgegebenen dritten Band des »Kapital« von Karl Marx, der 1946 verabschiedeten Verfassung des Freistaats Bayern und jüngst einem Apostolischen Schreiben von Papst Franziskus aus dem Jahr 2013.

Bei Marx heißt es: Jede Generation, ja die Menschheit insgesamt ist nicht Eigentümerin, sondern nur Nutznießerin der Erde und hat sie, wie gute Familienväter das tun, »den nachfolgenden Generationen verbessert zu hinterlassen«.[87] Die bayerische Verfassung betont nicht nur, dass Bodenschätze und Einrichtungen der Infrastruktur in der Regel korporatives (also öffentliches) oder genossenschaftliches Eigentum sind und lebenswichtige Produktionsmittel, Großbanken und Versicherungen in Gemeineigentum überführt werden können, wenn es die Rücksicht auf das Gesamtwohl erfordert. Zur Landwirtschaft heißt es explizit, der Staat habe die »vorrangige Aufgabe«, »die Leistungsfähigkeit des Naturhaushalts zu erhalten und zu verbessern«.[88] Und Papst Franziskus stellt klar, dass die Erde nicht Eigentum von bestimmten Menschen (etwa einer Gesellschaft, einer Nation) und auch nicht aller Menschen, die die Erde gleichzeitig bewohnen, ist. Eigentümer der Erde ist die Menschheit insgesamt.[89]

Wer die Eigentumsfrage so beantwortet, wie das hier geschieht, der müsste konsequenterweise für eine Revolution der tatsächlich herrschenden globalen Eigentumsordnung eintreten. Sie bestünde im Kern darin, die Erde als Miet- oder Pachtobjekt zu betrachten, das den Erdbewohnern immer nur für eine bestimmte Zeit zur Nutzung überlassen wird, wobei dem Eigentümer ein fairer

Miet- oder Pachtzins zu zahlen ist. Und sie bestünde weiter darin, die Erde nach Ablauf des Miet- oder Pachtvertrags dem Eigentümer – der Menschheit! – möglichst verbessert zurückzugeben. Ein erster Schritt hin zu einer solchen globalen Revolution der Eigentumsverfassung könnte etwa darin bestehen, dass der globale Norden den jahrhundertelangen Raubbau an den Ressourcen des globalen Südens samt der Verbrechen gegen zig Millionen Menschen wenigstens erst einmal faktisch anerkennt und auf Augenhöhe mit den Nachfahren der Opfer über Konsequenzen dieser gemeinsamen Geschichte in Verhandlung tritt. In diese Richtung geht auch der Vorschlag der kanadischen Wissenschaftlerin Naomi Klein in ihrem Buch »Die Entscheidung. Kapitalismus versus Klima«: die Atmosphäre der Erde endlich als Allmende anzuerkennen und wenigstens jene Schulden zu begleichen, die der globale Norden beim globalen Süden über die letzten zwei Jahrhunderte, seit er das Klima destabilisiert, angehäuft hat.[90]

Zwischenfazit

Hat die Logik von Geld und Kapital in einer Marktwirtschaft erst einmal das Kommando übernommen, zersetzt das Geld systematisch alle System- und Eigenzeiten, Kreisläufe und Rhythmen, Synchronisationsverhältnisse und Resonanzchancen. Zwar hat das Geld selbst keinen Willen, aber der Umgang mit ihm prägt den Willen des Menschen. Wo Geld nicht als Tauschmittel, sondern als Mittel der Wertvermehrung, also als Kapital, verwendet wird, entsteht mit der »Produktion um der Produktion willen« eine positive Rückkoppelung von Gewinn und Investition. So erzeugt das Kapital jene »Sach«zwänge, die es immer schwerer machen, auf die natürlichen, soziokulturellen und menschlichen Voraussetzungen des Wirtschaftens Rücksicht zu nehmen. Diese positive Rückkoppelung ist der tiefste Grund dafür, dass die Menschheit die in den Kapiteln 2, 3 und 4 dargelegten Prinzipien einer nachhaltigen Entwicklung (Regenerativität, Reziprozität und Reflexivität), die auf Rhythmen beruhen, hinter denen Kreisläufe stehen, so fundamental verfehlt. Der Lärm des Geldes torpediert in der Welt des Lebendigen auf allen Ebenen die Wiederkehr des Ähnlichen, indem er ständig und mit zunehmender Geschwindigkeit Neues hervorbringt, dem sich der Mensch – meist ohne es zu wollen und zu wissen – mit Haut und Haaren unterwirft. Wenn Vielfalt die räumliche und Gemächlichkeit die zeitliche Voraussetzung für Fehlerfreundlichkeit ist und Fehlerfreundlichkeit, wie Peter Kafka betont (Kapitel 1), die Voraussetzung für die Fortsetzung der Evolution als kultureller »Schöpfungsprozess«, dann ist die globale Herrschaft des Geldes das größte Risiko, das der Mensch in seiner Geschichte bisher hervorgebracht hat. Vergleichbar ist dieser institutionelle Risikofaktor allenfalls mit jenen technischen Plänen, die angesichts des Klimawandels unter dem Stichwort »Geo-Engineering« immer häufiger ernsthaft erwogen werden (einerseits Erhöhung der Reflexion der globalen Sonneneinstrahlung, andererseits Einlagerung von Kohlendioxid in der Erdkruste)[91] und mit der schlichten Tatsache konfrontiert sind, dass im Fall ihres Scheiterns kein zweiter Planet zum Auswandern verfügbar ist.

Zeit ist Geld? –
Die Korrektur eines Irrwegs

Die alles entscheidende Frage lautet: Wie kann das zum Selbstzweck mutierte Geld wieder zum Mittel des guten Lebens und
Wirtschaftens zurückgestuft werden? Die Antwort kann in unterschiedlichen Sprachen formuliert werden. In der Sprache der politischen Ökonomie: Nicht die Produktion von Geld, sondern die
Reproduktion von Lebendigkeit muss das Ziel unserer Bemühungen werden. In der Sprache der Kybernetik: Nicht die positive,
sondern die negative Rückkoppelung muss als Garant der Wiederkehr des Ähnlichen und damit von Stabilität den Vorrang haben.
Und schließlich in der Sprache der Ökologie der Zeit und der
Resonanztheorie: Nicht lineare, erst recht nicht exponentielle Prozesse dürfen dominieren, sondern diese müssen immer wieder zyklisch zurückgebogen werden, damit Fortschritt nicht weiter die
Form einer endlosen Linie oder Exponentialkurve annimmt, sondern die einer Spirale. Nur so können sich Kreisläufe annähernd
schließen, Rhythmen schwingen, Schwingungen synchronisiert
werden – und letztlich Resonanzen eine realistische Chance erhalten. Denn der Mensch muss immer wieder zurückkehren können,
und zwar an jene Orte, von denen er aufgebrochen ist: zur Umwelt, also seinem »unorganischen Leib« (Marx), zur Mitwelt, also
seinem Gattungswesen, und zur Innenwelt, also zu Körper, Seele
und Geist.

Aufgabe, Leitlinien, Ressourcen

Gehen wir nun – anknüpfend an die Kapitel 2, 3 und 4 – die drei
Resonanzräume noch einmal durch und erinnern uns, worauf es
in einer Resonanzstrategie jeweils ankommt. *Erstens* zur natürlichen Umwelt und zum Prinzip der Regenerativität. Hier geht es

um den Erhalt der Lebensgrundlagen, der unbelebten wie der belebten, um Energie und Stoffe, um den Reproduktionsring und die Biodiversität. Das betrifft Stoffkreisläufe und Böden genauso wie Straßen und Gebäude. Sie alle müssen zuallererst gehegt und gepflegt, eben kultiviert werden. Das ist die Leitlinie für die Ermöglichung von Umweltresonanz – aber keine Garantie. *Zweitens* zur sozialen Mitwelt und zum Prinzip der Reziprozität. Hier ist nicht nur der Verzicht auf jegliche Form von Ausbeutung geboten. Vielmehr müssen überall stabile soziale Austauschprozesse eingerichtet und aufrechterhalten werden, und zwar in materieller und geistiger Hinsicht (Arbeitsteilung und Verständigung). Die auf Konkurrenz getrimmten Egomaschinen des Marktes brauchen Gelegenheiten, Anreize und Pflichten zur Kooperation. Die Hege und Pflege der sozialen Infrastruktur muss vor der Dominanz der Hervorbringung neuer Produkte, das Langsame vor der Dominanz des Schnellen, das Kleine vor der Dominanz des Großen geschützt werden. Das ist die Leitlinie für die Ermöglichung von Mitweltresonanz – aber es ist keine Garantie. Und *drittens* zur personalen Innenwelt und zum Prinzip der Reflexivität. Hier geht es nicht nur darum, die Gefahren des rücksichtslosen Vorwärtseilens und der blinden Selbstoptimierung zu erkennen. Vielmehr muss der Mensch motiviert und befähigt werden, achtsam und besonnen mit sich, also mit seinem Körper, seiner Seele und seinem Geist, umzugehen. Nur so kann er *be*greifen, wer er ist und was er will, kann sich der Zyklus von *Ein*greifen und *Be*greifen schließen. Mehr noch: Je schneller und umfassender er in Umwelt, Mitwelt und Innenwelt *ein*greift, desto wichtiger wird ein solches ganzheitliches *Be*greifen, damit er bei all dem Tempo die Orientierung nicht verliert. Das ist die Leitlinie für die Ermöglichung von Innenweltresonanz – aber es ist keine Garantie.

Welche Ressourcen stehen uns zur Bewältigung dieser Aufgabe zur Verfügung? Die zentrale *materielle* Ressource ist die von Anfang an, vor allem aber seit der Sesshaftigkeit des Menschen, dann noch einmal seit Beginn der Moderne und schließlich ein weiteres Mal nach der industriellen Revolution und ihrer Verbindung mit dem Kapitalismus gigantisch gesteigerte Produktivität der menschlichen Arbeit. Natürlich ist ein Teil dieser Produktivität mit externen Kosten verbunden, die nach dem Motto »nach uns« und »neben uns« »die Sintflut« anderen aufgebürdet werden (Kapitel 2 und 3). Dieser Teil der Produktivität würde in einer wirklich nachhaltigen Entwicklung entfallen. Wir können aber mit guten Gründen annehmen, dass der wissenschaftliche und technische Fortschritt, wenn er denn in eine nachhaltige Richtung gelenkt wird, auch weiterhin die Reichweite menschlicher Eingriffe in die Welt erhöhen wird. Das gilt umso mehr, als vieles, was heute unter dem Zwang der verwertungsorientierten Konkurrenzdynamik enorme Mengen an Ressourcen verschlingt, wegfallen könnte: die Doppelungen in Forschung, Entwicklung und bei Produktangeboten, die hypertrophe Infrastruktur für Transport und Verkehr, die Aufwendungen für Produktvermarktung, insbesondere für Werbung, der in die Produkte eingebaute Verschleiß, nicht zu vergessen die immer kürzer werdenden Modezyklen, der Luxuskonsum der Reichen und Superreichen, Teile der Aufwendungen für Gesundheit und Sicherheit bis hin zur Produktion von Rüstungsgütern und zur Reparatur von Kriegsschäden. Dies alles könnten wir durch eine sozial und ökologisch konsequent nachhaltige Entwicklung massiv zurückfahren.

Wenn also mit einer kräftigen Steigerung der Produktivität auch weiterhin zu rechnen sein wird, beschert dies dem Menschen frei verfügbare Zeit in immer größerer Menge – Zeit, die ihm der Kapitalismus durch den Zwang des Produzierens um der Produktion willen genauso schnell wieder wegnimmt, wie sie sich ergibt. Dieser Fortschritt der materiellen Produktivität, der auf der fortgesetzten Arbeitsteilung und der sie begleitenden Ersetzung lebendiger menschlicher durch geronnene, maschinelle Arbeit beruht, hat ein gigantisches Mehrprodukt hervorgebracht. Dieses Mehrprodukt macht den Umbau angesichts der ökologischen Grenzen zugleich unausweichlich und möglich. Diese materielle Ressource muss wieder unter menschliche Kontrolle gebracht werden. Das heißt noch nicht automatisch, immer und überall die Steigerung der materiellen Produktion zu stoppen. Ziel muss es allerdings sein, die Menschen zu ermächtigen, selbst darüber zu befinden, wie der erweiterte Möglichkeitsraum genutzt werden soll und welchen Stellenwert die materielle Produktion dabei hat.[92]

Als *geistige* Ressource kann der Mensch auf jene spirituellen Quellen zurückgreifen, die sich seit Jahrtausenden in allen Weltkulturen herausgebildet haben, seien sie nun eher religiöser oder philosophisch-wissenschaftlicher Art. Es gibt in allen Kulturen gemeinsame normative Grundvorstellungen, die eigentlich ohne große Anstrengungen nachvollziehbar sind. In Bezug auf den Umgang des Menschen mit der Natur ist dies der Auftrag, die Schöpfung zu bewahren beziehungsweise die Grundlagen der Fortsetzung der Evolution nicht zu gefährden. Und in Bezug auf den Umgang des Menschen mit seinesgleichen ist die sogenannte Goldene Regel eine solche kulturübergreifende Norm: Behandle deine Mitmenschen so, wie du selbst behandelt werden möchtest (»Was du nicht willst, das man dir tu, das füg auch keinem andern zu!«). Das »Projekt Weltethos« des Theologen Hans Küng zielt zum Beispiel genau in diese Richtung, weil es sich »die Formulierung eines Grundbestandes an ethischen Normen und Werten, der sich aus religiösen, kulturellen und zum Teil auch aus philosophischen Traditionen der Menschheitsgeschichte herleiten lässt«, zur Aufgabe gemacht hat.[93] Der Schriftsteller Carl Amery sieht in den Weltreligionen sogar den entscheidenden Hoffnungsträger, wenn es darum geht, den Ausstieg aus dem tödlichen Weg, auf dem sich die herrschende Weltwirtschaftsordnung befindet, doch noch zu ermöglichen.[94] Der jahrtausendealte spirituelle Erfahrungsschatz sowie der weit in die Zukunft reichende Zeithorizont dieser spirituellen Quellen kann bei der Suche nach einem Weg aus der herrschenden Kurzatmigkeit und Kurzsichtigkeit heilsam sein. Vermutlich gehören Prinzipien wie Vorsorge (in Hinblick auf das Ziel der Reproduktivität), Solidarität und Subsidiarität (in Hinblick auf das Ziel der Reziprozität) und Innehalten und Muße (in Hinblick auf das Ziel der Reflexivität) zu diesem universellen Erfahrungsschatz. Er müsste nur rund um den Globus ausgegraben und allen Menschen verfügbar gemacht werden.[95]

Was müssen wir tun, damit die in diesem Buch beschriebenen Resonanzräume entstehen können? Wie können wir die außer Kontrolle geratene Gelddynamik, die sich zur Religion des 20. und 21. Jahrhunderts aufgeschwungen hat, wieder in die Welt des Lebendigen zurückbetten, wie die »Höllenfahrt der Moderne« stoppen, ihre Energie umlenken? Die folgenden Überlegungen knüpfen direkt an die jeweils dritten Abschnitte der Kapitel 2, 3 und 4 an, in denen wir die Grundrichtungen einer praktischen Resonanzstrategie für Umwelt, Mitwelt und Innenwelt skizziert haben. Während dort eher die materielle und technische Seite der Strategie im Fokus stand, geht es im Folgenden vor allem um die ideelle und institutionelle Seite: um die Frage nach jenen Anreizen, die in der Lage sind, die Weichen in Richtung Nachhaltigkeit umzulegen.

Ich schlage drei Strategien vor, die sich durch ihre zunehmende räumliche und zeitliche Eingriffstiefe voneinander abgrenzen. Es soll gezeigt werden, dass jede der drei Strategien sowohl auf die Innenwelt wie auf Mitwelt und Umwelt einwirken kann. So entsteht eine zweidimensionale Matrix aus neuen Feldern. Das Zusammenspiel dieser drei Strategien auf den drei Ebenen, so die Hoffnung, ermöglicht eine Synergie, die eine zugleich konservative und radikale Alternative zum herrschenden »Schneller, höher, weiter« zu begründen vermag.[96] Natürlich wollen die drei Strategien kein Patentrezept sein. Die Darstellung versteht sich als systematisierter Überblick über einschlägige Transformationsdiskurse. Diese Diskurse sind bisher in der Gesellschaft noch viel zu wenig bekannt und bedürfen auch inhaltlich einer Weiterführung. Normativ formuliert: In einer Zeit, in der der allergrößte Teil der Zukunftshoffnungen immer noch auf technische Innovationen gerichtet ist, müssen wir uns dringend an die Möglichkeit sozialer Innovationen erinnern. Es geht darum, endlich auch unsere soziale Fantasie zu beflügeln.

Strategie I:
Zeitbewusster Lebensstil

Die erste Strategie klingt ausgesprochen harmlos. Das Schlagwort lautet »Zeitbewusster Lebensstil«.[97] Wer sein Leben zeitbewusst führt, so der Grundgedanke, geht mit Zeit so um, dass es ihm einfach guttut. Er genießt seine Zeit und ermöglicht diesen Genuss nach Möglichkeit auch anderen Menschen, ist also zugleich egoistisch und altruistisch. Er fragt sich immer auch, wie wohl die eigenen Kinder oder Enkel leben werden, und versetzt sich auch in die Lage derer, die anderswo auf die Welt gekommen sind. Vieles von dem, was ich oben als Kultivierung des Alltags stichwortartig aufgelistet habe, findet sich deshalb auch in diesem Abschnitt wieder, nun allerdings in systematisierter Form, als Baustein einer Matrix.

Die Entscheidung für einen Zeitbewussten Lebensstil setzt einen bestimmten Umgang mit den eigenen Gefühlen voraus, der wiederum viel mit Zeit zu tun hat. Wir erinnern uns an den Zusammenhang von Zeiterfahrung, Identität und Willensfreiheit. Je genauer ich mir bewusst bin, wer ich bin und was ich will, desto leichter kann ich mich für einen solchen Lebensstil entscheiden, mich zu ihm bekennen und auf der Grundlage meiner so gewonnenen Werthaltung auch situative Entscheidungen treffen. Vielleicht kommt es bei der Suche nach einem Zeitbewussten Lebensstil auf eine Neusynchronisierung unserer Gefühlswelt an. Das jedenfalls empfiehlt der Soziologe Frank Adloff.[98] Wir haben ja oben im Zusammenhang mit der Wechselwirkung zwischen Leib und Subjektivität gesehen, dass unser Körper oft klüger ist als unser Kopf, dass wir von den Gefühlen, die er uns zeigt, lernen können (auch wenn wir ihnen nicht das letzte Wort lassen müssen). Gleichzeitig wissen wir, dass körperlich empfundene Gefühle engstens mit der sozialen Umgebung zusammenhängen, in der wir uns befinden.[99] Um sich von dominanten Gefühlen wie etwa Angst oder Scham (zu versagen oder schon versagt zu haben) unabhängiger zu machen, um »mehr Authentizität« zu wagen, die eigenen Gefühle besser »navigieren« zu können, empfiehlt Adloff eine Strategie der »Desynchronisierung« sozialer Gefühle: Durch die Neuinterpretation sozialer Gefühle kommt der Einzelne nicht nur besser in »Einklang« mit seinen inneren Werten. Er erschließt sich auch neue Möglichkeitsräume für sein Verhalten in Bezug auf Innenwelt, Mitwelt und Umwelt.

In Bezug auf die *Innenwelt* zielt ein Zeitbewusster Lebensstil auf jenen Zustand, der in der Gesundheitswissenschaft als »Kohärenz« bezeichnet wird: also das Körper, Seele und Geist umfassende Gefühl, das Leben als sinnvoll erleben, selbst gestalten und genießen zu können. Weil das Kohärenzgefühl die Reflexivität des Bewusstseins notwendigerweise voraussetzt, erfordert dies die Bereitschaft und Fähigkeit, sich Veränderungen in der Innenwelt – in Körper, Seele und Geist – bewusst zu machen. Dazu müssen wir im Trubel des Alltags erst einmal innehalten, uns ausklinken, uns für uns selbst öffnen, uns eine Zeitinsel erobern, sie verteidigen – und warten, was geschieht und wie es uns dabei geht. Erst wenn der Druck weg ist, können wir in uns hineinspüren, erst wenn es leise wird, können wir hören, was sich im Inneren abspielt, erst wenn die Störsignale verschwinden, können wir die Konzentration auf uns selbst richten.

Es wäre ein Widerspruch in sich, konkrete Ratschläge für den individuellen Umgang mit der Innenwelt zu geben. Für mich ist in meinem Bemühen um einen Zeitbewussten Lebensstil etwa das Signal der inneren Uhr wichtig, das mich am frühen Nachmittag meist müde werden lässt. Statt den Körper mit Aufputschmitteln zu überlisten, genehmige ich mir seit Jahrzehnten, wo immer es geht, den Luxus eines Mittagsschlafs – nicht nur etwas Powernapping mit gestelltem Wecker, sondern einen richtigen, der so lange dauert, wie es mir guttut. Gut tut mir auch ein weitgehender Verzicht auf Multitasking. Statt mich durch diese Technik selbst immer wieder beschleunigen zu wollen, versuche ich, eines nach dem anderen zu erledigen, eingedenk der Tatsache, dass menschliches Handeln als Verlängerung der Organstruktur rhythmisch ist. Mir tut das jedenfalls besser, als immer wieder neue Baustellen aufzumachen, obwohl die alten noch nicht abgeschlossen sind.

Zeitbewusster Lebensstil bedeutet grundsätzlich, Widerstand gegen jede Form von Zeitdruck zu leisten, woher er auch kommen mag. Man könnte sich etwa jeden Tag, jede Woche, jeden Monat etwas Zeit reservieren, gewissermaßen einen Termin mit sich selbst (Jour fix). Allgemein dürften Rituale heilsam für das Wohlbefinden sein, weil sie Ruhe, Besinnung und Stabilität ins Leben zu bringen vermögen: feste Zeiten von Anstrengung und Entspannung für sich selbst, für das bewusste Tun und das Nachdenken über das, was man getan hat und was man in Zukunft tun will. Ein erster Leitsatz eines Zeitbewussten Lebensstils, der in Bezug auf die Innenwelt dem Reflexivitätsprinzip gerecht wird, könnte heißen: *Zeitbewusster Lebensstil heißt für mich, ich lasse mir für alles so viel Zeit, wie ich brauche – ich lasse mich nicht hetzen.*

Was die *Mitwelt* betrifft, so zielt die Lebensstilstrategie darauf, die eigenen Werte auch im sozialen Miteinander ernst zu nehmen. So könnte man sich etwa auf die alte Tugend der Geduld besinnen: warten, bis Kinder, Kranke, ältere oder langsamere Menschen mit ihren Verrichtungen und Projekten fertig geworden sind, ohne ihnen nervös zu signalisieren, dass es höchste Zeit ist, zu einem Ende zu kommen. Oft geht es darum, zeitliche Ansprüche, die man selbst erhebt, auch anderen Menschen zuzubilligen, manchmal sogar darum, frei verfügbare Zeit anderen Menschen für deren

Bedürfnisbefriedigung zur Verfügung zu stellen. Neben der Tugend der Geduld könnten auch andere Werte die sozialen Beziehungen leiten: Ehrlichkeit, Toleranz, Fairness, Solidarität, Großzügigkeit. Dies würde das Zusammenleben entspannen und so das Wohlbefinden, auch das zeitliche, erhöhen. Zwar mögen solche Tugenden heute ein bisschen altmodisch klingen, und die Orientierung an ihnen wird in einem Konkurrenzsystem oft bestraft. Dennoch gibt es im Alltag Spielräume, in denen sie zur Geltung kommen können.

Auch hier verbieten sich generelle Ratschläge. Wichtig sind sicherlich zyklische Momente, die immer irgendwie Stabilität ins Zusammenleben bringen. Feste gemeinsame Zeiten etwa in Beziehungen, im Familienalltag, mit Kindern – täglich, wöchentlich, monatlich, im Jahreszyklus und im Lebenszyklus. In allen großen Weltreligionen gibt es solche Traditionen, die sich teils über Jahrtausende bewährt haben: kollektive Regeln, wann man arbeitet, ruht und feiert, wann man isst und wann man fastet oder auch wie Menschen am besten für den Eintritt in einen neuen Lebensabschnitt vorbereitet werden können (Initiationsrituale). Gemeinsame Zeiten der Reflexion als Stabilisatoren des Alltags schaffen nicht zuletzt auch ein gutes Umfeld für soziale Reziprozität, für die materielle und geistige Wechselseitigkeit im täglichen Zusammenleben. Ein zweiter Leitsatz eines Zeitbewussten Lebensstils, der sich auf den Umgang mit der sozialen Mitwelt bezieht, könnte also lauten: *Zeitbewusster Lebensstil heißt für mich, ich setze meine Mitmenschen nicht unter Druck, ich lasse auch ihnen so viel Zeit, wie sie brauchen, damit es uns zusammen gut gehen kann.*

In Bezug auf die natürliche *Umwelt* könnten wir den Blick auf eine Möglichkeit lenken, die Lebensqualität zu steigern, die unter kapitalistischen Bedingungen nicht nur regelmäßig übersehen, sondern systematisch abgewertet wird: die Möglichkeit der Suffizienz, der Genügsamkeit, eingedenk der Tatsache von den zwei Wegen der Genusssteigerung (mehr Güter, weniger Wünsche). Ein genügsamer Lebensstil verzichtet auf alles, was – bei genauer Prüfung der geistigen, seelischen und körperlichen Bedürfnisse – die Zufriedenheit nicht wirklich dauerhaft erhöht. Reflexivität wird so zur unerlässlichen Voraussetzung für Regenerativität.[100] Auch in Bezug auf den ökologischen Fußabdruck kann nur jeder selbst herausfinden, was ein Zeitbewusster Lebensstil ganz konkret für ihn bedeutet. Für manch einen kann ein solcher Lebensstil freiwillige Teilzeitarbeit, regelmäßige Sabbatjahre oder Arbeit in einem selbstorganisierten Betrieb bedeuten, für andere den Einkauf der Lebensmittel in kleinen Läden und auf Bauernmärkten, eine vegetarische oder vegane Ernährung oder die selbst gewählte Beschränkung der Mobilität durch die Wahl ökologisch verträglicher Verkehrsmittel und noch grundlegender durch die Vermeidung von Verkehr überhaupt. Der dritte Leitsatz einer auf einen Zeitbewussten Lebensstil ausgerichteten Strategie könnte lauten: *Zeitbewusster Lebensstil heißt für mich, gut leben statt viel haben.*[101]

Wer etwa im Urlaub drei Wochen mit dem Fahrrad in Südfrankreich unterwegs ist und hinterher erstens das Gefühl hat, sich rundherum erholt zu haben, zweitens ein gutes Gewissen hat, weil er in kleinen Pensionen übernachtet, sich auf lokalen Märkten versorgt, dabei stets faire Preise bezahlt hat, und drittens mit der Gewissheit nach Hause kommt, einen relativ niedrigen ökologischen Fußabdruck zurückgelassen zu haben – der hat zumindest sein Urlaubsverhalten entsprechend dieser Strategie gestaltet.

Das große Problem des Zeitbewussten Lebensstils ist freilich, dass er nur dort greift, wo wir unseren Umgang mit Zeit selbst in der Hand haben. Das größte unmittelbare Anwendungsfeld dieser Lebensstilstrategie ist die sogenannte Freizeit, und auch hier hat dieser Lebensstil meist nur unter mehr oder minder großen Abstrichen einige Chancen auf Realisierung. Das eigene Konsumverhalten lässt sich individuell leichter verändern, ja es kann sogar mit demonstrativen Aktionen wie Plastic Attack (kollektive Abgabe der Verpackung im Supermarkt) verknüpft werden. In der Arbeitswelt sind die Chancen für einen Zeitbewussten Lebensstil schon weniger günstig. Dennoch gibt es Spielräume, die zeitliche Dauer, die zeitliche Lage, den Grad der zeitlichen Selbstbestimmung von Arbeit individuell zu beeinflussen. Für Freizeit wie für Arbeitszeit gilt zudem: Nicht jeder hat die gleichen Möglichkeiten, sich einen solchen entschleunigten Lebensstil zuzulegen. Das wird außer beim Konsumieren und Arbeiten beim Sparen besonders deutlich. Zwar können wir gegebenenfalls Ersparnisse, die in sozial und ökologisch unerwünschte wirtschaftliche Bereiche (Kinder- und Billiglohnarbeit, Tabakindustrie, fossile Energiewirtschaft, Rüstungswirtschaft) investiert sind, aus diesen Bereichen herausziehen, wie es die sogenannten Divestmentkampagnen seit den 1980er-Jahren propagieren. Und wir können die frei gewordenen Gelder nach streng ethischen Kriterien – im Sinne einer nachhaltigen Entwicklung – neu anlegen.[102] Aber das ist und bleibt ein Privileg derjenigen, die Geldvermögen besitzen.

Insgesamt ist die Korrektur des persönlichen Lebensstils eine schnell umsetzbare Möglichkeit, den Irrweg der Geldlogik zu korrigieren, zumindest was den eigenen Anteil angeht, wahrscheinlich auch verbunden mit einer Steigerung der eigenen Lebensqualität. Weil dies aber eine rein individuelle Verhaltensstrategie ist, bedarf sie der Erweiterung durch die mittelfristig wirksame Veränderung der Spielregeln, an denen sich unser Verhalten notwendigerweise immer orientieren muss. Konkrete Beispiele zeigen, dass ein solcher Lebensstil möglich und mit politischen Impulsen verbindbar ist. Es handelt sich dabei um Konsumenten, Produzenten und zivilgesellschaftliche Bewegungen, die mit ihrem Zeitbewussten Lebensstil nicht auf Veränderungen der politischen Rahmenbedingungen warten wollen, aber manchmal genau dadurch indirekt politische Impulse setzen können. Solche Beispiele finden sich etwa in dem Buch »Selbst denken. Eine Anleitung zum Widerstand« von Harald Welzer,[103] den Veröffentlichungen der von Welzer gegründeten Initiative »Futurzwei«[104] sowie in der Übersichtsdarstellung »Degrowth in Bewegung(en). 32 alternative Wege zur sozial-ökologischen Transformation«, herausgegeben vom Konzeptwerk Neue Ökonomie und vom Kolleg Postwachstumsgesellschaften, das Hartmut Rosa, Stephan Lessenich und Klaus Dörre am Institut für Soziologie an der Uni Jena gegründet haben.[105]

Strategie II:
Zeitbewusste Politik

In jedem Gemeinwesen gibt es verbindliche Regeln des Zusammenlebens. In archaischen Gesellschaften zeigten sie sich in Ritualen. Sie galten einfach, weil sie sich nach Auffassung der Alten bewährt hatten und sich in jeder Generation wie von selbst in das Leben einschliffen. Beginnend mit den antiken Hochkulturen und vor allem seit der europäischen Aufklärung wird der Anspruch erhoben, die verbindlichen gesellschaftlichen Regeln rational begründen zu können und dies auch zu müssen. Das ist Aufgabe der Politik. Zeitbewusste Politik, auch als Zeitpolitik bezeichnet, geht von der prinzipiellen Trennung zwischen Staat einerseits und Wirtschaft und Gesellschaft andererseits aus. Sie zielt grundsätzlich darauf ab, über die Politik des Staates die in Wirtschaft und Gesellschaft geltenden Regeln so zu gestalten, dass Eigenzeiten und Rhythmen respektiert werden. Zeitbewusste Politik versteht sich als eine politische Querschnittsaufgabe, die in alle Politikbereiche hineinwirkt.[106]

Weil Zeitbewusste Politik die Aufgabenteilung zwischen Staat und Wirtschaft respektiert, verbleibt sie innerhalb der herrschenden Wirtschaftsordnung. Aber sie justiert diese Ordnung beständig zeitpolitisch nach, um das Maß an Reflexivität, Reziprozität und Regenerativität und so die Chance für Resonanzen in Bezug auf die Innen-, Mit- und Umwelt zu erhöhen. Als politische Instrumente steht dieser politischen Querschnittsaufgabe im Prinzip alles zur Verfügung, womit Politik generell wirksam wird. Während Ver- und Gebote als harte Eingriffe in den Markt gelten, sind Steuern bzw. Abgaben und Subventionen weiche Instrumente, weil sie Anreize für ein bestimmtes Verhalten setzen, dieses aber nicht erzwingen. Eine dritte Art von Instrument ist die Bereitstellung einer zeitfreundlichen Infrastruktur für alle Bereiche, vom Wohnen über den Verkehr bis zur öffentlichen Sicherheit und zur Vorsorge für den Frieden – die interessanteste und zukunftsweisendste Form der Zeitpolitik.

Wir beginnen wieder bei der *Innenwelt*. Eine Zeitbewusste Politik könnte sich ganz direkt der Grundbedürfnisse des Menschen annehmen, und zwar in genau den Lebensbereichen, in denen wir nicht frei über uns verfügen können. In einem Rechtsstaat ist es am naheliegendsten, zunächst auf die Macht unabhängiger Gerichte zu setzen, die für einen konsequenten Schutz der Grundrechte eintreten können. Mutige Richter haben immer wieder bewiesen, dass Gerichte sowohl Regierungen wie auch Großunternehmen in die Schranken weisen können (etwa den VW-Konzern oder Monsanto in den USA). Vorstellbar wäre eine Rechtsprechung, die auch bei anderen Grundrechtsverletzungen (Nahrung, Wohnung, Bildung, Arbeitsschutz) rigoros einschreitet. Was den Gesundheitsschutz am Arbeitsplatz angeht, so kann Zeitpolitik die Arbeitnehmer vor zu langem Arbeiten am Bildschirm, zu langem Sitzen oder Stehen und allen anderen Belastungen, die Körper, Seele und Geist einseitig beanspruchen, bewahren. Zeitbewusste Politik könnte etwa die Möglichkeit zum Mittagsschlaf als Bestandteil der Arbeitszeit durch die Einrichtung entsprechender Ruhemöglichkeiten fördern und den Arbeitstag so durch eine gesunde Pause unterbrechen.

Grundsätzlich müsste eine Zeitbewusste Politik die langsameren Reproduktionsprozesse vor dem Druck schützen, der von den schnelleren Produktionsprozessen ausgeht. Diese Aufgaben werden gemeinhin unter dem Begriff »Pflegearbeit (Care)« zusammengefasst.[107] Wo zeitaufwendige Aufgaben wie Kindererziehung oder die Betreuung von Kranken und Pflegebedürftigen von professionellen Institutionen abgedeckt werden, müssen diese mindestens so gut mit Ressourcen (Geld und Zeit) ausgestattet sein wie die Institutionen des Produktionsbereichs. Und wo Menschen etwa Angehörige, Freunde oder Nachbarn persönlich betreuen wollen, wäre es möglich, sie von Erwerbsarbeit freizustellen, ohne dass sie finanzielle Einbußen erleiden müssen. Typischerweise gibt es im Verlauf des Lebens ja ganz bestimmte Zeiten, in denen Pflegeaufgaben im Zentrum stehen und die Erwerbsarbeit zurücktreten muss. Zeitpolitik kann die Voraussetzungen für einen »atmenden Lebensverlauf« (Karin Jurczyk) schaffen, der sich flexibel an die Anforderungen des Lebens anpasst. Sie kann die Menschen davor bewahren, insbesondere in der sogenannten Rushhour des Lebens zwischen Beruf und Familie zerrieben zu werden.[108] Zur Pflegearbeit im weiteren Sinn gehört auch alles, was das Gemeinwesen insgesamt betrifft: Bildung, Gesundheitsprävention, Kultur, Vereinsleben, demokratische Zivilgesellschaft und vieles andere mehr. Zur Finanzierung langsamer reproduktiver Aufgaben, bei denen der Nachweis vorzeigbarer Ergebnisse einen langen Atem erfordert und oft gar nicht möglich ist, könnte die Politik auf die gewaltigen Ressourcen des Turbokapitalismus zurückgreifen: die Gewinne und Vermögen des schnellen produktiven Sektors, vor allem im Hightechbereich und in der Finanzindustrie.

Zeitpolitik sollte sich schließlich auch um jene Zeiten kümmern, in denen die Arbeit ruht und die Muße zu ihrem Recht kommt: tägliche, wöchentliche und lebenslaufbezogene Auszeiten wie Nachtruhe, Sonn- und Feiertage. Der Arbeits- und Sozialrechtler Ulrich Mückenberger, Gründer und langjähriger Sprecher der Deutschen Gesellschaft für Zeitpolitik, hat überzeugend für die Aufnahme eines »Grundrechts auf die eigene Zeit« ins Grundgesetz plädiert.[109] Fasst man den Grundgedanken einer auf die Innenwelt des Einzelnen zielenden Politik zusammen, so könnte ihr Leitsatz heißen: *Die Zeitbewusste Politik kümmert sich um die Grundbedürfnisse des Menschen überall dort, wo sich der Markt ihnen gegenüber als rücksichtslos erweist.*

Welche Möglichkeiten hat eine Zeitbewusste Politik, zeitliche Verhältnisse und zeitliches Verhalten in Bezug auf die soziale *Mitwelt* und die natürliche *Umwelt* zu gestalten? Wie kann sie den Prinzipien Reziprozität und Regenerativität als Resonanzvoraussetzung Respekt verschaffen? Auch wenn Zeitbewusste Politik grundsätzlich auf die Wirksamkeit der »unsichtbaren Hand« aufbaut, befähigt sie der oben skizzierte Instrumentenkasten, den Märkten einen Rahmen zu geben, der mit den Prinzipien Reziprozität und Regenerativität sehr viel besser vereinbar ist als der gegenwärtige und so die Chancen der Mit- und Umweltresonanz beträchtlich erhöht.

Beginnen könnte diese Politik damit, dass sie die Entmündigung des Konsumenten beendet. Diese Entmündigung besteht, wie oben im Zusammenhang mit der Kritik an der marktwirtschaftlichen Pervertierung der Aufklärungsideale dargelegt, in der systematischen Gehirn- und Seelenwäsche, die nur ein Ziel verfolgt: das Heranreifen von Konsumwünschen turbomäßig zu beschleunigen. Wer den Konsumenten zur Widerständigkeit gegen das permanente Gehetztwerden – das ihm ja meist als solches gar nicht bewusst ist – ermächtigen möchte, könnte Industrie und Handel dazu zwingen, Konsumenten neutral, also rein sachlich und möglichst vollständig, über die angebotenen Produkte zu informieren. Eine solche Informationspflicht müsste das Ziel verfolgen, dem Konsumenten die volle Wahrheit über das jeweilige Produkt mitzuteilen, die alle möglicherweise relevanten technischen, gesundheitlichen, sozialen und ökologischen Aspekte von Produktion, Verpackung, Transport, Vertrieb, Konsum und Entsorgung einbezieht. Eine solche Informationspflicht würde dazu beizutragen, dass menschliche Fähigkeiten und menschliche Bedürfnisse die Zeit bekämen, die sie brauchen, um heranreifen zu können.

Die Konsumenten bekämen so die Chance, wirklich zu souveränen Wirtschaftsbürgern zu werden, die ihrem Verhalten auch ethische Kriterien zugrunde legen könnten. Produzenten und Händler, die dieser Pflicht nicht nachkommen und stattdessen Konsumenten durch geschickt gewählte psychologische Anreize zum Konsum zu drängen versuchen, könnten mit einer Hetzsteuer belegt werden, die gemäß dem Verursacherprinzip für die Beseitigung der größten Schäden zu verwenden wäre, die der konsumistische Lebensstil anrichtet.

Ein weiterer dringender zeitpolitischer Eingriff in das Marktgeschehen könnte die Beseitigung aller Subventionen sein, die etwa fossile Energieträger, eine ruinöse Landwirtschaft oder eine durch nichts zu rechtfertigende Verkehrspolitik unterstützen und nicht zuletzt die schamlose Vermögensbildung der Reichen und Superreichen erst möglich gemacht haben. Solche Subventionen sind nichts anderes als Katalysatoren des Verwertungsprozesses, die den beschleunigten Raubbau an Umwelt (Energie, Boden) und Mitwelt (Billiglohn, moderne Sklavenhaltung) in Kauf nehmen. Beide politischen Maßnahmen – die Ermächtigung des Konsumenten durch Erhöhung seiner Reflexionsfähigkeit und der Verzicht auf künstliche Beschleunigungsmaßnahmen, die die Prinzipien Regenerativität und Reziprozität verletzen – hätten letztlich das Ziel, Märkte überhaupt erst wirklich funktionsfähig zu machen und die Souveränität des Konsumenten im Marktgeschehen durchzusetzen.

Darüber hinaus könnte eine Zeitbewusste Politik ganz grundlegend in den Preisbildungsprozess der Märkte eingreifen. Das wäre überall dort sinnvoll, wo die Ergebnisse des Marktgeschehens die Ziele der sozialen Reziprozität und der ökologischen Regenerativität ganz offensichtlich verfehlen. Bezüglich der sozialen Dimension wäre dafür zu sorgen, dass Waren und Dienste umso teurer werden, je unakzeptabler die sozialen Bedingungen sind, unter denen sie hergestellt werden, und umso billiger, je akzeptabler diese Bedingungen sind. Für die ökologischen Bedingungen käme es darauf an, dass politische Eingriffe in die Preisbildung ganz analog die Nutzung knapper und sich nicht oder nur langsam regenerierender natürlicher Ressourcen entsprechend verteuern. Reichlich vorhandene und sich schnell regenerierende Ressourcen müsste die Politik andererseits verbilligen oder gratis zur Verfügung stellen. Bei einer solchen sozialen und ökologischen Nachjustierung der Preisbildung muss die ganze Kette von der Rohstoffgewinnung über die Produktion, den Transport, die Vermarktung bis hin zur Entsorgung einbezogen werden.[110] Eine umfassende Preisgestaltungspolitik würde Ausbeutung und Raubbau gleichermaßen unrentabel und unbezahlbar machen. Sie würde dafür sorgen, dass Preise die soziale und ökologische Wahrheit ausdrücken, und zwar überall dort, wo die ökonomische Beschleunigungslogik System- und Eigenzeiten ganz offensichtlich vergewaltigt.

Eine am Leitbild der nachhaltigen Entwicklung orientierte Zeitbewusste Politik müsste insgesamt die Weichen in Richtung Kreislaufwirtschaft stellen. Ein Vorschlag wäre, die im deutschen Kreislaufwirtschaftsgesetz von 1994 genannten Ziele aufzugreifen und sie zu einem hierarchischen Kriteriensystem für die Besteuerung wirtschaftlicher Aktivitäten zu nutzen. Hohe Steuersätze wären dann zum Beispiel für die Endlagerung von Abfall in Deponien anzusetzen. Etwas geringer wäre der Steuersatz für solche relativ anspruchslosen Formen der Verwertung, die Abfälle lediglich als Füllmaterial oder Brennstoff nutzen. Noch niedriger könnte der Steuersatz im Falle eines relativ aufwendigen Recyclings sein. Mit der geringsten Steuer oder auch steuerfrei könnte schließlich die völlige Vermeidung von Abfall belohnt werden. Denkbar wäre auch, ein Best-Practice-Prinzip einzuführen, das die jeweils beste verfügbare Technik der Abfallbewirtschaftung als allgemeinen Standard vorschreibt. All dies wären Schritte in Richtung auf eine Kreislaufwirtschaft, in der Abfälle im strengen Sinn des Wortes zur Restgröße im Reproduktionsring würden. Außer am Ende könnte

eine Zeitbewusste Politik aber auch am Anfang des Produktions-
geschehens ansetzen. Aus der Erkenntnis, dass die Nachtaktivität
des Menschen weder energetisch noch gesundheitlich zum Nulltarif zu haben ist, könnte man etwa – wieder konsequent nach
dem allgemein anerkannten Verursacherprinzip – Nachtarbeit
durch eine entsprechende Steuer unattraktiv machen.

Es fragt sich aber, ob solche immer noch recht speziellen Steue-
rungsinstrumente angesichts des umfassenden Charakters der
ökologischen Herausforderungen im 21. Jahrhundert ausreichen.
Peter Kafka schlägt deshalb eine steuerpolitische Maßnahme vor,
mit deren Hilfe Selbstorganisation beziehungsweise Evolution direkt und ganz grundsätzlich unterstützt werden könnte. Um die
Wahrscheinlichkeit für einen evolutionären Sprung in Richtung
einer wirklich nachhaltigen Entwicklung zu erhöhen, so die Idee,
muss die Gesellschaft befähigt werden zu erkennen, wie wichtig
die Produktivität des Fehlers für den Trial-and-Error-Prozess der
kulturellen Evolution ist. Deshalb sollte, so Kafka, alles Große
und Schnelle gebremst werden, weil Größe und Schnelligkeit eine
ständige Gefahr für den Fortschritt sind. Das Große und Schnelle
führt zu Monopolen und Einfalt, das Kleine zu Wettbewerb und
Vielfalt. Nicht die Garage von Bill Gates ist also das Problem, sondern das Tempo, mit dem seine Erfindungen globalisiert wurden.
Zur Begrenzung der Schnelligkeit, so der Vorschlag, wäre eine
»Entropiesteuer« sinnvoll.[111] Sie könnte sogar alle anderen Steuern
ersetzen. Sie würde zwar die Energiekosten deutlich nach oben
treiben. Dafür aber hätte die Gesellschaft außer dem Wegfall aller
anderen Steuern völlige Freiheit, aus dieser Situation das Beste
zu machen. Eine Energiesteuer würde zudem kleine Betriebe, in
denen vieles per Hand gemacht wird, gegenüber großen Betrieben mit viel Maschineneinsatz stärken und so langfristig die Zahl
der Betriebe erhöhen. Zur Begrenzung der Gefahren, die sich aus
dem Großen ergeben, könnte eine »Größensteuer« erhoben werden. Sie könnte große und vor allem sehr große Unternehmen,

deren Aktivitäten weit in Raum und Zeit hinausgreifen und damit evolutionär besonders riskant sind, in ihre Schranken weisen. Die Höhe des Steuersatzes könnte mit der Höhe der Erträge steigen, vielleicht sogar exponentiell (2, 4, 8, 16 usw.). Kafka verspricht sich davon eine massive Zurückdrängung von monopolähnlichen Strukturen, also eine Stärkung des Wettbewerbs – und letztlich eine Beflügelung der selbstorganisatorisch-evolutionären Intelligenz des menschlichen Wirtschaftens.

All diese Vorschläge für partielle oder generelle Steuern haben freilich einen gewaltigen Haken: Wer praktische Regenerativität über Steuern auf Produkte des täglichen Lebens erreichen will, trifft vor allem die Ärmsten, weil sie unter Preiserhöhungen am meisten leiden würden. Dies dürfte zu einer erheblichen Verschärfung der bereits bestehenden sozialen Ungleichheiten führen. Die Politik der »wahren Preise« mag zwar einerseits dem Verursacherprinzip Geltung verschaffen, weil es die externen Kosten internalisiert. Aber sie verhindert andererseits nicht, dass die Reichen und Mächtigen dieser Welt sich den Raubbau an den Lebensgrundlagen weiterhin leisten können. Die Politik der »wahren Preise« setzt den Konkurrenzkampf und mit ihm das Recht des Stärkeren nicht außer Kraft. Konkreter: Sie nimmt es tatenlos hin, dass Krankheiten und Todesfälle, Umweltverschmutzung, Bodenerosion und Artensterben weitergehen, nur dass sie eben einen Preis erhalten. Sie arrangiert sich mit dem Umstand, dass Menschenleben in Europa teurer sind als in Afrika und Schäden, die uns heute treffen, höher bepreist werden als solche, die unsere Kinder, Enkel und Urenkel morgen zu bewältigen haben (Diskontierung von Zukunft).

Will man diese schwerwiegende Diskriminierung politisch überwinden, so muss die Politik im großen Umfang und systematisch Ausgleichsmaßnahmen etablieren. Wer beispielsweise als Arbeitnehmer keine andere Möglichkeit hat, als mit dem Auto zur Arbeit zu fahren, und durch eine Erhöhung etwa der Kfz-,

Mineralöl- oder Kohlendioxidsteuer stark belastet würde, könnte im Gegenzug mit einer wesentlich höheren Kilometerpauschale steuermäßig entlastet werden. Vergleichbares müsste auch für den Gütertransport gelten. Noch komplizierter würde es, wenn man Händler oder Produzenten, die in Billiglohnländern produzieren lassen und durch eine Art Fairnesssteuer dazu verpflichtet wären, einen Teil ihrer Gewinne als Entwicklungshilfe für diese Länder wieder zurückzuführen, mit sozialen Ausgleichsmaßnahmen entschädigen wollte. Um solche und andere Umwege zu vermeiden, könnte die Politik versuchen, ökologische und soziale Ziele statt indirekt über Steuern direkt über feste Vorgaben zu erreichen. In Bezug auf den Umgang mit der natürlichen Umwelt wären Obergrenzen für die Nutzung bestimmter Ressourcen denkbar, in Bezug auf den Umgang mit der sozialen Mitwelt Untergrenzen für die Befriedigung von Bedürfnissen. Eine Politik, die sich dem Menschenbild der Aufklärung verpflichtet sieht, müsste diese beiden Grenzen so ziehen, dass auf längere Sicht jedem Menschen im Prinzip sowohl ein gleich großer Anteil an den natürlichen Lebensgrundlagen als auch eine gleich große Chance zur Befriedigung seiner Bedürfnisse verfügbar gemacht wird.

In Bezug auf Obergrenzen bei der Beanspruchung natürlicher Lebensgrundlagen hat zum Beispiel der Wissenschaftsdolmetscher Lothar Mayer einen bisher wenig beachteten Vorschlag gemacht. Man könnte jedem Menschen ein bestimmtes mengenmäßiges Kontingent an fossilen Energieträgern oder Kohlendioxid zuweisen, das, im Gegensatz zu handelbaren Naturnutzungszertifikaten, vielleicht auch nicht veräußerbar sein dürfte.[112] Dazu müsste zunächst eine nach gesellschaftlichem Entwicklungsstand abgestufte jährliche Pro-Kopf-Menge festgelegt werden, die ökologisch und sozial verträglich ist. Jeder Mensch bekäme dann eine Chipkarte, auf der dieser Betrag gutgeschrieben wäre. Bei jedem Einkauf würde an der Kasse der Energie- oder Kohlendioxidanteil, der mit der Produktion oder Nutzung des betreffenden Produkts einhergeht, abgezogen, bis das Konto aufgebraucht ist. Dann hieße es warten bis zum nächsten Jahr. Dies wäre eine Art zweite Währung. Der Vorteil gegenüber der Steuerung des Naturverbrauchs über den Preis mithilfe von Steuern und Abgaben bestünde darin, dass diese Kontingentierung jeden Menschen absolut gleich treffen würde. Jeder könnte also selbst entscheiden, ob er seine Kohlendioxidbilanz mehr durch die Änderung seines Ernährungs- oder durch die Änderung seines Mobilitätsverhaltens entlasten möchte. Als Einstieg in einen solchen radikalen Schritt könnte man mit der Begrenzung der Flugmeilen beginnen.

Was die Untergrenzen beziehungsweise die Grundbedürfnisse des Menschen betrifft, so wurden in der Entwicklungspolitik besonders in den 70er- und frühen 80er-Jahren des 20. Jahrhunderts einschlägige Grundversorgungskonzepte entwickelt. Die Umsetzung beider auf Mengenvorgaben, also auf Pro-Kopf-Kontingente, zielenden Konzepte erscheinen uns gegenwärtig gleichermaßen unrealistisch. Sie scheitern an den extremen ökologischen und sozialen Ungleichheiten weltweit und an der kapitalistischen Konkurrenzlogik, der nunmehr die gesamte Welt unterworfen ist und die sozialen Ballast nicht belohnt, sondern bestraft. Eine Zeitbewusste Politik müsste sich dieser Realität in radikaler Weise stellen und sich selbst angesichts des erreichten Stands der Globalisierung als »Weltinnenpolitik« begreifen. Sie müsste sich eingestehen, dass das aufklärerische Menschenbild ohne globale Solidarität und Subsidiarität, ohne eine föderale Weltordnung also, nicht umsetzbar ist.

Damit sind wir bei der formalen Seite des Politischen angekommen. Hier sei an das angeknüpft, was wir im Kapitel 3 über die Mitweltresonanz im Zusammenhang mit einer »lebendigen« und »atmenden« Demokratie und der »Kultivierung der Gesellschaft« als ihr Nährboden diskutiert haben. In formaler Hinsicht muss eine Zeitbewusste Politik großen Wert auf die Kommunikation zwischen Politikern und Bürgern legen, wobei neue Formen der

Partizipation für ein hohes Maß an Reziprozität durch die Verschränkung der Perspektiven (öffentlich und privat) sorgen müssen. Das erfordert, wie wir gesehen haben, zusätzliche zeitliche Ressourcen in der Politik wie bei den Bürgern für politische Bildung und Partizipationsförderung, die letztlich nur durch Umverteilung aus der Ökonomie gewonnen werden können. Um die Bereitschaft der Bürger zur politischen Mitwirkung zu sichern, ist eine ausgeprägte gesellschaftliche Anerkennungskultur in der Mitwelt erforderlich, deren Fundament, so wurde argumentiert, die gleiche wechselseitige Wertschätzung der prinzipiell ungleichen Beiträge der Menschen zum Gemeinwesen sein müsste. Wo soziale und politische Akteure sich außerstande sehen, diese anspruchsvolle Bedingung für eine solche Anerkennungskultur bereitzustellen, so der Schlussgedanke in Kapitel 3, muss das Subsidiaritätsprinzip ernsthaft zur Anwendung kommen: Hilfe zur Selbsthilfe als Anspruch für die Hilfsbedürftigen genauso wie als Verpflichtung für diejenigen, die zur Hilfe fähig sind.

Zu diesen Verfahrensvorschlägen einer Zeitbewussten Politik müsste noch etwas Entscheidendes dazukommen, wenn diese Strategie tatsächlich ein Umlenken in Richtung nachhaltige Entwicklung bewirken soll: Sie müsste formal so gestaltet sein, dass sie inhaltlich die Weichen in die richtige Richtung zu stellen vermag. Vermutlich ist hierfür eine Art Doppelstrategie erforderlich, die zum einen – in kurzfristiger Perspektive – Notlagen lindert, zum andern – in langfristiger Perspektive – strukturelle Veränderungen einleitet. In vielen Bereichen ist eine solche Doppelstrategie längst anerkannt. Man denke an die Feuerwehr, die Brände löscht *und* Brandschutz betreibt, oder an die Medizin, die Krankheiten heilt *und* sich um Gesundheitsprävention bemüht. Vielleicht sollte dieses Prinzip auch auf andere Politikbereiche ausgedehnt werden: Umgehungsstraßen bauen *und* Verkehr vermeiden, Gewalt unterbinden *und* Gewaltursachen beseitigen, Migration regulieren *und* ihre strukturellen Ursachen überwinden, Deiche erhöhen *und* den Anstieg des Meeresspiegels begrenzen. Von einer echten Doppelstrategie kann freilich erst dann gesprochen werden, wenn das Löschen der Brände und die Beseitigung von Brandursachen annähernd mit gleicher Ernsthaftigkeit und gleichem Aufwand an Ressourcen angegangen werden.

Nimmt man die inhaltliche und die formale Seite der Zeitbewussten Politik zusammen, so zielt sie einerseits darauf, die Ausbeutung von Mensch und Natur zu begrenzen, andererseits darauf, die Menschen an allem stärker zu beteiligen, was die verbindlichen Regeln ihres Zusammenlebens betrifft. Beides erhöht, so die Hoffnung, die Chancen der Mit- und Umweltresonanz ganz erheblich. Möchte man das Ziel einer solchen Zeitpolitik in einem Begriff zusammenfassen, so könnte man von einer ökologisch und sozial regulierten, also politisch überformten Marktwirtschaft sprechen. Zu einer solchen Weiterentwicklung der Marktwirtschaft bekennen sich im Übrigen in Deutschland mittlerweile fast alle Parteien, ohne dass diesem Bekenntnis bisher freilich entsprechende konkrete Konzepte oder gar ein ernsthaftes politisches Handeln gefolgt wären.

Der Leitspruch einer solchen politischen Strategie könnte lauten: *Zeitbewusste Politik schützt alles, was wichtig, aber langsam ist, vor dem Schnellen, das sich vordrängt. Und sie bewahrt die Grundlagen des Lebens überall dort, wo sie des Schutzes bedürfen, weil der kapitalistische Wachstumszwang auf ihre Eigenzeiten keine Rücksicht nimmt.*

Eine radikale Zeitbewusste Politik fängt nicht bei null an. Vieles von dem, was hier vorgeschlagen wurde, wird bereits längst erprobt, noch mehr davon erforscht und diskutiert. Ein grober Überblick über Szenarien zu einer zeitpolitischen Transformation, der den aktuellen Diskussionsstand wiedergibt, findet sich außer in den Heften des bereits erwähnten »Zeitpolitischen Magazins« der Deutschen Gesellschaft für Zeitpolitik in dem von den Wirtschafts- und Sozialwissenschaftlerinnen Lucia Reisch und Sabine

Bietz verfassten Überblicksband »Zeit für Nachhaltigkeit – Zeiten der Transformation. Mit Zeitpolitik gesellschaftliche Veränderungsprozesse steuern«.[113] Ohne explizit auf die Ökologie der Zeit oder den Resonanzansatz einzugehen, gibt zudem der Dramaturg und Publizist Fabian Scheidler in seinem Buch »Das Ende der Megamaschine. Geschichte einer scheiternden Zivilisation« einen umfassenden Überblick über die Vielfalt der Möglichkeiten des Ausstiegs aus einer Weltlage, die auf eine »Revolution ohne Masterplan« existenziell angewiesen ist.[114]

Exkurs: Bedingungsloses Grundeinkommen und Umverteilung von Zeit

Eine zeitpolitische Maßnahme, die sich ganz unmittelbar zugleich auf personaler, sozialer und ökologischer Ebene positiv auswirken könnte, wäre möglicherweise die Einführung eines Bedingungslosen Grundeinkommens (BGE) für Menschen, die sich bereit erklären – vielleicht für eine begrenzte Zeit –, Erwerbsarbeit und das zugehörige Erwerbseinkommen gegen eine gesellschaftliche Grundsicherung einzutauschen. Die Einführung eines BGE wäre eine Art Vielzweckwaffe gegen die Vergewaltigung von Eigenzeiten: Es könnte erstens den zeitlichen Druck auf den Einzelnen senken (Innenwelt), zweitens die Arbeitsmärkte entlasten (Mitwelt) und drittens zu einem weniger konsumorientierten Lebensstil einladen (Umwelt). Dazu einige wenige Erläuterungen.

Zur *Innenwelt:* Von Zeitdruck und Stress wird befreit, wer sich nicht um das Geldverdienen zu kümmern braucht, sondern sich mit ganzer Energie Aufgaben oder Projekten zuwenden kann, die ihm (zeitweilig?) besonders wichtig sind (Pflege von Angehörigen, Erlernen von Fremdsprachen, berufliche Weiter- oder Neuqualifikation, Malen, Musizieren, Theaterspielen, zivilgesellschaftliches Engagement, Reisen und so weiter). Vor allem verschwindet durch ein BGE das Damoklesschwert der Angst, von heute auf morgen ohne Einkommen dazustehen, die bisher vielen Menschen den Mut zu Widerspruch und Widerstand raubt. Ein BGE könnte also die Bereitschaft zur Zivilcourage ungemein beflügeln.

Zur *Mitwelt:* Arbeitsmärkte werden entlastet, wenn diese durch ein Überangebot an Arbeitskräften im Ungleichgewicht sind und sich einige Arbeitsfähige, angelockt durch ein Grundeinkommen, (zeitweilig?) aus der Arbeitswelt zurückziehen. Dass übrigens ein solches Überangebot an Arbeitskräften auf Arbeitsmärkten der Regelfall ist, zeigt sich sofort, wenn man den Blick über die auf wenige Berufe, Länder und Zeiten begrenzte Ausnahmesituation des Fachkräftemangels hinauslenkt: auf die generelle Arbeitsmarktentwicklung in Europa, im globalen Norden oder im Rest der Welt im 20. und 21. Jahrhundert. Das ist wenig überraschend, weil durch die Technisierung ständig und systematisch Maschinen die lebendige menschliche Arbeit ersetzen und die Kompensation der so verlorenen Arbeitsplätze durch neue immer höchst unsicher war, ist und sein wird.

Und zur *Umwelt:* Ein BGE könnte Anreize für einen neuen Lebensstil schaffen. Wer sich nämlich dafür entscheidet, (zeitweilig?) mit dieser Grundsicherung auszukommen, müsste sich in Bezug auf seinen materiellen Konsum einschränken, hätte dafür aber plötzlich Zeit im Überfluss. Diese könnte er für all jene nicht materiellen Genüsse verwenden, die sonst regelmäßig zu kurz kommen. Empfänger des BGE wären echte Zeitpioniere, die der Gesellschaft beweisen könnten, dass das Leben auch ohne Geldverdienen und Geldausgeben lebenswert, meist sogar reichhaltiger sein kann als ein Leben, das sich vom üblichen Konsumismus treiben lässt. Wer BGE bezieht, würde der Gesellschaft demonstrieren, was »neuer Wohlstand« konkret bedeuten könnte. Allein dafür sollte ihn die Gesellschaft eigentlich belohnen.

Allerdings müsste verhindert werden, dass ein solches Grundeinkommen zur Falle wird, wenn die vom Arbeitszwang Befreiten umso mehr den Verlockungen der Unterhaltungsindustrie erliegen. Deshalb erfordert die Einführung eines BGE Begleitmaßnahmen: die Bereitstellung von Gelegenheiten, um Fähigkeiten und Bedürfnisse zu entwickeln und so, jenseits der Erwerbsarbeit, neue menschliche Potenziale zum Beispiel im kreativen oder sozialen Bereich erschließen zu können. Auch dürfte die Einführung eines solchen Grundeinkommens auf keinen Fall als Vorwand für den Abbau des Sozialstaats missbraucht werden, wie manche ansonsten kapitalismuskritischen Autoren (etwa Christoph Butterwegge) befürchten.[115] Auch eine Finanzierung des BGE über eine kräftige Erhöhung der Mehrwertsteuer, wie sie Götz Werner vorschlägt,[116] wäre nur akzeptabel, wenn sie mit einer deutlichen Staffelung des Steuersatzes einherginge, sodass Güter des täglichen Bedarfs kaum, Luxusgüter aber sehr stark besteuert würden. Es gibt mittlerweile eine Fülle von Modellen und Modellversuchen in Europa und Kanada zur Einführung eines BGE, es kommt allein darauf an, diese politisch zu unterstützen.[117]

Das führt uns zur Frage nach der generellen Finanzierung einer Zeitbewussten Politik. Denn beim BGE wird nur besonders deutlich, dass vieles von dem, was eine Zeitbewusste Politik bewerkstelligen könnte, vor allem die weltweite Gewährleistung der sozialen Menschenrechte (neben Nahrung und Wohnen Bildung, Gesundheit und kulturelle Teilhabe), eine Menge Geld kostet (beziehungsweise in Entwicklungsländern ohne ausgeprägte Geldwirtschaft zunächst eine Bodenreform erfordert). Wenn es im globalen Norden um Finanzquellen für eine Zeitbewusste Politik geht, sollten wir uns die gigantischen Ressourcen bewusst machen, die bereitstehen. Neben den genannten einsparbaren Subventionen und den Einnahmen aus den Fairness-, Sozial- und Ökosteuern muss die Politik vor allem Beiträge des Kapitals zur Finanzierung des Gemeinwesens heranziehen. Seit 150 Jahren geht im globalen Norden der Anteil der »lebendigen Arbeit« (Marx) an der gesamtwirtschaftlichen Wertschöpfung beständig zurück, steigt also der Anteil der im Kapital verkörperten »toten Arbeit«. Eine nachhaltige Finanzierung eines immer mehr herausgeforderten Sozialstaats muss dieser Tatsache Rechnung tragen und sich im selben Maße von den Erwerbseinkommen (Abgaben und Steuern vom Lohn) auf die Kapitaleinkommen (Kapitalertragssteuer, Wertschöpfungsabgabe, Maschinen- beziehungsweise Robotersteuer und Ähnliches) als Hauptquelle der Staatsfinanzen umorientieren. Es ist absurd zu glauben, man könne dauerhaft in einen Topf, aus dem immer mehr herausgenommen werden muss, immer weniger hineingegeben.

Mit dem Blick auf die internationale Ungleichheit muss endlich ein globaler Lastenausgleich stattfinden: Was bisher zur Finanzierung von Kriegen im Vorfeld des Krieges und zur Umverteilung der Kriegsfolgen im Nachgang möglich war, das ist auch in Friedenszeiten angezeigt: ein umfangreicher Ausgleich zwischen Arm und Reich. Hierher gehört auch die Idee von Reparationszahlungen des Nordens an den Süden, sowohl innereuropäisch wie im globalen Maßstab. Aus zeitlicher Perspektive geht es dabei um einen Ausgleich für die Arbeitszeit, die Südeuropäer, Südamerikaner und Afrikaner für die Grundversorgung Europas seit einem halben Jahrtausend fast gratis erbracht haben.

Das führt zum Kern der Umlenkung vom nicht nachhaltigen Weg hin zum Weg des nachhaltigen Fortschritts: zur konsequent zu betreibenden Umverteilung des Produktivitätsfortschritts, zur Demokratisierung der Verfügung über das gesellschaftliche Mehrprodukt. Eine Zeitbewusste Politik muss als Querschnittspolitik nämlich eine überzeugende Antwort auf die gesellschaftlichen Folgen der Steigerung der Arbeitsproduktivität geben. Dazu muss sie das Thema Arbeitszeit ins Zentrum stellen. Das reicht weit hinaus über die Anpassung an die im Lebenslauf variierenden zeitlichen Bedürfnisse des Menschen durch gesetzlich durchzusetzende Lebensarbeitszeitkonten, die es ermöglichen, selbstbestimmt den Umfang der Erwerbsarbeit entsprechend den jeweiligen Herausforderungen und Interessen zu wählen. Vielmehr geht es ganz zentral auch darum, angesichts des unablässigen technischen Fortschritts mit der langfristigen Tendenz, die »lebendige Arbeit« nahezu überflüssig zu machen, die Menge der Arbeitszeit radikal zu verkürzen. Das BGE und sogenannte Optionszeiten (im Kontext eines Lebensarbeitszeitkontos) sind ja nur zwei von vielen Wegen der Arbeitszeitverkürzung, die angesichts des ungebrochenen Trends zur Individualisierung auf besonders große Resonanz stoßen. Daneben gibt es auch immer noch andere traditionelle Wege: Ausweitung der Möglichkeiten von Teilzeit und des frühzeitigen Ruhestands oder die generelle Verkürzung der Wochenarbeitszeit. Die IG-Metall-Forderung vom Sommer 2017 (28 Stunden mit einem entsprechenden Lohnausgleich) weist genau in diese Richtung.

Im Zusammenhang mit der Finanzierung einer Zeitbewussten Politik und der Demokratisierung der Verfügung über das Mehrprodukt wird besonders deutlich, was der Leser sich vermutlich selbst längst gedacht hat: Wir stehen erst am Anfange eines langen Weges, der uns von der derzeitigen Nichtnachhaltigkeit zur Nachhaltigkeit führen kann. Was zum Beispiel die Überwindung der weltweiten Ungleichheiten und damit letztlich auch von Fluchtursachen angeht, sind wir von der oben skizzierten Doppelstrategie derzeit noch äonenweit entfernt. Klar ist auch, dass jeder Schritt auf diesem Weg massive Einwände und Widerstände provozieren wird. Die Einwände müssen diskutiert, die Widerstände ausgehalten werden. Aber daraus folgt nur, dass wir endlich ernsthaft über diesen Weg diskutieren und mutig mit praktischen Erfahrungen beginnen sollten.

Strategie III:
Zeitbewusste Wirtschaft

Die Logik des Geldes behandelt die Menschen selektiv. Sie befriedigt nur den Bedarf, hinter dem Kaufkraft steht, sie berücksichtigt nur die Fähigkeiten, die sich zu Geld machen lassen. Im Gegensatz dazu nimmt eine Zeitbewusste Wirtschaft grundsätzlich den ganzen Menschen ernst, mit all seinen Bedürfnissen und all seinen Fähigkeiten. Was allein zählt, ist die Tatsache, dass er Mensch ist und als solcher einen angeborenen Anspruch auf ein Leben in Würde hat. Dazu gehört, dass er aus freiem, und das heißt reflektiertem Willen heraus souverän entscheiden kann, welche Bedürfnisse und welche Fähigkeiten ihm wichtig sind. Eine Zeitbewusste Wirtschaft zielt direkt auf das, was nachhaltige Entwicklung im Kern ist: eine Entwicklung, die dafür sorgt, dass es »genug« gibt, »für jeden« und »immer« (überliefert von einem afrikanischen Dorfältesten). Sie ist eine Nachhaltigkeitsstrategie, die von vornherein Wirtschaft und Politik als Einheit begreift und keinem anderen Ziel als dem gleichberechtigten Wohl jedes Menschen verpflichtet ist. Wie könnte man sich eine solche Utopie vorstellen? Wie würden sich die zeitlichen Verhältnisse in Bezug auf Innenwelt, Mitwelt und Umwelt in ihr gestalten?

Erstens zur *Innenwelt* und zum Leitbild der reflexiven Lebensführung. In Bezug auf das Konsumieren sorgt die Zeitbewusste Wirtschaft nicht nur für eine möglichst vollständige Information der Konsumenten über alle relevanten Eigenschaften der Produkte einschließlich der Umstände von Produktion, Transport, Vermarktung etc. Eine Zeitbewusste Wirtschaft lässt den Konsumenten vor allem auch die Zeit, die sie benötigen, um diese Informationen in größere Zusammenhänge einzuordnen, Konsequenzen alternativer Wege zu klären und die eigenen Präferenzen und Werte vor dem Hintergrund des Bemühens um ein gutes Leben zu definieren. In Bezug auf das Arbeiten geht eine Zeitbewusste Wirtschaft davon aus, dass jeder Mensch Fähigkeiten hat und diese, im Bemühen um soziale Anerkennung, auch sichtbar machen will. Sie lässt deshalb jedem Menschen die Zeit, die er braucht, um seine Talente zu entdecken und weiterzuentwickeln. Niemand soll sich in ihr überflüssig fühlen, Arbeit als Teilhabe an der Gesellschaft gilt in einer Zeitbewussten Wirtschaft als Bereicherung des Lebens. Wenn diese Fähigkeiten dann am Arbeitsplatz zum Tragen kommen, berücksichtigt die Zeitbewusste Wirtschaft bei der Ausgestaltung von Arbeitsplätzen alle Aspekte einer gesunden Arbeit. In zeitlicher Hinsicht heißt das vor allem, dass sich die Lage und Menge der Arbeitszeit an das Leben anpasst und nicht umgekehrt, dass Anspannung und Entspannung rhythmisch verbunden sind, dass Arbeit wirklich als Bereicherung des Lebens erfahren werden kann. Der Leitsatz einer Zeitbewussten Ökonomie in Bezug auf die Innenwelt könnte lauten: *Die Zeitbewusste Wirtschaft ist darauf ausgerichtet, die Fundamente für ein rundherum gelingendes, also gutes Leben zu legen.*

In Bezug auf die soziale *Mitwelt* und das Reziprozitätsprinzip ist in einer Zeitbewussten Wirtschaft die Einrichtung von Märkten nicht von vornherein ausgeschlossen. Das heißt: Wo offensichtlich ist, dass Märkte die beste Form der Organisation von Arbeitsteilung sind, kann und soll es durchaus Märkte geben. Aber dafür braucht es gute Gründe. Nicht das Verbot, sondern die Einrichtung von Märkten ist also zu rechtfertigen. Wo Märkte jedoch das »zivilisatorische Minimum« (Negt) eines Arbeitsplatzes oder die Bedarfsdeckung nicht für jeden sicherstellen können, sind sie ungeeignet. Auch Geld kann es in einer Zeitbewussten Wirtschaft geben, aber es dient als Zahlungsmittel allein dem Tausch von Gütern und Diensten, nötigenfalls noch der Aufbewahrung von Wert, auf keinen Fall aber seiner Selbstvermehrung.

Natürlich müssen auch in einer Zeitbewussten Wirtschaft Mittel für private und öffentliche Investitionen zur Verfügung gestellt werden, aber dies kann auch durch zinsfreies öffentliches Geld oder durch »negative Zinsen« bei privaten Ersparnissen geschehen. Wenn Geld nämlich nur als Transportmittel für Waren begriffen wird und man dabei, wie bei anderen Transportmitteln auch, davon ausgeht, dass diese vor sich hinrosten, also mit der Zeit an Wert verlieren, ist es angebracht, das Bunkern von Geld nicht zu belohnen, sondern zu bestrafen. Dann entstünde ein Anreiz, Geld auch dann zu investieren, wenn zwar keine positiven Zinsen locken, aber »negative Zinsen« dadurch vermieden werden können. Ein solches »rostendes Geld« – auch »Schwundgeld« oder »umlaufgesichertes Geld« genannt – hat sich übrigens historisch bereits hervorragend bewährt, als die Tiroler Stadt Wörgl zur Zeit der großen Wirtschaftskrise 1932 eine kommunale Währung mit negativen Zinsen einführte und innerhalb weniger Monate die städtische Wirtschaft zum Blühen brachte – bis die Nationalbank in Wien nach einem überaus erfolgreichen Jahr diesem »Wunder von Wörgl« einen Riegel vorschob.[118] In der Schweiz hat sich eine ebenfalls auf die Weltwirtschaftskrise zurückgehende Genossenschaft von Anhängern des »Freigeldes« bis heute gehalten (»WIR-Banken«).[119] In Deutschland ist eine der erfolgreichsten Komplementärwährungen mit Umlaufsicherung der Chiemgauer.[120] Wo Geld für die Organisation von Arbeitsteilung nötig ist, ist sich eine Zeitbewusste Wirtschaft bewusst, dass Geld immer eine öffentliche und deshalb demokratisch gestaltbare Einrichtung ist und gegebenenfalls eine Vielzahl komplementärer Währungen die beste Möglichkeit ist, dem Prinzip der Fehlerfreundlichkeit gerecht zu werden.[121]

Was die sozialen Beziehungen innerhalb einer Generation betrifft, gilt in einer Zeitbewussten Wirtschaft darüber hinaus ein umfassendes Fairnessprinzip. Ziel ist, dass jeder von seiner Arbeit gut leben und an der Entwicklung des allgemeinen Wohlstands teilhaben kann. Wo Märkte existieren, muss gewährleistet sein, dass Preise nicht nur die soziale und ökologische Wahrheit ausdrücken, sondern auch die Fähigkeiten und Anstrengungen der arbeitenden Menschen berücksichtigen. An die Stelle des für kapitalistische Marktwirtschaften typischen Wettbewerbs um maximale Gewinne und die Verdrängung von Konkurrenten aus dem Markt tritt ein kooperativer Wettbewerb um gemeinwohlorientierte Lösungen bei der Versorgung von Menschen und der Nutzung ihrer Fähigkeiten.[122] Die nationale und internationale Arbeitsteilung wird so organisiert, dass die Vorteile des Austausches auf die Beteiligten möglichst gleichmäßig verteilt sind und auch einseitige nationale Handelsüberschüsse entweder möglichst nur von kurzer Dauer sind oder umgehend systematisch kompensiert werden.

Prüfstein dieser intragenerativen Reziprozität ist ein spezifischer Umgang mit dem Problem der Macht: Natürlich gibt es auch in einer solchen Wirtschaft verbindliche Regeln. Aber diese Regeln legen die jeweils Betroffenen selbst fest. Die strenge Aufgabenteilung zwischen Staat und Wirtschaft, wie sie zum Konzept des liberalen Kapitalismus gehört, ist ihr fremd. Wo immer Macht von Menschen über Menschen existiert, liegt sie allein in Delegationsprozessen, Diskursen und Abstimmungen begründet. Macht ist zudem vielfach gestuft, immer nur auf Zeit verliehen und darf nur nach ganz bestimmten Regeln ausgeübt werden, die letztlich wieder auf dem Willen der Betroffenen beruhen. Auf jeder Ebene kommt es nicht nur auf die freie Wahl von Vertretern an, sondern vor allem auf die Qualität der Diskurse. Eigentum, das Macht über Menschen verleiht, ohne diese Menschen an der Machtübertragung zu beteiligen, kann es vor diesem Hintergrund nicht geben. Als normative Leitidee für solche Diskurse gilt das Konzept der Herrschaftsfreien Kommunikation, wie sie von Jürgen Habermas und anderen konzipiert worden ist (Kapitel 3).[123] Der Leitsatz für die Gestaltung reziproker Verhältnisse lautet: *Wo immer Entscheidungen getroffen werden, macht die Zeitbewusste Wirtschaft alle Betroffenen systematisch zu Beteiligten und sorgt so auf der Verfahrensebene für eine umfassende Fairness.*

Was die natürliche Umwelt und das Prinzip der Regenerativität betrifft, so geht die Zeitbewusste Wirtschaft ebenfalls über die Strategie der Zeitbewussten Politik weit hinaus. Als Kriterien für den Umgang mit den natürlichen Lebensgrundlagen und die Weiterentwicklung von Techniken und Technologien gelten in ihr neben den üblichen Maßstäben für Nachhaltigkeit (Effizienz, Konsistenz und Permanenz) vor allem Überschaubarkeit und Rückholbarkeit, ohne die weder die nötige Kontrolle noch die erforderliche Fehlerfreundlichkeit möglich ist. Die Verfügungs- und Eigentumsverhältnisse müssen sich an diesen physischen Gegebenheiten orientieren.[124] In einer Zeitbewussten Wirtschaft gibt jede Generation – entsprechend den oben zitierten übereinstimmenden Prämissen (Marx, bayerische Verfassung, Papst Franziskus) – die Gesamtheit der natürlichen Grundlagen des Wirtschaftens, also Wälder, fruchtbare Böden, Wasserquellen etc., mindestens im selben Zustand, möglichst aber verbessert an die nächste Generation weiter. Regenerativität in Bezug auf die Umwelt und Reziprozität in Bezug auf die Mitwelt sind nur Kehrseiten einer Medaille.

Zum ökologischen Selbstverständnis einer Zeitbewussten Wirtschaft gehört notwendigerweise auch das Wissen um die Einbindung aller menschlichen Lebensäußerungen in die zeitlichen Vorgaben der Natur: in den Wechsel der Jahreszeiten, in die Phasen des Mondes, in den Tag-Nacht-Wechsel, in die Kreisläufe von Kohlenstoff, Stickstoff und Sauerstoff, die Fotosynthese und so weiter. Weil menschliches Wirtschaften immer nur eine Zutat zur »Naturwirtschaft« (Vandana Shiva) sein kann und diese sehr viel älter als der Mensch ist, geht die zeitliche Synchronisation immer von den Eigenzeiten und Rhythmen der Natur aus, nicht von den Erwartungen, die der Mensch an sie hat. Und weil die Natur in Kreisläufen wirtschaftet, muss sich auch die menschliche Wirtschaft am Kreislauf orientieren. Das heißt konkret: Die gesamte Energieversorgung ist solar, wobei natürlich neben der Wärme und der Strahlung der Sonne auch die abgeleiteten Kräfte der Sonne (biotische Energie, Wind- und Wasserenergie) einbezogen sind. Es kann auch bei Stoffen nie um das Besitzen, sondern immer nur um die Nutzung von Ressourcen gehen. Anstelle von Naturverbrauchssteuern, durch die der Anspruch an Naturressourcen eine Frage des Geldes wird, sind Obergrenzen, an die sich Menschen, Firmen, Länder und Kontinente je nach Ausgangslage schrittweise und kalkuliert herantasten müssen, unumgänglich.[125] Insgesamt ist sich eine Zeitbewusste Wirtschaft des Zusammenhangs von Eigenzeiten, Synchronisationsprozessen und Resonanzchancen also von Anfang an bewusst und muss diesen Zusammenhang nicht erst nachträglich durch Appelle zur Änderungen des individuellen Lebensstils oder durch politisch erzwungene Korrekturen herstellen. Als Leitsatz zusammengefasst: *Die Zeitbewusste Wirtschaft lebt nicht von der Substanz der Natur, sondern ausschließlich von ihren Früchten.*

Der entscheidende Vorzug der Vision einer Zeitbewussten Wirtschaft gegenüber allen individuell gewählten (Zeitbewusster Lebensstil) und politisch erzwungenen (Zeitbewusste Politik) Strategien zur Korrektur des Irrwegs der Gleichung »Zeit ist Geld« ist das ganzheitliche Verständnis von Wirtschaft, Gesellschaft und Politik. Diese Ganzheitlichkeit zeigt sich daran, dass eine Zeitbewusste Wirtschaft den inneren Zusammenhang zwischen Einzelaspekten des Lebens von vornherein im Blick hat: etwa dass gesunde Arbeits- und Lebensverhältnisse Krankheiten vorbeugen, dass kurze Wege zwischen den Orten des Wohnens, Arbeitens und Erholens Zwangsverkehr minimieren, dass klimatisch optimierte Gebäude den Energieverbrauch drosseln, dass der Abbau von struktureller Gewalt den Bedarf an Sicherheitsaufwendungen (national, international, global) reduziert. Zu diesem ganzheitlichen Verständnis von Wirtschaft, Gesellschaft und Politik gehört auch, dass sich die Verantwortlichen der Grenzen ihrer Eingriffsmöglichkeiten bewusst sind. Sie wissen, dass die Kreisläufe und Rhythmen, Synchronisationserfordernisse und Resonanzchancen niemals im

Detail gestaltet werden können. Der Mensch kann immer nur für einen Rahmen sorgen, der »Vielfalt und Gemächlichkeit« als Bedingung für eine fehlerfreundliche Entwicklung und damit für die Fortsetzung von Evolution und Selbstorganisation ermöglicht. Er kann sich um die Synchronisation der Prozesse bemühen, ob es tatsächlich zu Resonanzen kommt, weiß er letztlich aber nicht.

Eine Zeitbewusste Wirtschaft hat – und das ist vielleicht ihr größtes Potenzial – eine historisch beispiellose Chance: Sie zielt unmittelbar auf die Umverteilung des Produktivitätsfortschritts, die Demokratisierung der Verfügung über das Mehrprodukt. Sie kann nämlich eine ganz andere Antwort auf die gesellschaftlichen Folgen der Steigerung der Arbeitsproduktivität geben als der Kapitalismus, weil in ihrem Zentrum das Thema Arbeitszeit steht. Das betrifft nicht nur die Anpassung der Erwerbsarbeit an die im Lebenslauf variierenden zeitlichen Bedürfnisse des Menschen und die Eigenarbeit, die unter anderem der vielfältigen Sorge für die Selbsterweiterung, die Familie, das Gemeinwesen dient. Vielmehr geht es vor allem auch darum, angesichts des aller Voraussicht nach weiterhin stattfindenden technischen Wandels mit der langfristigen Tendenz, die »lebendige Arbeit« nahezu überflüssig zu machen, den Umfang der Arbeit radikal zu verkürzen. Erinnert sei an den englischen Wirtschaftswissenschaftler John Maynard Keynes, der schon 1930 prognostiziert hatte, dass die hoch industrialisierten Länder allein aufgrund des technischen Fortschritts innerhalb von 100 Jahren die Arbeitszeit auf 15 Stunden je Woche beziehungsweise drei Stunden am Tag reduzieren könnten.[126] Um wie viel könnte die Arbeitszeit in einer Zeitbewussten Wirtschaft weiter reduziert werden, wenn auch all jene Arbeiten wegfielen, die uns allein der Kapitalismus aufbürdet! Zum Beispiel die Arbeit in der Werbebranche, in den Agenturen für Lobbyismus, in den Kanzleien für Wirtschaftsberatung und Wirtschaftsrecht, in der Finanzindustrie einschließlich der Versicherungen und Hedgefonds. Wegfallen könnte auch die Arbeit am gezielten Verschleiß, in Branchen, die nur den Bedarf für die Superreichen decken, einschließlich der Sicherheitsapparaturen, die zur Absicherung des Superreichtums gegen den Zugriff der Armen erforderlich sind. Wegfallen könnten also all jene Arbeitsplätze, die der Anthropologe David Gräber »Bullshit-Jobs« genannt hat.[127]

Marx nannte seine Utopie »Freie Assoziation der Arbeiter«, »Verein freier Menschen« oder auch »Räterepublik«. Eine Zeitbewusste Wirtschaft könnte man »kooperative«, »solidarische«, »gemeinwohlorientierte« Ökonomie oder auch einfach »Wirtschaftsdemokratie« nennen. Stiftungen, Genossenschaften, Tauschringe und vor allem die trotz aller Privatisierungstendenzen existierende öffentliche Wirtschaft belegen, dass eine solche Abkoppelung des Wirtschaftens von der Kapitaldynamik prinzipiell möglich ist. Die historisch beispiellosen technischen Voraussetzungen für den Austausch und die Verarbeitung von Informationen, die aufgrund der digitalen Revolution heute zur Verfügung stehen, könnten die Infrastruktur für eine öffentliche Wirtschaft liefern, die mit einem Maximum an Partizipation von Konsumenten und Produzenten einhergeht. Bei all den Kooperationserfordernissen und Möglichkeiten der Beteiligung an den sie begleitenden Verständigungsprozessen muss freilich berücksichtigt werden, dass genügend Menschen bereit und fähig sein müssen, sich zu beteiligen – und dass, wer dies partout nicht will, dennoch nicht schutzlos bleiben darf.[128]

Zeitwohlstand und Bildung

Zeitbewusster Lebensstil, Zeitbewusste Politik und Zeitbewusste Wirtschaft – alle drei Strategien zur Korrektur des Irrwegs der Gleichsetzung von Zeit und Geld haben das Potenzial für eine Neufassung unseres Verständnisses von dem, was »Wohlstand« eigentlich ist. Der Konsumforscher Gerhard Scherhorn hat schon in den 1990er-Jahren auf die »Wohlstandsillusion« aufmerksam gemacht, der die Menschen in reichen Wirtschaften aufsitzen, wenn sie glauben, dass sie durch die Erhöhung ihres Geld- und Güterwohlstands auch tatsächlich ihr Wohlbefinden steigern könnten. Das Gegenteil ist oft sogar der Fall: *Erstens*, weil uns die Energie und die Zeit, die wir für die Steigerung des materiellen Wohlstands aufwenden, hinterher fehlen, wenn wir diesen Güterwohlstand genießen wollen, und *zweitens*, auch weil der »Ausstattungsnutzen« der Güter (zum Beispiel eine hochwertige Hi-Fi-Anlage, die Fernreise mit dem Flieger) meist weniger zu unserem Wohlbefinden beiträgt als der mit ihm zeitlich und finanziell konkurrierende »Handlungsnutzen« (selbst musizieren, wandern in der Region), auch wenn sich die Marktschreier der Ausstattungsgüter noch so sehr aufdrängen mögen.[129] Zwar ist ein wohl bemessener materieller Wohlstand Voraussetzung für Zeitwohlstand, und Milliarden von Menschen haben in dieser Hinsicht höchst berechtigte materielle Ansprüche. Aber daraus folgt keineswegs, dass die Maximierung des materiellen Wohlstands weiterhin als *genereller* Maßstab sowohl für den gesellschaftlichen Fortschritt als auch als individuelles Lebensziel gelten kann. Als Leitbild für eine nachhaltige Entwicklung taugt allein die Erhöhung des Zeitwohlstands.

Mit dem Wort »Zeitwohlstand« ist nicht nur die Quantität der verfügbaren Zeit gemeint. Qualitativ bedeutet Zeitwohlstand die Verfügung über Zeit, in der man wirklich selbst bestimmt, was man tut und was geschieht. Zum Zeitwohlstand gehört die Möglichkeit, die quantitativ verfügbare Zeit mit qualitativen Erlebnissen zu füllen. Ausreichend Zeit für langsames Reisen mit umweltverträglichen Verkehrsmitteln, für gesunde Ernährung, für Sport, Hobbys, Mußestunden, gute Gespräche, das Zusammensein mit Menschen, die einem wichtig sind, für die Erschließung und Erforschung neuer Welten, um nur einige Beispiele zu nennen. Ganz besonders wichtig wäre aber die Zeit für die »lebendige« und die »atmende« Demokratie als Versöhnung der privaten und der öffentlichen Perspektive im Leben des Menschen. Wenn, in den Worten von Erich Fromm, statt des »Habens von Sachen« das »Sein des Menschen« im Zentrum unserer Anstrengungen stehen soll, können wir jedenfalls viele Gewerbeparks zu Kulturwerkstätten umbauen.[130]

Es gibt mindestens zwei systematische Gründe dafür, den Wohlstand an Zeit statt an Geld zum universellen Leitbild zu erheben, auch und gerade im Hinblick auf das Ziel der nachhaltigen Entwicklung:

Der *erste* Grund wurde oben im Zusammenhang mit der Kritik an der Formel »Zeit ist Geld« und den Metaphern »Lärm des Geldes« und »Symphonie des Lebens« ausführlich dargelegt: Geld und Zeit sind völlig asymmetrische Größen, und sie unterscheiden sich insbesondere auch in Bezug auf die Dynamik ihrer Bewegungen (Richtung, Geschwindigkeit und Grenzziehung). Das betrifft die qualitative Seite des Vergleichs von Zeit und Geld. Aber auch quantitativ gesehen, kommt man nicht umhin, eine triviale Wahrheit zur Kenntnis zu nehmen: Für die globale Universalisierung des Geldwohlstands, der mit dem Anspruch auf einen entsprechenden Güterwohlstand einhergeht, fehlen auf der Erde schlichtweg die Ressourcen. Das würde auch dann gelten, wenn dieser Wohlstand so verteilt würde, dass soziale Ungleichheiten abgebaut werden. Auf einer begrenzten Welt kann Wohlstand nie in einem prinzipiell unbegrenzten Geld- und Güterwohlstand bestehen.

Der *zweite* Grund dafür, den Geld- und Güterwohlstand durch den Zeitwohlstand als Fortschrittsziel zu ersetzen, ergibt sich aus der Anthropologie des Menschen: Wenn der Mensch durch einen basalen Zyklus von *Ein*greifen und *Be*greifen aus der Welt des Lebendigen herausgehoben ist und wenn sein *Ein*greifen sich – beginnend mit seiner Sesshaftigkeit, verstärkt mit dem Beginn der Moderne und noch einmal verschärft mit Industrialisierung und Kapitalismus – derart beschleunigt hat, dann wird das *Be*greifen dessen, was das *Ein*greifen anrichtet, zu einer Überlebensfrage.

Wir sollten also das gigantische Quantum an freier Zeit, mit dem uns der technische Fortschritt beschenkt, vor allem für die Entfaltung der menschlichen Potenziale nutzen, die Fixierung auf die sachlichen Potenziale also aufgeben. Von der Energie her formuliert: Wir sollten von der begrenzten äußeren, materiellen auf die relativ unbegrenzte, innere, geistige Energie umschalten. Es gilt, die Bemühungen um das Fortschreiten der kulturellen Evolution in Zukunft vom *Ein*greifen auf das *Be*greifen umzulenken. Und *be*greifen können wir nur, wenn wir im Handeln innehalten und uns den »Luxus« leisten, immer wieder – alleine und gemeinsam mit anderen – darüber nachzudenken, wohin die Reise tatsächlich geht und wohin sie gehen soll.

Damit sind wir beim Thema Bildung angelangt, und zwar in dem anspruchsvollen Sinn der humanistischen Bildungsphilosophie. Für Immanuel Kant war Bildung als »Selbstkultivierung« des Menschen die »größte« und zugleich »schwierigste« Aufgabe, die dem Menschen aufgegeben ist.[131] Dieses Verständnis von Bildung findet sich auch in der Menschenrechtscharta der UN. Bildung ist die »volle Entfaltung der menschlichen Persönlichkeit«, heißt es dort in Artikel 26.[132] Wer Bildung so versteht, der muss den Menschen nicht nur davor schützen, einerseits durch Leistungserwartungen, andererseits durch Konsumanreize ständig daran gehindert zu werden, sich selbst zu kultivieren, sich selbst zu entfalten, herauszufinden, wer er ist und was er will. Bildung in diesem Sinn ist Selbsterweiterung der Person und deren Kern ist die Fähigkeit des *Be*greifens in einem ganzheitlichen (leiblichen) Sinn, die immer auch mit der Entfaltung von Eigensinn, von Widerstandsgeist einhergeht.[133] Die vorrangige Bildungsaufgabe sollte also darin bestehen, die den Menschen auszeichnende Fähigkeit des *Be*greifens zu hegen, zu pflegen, zu vertiefen – in dem Bewusstsein, dass der Mensch in beispielloser Weise gleichermaßen auf Bildung angewiesen wie zur Bildung fähig ist. Wie sonst sollte er angesichts des exponentiell (in menschheitsgeschichtlicher Dimension) steigenden Lebenstempos den Überblick und die Kontrolle über sein Fortschreiten noch behalten können?

Was dieser Bildungsauftrag konkret in Bezug auf unseren Umgang mit Technik und Wissenschaft bedeutet, dazu hat der Wissenschaftshistoriker und Bildungsexperte Ernst Peter Fischer einen wichtigen und überaus aktuellen Anstoß gegeben. Statt technische Geräte wie Smartphones einfach nur zu nutzen, technische Neuerungen kritiklos zu begrüßen und dem technisch-wissenschaftlichen Fortschritt einfach zu vertrauen, sollten wir den Anspruch der Aufklärung endlich ernst nehmen. Wer »sich seines Verstandes ohne Leitung eines anderen« bedient (Kant), muss sich das Fortschreiten des wissenschaftlichen Erkennens und dessen technische Nutzbarmachung immer erst kritisch erarbeiten. Das beginnt damit, erst einmal vernünftige Fragen zu stellen und dann nach vernünftigen Antworten zu suchen. Dabei sollten Fragen und Antworten letztlich auf die Verbesserung des menschlichen Lebens zielen. Wenn sich aber unter Wissenschaftlern, wie Fischer treffend beobachtet, immer häufiger vernünftige Fragen und vernünftige Antworten in die Quere kommen, zeigt dies, wie wichtig es ist, auch die Wissenschaft als etwas Prozesshaftes, als »Geschichte« zu begreifen und als solche ins Zentrum unserer Bildungsbemühungen zu stellen.[134] Anders formuliert: Soll der Mensch als autonomiefähiges Wesen das Leitbild des Fortschritts sein, muss Zukunft immer auch an Herkunft gebunden werden. Auch in diesem Sinn gilt der Grundsatz von der Wiederkehr des Ähnlichen. Dieses Verständnis von Bildung ist konservativ und revolutionär zugleich: konservativ, weil es darauf pocht, dass das Alte oft wertvoll ist, allein deshalb, weil es sich bewährt hat, und revolutionär, weil dieses Verständnis über das Gegebene weit hinausreicht und zur konkreten Utopie ermutigt.

Zurück zum Zeitwohlstand. Es sind viele Wege denkbar, die vom Geld- und Güter- zum Zeitwohlstand führen und der Bildung als Selbsterweiterung jenen Stellenwert verleihen, der ihr zusteht. Gemeinsam ist all diesen Wegen, dass sie die Zeit des fremdbestimmten Arbeitens verkürzen: von der individuellen Teilzeitarbeit mit freiwilligem Einkommensverzicht oder einem zeitweiligen oder dauerhaften Rückzug aus dem Erwerbsleben, ermöglicht durch ein Bedingungsloses Grundeinkommen, bis hin zur generellen Verkürzung der Arbeitszeit (Wochenarbeitszeit, Lebensarbeitszeit, »rhythmischen« Auszeiten durch Lebenszeitkonten und so weiter).

Möglicherweise sollten wir uns in Bezug auf die grundsätzliche Strukturierung des Lebens von einer Vier-in-einem-Perspektive leiten lassen, die die Soziologin Frigga Haug vorgeschlagen hat: Erwerbsarbeit, Sorgearbeit, politisches Engagement und persönliche Entwicklung – vier Lebensbereiche, denen jeweils etwa dieselbe Menge von wacher Lebenszeit zustehen sollte.[135] Diese vier »Dimensionen des menschlichen Lebens« müssten, so Haug, auch im Sinne der Geschlechtergerechtigkeit miteinander verknüpft werden. Alle Bemühungen, die nur auf eine der vier Dimensionen zielen, laufen Gefahr, »reaktionär« zu werden. »Die politische Kunst liegt in der Verknüpfung der vier Bereiche. Zusammengenommen deuten sie auf eine alternative Gesellschaft und zeigen zugleich die ersten Schritte. Dies ist nicht heute und hier durchsetzbar, doch kann es als Kompass dienen für die Bestimmung von Zielen in der Politik, als Maßstab für unsere Forderungen, als Basis unserer Kritik, als Hoffnung, als konkrete Utopie, die alle Menschen einbezieht und in der endlich die Entwicklung jedes einzelnen zur Voraussetzung für die Entwicklung aller werden kann.«[136] Als Kurzformel: »Teilzeitarbeit für alle!«

Eine solche Neujustierung von Arbeit, Leben und Zeit ist nur als gesellschaftlicher Lernprozess vorstellbar. In der Natur sind Gestalten und Prozesse unlöslich miteinander verbunden (natura naturata und natura naturans), in der Politik das statische und das dynamische Moment (Inhalt und Form, policy und politics beziehungsweise polity). Diese Erkenntnis lässt sich generalisieren und auf den Wohlstandsbegriff beziehen. Ein realistisches Ziel wäre es dann, dass die Verhältnisse, die auf die Erweiterung des Zeitwohlstands zielen, und die Verhaltensweisen, die auf Selbsterweiterung ausgerichtet sind, sich wechselseitig befruchten. Aus zeittheoretischer Perspektive geht es bei diesem Wechselverhältnis immer um die zwei Zustände der Zeit: Sie existiert als geronnene und als fließende, und »fließend« bezeichnet immer eine zugleich reversibel-zyklische und irreversibel-lineare Bewegung. Oder wie Friedrich Cramer es sagt: »Zeit ist Sein und Sein ist Zeit.«

Praktisch gewendet: Es kommt darauf an, einerseits auf der Seite der Verhältnisse neue Anreizsysteme und Infrastrukturen zu schaffen, die dafür sorgen, dass Bemühungen der Selbsterweiterung nicht nur nicht bestraft, sondern gefördert werden, andererseits auf der Seite des Verhaltens die Gelegenheiten zur Selbsterweiterung auch zu nutzen und auf deren Erweiterung zu drängen. Wenn wir diese Wechselwirkung von den Verhältnissen her formulieren, heißt das: Je ausgeprägter die Erweiterung der zeitlichen Freiräume (gesellschaftlicher Zeitwohlstand), desto besser die Chancen für ein geschärftes Zeitbewusstsein und eine anspruchsvolle Selbsterweiterung (individuelle Bildung). Und vom Verhalten her formuliert: Je geschärfter das Zeitbewusstsein und je anspruchsvoller die Selbsterweiterung (individuelle Bildung), desto höher der Druck in Richtung auf die Erweiterung der zeitlichen Freiräume (gesellschaftlicher Zeitwohlstand).

Diese Wechselwirkung, so die Hoffnung, ermöglicht eine Revolution der herrschenden Zeitkultur. Sie mobilisiert Synergien für eine maßgebliche globale und langfristig wirksame Neuausrichtung unseres Strebens nach Wohlstand und Fortschritt. Die Synergie von Verhalten und Verhältnissen schafft die Voraussetzung dafür, dass das Leben, das den Aufstieg (Syntropie) ermöglicht hat und weiterhin ermöglichen soll, dem Tod, dem Abstieg (Entropie) wieder ein Schnippchen schlagen kann – dass die »Symphonie des Lebens« den Lärm des Geldes übertönt. Es gibt also eine Alternative zur herrschenden geldgetriebenen Steigerungslogik. Die Natur selbst führt uns diese Alternative seit Jahrmilliarden vor.[137]

Fazit

Ausgangspunkt des Kapitels war unser Entsetzen über Fälle von unfassbarem emotionalen Resonanzverstummen, ausgelöst durch die Anziehungskraft des Geldes. Dies führte zu der Frage, wie die Institution Geld eine solche Macht über die Menschen erlangen konnte und welche praktischen Konsequenzen daraus zu ziehen sind. Auf der Suche nach einer Antwort haben wir uns die Beschleunigungsgeschichte nochmals genauer angesehen und dabei die Form des Wirtschaftens und ihren Zusammenhang mit der politischen, rechtlichen und normativen Entwicklung der Moderne kritisch beleuchtet.

Die mit der Moderne aufgekommene bürgerliche Wirtschaftsweise – die Marktwirtschaft – ging, so zeigt sich, mit einer systematischen Verselbstständigung des Geldes einher. Deutlich wird dabei, dass die Formel »Zeit ist Geld« sich als Irrweg erwiesen hat. Je mehr nämlich das Geld vom Mittel zum Selbstzweck wird, desto mehr treibt es die marktwirtschaftliche Pervertierung der Aufklärungsideen auf die Spitze. Desto mehr führt es zudem das Handeln und Denken des Menschen auf immer weiträumigere Abwege und drängt die von Pflanzen und Tieren ererbte und über 90 bis 99 Prozent aller Generationen bewährte Kooperationsfähigkeit des Menschen zurück.

Der Mensch der Marktwirtschaft, der Homo oeconomicus, ist eine gefühllose Egomaschine, die die Option der

Rücksichtnahme auf Um- und Mitwelt und auch auf Momente der Innenwelt systematisch der Maxime der Tempoerhöhung opfert. Um diesen Irrweg für die Zukunft zu korrigieren, muss das Geld wieder auf die Dienerrolle zurückgestutzt werden. Ausgehend von dieser Aufgabenstellung und dem Bewusstsein, dass der Mensch des 21. Jahrhunderts über gigantische materielle und geistige Ressourcen verfügt, wird eine Kombination aus drei Strategien vorgeschlagen, die institutionell konkretisieren, was in den Kapiteln 2, 3 und 4 bereits mit physisch-technischem Fokus skizziert wurde: Der Zeitbewusste Lebensstil ist ein bereits kurzfristig praktizierbarer, hauptsächlich individueller Ausstieg aus den Beschleunigungs- und Flexibilisierungszwängen. Die Zeitbewusste Politik ist eine mittelfristig wirksame Querschnittspolitik, die Blockaden für einen solchen Lebensstil beseitigt, indem sie gesellschaftliche Bedingungen schafft, die umfassende Nachhaltigkeit zulassen und fördern. Zum Beispiel könnte ein Bedingungsloses Grundeinkommen positive Impulse für eine solche politische Transformation von Verhalten und Verhältnissen setzen. Die Zeitbewusste Wirtschaft schließlich, die dritte Strategie, besteht im langfristigen Umbau der Wirtschaft zu einer Ordnung, die System- und Eigenzeiten, Kreisläufe und Rhythmen, Synchronisationserfordernisse und Resonanzchancen von sich aus zum Maßstab des Wirtschaftens erhebt.

Durch den Einsatz dieser Strategien wird zugleich die Möglichkeit geschaffen, das Verständnis von Wohlstand fundamental zu verändern. An die Stelle des Wohlstands an Geld tritt der Wohlstand an Zeit als generelles Ziel unserer Fortschrittsbemühungen. Damit geht notwendigerweise ein neuer Stellenwert von Bildung in einem radikalen Sinn einher: als Selbsterweiterung des Menschen. Zu einer solchen Selbsterweiterung ist der Mensch fähig, und auf sie ist er angewiesen. Letzteres umso mehr, je schneller er in der Welt unterwegs ist und je dringlicher sich die Frage nach dem »Wohin« stellt.

Hier zeigt sich noch einmal der Zusammenhang von Gestalt und Prozess: Je mehr der gesellschaftliche Zeitwohlstand und die individuelle Bereitschaft zur Selbsterweiterung einander wechselseitig verstärken, desto größer werden die Chancen, den Lärm des Geldes zum Verstummen zu bringen – um die »Symphonie des Lebens« hörbar zu machen.

Revolutionäre Pause – ein Vorschlag

»Schneller, höher, weiter« und »Nachhaltigkeit« – welch ein krasser Gegensatz. Nicht nur das »Schneller«, auch das »Höher« und das »Weiter« steigern Geschwindigkeiten, beschleunigen Prozesse, und zwar zwanghaft. Was auch immer gesteigert und beschleunigt wird: Je mehr Steigerung, desto unausweichlicher die Frage nach ihrer Grenze. Bis wohin wollen wir uns das alles gefallen lassen, wann ist Entschleunigung geboten?

Die ständige Beschleunigung stört Eigenzeiten und Rhythmen, Synchronisation und Resonanz, sie lässt die »Symphonie des Lebens« hinter dem Lärm des Geldes verstummen, sie torpediert die Wiederkehr des Ähnlichen. Weil diese Wiederkehr elementar ist, ist eine Umkehr notwendig. Wohlverstandene Entschleunigung bedeutet also nicht einfach generelle Drosselung des Tempos. Vielmehr geht es um die Suche nach angemessenen Geschwindigkeiten, die Rücksicht auf Synchronisationserfordernisse, die Ermöglichung von Resonanz. Genau deshalb und genau in diese Richtung muss Nachhaltigkeit neu gedacht werden. Erst wenn wir die Art und Weise und die Voraussetzungen unseres Lebens als *Zusammenhang* begreifen, können wir der endlosen Hin- und Herschieberei der Verantwortung zwischen den Nachhaltigkeitssäulen (ökologisch, sozial), den Akteuren (die Politiker, die Wirtschaft, der Einzelne), den Räumen (Deutschland, Europa, der globale Norden beziehungsweise Süden) und den Zeiten (kurzfristig, mittelfristig, langfristig) einen Riegel vorschieben – zunächst freilich nur in der Theorie.

Letztlich aber geht es um die Praxis: um eine integrierte Strategie. Die drei Teilstrategien und die grundsätzliche Dialektik von Verhältnissen und Verhalten, die ich im letzten Kapitel beschrieben habe, lassen neben vielen anderen eine Frage noch völlig unbeantwortet: *Wo beginnen?* So abgedroschen der Satz auch klingen mag: Beginnen muss jeder bei sich selbst. Die personale Freiheit ist jene Domäne, in der die Freiheit des Menschen zu Hause ist. Nicht als Geschöpf der Natur und nicht als Geschöpf von Kultur und Gesellschaft, allein als Geschöpf seiner selbst ist der Mensch frei. Deshalb ist die Suche nach einem Zeitbewussten Lebensstil als erster Schritt der Korrektur des Irrwegs unverzichtbar. Allerdings baut die persönliche Freiheit auf natürlichen und soziokulturellen Voraussetzungen auf, ohne die sie nicht zum Tragen käme. Als Geschöpf der Natur hat der Mensch die genetisch ererbte Möglichkeit zur Entscheidung, zur Wahl zwischen Alternativen. Als Geschöpf der Kultur und Gesellschaft kann er dabei auf einen Vorrat an Wissen, Können und Haltungen zurückgreifen, wird er mit Technologien, Institutionen und Machtmitteln ausgestattet. Wir können uns also einmischen, aber nicht überall und immer und nicht jeder gleichermaßen. Das Ausmaß und die Mittel der Möglichkeiten variieren stark. Und das macht die Frage nach dem persönlichen Anfang besonders schwierig.

Grundsätzlich verfügen wir ja über mehrere Rollen. Wo es die gesellschaftlichen Verhältnisse zulassen, wo also die Verweigerung von Konformität möglich ist und Pluralität einigermaßen respektiert wird, dort können wir als *Gesellschaftsmitglieder* das Wort ergreifen und unsere Mitmenschen durch Argumente und Beispiele als Unterstützer für unsere Sache gewinnen. Wo es die wirtschaftlichen Verhältnisse zulassen, wo also Märkte halbwegs funktionieren und der individuelle Zutritt zum Markt gelingt, dort können wir als *Wirtschaftsbürger* einen gewissen Einfluss auf das wirtschaftliche Geschehen ausüben. Als Konsumenten können wir mit unserer Kaufkraft die Produktion von Gütern etwas beeinflussen – ein Einfluss, der meist überschätzt wird (Kapitel 5). Als Arbeitnehmer können wir uns manchmal weigern, Dinge zu tun, die wir mit unserem Gewissen nicht vereinbaren können. Als Unternehmer, Sparer und Investor können wir uns unter ganz bestimmten näher zu präzisierenden Umständen gegen oder für bestimmte Projekte und Branchen entscheiden, unser ererbtes oder erspartes Geld aus zweifelhaften wirtschaftlichen Aktivitäten abziehen (Divestment) und stattdessen ethisch anspruchsvolle Projekte unterstützen. Und wo es die politischen Verhältnisse zulassen, wo also Rechtsstaaten und Demokratien halbwegs intakt sind, können wir als *Staatsbürger* durch unsere Wahlstimme und als Mitglieder der Zivilgesellschaft in vielfacher Weise auf die Festlegung der allgemein verbindlichen Spielregeln des Gemeinwesens einen gewissen Einfluss nehmen. Bei der Gegenüberstellung und Abwägung der Potenziale, die der Einzelne als Wirtschaftsbürger in Marktwirtschaften und als Staatsbürger in demokratischen Rechtsstaaten hat, gibt es freilich einen fundamentalen Unterschied, der leider oft verwischt wird: In der Marktwirtschaft ist die Macht ungleich verteilt, im demokratischen Rechtsstaat gleich. Die Legitimationsprinzipien »Wer zahlt, schafft an« und »Ein Mensch, eine Stimme« unterscheiden sich grundlegend. All das sind jedenfalls Potenziale, über die Menschen – in unterschiedlichem Umfang, in Abhängigkeit von Raum und Zeit – prinzipiell verfügen. Aber umsetzen muss diese Potenziale jeder selbst: als Person, die über einen im Prinzip freien Willen verfügt (Kapitel 4).

Die Vielzahl der existierenden Wege der Einmischung lässt die Frage nach dem persönlichen Einstieg nicht einfacher werden. Ihre Beantwortung erfordert besondere Sorgfalt. Was also könnte der erste Schritt sein, wenn wir einen Beitrag zur Umkehr von der Nichtnachhaltigkeit zur Nachhaltigkeit, vom Lärm des Geldes zur »Symphonie des Lebens« leisten möchten? Vielleicht sollten wir mit einer Selbstbeobachtung beginnen. Wir könnten uns fragen, welche Bedeutung Rhythmen, ihre Synchronisation und Resonanzerlebnisse in unserem Leben eigentlich haben. Wenn der Zyklus von *Ein*greifen und *Be*greifen für die Innenwelt des Menschen so wichtig ist, hängt alles davon ab, ob er funktioniert. Da beim *Be*greifen immer Körper, Seele und Geist beteiligt sind, muss sich die Beobachtung auf Veränderungen in allen drei Breichen gleichermaßen richten. Wir könnten uns also ganz zu Beginn fragen, wie sich unser Leben eigentlich anfühlt, ob es in sich stimmig ist. Schnell würden wir dabei feststellen, dass sich diese Frage nicht ohne die Frage nach den Werten beantworten lässt, an denen wir unser Leben ausrichten möchten. Gelingt es uns, beim Eingreifen unseren eigenen Werten treu zu bleiben? Wie stark zwingen uns die praktischen Erfahrungen im Alltag zu Abstrichen? Klaffen Lebenspraxis und Werte dauerhaft auseinander? Müssen wir unsere Werte ständig korrigieren, vielleicht sogar auf den Kopf stellen?

Weil eine solche *Selbstbeobachtung* immer auch mit einer Selbstbewertung einhergeht, ist sie eine ziemlich anspruchsvolle Angelegenheit. Aus dem Alltag ist uns bekannt, dass geistig anspruchsvolle Prozesse oft mit einer reflexhaften Verzögerung des praktischen Handelns einhergehen, vielleicht sogar mit einem vollständigen Innehalten. Beim Autofahren etwa verstummt in schwierigen Verkehrssituationen das Gespräch mit dem Beifahrer wie von selbst. Auch kommen uns die besten Ideen oft in Phasen der Ruhe und Entspannung: in der Badewanne, beim Zähneputzen, auf der Toilette. Äußere und innere Geschwindigkeit sind offenbar auf eine ganz bestimmte Weise synchronisiert: Der Körper wird langsamer, wenn der Geist schneller wird – und umgekehrt.

Selbstbeobachtung und Selbstbewertung können Anstöße zur Selbsterweiterung geben. *Selbsterweiterung* bereichert nicht nur, wie wir gesehen haben, die Qualität unseres Lebens. Selbsterweiterung führt den Menschen auch näher an seinen inneren Kern heran, macht ihn eigensinniger, widerständiger, von außen weniger irritierbar. Ein sich selbst erweiternder Mensch wird in einem übertragenen Sinn schwerer: Sein personaler Kern, so würde Erich Fromm sagen, verlagert sich vom Modus des »Habens« zum Modus des »Seins«. Selbsterweiterung hilft dem Menschen, sich seiner Kraftquellen zu versichern und sie aufzufrischen.

Selbstbeobachtung, Selbstbewertung und Selbsterweiterung sind die Bausteine für eine »*Revolutionäre Pause« (Kapitel 4)*. Eine »Pause«, weil wir in dieser Zeit für das herrschende Fortschrittsprogramm, für das Werk der Steigerung des Sozialprodukts, nicht zur Verfügung stehen. Tagträume, Mußestunden und längere Auszeiten können zu Keimen solchen Widerstands gegen das ziellose »Schneller, höher, weiter« werden. Und »revolutionär«, weil wir die verstreichende Zeit für uns selbst nutzen können, wodurch sie – zumindest als Möglichkeit – zu einer zeitlichen Investition in eine andere, eine bessere Zukunft wird. So wie das Einatmen und das Ausatmen durch eine kurze, unmerkliche Zäsur getrennt sind, so wie nach Anstrengungen eine Ruhephase nötig ist, ehe eine neue Anstrengung beginnen kann, so brauchen wir immer wieder solche revolutionären Pausen. Sie sind potenziell kreativ und wahre Inseln der Entschleunigung. Während Hartmut Rosa der Entschleunigung keinen besonderen Stellenwert beimisst,[1] halte ich solche Inseln für ein unverzichtbares Element, wenn es um den Einstieg in die persönliche Resonanzstrategie geht. Die Revolutionäre Pause ist, so die These, das Fundament des persönlichen Beitrags für das Umlegen der Weiche. Die Revolutionäre Pause ist aber immer nur der erste, der notwendige Schritt der persönlichen Einmischung zugunsten der Nachhaltigkeitsidee. Ob der zweite, der hinreichende folgt, bleibt jedoch ungewiss. Es kann in einer solchen Pause zum Einschwingen auf die Nachhaltigkeitsidee in dem hier vorgestellten ganzheitlich-radikalen Verständnis kommen, aber sicher ist dies nicht.

Das Plädoyer für eine Revolutionäre Pause muss nicht auf die individuelle Ebene beschränkt bleiben. Sie kann auch kollektiv sinnvoll sein. Häufig wird ja eine generelle Politikverdrossenheit beklagt, die sich vor allem im Vertrauensverlust gegenüber den großen Volksparteien, immer häufiger auch gegenüber dem Parlamentarismus insgesamt äußert. Vielleicht können politische »Bewegungen« jenseits der Parteien eine hoffnungsvolle Perspektive eröffnen. Vielleicht sind tatsächlich Bewegungen, die sich nicht nur als sozial, sondern auch als politisch definieren, die dezentral gesteuert und durch das Internet hochdynamisch sind, besser geeignet, dem Protest gegen den Zwang zum »Schneller, höher, weiter« eine geeignete Ausdrucksform zu geben. Die Rede von einer »Pause« wäre auch insofern angebracht, als es hier zunächst nur um die Formierung eines Protestgefühls geht, ohne dass daraus sofort konkrete politische Konsequenzen – etwa die Übernahme politischer Verantwortung – folgen müssten.

Eine kollektive Revolutionäre Pause könnte, so die Idee, in eine *Entschleunigungsbewegung* münden. Diese Bewegung würde die weitverbreitete Erfahrung von Zwangsbeschleunigungen und Zwangsflexibilisierung aufgreifen, das Leiden an diesen Erfahrungen in eine Protesthaltung überführen und diesem Protest auch eine Richtung geben. Ebendie Politik in einem weiteren Sinn, der über Parteien und Parlamente hinausgeht und auf den Kern des Politischen zielt: das, was in einem Gemeinwesen allgemein verbindlich ist.

Damit wäre schon viel gewonnen, weil, wie oben betont, in den rechtsstaatlich verfassten Demokratien die Politik jene Sphäre ist, in der jeder Mensch gleich viel zählt. Auch wenn die Betroffenheiten durch die Beschleunigungs- und Flexibilisierungszwänge noch so unterschiedlich ausfallen mögen, könnte das Interesse an einem angemessenen Umgang mit Zeit ein starkes Motiv für die kollektive Identität einer solchen Bewegung sein. Eine soziale und politische Entschleunigungsbewegung ginge über die großen traditionellen Bewegungen – Arbeiterbewegung, Frauenbewegung, Friedensbewegung, Umweltbewegung, Vegetarismus, Globalisierungskritik und andere – hinaus, indem sie ein Anliegen, das all diesen Bewegungen gemeinsam ist, aufgreift: den mehr oder minder bewussten Wunsch, dass das Leben von Pflanzen, Tieren und Menschen nicht gehetzt werden sollte. Die Integration von Einzelbewegungen, so die Vision, würde diese Kräfte vervielfachen.[2]

Eine zivilgesellschaftliche Bewegung zur Entschleunigung des Lebens könnte sich *erstens* auf die wissenschaftlichen Erkenntnisse der hier vorgestellten evolutions- und resonanztheoretischen Weiterentwicklung der Ökologie der Zeit berufen. Sie könnte die Synergien, die sich aus dem Wissen über den Zusammenhang zwischen Kreisläufen und Rhythmen, Synchronisation und Resonanz gewinnen lassen, politisch fruchtbar werden lassen. Sie könnte *zweitens* das eklatante Defizit vieler sozialdemokratischer, linker, aber auch grüner Parteien ausgleichen, die die »Imagination einer besseren Welt« verloren, den Willen zu einer solchen Imagination aufgegeben und den »Zeithorizont ihrer Gestaltungsvorstellungen ... nur noch auf die nahe Zukunft gerichtet« haben (Oliver Nachtwey in Bezug auf die Sozialdemokratie und teils auch die Linken).[3] Und eine solche Entschleunigungsbewegung könnte sich *drittens* Zeit nehmen, um in einem politischen Diskurs erst einmal herauszufinden, wie die politischen Positionen, die sich bisher oft unvermittelt gegenüberstehen, konkret zusammenzuführen wären. Ich denke an die Integration von ökonomischer und ökologischer Frage (herrschendes Säulenmodell der Nachhaltigkeit), an die Integration der nationalen und der kosmopolitischen Perspektive (nationaler Sozialstaat versus globale Humanität) und an die Integration der sozialen und der kulturellen Kapitalismuskritik (Klassengesellschaft versus Entfremdung). Eine gängige Praxis im politischen Diskurs besteht ja bisher oft darin, das Gegenüber möglichst schnell in eine Schublade zu stecken (links – rechts, gelb – grün, realistisch – utopisch und so weiter) und sich so der Pflicht zu entledigen, dem Anderen erst einmal genau zuzuhören. Das ist eine klassische Sackgasse, weil sie den Lernprozess verhindert, der unverzichtbar für den Aufbau einer Gegenbewegung gegen das »Schneller, höher, weiter« ist. Die Schubladisierung ist eine echte Beschleunigungsfalle, weil man sich die Zeit zum Verstehen des Anderen nicht nimmt und so in aller Regel nichts als Missverständnisse produziert.

Eine solche Integration politischer Positionen vor dem Hintergrund einer zeitökologisch fundierten Resonanzstrategie erfordert, die lineare Zeit (den Zeithorizont der soziokulturellen Evolution mit ihrem Fokus auf die Dynamik) und die zyklische Zeit (das Bewusstsein der Wiederkehr des Ähnlichen als Garant der Aufrechterhaltung der jeweils bereits erreichten Ordnung) zusammendenken. Das so entstehende Spiralmodell der Zeit ermöglicht, Prozess und Gestalt aus einem theoretischen Guss zu begreifen.[4]

Zum Schluss eine *persönliche Nachbemerkung:* Zwar haben die Themen Zeit, Beschleunigung und Entschleunigung, Synchronisation und Resonanz seit vielen Jahren eine nachhaltige kognitive und affektive Resonanz bei mir gefunden. Dennoch sehe und spüre ich mich zwischen zwei entgegengesetzten Gefühlen hin- und hergerissen, ohne dass ich eine wirklich verlässliche Brücke zwischen ihnen gefunden hätte.

Einerseits fühle ich mich hilflos angesichts der Größe der Gefährdungen und Risiken, ohnmächtig angesichts der organisierten Macht in Wirtschaft und Politik und verzweifelt angesichts der massenhaften emotionalen und geistigen Verkrustungen in den Herzen und Köpfen von Mitmenschen, die sich mit den Verhältnissen längst arrangieren, ihre eigenen Werte nicht mehr ernst nehmen und jegliche soziale Fantasie verloren haben. *Andererseits* vertraue ich auf die anthropologisch gut begründbare Fähigkeit des Menschen zur kritischen Vernunft, erwarte ich, dass das historische Potenzial der Aufklärung nicht nur zu einer immer besseren Beherrschung der Natur, sondern auch zu einem immer tieferen Verständnis des Menschen als Voraussetzung für das friedliche Zusammenleben führt, bin ich zuversichtlich, dass auch in Zukunft die Macht der »Millionen« die Macht der »Millionäre« (Slogan aus der Gewerkschaftsbewegung) oder die Macht der »99 Prozent« die Macht des »einen Prozent« (Slogan der Occupybewegung) in ihre Schranken verweisen kann, und hoffe ich, dass emotionale und geistige Verkrustungen sich unter ganz bestimmten Bedingungen auch wieder auflösen lassen.

Das Hin und Her zwischen Pessimismus und Optimismus ist zugleich anstrengend und anregend. Der hier vorgestellte Ansatz, der der Zeit als rotem Faden folgt, hilft mir, mit beiden Gefühlen zu leben. Das heißt auch, das eine der beiden Gefühle, den Optimismus, am Leben zu halten.

Dabei sind Erfahrungen in den neuen sozialen Bewegungen wie Ökodörfer, Lebensgemeinschaften, Tauschringe, Projekte solidarischer Landwirtschaft, Nachbarschaftshilfen, Repair-Cafés und Urban Gardening – »Geschichten des Gelingens« also, wie sie der Sozialpsychologe und Soziologe Harald Welzer in der von ihm gegründeten Initiative »Futurzwei. Stiftung Zukunftsfähigkeit« dokumentiert und publiziert[5] – vermutlich ausgesprochen hilfreich. Solche Erfahrungen mit Momenten eines »richtigen Lebens im falschen« (Theodor W. Adorno) erleichtern es, das Ohnmachtsgefühl des Einzelnen mit der Macht des Systems irgendwie in Verbindung zu bringen und aushaltbar zu machen. Man spürt einfach, dass man nicht allein ist und dass es Alternativen gibt. Die Verbindung solcher praktischen Erfahrungen (oder zumindest das Wissen um deren Möglichkeit) mit theoretischer Arbeit dürfte die Anschlussfähigkeit eines resonanztheoretischen Ansatzes zur Umsetzung der Nachhaltigkeitsidee jedenfalls deutlich erhöhen.

Auch wenn praktische Erfahrungen den Menschen allemal stärker als theoretische Überlegungen prägen, muss der Geist als »Wächter der Freiheit« (Kapitel 4) dabei immer noch den Überblick behalten können. Solche Erfahrungen über praktische Alternativen reichen deshalb nicht aus für eine fundamentale Neuorientierung in Richtung auf eine nachhaltige Form des Fortschritts

(»genug, für jeden, immer!«). Dazu brauchen wir eine fundierte Analyse und eine aus ihr abgeleitete radikale Strategie.

Weil ein Ansatz, der von der Zeitlichkeit des Lebens ausgeht, eine Perspektive eröffnet auf den Zusammenhang zwischen dem, was ist, was war, was sein wird und was sein kann, enthält dieser Ansatz auch Bausteine und Baupläne für eine Brücke, die die Kluft zwischen Pessimismus und Optimismus überwinden und einen zukunftsorientierten Realismus ermöglichen kann. Denn der Ansatz ruft den Zusammenhang zwischen Prozess und Gestalt, Werden und Sein, linearer und zyklischer Zeit ins Bewusstsein. Und er erinnert daran, dass seit dem Urknall immer mal wieder ein kleiner Anstoß genügt hat, um aus der Kette der Wiederkehr auszubrechen und etwas Neues hervorzubringen.

Anmerkungen

Vorwort

1   Grundlegend: Rosa, Hartmut: Beschleunigung. Zur Zeitstruktur der Moderne, Frankfurt/Main 2005.

2   Reheis, Fritz: Die Kreativität der Langsamkeit. Neuer Wohlstand durch Entschleunigung, Darmstadt 1996, 2., erweiterte Auflage 1998, 3., um ein neues Vorwort ergänzte Auflage 2008. Ders.: Entschleunigung. Abschied vom Turbokapitalismus«, München 2003, und ders.: Bildung kontra Turboschule. Ein Plädoyer, Freiburg/Br. 2007.

3   Raworth, Kate: Ökologisch und sozial. Eine Ökonomie des guten Lebens, in: BLÄTTER FÜR DEUTSCHE UND INTERNATIONALE POLITIK 5/2018, S. 97–108, hier S. 102 und 106 f.

4   Reheis 1996: a. a. O., Kapitel 1.

5   Lessenich, Stephan: Neben uns die Sintflut. Die Externalisierungsgesellschaft und ihr Preis, München 2016. Eine ähnliche Bestandsaufnahme findet sich in Brand, Ulrich/Wissen, Markus: Imperiale Lebensweise. Zur Ausbeutung von Mensch und Natur im globalen Kapitalismus, München 2016.

6   Rosa, Hartmut: Resonanz. Eine Soziologie der Weltbeziehung, Berlin 2016.

7   Cramer, Friedrich: Symphonie des Lebendigen. Versuch einer allgemeinen Resonanztheorie, Frankfurt/Main 1996.

8   Mit anderen Worten: Es geht um eine dauerhafte Kultur (»Permakultur« i. w. S.) – als Alternative zur Wegwerfkultur.

9   Diese Definition für eine nachhaltige Entwicklung ist angeblich von einem afrikanischen Dorfältesten überliefert.

10 Negt, Oskar: Nur noch Utopien sind realistisch. Politische Interventionen, Göttingen 2012.

Einleitung

1   http://www.eLexikon.ch/dschagannath (01. 10. 2018). Ursprüngliche Quelle ist Meyers Konversations-Lexikon aus dem Jahr 1888.

2   Giddens, Anthony: Konsequenzen der Moderne, Frankfurt/Main 1996, S. 187–190.

3   Asendorf, Dirk: Showdown am Neckartor, in: DIE ZEIT 1/2018, S. 37.

4   Das ist der Titel eines beeindruckenden Films von Carmen Lossmann.

5   Beck, Ulrich: Gegengifte. Die organisierte Unverantwortlichkeit, Frankfurt/
    Main 1988.

6   Die Doppelmoral zeigt sich in absurden Verhaltensweisen. So werden Fi-
    scher, die Ertrinkende aus dem Mittelmeer retten, bisweilen als Fluchthelfer
    (Schlepper) bestraft, es wird versucht, Selbstmordattentäter mit der Todes-
    strafe abzuschrecken, und man ist überrascht, wenn sich solche Menschen
    in der Zelle selbst das Leben nehmen, wie in Leipzig 2016 geschehen.

7   Vereinte Nationen: Millenniums-Entwicklungsziele. Bericht 2015, New York
    2015.

8   Mahnkopf, Birgit: 68 reloaded: Die Überflussgesellschaft und ihre Gegner, in:
    BLÄTTER FÜR DEUTSCHE UND INTERNATIONALE POLITIK 1/2018, S. 81–90,
    hier S. 83.

9   Zur Instrumentalisierung des Nachhaltigkeitsbegriffs z. B. Neckel, Sighard
    u. a.: Die Gesellschaft der Nachhaltigkeit. Umrisse eines Forschungspro-
    gramms, Bielefeld 2018. Insbesondere wurden im Gutachten des Wissen-
    schaftlichen Beirats für Umweltfragen der Bundesregierung Globale Umwelt-
    veränderungen (z. B. »Welt im Wandel: Gesellschaftsvertrag für eine Große
    Transformation«, 2011), in Enquete-Berichten (z. B. »Wachstum, Wohlstand,
    Lebensqualität«, 2013) und in diversen Studien Indikatorensysteme entwi-
    ckelt, die den Grad der in bestimmten Regionen oder Bereichen erreichten
    nachhaltigen Entwicklung zu messen beanspruchen und so dem Vorwurf
    der mangelnden Operationalisierbarkeit begegnen wollen. Als Überblick
    z. B. der Wikipedia-Artikel »Drei-Säulen-Modell (Nachhaltigkeit)«: https://
    de.wikipedia.org/wiki/Drei-Säulen-Modell_(Nachhaltigkeit) (27. 06. 2018).
    Was die Darstellung der drei Dimensionen betrifft, wird das Säulenmodell
    in Analogie zu dem in der Chemie verwendeten sogenannten Gibb'schen
    Dreieck häufig durch ein Dreiecksmodell ersetzt, das die Innenfläche nutzt,
    um die relative Nähe bestimmter Indikatoren, Maßnahmen, Programma-
    tiken und Lobbygruppen zu den drei Dimensionen zu lokalisieren. Offen
    bleibt bei diesem Dreiecksmodell jedoch, wofür eigentlich der Mittelpunkt
    des Dreiecks steht. Siehe auch Hauff, Michael / Kleine, Alexandro: Das inte-
    grierende Nachhaltigkeits-Dreieck. Methodischer Ansatz zur Systematisie-
    rung von Handlungsfeldern und Indikatoren einer Nachhaltigkeitsstrategie,
    2005: https://kluedo.ub.uni-kl.de/files/1597/Das_Integrierende_Nachhaltig
    keits-Dreieck.pdf (23. 01. 2018). und Kleine Alexandro, Operationalisierung
    einer Nachhaltigkeitsstrategie – Ökologie, Ökonomie und Soziales integrie-
    ren, Wiesbaden 2009.

10 Enquete-Kommission »Schutz des Menschen und der Umwelt« – Ziele und
    Rahmenbedingungen einer nachhaltigen zukunftsverträglichen Entwick-
    lung« des 13. Deutschen Bundestags (Hg.): Konzept Nachhaltigkeit. Vom
    Leitbild zur Umsetzung. Abschlussbericht, Berlin 1998, S. 29.

11 Enquete-Kommission »Schutz des Menschen und der Umwelt«: a. a. O. 1998,
    S. 24–29.– Für den völlig ungeklärten Zusammenhang zwischen Ökonomie
    und Ökologie z. B. Reheis, Fritz: Ökologische Blindheit. Die Aporie der herr-

schenden Wirtschaftswissenschaft, in: DAS ARGUMENT 208 (Hamburg, 1995), S. 79–90.

12 Rochlitz' Kritik zielt auf drei Punkte: *Erstens* kann sich die Politik aufgrund der Unverbundenheit und Gleichrangigkeit der drei Säulen je nach Opportunität mal auf die eine, mal auf die andere Säule berufen, der Bericht lädt also zu seiner Instrumentalisierung ein. *Zweitens* ignoriert die Gleichrangigkeit der Säulen die Entstehungsgeschichte des Leitbilds der nachhaltigen Entwicklung. Sowohl für die Brundtland-Kommission von 1987 wie für die Konferenz von Rio 1992 war die Förderung der Entwicklungsinteressen des Südens jedoch das Hauptanliegen, das aus der Perspektive des Enquete-Berichts nun angesichts der Dominanz der Umweltinteressen des Nordens aus dem Blick gerät. Und *drittens* zeigen die ökonomischen und sozialen Nachhaltigkeitsregeln das völlig unkritische Verhältnis der Autoren des Abschlussberichts zur herrschenden Wirtschafts- und Sozialordnung. Der Bericht plädiert explizit dafür, den Istzustand der sozialen Marktwirtschaft, wie sie sich in Deutschland ausgebildet habe, weiter aufrechtzuerhalten. »Eine erforderliche Diskussion der bestehenden wirtschaftlichen Ziele – wie die im Stabilitäts- und Wachstumsgesetz – wird nicht einmal angedeutet.« Enquete-Kommission »Schutz des Menschen und der Umwelt« 1998: a. a. O., S. 216.

13 Enquete-Kommission »Schutz des Menschen und der Umwelt« 1998: a. a. O., S. 227.

14 Eine Recherche in der Datei der Deutschen Nationalbibliothek zeigt: Nur zwei Monografien und ein Sammelband stellen den Bezug zwischen Nachhaltigkeit und Zeit explizit her, ohne jedoch das Drei-Säulen-Konzept in seinen Grundlagen infrage zu stellen und die von der Enquete-Kommission präzise benannte Integrationsaufgabe einer Lösung näher zu bringen: Enge, Kristin: Zeit und Nachhaltigkeit, Berlin 2000; Vinz, Dagmar: Zeiten der Nachhaltigkeit, Münster 2005; Gruber, Petra C. (Hg.): Zeit für Nachhaltigkeit, Münster 2005. Vgl. zum theoretischen Hintergrund dieser Monografien auch die Ausführungen zum Tutzinger Projekt »Ökologie der Zeit« in Kapitel 1.

15 Wissenschaftlich knüpfe ich vor allem an Ergebnisse des inter- bzw. transdisziplinären Tutzinger Projekts »Ökologie der Zeit«, die »Allgemeine Resonanztheorie« von Friedrich Cramer, die Analyse der »Beschleunigungskrise« von Peter Kafka, die Beschleunigungs- und Resonanztheorie von Hartmut Rosa sowie grundlegend an die Kritik der politischen Ökonomie von Karl Marx und ihre Weiterführungen im Rahmen der Kritischen Theorie an. Außerdem fügen sich die hier präsentierten Überlegungen in die Diskussionen um Konvivialismus, Postwachstum, Degrowth und Postkolonialismus.

16 Vgl. Shaller, Caspar: Und ausgerechnet ihr bleibt still!, in: DIE ZEIT 38/2017, S. 15–17. Die Unterscheidung der beiden Typen von Kapitalismuskritik stammt von den französischen Sozialwissenschaftlern Luc Boltanski und Éve Chiapello und geht auf Beobachtungen aus den späten 90er-Jahren des 20. Jahrhunderts zurück.

Kapitel 1

1 Wenn jemand die Orientierung verloren hat und verzweifelt nach einem Weg sucht, liegt das oft daran, dass er sich über seinen Standort, den Ausgangspunkt der Suche, täuscht. Wie kann ich mich im Labyrinth des Denkens meines Ausgangspunkts versichern? Und worin unterscheiden sich bessere von schlechteren Ausgangspunkten als Grundlagen für Theorien? Ein wichtiges Qualitätsmerkmal für geeignete Ausgangspunkte ist, dass sie auf möglichst viele Einzelphänomene anwendbar sind. Je mehr Phänomene Theorien aufgrund ihrer Ausgangspunkte einordnen und damit erklären können, desto besser. Eine mögliche Strategie, Theorien mit hoher Erklärungskraft zu gewinnen, besteht darin, das Niveau der begrifflichen Abstraktion der Ausgangspunkte gezielt zu erhöhen. Eine »Abstraktion« ist eine gedankliche Weglassung von Einzelheiten. Gesucht sind also Begriffe, die sich nicht in Einzelphänomenen verlieren. Man hofft, durch solche Begriffe mit einem größeren Grad an Allgemeinheit bzw. Abstraktheit Strukturen erkennen zu können, die sonst unerkannt geblieben wären. Nach solchen Abstraktionen können auch Einzelphänomene wieder zur Kenntnis genommen werden, jetzt aber, das ist der entscheidende Gewinn, als Teil eines größeren Ganzen. Die Geschichte der Philosophie und der Wissenschaften hat eine Fülle solcher abstrakten Begriffe hervorgebracht, aus denen mehr oder minder elegante Modelle und Theorien zur Erklärung der Welt zusammengebaut wurden. Solche Begriffe sind etwa Geist und Bewusstsein, Information und Komplexität, Umwelt und System, Energie und Materie oder Raum und Zeit. Ziel müsste es sein, von dem gewählten Ausgangspunkt ausgehend, auch die anderen Grundbegriffe in die Theorie integrieren zu können. Dann hat sich, wissenschaftstheoretisch gesprochen, der Informationsgehalt der Theorie erhöht. Dieses Buch will zeigen, dass der Zeitbegriff diesen Anspruch erfüllt.

2 Allerdings gibt es auch das Phänomen der sogenannten impliziten Zeit (Thomas Fuchs), die nicht direkt bewusst wird, aber dennoch ein Problem für den Menschen darstellt. Dazu mehr in Kapitel 4.

3 Dass diese Quantifizierung der Zeit nicht immer mit unserer subjektiven Wahrnehmung übereinstimmt, tut hier nichts zur Sache. Eine Stunde mit Zahnschmerzen im Wartesaal beim Zahnarzt dauert ja bekanntlich länger als eine Stunde, die man mit einem geliebten Menschen verbringt. Die Alltagssprache meint mit Zeit jedenfalls meist die Zeit der Uhren und Kalender, die messbare, die objektivierte Zeit.

4 Platon oder Kant vertraten zum Beispiel die erste Position (subjektive Zeit), Aristoteles, Hegel oder Marx die zweite (objektive Zeit). Am Anfang der Philosophiegeschichte stehen zwei extreme Zeitkonzepte: Nach Parmenides spielt Zeit überhaupt keine Rolle, da alles unbeweglich und unveränderlich sei. Nach Heraklit hingegen spielt sie die entscheidende Rolle, alles ist für ihn beweglich und veränderlich. Mit Aristoteles beginnt die erste differen-

zierte Zeitphilosophie. Z. B. Artikel »Zeit« in: Redaktion für Philosophie des Bibliografischen Instituts unter Leitung von Kwiatkowski, Gerhard (Hg.): Die Philosophie. Ein Sachlexikon der Philosophie, Mannheim – Wien – Zürich 1985, und Artikel »Zeit« in: Schischkoff, Georgi (Hg.): Philosophisches Wörterbuch. Begründet von Heinrich Schmidt. 19. Auflage, Stuttgart 1974.

5   Die praktische Relevanz von Raum und Zeit als quantitativ gemessene Größen zeigt sich etwa, wenn wir uns mit jemandem an einem bestimmten Ort zu einer bestimmten Zeit treffen wollen. Die praktische Relevanz von Zeit als qualitative Größe wird deutlich, wenn wir einen bestimmten Augenblick so schnell wie möglich loswerden wollen, weil er uns schmerzt, oder so lang wie möglich festhalten, weil er so schön ist.

6   Zwei Anmerkungen hierzu. *Erstens:* Wenn es um die Quantität der Zeit geht, müssen wir sie uns erst ins Bewusstsein rufen und brauchen dazu oft auch Hilfsmittel wie Uhren und Kalender. Wenn es um die Qualität geht, ist solches explizites Bewusstmachen nicht erforderlich, oft (wenn wir die Zeit einfach genießen wollen) sogar hinderlich. Und *zweitens:* Bisher war von Raum und Zeit in einem Atemzug die Rede. Das kann präzisiert werden. Diese Trennung von Raum und Zeit ist für unser praktisches Leben im Alltag angemessen und notwendig. Der Alltag findet ja in jenem Bereich der Welt statt, der sinnlich erfahrbar ist, also im sogenannten Mesokosmos. Anders ist es dort, wo unsere Sinne nicht mehr ausreichen, weil es um die Welt des sehr Kleinen (Mikrokosmos der Elementarteilchen) oder des sehr Großen (Makrokosmos der Himmelskörper) geht. Dort müssen, das hat Einstein in seiner Relativitätstheorie nachgewiesen, Raum und Zeit als etwas Zusammenhängendes gedacht werden – als »Raum-Zeit«.

7   Literatur siehe Anmerkung 4. Zur Vertiefung: Gloy, Karen: Zeit. Eine Morphologie, Freiburg – München 2006, und dies.: Philosophiegeschichte der Zeit, München 2008.

8   Die Intensität der Wahrnehmung von Zeit ist eng an die objektive Dichte und die subjektive Bedeutung der Ereignisse gekoppelt. Grundsätzlich dürfen wir uns bei beobachtbaren Veränderungen, aus denen wir das Vergehen von Zeit schließen, freilich nicht täuschen lassen. Veränderungen, die z. B. langsam vor sich gehen, werden uns nur bewusst, wenn der Abstand zwischen den einzelnen Beobachtungen lang genug ist. Entsprechendes gilt für schnelle Veränderungen, die nur bei kurzen Beobachtungsabständen wahrgenommen werden. Zu kurze oder zu lange Abstände können also gleichermaßen trügerisch sein.

9   Aveni, Antony: Rhythmen des Lebens. Eine Kulturgeschichte der Zeit, Stuttgart 1991, S. 406. Zitiert nach: Held, Martin: Zeitmaße für die Umwelt. Auf dem Weg zu einer Ökologie der Zeit, in: Held, Martin/Geißler, Karlheinz (Hg.): Ökologie der Zeit. Vom Finden der rechten Zeitmaße, Stuttgart 1993, S. 11–31, hier S. 30.

10 Grimmel, Eckhard: Kreisläufe und Kreislaufstörungen der Erde, Reinbek 1993, S. 16 f.

11 Mir ist bewusst, dass dies eine sehr freie Interpretation des Kairos-Begriffs ist, der in der griechischen Mythologie im Übrigen eine untergeordnete Rolle gespielt hat. Aber die Vorstellung, dass es günstigere und ungünstigere Augenblicke für bestimmte Ereignisse gibt, lässt sich durchaus als zyklisch-rhythmisch strukturiert deuten, wenn man eine gewisse Regelmäßigkeit der Welt unterstellt. Gegen diese Deutung spricht allerdings, dass im griechischen Denken der Kairos nicht aus der Erfahrung von Ereignissen, erst recht nicht von zyklischen, abgeleitet wurde. Vielmehr galt der Kairos als in der Hand der Götter liegende Schicksalsmacht, die man durch eine Befragung des Orakels herausfinden wollte, wenn es etwa um den richtigen Zeitpunkt für eine Schlacht ging.

12 Die Unterscheidung zwischen dem linearen und dem zyklischen Muster entstammt der Mesowelt. Man könnte aufgrund unserer heutigen Kenntnisse über die Mikro- und die Makrowelt freilich diskutieren, ob die Unterscheidung zwischen beiden Mustern in letzter Instanz eine Frage des Verhältnisses zwischen der Zeit der Beobachtung und der Zeitskala der beobachteten Zeit ist, sodass letztlich jede lineare Zeit zugleich zyklisch und jede zyklische Zeit zugleich linear ist.

13 Geißler, Karlheinz A./Held, Martin: Grundbegriffe der Ökologie der Zeit, in: Held, Martin/Geißler, Karlheinz A. (Hg.), Von Rhythmen und Eigenzeiten. Perspektiven einer Ökologie der Zeit, Stuttgart 1995, S. 193–208, hier S. 194.

14 Vgl. dazu v. a. die Tagungsbände, die im Hirzel Verlag Stuttgart erschienen sind: v. a. »Ökologie der Zeit« (1993), »Rhythmen und Eigenzeiten« (1995), »Nonstop-Gesellschaft und ihr Preis« (1998), »Flimmernde Zeiten« (1999) und »Zeitvielfalt« (2006). Die naturwissenschaftliche Fundierung der Ökologie der Zeit geht vor allem auf den Chemiker Klaus Kümmerer zurück. Z. B. Kümmerer, Klaus (1995): Rhythmen der Natur. Die Bedeutung von Eigenzeiten und Systemzeiten, in: Held/Geißler 1995: a. a. O., S. 97–118. Zu meiner eigenen Interpretation und Weiterführung der Ökologie der Zeit siehe Reheis, Fritz: Stichwort: Ökologie der Zeit, in: INFORMATION PHILOSOPHIE, 5/2001, S. 38–41. Ausführlich: ders., Die Kreativität der Langsamkeit. Neuer Wohlstand durch Entschleunigung, Darmstadt 1996, 2., erweiterte Auflage 1998, 3., um ein neues Vorwort ergänzte Auflage 2008.

15 Begriffsgeschichtlich waren Ökonomie und Ökologie ursprünglich ein einheitlicher Bereich: Es ging um die Sorge um Haus, Hof und Feld, den »oikos«. Erst mit der Moderne löste sich die Ökonomie als eigener Bereich heraus, der auch einer eigenen Funktionslogik (Markt und Kapital) folgt und der Ökologie als Teilbereich der Biologie gegenübergestellt wurde.

16 Schütze, Christian: Das Grundgesetz vom Niedergang. Arbeit ruiniert die Welt, München 1989.

17 Z. B. Mayer, Lothar: Ausstieg aus dem Crash. Entwurf einer Ökonomie jenseits von Wachstum und Umweltzerstörung, Oberursel 1999, S. 14 ff. und 268. Zur Vertiefung des Zusammenhangs zwischen zyklischer Zeit und Leben aus physikalischer Perspektive siehe auch Erwin Schrödinger (»Was

ist Leben?«), Roger Penrose (»Cycles of Time«) und Denise Noble (»The Music of Life«).

18   Begreift man Strukturen als geformte Energie bzw. Materie, so stellt sich die Frage nach dem Zusammenhang zwischen Entropie und Information (über die Art der Struktur bzw. Form). Vgl. hierzu aus physikalischer Sicht z. B. Fischer, Ernst Peter: Information. Kurze Geschichte in 5 Kapiteln, Berlin 2010, S. 173–181.

19   Kafka, Peter: Das Grundgesetz vom Aufstieg. Vielfalt, Gemächlichkeit, Selbstorganisation. Wege zum wirklichen Fortschritt, München 1989.

20   Das Verhältnis von Entropie und Syntropie (auch Negentropie) wird kontrovers diskutiert. So gab es z. b. Ende der 1980er-Jahre eine Diskussion zwischen Christian Schütze, Peter Kafka und Lothar Mayer, zunächst in der Wochenendbeilage der SÜDDEUTSCHEN ZEITUNG (Schütze 09./10.01.1988, Kafka 07./08.05.1988, Mayer 25./26.06.1988), der dann ab 1989 Monografien folgten. Einig war man sich über die Relevanz der beiden Grundkräfte (Entropie und Syntropie) sowie die verheerende Art und Weise, wie die herrschende Wirtschafts- und Lebensweise mit diesen Kräften umgeht. Während aber Schütze den Akzent auf die Entropie legt, legt Kafka ihn auf die Syntropie. Mayer nimmt eine vermittelnde Position ein, akzentuiert dabei weniger die Natur- als die Kulturgeschichte und verweist insbesondere auf die Rolle der menschlichen Gier. Ich habe damals eine Synthese formuliert, die die systematische Produktion von Gier im Kontext der kapitalistischen Moderne verortet und dabei die Zwangslogik der Konkurrenz als fundamentale Institution, die weit über die Ökonomie hinausgeht, betont (»Das Grundgesetz der Gleichgültigkeit«, in: NATUR 2/1990, S. 112–114). Mir scheint, dass der Unterschied zwischen Schütze und Kafka nicht nur mit unterschiedlichen Bezugssystemen (bei Schütze das Universum, bei Kafka das Sonnensystem mit der Erde) zu tun hat, sondern auch mit unterschiedlichen Erkenntnisinteressen: Schütze fokussiert die energetisch-materielle, Kafka die informationelle Dimension der Entwicklung des Universums, beide Dimensionen sind jedoch gleichermaßen wichtig. Ernst Weeber vertritt in seinem Buch »Weiter gegen den Untergang – eine Auffrischung. Die Fortschrittskritik des Astrophysikers und Systemtheoretikers Peter Kafka« (München 2015) wie ich ebenfalls eine vermittelnde Position und betont, dass nicht die Entropie, sondern der fossil getriebene Kapitalismus das Maß der Unordnung dramatisch forciert.

21   Dass Ort und Zeit im Universum auf komplexe Weise miteinander verbunden sind, soll hier außer Betracht bleiben.

22   Lovelock, James: Gaia. Die Erde ist ein Lebewesen. Aus dem Englischen von Jochen Eggert u. Markus Würmli, München 1996 (ursprünglich 1979); ders. u. a. (Hg.), Die Erde und ich, Köln 2016 (mit Texten aus den 1990er- und 2010er-Jahren).

23   Radford, Tim: Immer im Kreis herum. Die lebenswichtigen Kreisläufe auf der Erde, in: Lovelock u. a., 2016: a. a. O., S. 51–57, hier S. 52.

24 Radford 2016: a. a. O., S. 55.

25 Sieferle, Peter: Der unterirdische Wald. Energiekrise und industrielle Revolution, München 1982.

26 Fischer, Hermann: Stoff-Wechsel. Auf dem Weg zu einer solaren Chemie für das 21. Jahrhundert, München 2012, S. 137–144.

27 Fischer 2012: a. a. O., S. 159. Streng genommen kreisen auch fossile Kohlenstoffe, aber erst in geologischen Zeiträumen. In fossilen und pflanzlichen Prozessen kreisen die Kohlenstoffatome also in unterschiedlichen »Zeitskalen«.

28 Grimmel 1993: a. a. O., S. 2.

29 Mit den Kreisläufen machen wir dieselbe Erfahrung, die zu Beginn dieses Kapitels im Zusammenhang mit der Zeit bereits angesprochen wurde: Ihre elementare Bedeutung wird uns meist erst durch Störungen bewusst. Beim Menschen etwa, wenn zwischen Zeugung und Geburt etwas dazwischenkommt, wenn ein Leben frühzeitig zu Ende geht, wenn der Atem stockt, das Herz unregelmäßig schlägt, die Verdauung streikt, das Gehen schwerfällt, eine Handlung gewaltsam unterbrochen wird usw.

30 Die Pilze fallen hier der didaktischen Reduktion zum Opfer.

31 Zitiert nach Geißler, Karlheinz A./Held, Martin: Editoral, in: Held/Geißler 1995: a. a. O., S. 7–8, hier S. 7.

32 Geißler, Karlheinz A.: Editoral, in: Adam, Barbara/Geißler, Karlheinz A./Held, Martin (Hg.): Die Nonstop-Gesellschaft und ihr Preis, Stuttgart 1998, S. 7–10, hier S. 10.

33 Ebd.

34 Hintergrund solcher Erkenntnisse ist die auf Henri Bergson und Wilhelm Dilthey zurückgehende Lebensphilosophie des 19. Jahrhunderts, eine Art Vorläufer der Ökologie der Zeit. Vgl. hierzu die Textauszüge aus dem Umkreis der Lebensphilosophie in Held/Geißler 1995: a. a. O., S. 129–136.

35 Fraser, Julius T.: Die Zeit. Auf den Spuren eines vertrauten und doch fremden Phänomens. Aus dem Amerikanischen von Anita Ehlers, München 1991 (ursprünglich 1987), S. 145.

36 Fraser 1991: a. a. O., S. 159 f.

37 Ob die Differenz von System- und Eigenzeit der Grund oder die Folge der Elastizität ist, soll hier offengelassen werden, es handelt sich dabei vermutlich um eine klassische Henne-Ei-Problematik.

38 Klar ist freilich, dass auch biologische Eigenschaften des Menschen im Laufe der Jahrtausende fortwährend angepasst wurden (Größe, Muskulatur, Immunsystem, Enzyme etc.). Aber im Verhältnis zur kulturellen und sozialen Evolution sind diese Anpassungen zweitrangig.

39 Z. B. Bodenlos. Zum nachhaltigen Umgang mit Böden, POLITISCHE ÖKOLOGIE, Heft 10 (1997).

40 Z. B. Vester, Frederic: Leitmotiv vernetztes Denken. Für einen besseren Umgang mit der Welt, München 1989.

41 Das Wort »Resonanz« taucht im Deutschen seit dem 17./18. Jahrhundert auf, wurde aus dem Französischen übernommen (»résonance«) und kommt vom lateinischen »resonare« für »wieder ertönen« bzw. »widerhallen« (Duden – Etymologisches Wörterbuch der deutschen Sprache).

42 Im Folgenden: Weinert, Dietmar: Biologische Rhythmen. Resultat der Evolution in einer periodischen Umwelt und notwendige Voraussetzung für die Antizipation von sowie die Einordnung in Umweltperiodizitäten, in: Hartung, Gerald (Hg.): Mensch und Zeit, Wiesbaden 2015, S. 104–124, hier S. 107.

43 Die Leistungsfähigkeit einer Art kann freilich ganz unterschiedlich bestimmt werden (z. B. Dauer des Bestehens der Art, Biomasse aller Exemplare einer Art).

44 Cramer, Friedrich: Symphonie des Lebendigen. Versuch einer allgemeinen Resonanztheorie, Frankfurt/Main–Leipzig 1996, und ders., Der Zeitbaum. Grundlegung einer allgemeinen Zeittheorie, Frankfurt/Main–Leipzig 1993.

45 Während Goethe noch geglaubt hatte, dass es eine besondere Art von Materie sei, die die Welt im Innersten zusammenhalte, hat also Cramer zufolge die Energie diese Fähigkeit, für Kohäsion zu sorgen. Der Wissenschaftshistoriker Ernst Peter Fischer erläutert den Hintergrund der Metapher von der »Symphonie des Lebendigen« und stellt einen Bezug zur Quantentheorie her. »Im Innersten der Welt muss es eine Energie (einen Willen zum Wandel?) geben, deren Wirken dafür sorgt, dass die Welt ihre Form erhält. Wenn diese Energie schwingt, dann klingt das wie die Musik der Sphären, die man früher im Makrokosmos gehört hat und die heute auch im Mikrokosmos klingt.« Die Frage, was Mikro- und Makrokosmos miteinander verbindet, wird heute auch im Kontext der Quantentheorie (Quantenphysik) beantwortet, wobei die Möglichkeit von Leben in diesem Kontext diskutiert wird (Quantenbiologie). Persönliche Mitteilung vom 06. 03. 2018.

46 Eine ähnliche Überlegung liegt meines Erachtens der sogenannten Kopernikanischen Wendung in der Geschichte der Philosophie zugrunde, die Immanuel Kant vollzogen hat (ohne dass er seinen transzendentalen Ansatz freilich resonanztheoretisch begründet hätte): Nur weil in unserem Denken schon gewisse Gesetzmäßigkeiten angelegt sind, können wir die Welt begreifen. Cramers Spiegelmetapher passt allerdings besser zum Echo als zur Resonanz.

47 Die kulturellen Dispositionen werden bisweilen als »Meme« bezeichnet, um die analoge Funktion zu den Genen zu betonen.

48 Vgl. auch Beleites, Michael: Umweltresonanz – Grundzüge einer organismischen Biologie, Treuenbrietzen 2014. Der von Beleites benutzte Begriff »Organismische Resonanz« erklärt zwar den Zusammenhang alles Lebendigen aus solchen Lernprozessen, nicht aber die Entstehung von Neuem (Übergang vom Anorganischen zum Organischen, Übergang vom Tier zum Menschen).

49 Cramer 1993: a. a. O., S. 104 f.

50 Cramer 1996: a. a. O., S. 32.

51 Cramer 1996: a. a. O., z. B. S. 9.

52 Cramer 1996: a. a. O., S. 223. Hervorhebungen im Original.

53 Kafka 1989: a. a. O., und ders.: Gegen den Untergang. Schöpfungsprinzip und globale Beschleunigungskrise, München–Wien 1994.

54 Kafka 1994: a. a. O., S. 90. Natürlich stammen Formulierung wie das »Zusammenpassen« der »Dinge« und die Rede von der »Intelligenz« der »Lösungen« aus dem Bereich menschlicher Erfahrungen. Indem sie hier auf das evolutionäre Geschehen seit dem Urknall bezogen werden, werden sie metaphorisch verwendet.

55 Man könnte diskutieren, ob sich diese Vorstellung von Evolution mit dem alltagssprachlichen Begriff des Zufalls deckt.

56 Kafka 1994: a. a. O., S. 11.

57 Kafka 1989: a. a. O., S. 103.

58 Kafka 1989: a. a. O., S. 78–82.

59 Kafka 1989: a. a. O., S. 82.

60 Kafka 1989: a. a. O., S. 96.

61 Kafka, Peter 1994: a. a. O., S. 143. Kafkas Perspektive ähnelt insofern der Hegels, weil auch Hegel eine langfristige Evolution der Freiheit behauptet, diese allerdings nicht einfach als Resultat der Selbstorganisation von Materie und Energie, sondern einer dialektischen Bewegung des »Weltgeists« versteht.

62 Somit ist Kafkas Rettungsvision auch an rechtsphilosophische, demokratietheoretische und diskursethische Überlegungen zur Konkretisierung, Weiterführung und Aufklärung der Aufklärung anschlussfähig. Anschlussfähig ist sie auch an die moderne Komplexitäts- und Innovationsforschung sowie die Erforschung nicht linearer Systeme. Paradebeispiel für die Diskussion um Fehlerfreundlichkeit ist der Umgang mit Chemikalien, die ins Wasser (z. B. Waschmittel) oder in die Luft (z. B. Fluorkohlenwasserstoff) gelangen und wegen ihrer langsamen Transport- und Reaktionszeit ihre Gefährlichkeit erst mit großer Zeitverzögerung offenbaren. Da wir für besonders langsame – wie auch besonders schnelle – Veränderungen systematisch blind sind, sollten wir uns bei zeitlich – wie auch räumlich – sehr großen und sehr kleinen Systemen ganz besonders sorgfältig am Vorsorgeprinzip orientieren und auf größtmögliche Fehlerfreundlichkeit achten. Kümmerer, Klaus: Vielfalt der Zeiten in Natur und Kultur – ein komplexes Wechselspiel, in: Geißler, Karlheinz A./Kümmerer, Klaus/Sabelis, Ida (Hg.): Zeitvielfalt. Wider das Diktat der Uhr, Stuttgart 2006, S. 21–40. Weil die Vielfalt für die Bestimmung der kritischen Innovationsgeschwindigkeit so wichtig ist, sollten wir zudem vorsichtig mit Zukunftsprognosen sein, die zur Einengung von Vielfalt führen können. Weizsäcker, Christine von: Missachtung der Zeitskalen. Abschied vom Prinzip Versuch-und-Irrtum, in: Adam/Geißler/Held 1998: a. a. O., S. 171–184. Nicht nur für die wissenschaftliche Praxis, sondern auch für Bildung, Gesellschaft und Politik ist die Bereitstellung von »Freiräumen zum Denken und Ausprobieren« entscheidend, denn die Ungewissheit »öffnet den Riss

in der Wand, durch den das Neue dringt«. Nowotny, Helga: Die Ungewissheit umarmen. Interview, in: DIE ZEIT 32/2018, S. 31. Näheres zu praktischen
Konsequenzen in Kap. 2–4.

63 Kümmerer 2006: a. a. O., S. 21–40, hier S. 33.

64 Hofmeister, Sabine/Spitzner, Meike (Hg.): Zeitlandschaften. Perspektiven
öko-sozialer Zeitpolitik, Stuttgart–Leipzig 1999. Siehe auch: Adam, Barbara:
Das Diktat der Uhr. Zeitformen, Zeitkonflikte, Zeitperspektiven. Aus dem
Englischen von Franz Jakubzik, Frankfurt/Main 2005. Adam unterscheidet
nur zwischen privaten und öffentlichen Zeiten (S. 21), stellt keinen systematischen Zusammenhang zwischen zyklischer und linearer Zeit her (S. 49),
begreift Natur und Kultur nicht als zeitlich klar unterscheidbare Sphären
(S. 205) und glaubt im Gegensatz zur hier (v. a. Kapitel 5) vertretenen Perspektive auf den Grundlagen der Aufklärungsphilosophie, dass diese »nicht
zu den zentralen Merkmalen der heutigen materiellen Existenz passen«
(S. 241). Ferner Heitkötter, Martina/Schneider, Manuel (Hg.): Zeitpolitisches
Glossar. Grundbegriffe – Felder – Instrumente – Strategien. Tutzinger Materialien Nr. 90, Tutzing 2004 (1. Auflage) und 2008 (2. Auflage). Auch in dieser
Publikation wird nicht nach einer möglichen Hierarchie von Zeiten (Eigenzeiten, Zeitskalen) gefragt. Auffallend ist auch, dass sich in den Veröffentlichungen des Tutzinger Projekts keine Verweise auf Peter Kafkas evolutionstheoretischen und Friedrich Cramers resonanztheoretischen Ansatz finden.

65 Zur Vertiefung: Reheis, Fritz: Die Rede vom Sachzwang. Über das Verschwinden und Wiedersichtbarmachen der Zeit, in: Hieke, Hubert (Hg.): Kapitalismus. Kritische Betrachtungen und Reformansätze, Marburg 2009, S. 69–90.

66 Plessner unterscheidet in Bezug auf die Welt des Lebendigen drei »Schichten des Organischen« und fragt, wo die in diesen Schichten lebenden Wesen
jeweils das Zentrum ihres Lebens haben. Plessner sieht den Menschen im
Gegensatz zu Pflanzen (ohne Zentrum) und Tieren (Zentrum im Inneren)
durch seine »exzentrische Positionalität« gekennzeichnet, weil das Zentrum seines Lebens außerhalb seines Körpers, nämlich in Kultur und Gesellschaft, verortet ist. »Exzentrische Positionalität bezeichnet das Charakteris-
tikum des Menschen, sich auf seine Mitte beziehen zu können, wofür der
Mensch gleichsam neben sich stehen können muss, ohne sich zu verlassen. Dafür braucht es einen Abstand des Menschen zu seinem erlebenden
Zentrum, der im Begriff der exzentrischen Positionalität ausgedrückt wird.«
(https://de.wikipedia.org/wiki/Exzentrische Positionalität; 26.12.2018) Vgl.
auch Plessner, Helmuth: Die Stufen des Organischen und der Mensch. Einleitung in die philosophische Anthropologie, Berlin 1928. Zum Zusammenhang zwischen Plessner, der Umweltsoziologie und dem Resonanzansatz
Rosas: Block, Katharina: Von der Umwelt zur Welt. Der Weltbegriff in der
Umweltsoziologie, Bielefeld 2016.

67 Braudel, Fernand: Das Mittelmeer und die mediterrane Welt in der Epoche Philipps II. Drei Bände. Übersetzt von Grete Oswald und Günter Seib,
Frankfurt/Main 1990 (ursprünglich Paris 1949). Ähnlich Oskar Negt in Bezug

auf die Raum-Zeit-Dimension der Globalisierung. Negt, Oskar: Arbeit und menschliche Würde, Göttingen 2001, S. 60–95.

68   Rosa, Hartmut: Resonanz. Eine Soziologie der Weltbeziehung, Berlin 2016, z. B. S. 295, und ders., Unverfügbarkeit, Wien – Salzburg 2018 (konnte leider nicht mehr einbezogen werden).

69   Dieser Umstand der Unverfügbarkeit, so mein Einwand gegen Rosa, gilt jedoch nicht nur für das Zwischenmenschliche, sondern für alle Beziehungen, die in unserem Leben eine Rolle spielen – zu unserer Mitwelt, Umwelt und Innenwelt. Auf Rosas Resonanzsoziologie werden wir in den Folgekapiteln noch genauer eingehen. Aus resonanztheoretischer Perspektive können die Gründe für das Ausbleiben der Resonanz vielfältig sein: Ein Teil der für die Resonanz erforderlichen Systeme kann sich als nicht schwingungsfähig erweisen, die die Systeme verbindenden Medien können sich für die Übertragung der Schwingung nicht eignen, die Systeme können räumlich zu weit voneinander entfernt sein oder die Frequenzen nicht zusammenpassen.

70   Die Begriffe »Kultur« und »Gesellschaft« verweisen im Folgenden auf zwei Seiten eines einzigen komplexen Wirklichkeitsbereiches, wobei beim Kulturbegriff das Verhältnis Mensch–Natur, beim Gesellschaftsbegriff das Verhältnis Mensch–Mensch im Fokus steht.

71   Auch Märkte sind hochdynamisch und zudem in sich selbst wieder zeitlich geschichtet. Diese Sichtung beginnt mit den relativ langsamen Märkten für Ressourcen, geht über die Märkte für Arbeitskräfte und Güter bis hin zu den Märkten für Geld und Finanzprodukte, den zweifellos schnellsten Märkten, auf denen in Bruchteilen von Sekunden Billionenwerte rund um den Globus gebeamt werden. Näheres in Kap. 5.

72   Natürlich müsste hier weiter differenziert werden: erstens bei den Tieren, deren Verhaltensprogramme unterschiedliche Freiheitsgrade zeigen (von der Küchenschabe bis zu Vögeln oder Menschenaffen), und zweitens bei den Menschen, deren Verhaltensmöglichkeiten bekanntlich stark abhängig sind vom geografischen und sozialen Ort ihrer Geburt und den Situationen, mit denen sie jeweils konfrontiert sind (eindeutige äußere Vorgaben, besonders in Kombination mit niedrigen eigenen Machtressourcen, versus widersprüchliche äußere Vorgaben, kombiniert mit hohen eigenen Machtressourcen).

Kapitel 2

1   Schellnhuber, Hans Joachim: Selbstverbrennung. Die fatale Dreiecksbeziehung zwischen Klima, Mensch und Kohlenstoff, München 2015.

2   Für die Entstehung von intelligentem Leben waren die Schwankungen des Kohlendioxidgehalts und damit des Klimas entscheidend, für die Landwirtschaft war es dessen Stabilität. Schellnhuber 2015: a. a. O., S. 3.

3   Ebd.

4   Schellnhuber 2015: a. a. O., S. 4.

5   Schellnhuber 2015: a. a. O., S. 3.

6   Deshalb ist eine starre Gegenüberstellung von Natur und Kultur, wie sie häufig vorgenommen wird, der Realität nur selten angemessen. Vielmehr geht es um die Anerkennung von Wechselverhältnissen zwischen Natur und Kultur (wie auch zwischen Natur und Gesellschaft). Korrekt wäre: »kulturelle« und »gesellschaftliche« »Naturverhältnisse«. Vgl. dazu auch Kapitel 1 Fußnote 70.

7   Allerdings hat das chinesische Denken keine geschlossene theoretische Vorstellung vom Wesen dieser immateriellen Schöpferkraft entwickelt. Fischer, Ernst Peter: Unzerstörbar. Die Energie und ihre Geschichte, Heidelberg 2014, S. 17–19.

8   Fischer 2014: a. a. O., S. VII.

9   Alt, Franz: Die Sonne schickt uns keine Rechnung. Die Energiewende ist möglich, München – Zürich 1994.

10 Die Unterscheidung zwischen energetisch-materieller und informationeller Seite ist eine rein theoretische, in der Realität sind beide Seiten immer zugleich existent. Die hier verwendete dazu passende Metapher (Hardware versus Software) ist natürlich nur begrenzt gültig. Man könnte auch die Stromzufuhr zum Computer als energetisch-materielle Seite und den ganzen Computer, also Hard- und Software, mit der informationellen Seite vergleichen.

11 Vester, Frederic: Leitmotiv vernetztes Denken. Für einen besseren Umgang mit der Welt, 2., überarbeitete Auflage, München 1989, S. 236.

12 Wenn sich Pflanzen »anpassen« und »orientieren«, unterscheiden sich diese Aktivitäten natürlich von jenen, die bei Menschen mit diesen Termini bezeichnet werden.

13 Z. B. Isenmann, Ralf: Biophile Ökonomie. Von der Natur als Sack von Ressourcen hin zum Vorbild, Marburg 2015.

14 Haber, Wolfgang: Zeitmaße der Natur. Ökologische Betrachtungen zur Zeit, in: Held, Martin/Geißler, Karlheinz A. (Hg.): Von Rhythmen und Eigenzeiten. Perspektiven einer Ökologie der Zeit, Stuttgart 1995, S. 31–41, hier S. 36.

15 Haber 1995: a. a. O., S. 38. Auch das »Zeitgefühl« von Pflanzen und Tieren orientiert sich offenbar ganz deutlich an den Zeitmaßen der Sonne und des Mondes. Z. B. SÜDDEUTSCHE ZEITUNG 25. 07. 2013, S. 14.

16 Z. B. Meier-Koll, Alfred: Chronobiologie. Zeitstrukturen des Lebens, München 1995.

17 Suzuki, David/Grady, Wayne: Der Baum. Eine Biografie. Aus dem Englischen von Eva Leipprand, München 2012 (ursprünglich Vancouver 2004).

18 Wohlleben, Peter: Das geheime Leben der Bäume. Was sie fühlen, wie sie kommunizieren – die Entdeckung einer verborgenen Welt, München 2015.

19 Suzuki/Grady 2012: a. a. O., S. 96.

20 Ebd.

21 Suzuki/Grady 2012: a. a. O., S. 27.

22 Z. B. Ludwig, Mario: Genial gebaut! Von fleißigen Ameisen und anderen tierischen Architekten, Darmstadt 2015.

23 DER SPIEGEL 23/2017, S. 98–101.

24 https://de.wikipedia.org/wiki/Mensch (31.08.2018). Zur aktuellen Forschungslage z. B. Bahnsen, Ulrich: Erster! Neue Funde zeigen: Der Mensch ist viel früher entstanden, als Forscher bislang dachten. Und er hat Wurzeln in ganz Afrika, in: DIE ZEIT 24/2017, S. 29–30. Werkzeuggebrauch findet sich schon bei menschenähnlichen Vorformen, die bereits vor etwa 3 Millionen Jahren in Afrika gelebt haben.

25 Interview mit dem Berliner Geowissenschaftler Reinhold Leinfelder. DER SPIEGEL 39/2016, S. 108–110.

26 Interview mit Yuval Noah Harari. DER SPIEGEL 12/2017, S. 104–107, hier S. 107.

27 Im Folgenden Exner, Andreas/Held, Martin/Kümmerer, Klaus (Hg.): Kritische Metalle in der Großen Transformation, Heidelberg 2016. Ferner: Held, Martin/Jenny, Reto D./Hempel, Maximilian (Hg.): Metalle auf der Bühne der Menschheit. Von Ötzis Kupferbeil zum Smartphone im All Metals Age, München 2018.

28 Entscheidungen, die die Vorsorge und die Technik betreffen, müssen immer im Zusammenhang mit der jeweils vorhandenen technischen Infrastruktur, den vorhandenen gesellschaftlichen Institutionen und den verfügbaren Ressourcen gesehen werden. Auch wenn es für einzelne wirtschaftliche Bereiche oft technische Alternativen geben mag, beschränken bekanntlich jede Menge Zwänge deren Realisierung. Und diese Zwänge wurden wiederum nicht einfach von einzelnen Menschen erfunden und dem Rest aufgezwungen, sondern sie haben sich mit der Zeit unter ganz bestimmten Bedingungen ergeben.

29 Grundlegend für den Zusammenhang zwischen Entropie und Wirtschaft: Georgescu-Roegen, Nicholas: Entropiegesetz und ökonomischer Prozess im Rückblick, Institut für Ökologische Wirtschaftsforschung, Berlin 1987.

30 Marx, Karl: Ökonomisch-philosophische Manuskripte aus dem Jahr 1844, in: Marx-Engels-Werke (MEW) Ergänzungsband (= Band 40), Berlin 1973, S. 465–588, hier S. 516.

31 Arbeit ist also Voraussetzung für alles Weitere. Natürlich gilt das nicht für jeden einzelnen Menschen, sondern nur für den Menschen als Gattungswesen. Es ist bekanntlich möglich, auch ohne eigene Arbeit zu leben, aber nur, wenn andere für einen mitarbeiten. Würde die Menschheit insgesamt morgen mit der Arbeit aufhören, wäre die Menschheitsgeschichte schlagartig zu Ende.

32 Allerdings gab es auch in vorindustriellen Zeiten viele Beispiele für ökologischen Raubbau, genauso wie es in industriellen und postindustriellen Gesellschaften eine hoch entwickelte Sensibilität für die natürlichen Lebensgrundlagen gibt.

33 Von einer einheitlichen indoeuropäischen Kultur kann man allerdings nicht sprechen, weil diese Produktions- und Lebensweisen ziemlich heterogen waren. Haarmann, Harald: Die Indoeuropäer. Herkunft, Sprachen, Kulturen, München 2010.

34 Informationstafel »Mittelwälder im Landkreis Kitzingen: 500 Jahre Mittelwald Iphofen – ein Kulturerbe aus dem Mittelalter« an der »Bildeiche«.

35 Davon profitierten freilich nicht alle Lebewesen: Durch diese Art der Bewirtschaftung verlor – im Unterschied zum unbewirtschafteten Urwald – ein Großteil der Arten die Lebensgrundlage, weil alte, vor sich hin modernde Bäume (Totholz) durch die Bewirtschaftung systematisch verschwunden waren.

36 Z. B. Haber 1995: a. a. O., S. 31–41, hier S. 38 f.

37 Weltweit nimmt die Fläche des natürlichen oder zumindest naturnahen Waldes (Urwald, Regenwald) bekanntlich in rasantem Tempo ab. In Deutschland wächst die Fläche des Kulturwaldes, aber das Bemühen, in ihm wenigstens naturnahe Flächen von der Bewirtschaftung freizuhalten (Nationalpark), wird durch wirtschaftliche Verwertungsinteressen stark behindert.

38 Im Folgenden: Wimmer, Norbert: Wälder, Wiesen & Auen. Die Naturschätze von Bad Rodach, Bamberg 2017, S. 106. Grundlage sind Arbeiten von Paul Günther. Interessant ist, dass Tagelöhner, Knechte und Mägde, Gewerbetreibende sowie Lehrer und Pfarrer oft aus dem Entscheidungsgremium im Dorf ausgeschlossen waren.

39 Z. B. Meadows, Dennis L./Meadows, Donella H./Randers, Jorgen: Die neuen Grenzen des Wachstums. Die Lage der Menschheit: Bedrohung und Zukunftschancen. Aus dem Amerikanischen übersetzt von Hans-Dieter Heck, Stuttgart 1992, S. 70.

40 Fossile Quellen dürften also erst dann völlig aufgebraucht sein, wenn die Energieversorgung zu hundert Prozent regenerativ ist.

41 Enquete-Kommission »Schutz des Menschen und der Umwelt« des 12. Deutschen Bundestages (Hg.): Die Industriegesellschaft gestalten. Perspektiven für einen nachhaltigen Umgang mit Stoff- und Materialströmen, Bonn 1994, S. 53.

42 Zur Vertiefung: Held, Martin/Hölker, Franz/Jessel, Beate (Hg.): Schutz der Nacht – Lichtverschmutzung, Biodiversität und Nachtlandschaft. Skripten des Bundesamts für Naturschutz, Nr. 336, Bonn 2013.

43 Im Folgenden: Hofmeister, Sabine: Von der Abfallwirtschaft zur ökologischen Stoffwirtschaft. Wege zu einer Ökonomie der Reproduktion, Opladen 1998.

44 Hofmeister 1998: a. a. O., S. 232. Naturproduktivität ist dabei etwas völlig anderes als das, was in der herrschenden Wirtschaftswissenschaft als »Ertragskraft« der Natur verstanden wird. Nicht nur die Fähigkeit der Natur zum Beispiel, über die Fotosynthese Biomasse hervorzubringen, macht ihre Produktivität aus, sondern die Gesamtheit ihrer Eigenschaften: der Auf- und

Abbau von Biomasse, die Stabilität und Elastizität von Systemen, die Variabilität und Biodiversität.

45 Hofmeister 1998: a. a. O., S. 235. Streng genommen müsste man aus thermodynamischen Gründen statt von einem Ring von einer sich verjüngenden Spirale, also einer Spindel, sprechen. Genaueres dazu in Kapitel 1.

46 Ausgangs- und Endpunkt, also Grundlage und Ergebnis ökonomischen Handelns ist dabei das naturale Produktionssystem, produzierende (»natura naturans«) und produzierte Natur (»natura naturata«) bilden somit eine Einheit.

47 Hofmeister 1998: a. a. O., S. 281 f.

48 Held, Martin / Hofmeister, Sabine / Kümmerer, Klaus / Schmid, Bernhard: Auf dem Weg von der Durchflussökonomie zur nachhaltigen Stoffwirtschaft: Ein Vorschlag zur Weiterentwicklung der grundlegenden Regeln, in: GAIA 4/2000, S. 257–266.

49 Man könnte auch sagen: Wir müssen die Resilienz der Natur um ein Vielfaches erhöhen. Z. B. Schaffer, Axel / Lang, Eva / Hartard, Susanne (Hg.): Systeme in der Krise im Fokus von Resilienz und Nachhaltigkeit, Marburg 2014.

50 Der hier vertretene Ansatz versteht sich als anthropozentrisch, erhebt aber aufgrund seiner räumlichen und zeitlichen Reichweite den Anspruch, auch wesentliche Argumente des Pathozentrismus und des Holismus integrieren zu können.

51 Dürr, Hans-Peter: Warum es ums Ganze geht. Neues Denken für eine Welt im Umbruch, München 2009.

52 Dürr 2009: a. a. O., S. 123.

53 Dürr 2009: a. a. O., S. 149.

54 Hennicke, Peter / Bodbach, Susanne: EnergieREVOLUTION. Effizienzsteigerung und erneuerbare Energien als globale Herausforderung. Unter Mitarbeit von Nikolaus Supersberger und Dorle Riechert, München 2010, S. 54–56.

55 Konkret dazu etwa Scheer, Hermann: Der energetische Imperativ. 100 Prozent jetzt: Wie der vollständige Wechsel zu erneuerbaren Energien zu realisieren ist, München 2010.

56 Eine vollständige Erörterung der stofflichen Seite müsste auch nichtmetallische Stoffe wie Schwefel oder Phosphor, die noch schwerer recycelbar sind, einbeziehen.

57 Heckl, Wolfgang M.: Die Kultur der Reparatur, München 2013.

58 Bundestags-Drucksache 11/8493, S. 584.

59 Braungart, Michael / McDonough, William: Einfach intelligent produzieren. Cradle to cradle: die Natur zeigt, wie wir die Dinge besser machen können. Aus dem Amerikanischen von Karin Schuler und Ursula Pesch, Berlin 2003, und dies.: Intelligente Verschwendung. The Upcycle. Auf dem Weg in eine neue Überflussgesellschaft. Mit einem Vorwort von Bill Clinton, aus dem amerikanischen Englisch von Gabriele Gockel, München 2013.

60 Aktuelle Beispiele in »Welt ohne Müll«, PHOENIX-Sendung am 23.09.2017.

61 Fischer, Hermann: Stoff-Wechsel. Auf dem Weg zu einer solaren Chemie für das 21. Jahrhundert, München 2012.

62 Fischer sieht vier Gründe für die Überlegenheit einer auf Pflanzen basierten Ökonomie. *Erstens:* In aller Regel ist die Pflanzenökonomie mit weniger technischen Risiken verbunden, weil Pflanzen nur in Ausnahmefällen giftig sind. Die technischen Unfälle bei der Förderung von Öl in der Tiefsee und beim Transport über die Weltmeere sowie die Konsequenzen der Entsorgung der Verbrennungsprodukte mit ihren Folgen für das Ökosystem und die Biotope vieler Lebewesen wiegen schwerer. *Zweitens:* Zwar findet eine solare Pflanzenchemie nicht überall auf der Welt dieselben geografischen Bedingungen vor, aber im Vergleich zur extremen Konzentration der fossilen Brennstoffe, von der die herkömmliche Chemie weitgehend abhängig ist, bietet die solare Pflanzenchemie einen wesentlich höheren Grad an regionaler Versorgungssicherheit und Ressourcengerechtigkeit. *Drittens:* Die Produkte der solaren Pflanzenchemie können besser untereinander ersetzt werden, sie sind also vielseitiger verwendbar, weil die Natur selbst derart vielseitig ist. Und *viertens* schließlich: Bei vielen Stoffen der solaren Pflanzenchemie bieten die Pflanzen gleich eine ganze Palette von Nutzungsmöglichkeiten. Beim Ernten von Leinpflanzen kann man zum Beispiel aus den Samen Leinöl auspressen, das als Nahrung, als Konservierungsmittel für Holz und als Grundstoff für Bodenbeläge verwendet werden kann. Ferner das Leinstroh, das als Grundlage von Fasern zur Dämmung oder für Verbundwerkstoffe dienen kann. Und schließlich der beim Auspressen des Öls entstehende Presskuchen, der reich an hochwertigem Eiweiß und anderen Stoffen ist und ein qualitativ hochwertiges Lebensmittel (das bisher meist nur für die Ernährung von Tieren verwendet wird) darstellt. Fischer 2012: a.a.O., S.167.

63 Fischer 2012: a.a.O., S.281f.

64 Zimmermann, Lars/Muirhead, Sam: Zurück zum Ursprung. Eine funktionierende Kreislaufwirtschaft braucht Transparenz und offene Standards, in: UMWELT AKTUELL. Infodienst für europäische und deutsche Umweltpolitik, 5/2015, S.2–3.

65 Als Überblick: Jensen, Annette: Ökonomie ohne Abfall. Wiederverwenden und weiternutzen sind die Grundprinzipien der Kreislaufwirtschaft – nach dem Vorbild der Natur, in: LE MOND DIPLOMATIQUE/Atlas der Globalisierung. Weniger ist mehr, Berlin 2015, S.156–159. Zur kulturhistorischen Einordnung siehe auch: Hampicke, Ulrich: Kulturlandschaft und Naturschutz. Probleme – Konzepte – Ökonomie, Wiesbaden 2013, S.267.

66 Bachmann, Günter/Holst, Alexander: Kreislaufwirtschaft: Neuanfang für die globalen Nachhaltigkeitsziele. Vorwort, in: Chancen der Kreislaufwirtschaft für Deutschland. Analyse von Potenzialen und Ansatzpunkten für die IKT-, Automobil- und Baustoffindustrie. Accenture Strategy unter Mitwirkung der Ökopol GmbH, Berlin 2017, S.2.

67 Grefe, Christiane: Bodenloser Leichtsinn, in: DIE ZEIT 7/2016, S. 29.

68 Im Folgenden Brändle, Gabriela/Sparmann, Anke: Rettet die Oberschicht!, in: GEO 01/2016, S. 120–136.

69 Weber, Andreas: Schläft ein Lied in allen Dingen, in: DIE ZEIT 8/2018, S. 42.

70 Rosa spricht an vielen Stellen von einer »abweisenden« oder »feindlichen«, im Gegensatz zur »freundlichen«, ja »liebenden« Welt. Er verwendet sogar die Metapher des Atmens: So wie wir ein- und ausatmen und dazu Luft erforderlich ist, so benötigen wir eine Welt, die unsere Emotionen aufnimmt und uns durch Affekte berührt. Er bringt auch etliche Beispiele dafür, wie besondere Naturerfahrungen – etwa das Heranrollen der Wellen am Meeresstrand, das Erleben eines Sonnenuntergangs, das Besteigen eines Gipfels oder auch das Erforschen der Geheimnisse von Pflanzen und Tieren – dazu geeignet sind, Resonanzbedürfnisse des Menschen zu befriedigen. Rosa räumt freilich ein, dass es dem Menschen nicht immer um solche positiven emotionalen Resonanzen geht. Natürlich gibt es auch viele Situationen, in denen wir rein sachliche Beziehungen wünschen: Beim Zahnarzt kommt es weniger auf die Wertschätzung oder gar Liebe an als darauf, dass er uns möglichst schnell von Schmerzen befreit. Aber die Grundbeziehung zur Welt muss eine »resonante«, darf keine »entfremdete« sein. Rosa 2016: a. a. O., S. 299–316.

71 Bezeichnenderweise führt Rosa die ökologische Krise nicht auf die mögliche Erschöpfung von Naturressourcen zurück, sondern auf unsere Angst, die Natur könne »als Resonanzsphäre verstummen«. Rosa 2016: a. a. O., S. 463. Rosa sieht dementsprechend keinen fundamentalen Unterschied zwischen Resonanz zur Umwelt und zur Mitwelt, weil sein Resonanzbegriff die objektiven materiellen Grundlagen des Lebens ausblendet und ganz auf das Subjektiv-Ideelle (Seele, Geist) fokussiert ist (Kapitel 3).

Kapitel 3

1 Lessenich, Stephan: Neben uns die Sintflut. Die Externalisierungsgesellschaft und ihr Preis, München 2016.

2 Die nachfolgenden Generationen wurden im vorausgehenden Kapitel implizit bereits thematisiert, weil der kulturell vermittelte Umgang mit der natürlichen Umwelt ganz wesentlich auf unsere Vorfahren zurückgeht und sich auf unsere Nachfahren auswirkt. Zur begrifflichen Abgrenzung zwischen dem sozialen und kulturellen Moment vgl. Anmerkung 70 in Kapitel 1 und Anmerkung 6 in Kapitel 2.

3 Neben der naturwissenschaftlichen Verhaltensbiologie sind unter den Sozialwissenschaften die Soziologie und die Kulturwissenschaft, aber auch die Sozialpsychologie und teilweise auch die Geschichtswissenschaft für das Zwischenmenschliche zuständig. Wo es um Grundlegendes und insbesondere Normatives geht, auch die Sozialphilosophie und Sozialethik. Die Geschichtswissenschaft beginnt das Thema erst langsam zu entdecken. Vgl. z. B. Borscheid, Peter: Das Tempo-Virus, Eine Kulturgeschichte der Beschleunigung,

Frankfurt/Main 2004, oder Kassung, Christian / Macho, Thomas: Kulturtechniken der Synchronisation, München 2013. Diese geschichtswissenschaftlichen Publikationen beschränken sich bisher aber auf die reine Beschreibung von historischen Veränderungen im Umgang mit Zeit.

4   Coccia, Emanuele: Die Wurzeln der Welt. Eine Philosophie der Pflanzen. Aus dem Französischem von Elsbeth Ranke, München 2018, S. 42. Vgl. auch ein Gespräch zwischen Coccia und Peter Wohlleben (u. a. »Das geheime Leben der Bäume«), in dem deutlich wird, dass die oft kritisierte vermenschlichende Rede über Pflanzen und Tiere (etwa dass Bäume einander »säugen« und Tiere »solidarisch« sind) nicht nur ein didaktischer Kniff für den Biologieunterricht ist. Vielmehr ist eine solche Vermenschlichung eine notwendige Bedingung dafür, dass der Mensch sich überhaupt eine Vorstellung von nicht menschlichem Leben machen kann. Magazin der SÜDDEUTSCHEN ZEITUNG 39/2018, S. 22–31.

5   ARD-Sendung »Der Blaue Planet« am 19.02.2018.

6   Vgl. etwa Brandstetter, Johann / Reichholf, Josef H.: Symbiosen. Das erstaunliche Miteinander in der Natur, Berlin 2017.

7   SÜDDEUTSCHE ZEITUNG 27.03.2018, S. 36.

8   Im Folgenden z. B. »Gesten und Sprachentwicklung«, BAYERISCHER RUNDFUNK, 2. Programm, 13.03.2018. Vgl. auch Thies, Christian: Einführung in die philosophische Anthropologie, Darmstadt 2004, S. 99–103.

9   Herrmann, Sebastian: Funken der Zivilisation, in: SÜDDEUTSCHE ZEITUNG 23.09.2014, S. 16.

10   Z. B. World Vision. Studie 2018: https://www.zdf.de/nachrichten/heute/world-vision-kinderstudie-100.html (20.09.2018).

11   https://www.zeit.de/zeit-wissen/2016/01/empathie-fluechtlinge-mensch-evolution/seite-2 (05.09.2018).

12   https://de.wikipedia.org/wiki/Lawrence_Kohlberg (20.09.2018).

13   Lesch, Harald / Kamphausen, Klaus: Die Menschheit schafft sich ab. Die Erde im Griff des Anthropozän, München 2018, S. 113.

14   https://de.wikipedia.org/wiki/Gorgias_(Platon) (07.09.2018).

15   Tomasello, Michael: Naturgeschichte der menschlichen Moral. Aus dem Amerikanischen von Jürgen Schröder, Berlin 2016.

16   Tomasello 2016: a. a. O., S. 15.

17   Tomasello 2016: a. a. O., S. 17.

18   Tomasello 2016: a. a. O., S. 19 f. Natürlich gab und gibt es jede Menge Konfliktmöglichkeiten zwischen diesen Formen der Kooperation und den ihnen entsprechenden Moralprinzipien.

19   Tomasello 2016: a. a. O., S. 21.

20   Im Gespräch mit DIE ZEIT 40/2014, S. 39. Zum Thema Zwischenmenschlichkeit, Beziehung und Moral weiterführend z. B. Illies, Christian: Philosophische Anthropologie im biologischen Zeitalter. Zur Konvergenz von Moral

und Natur, Frankfurt/Main 2006, und Oehler, Jochen (Hg.): Der Mensch – Evolution, Natur und Kultur. Beiträge zu unserem heutigen Menschenbild, Heidelberg 2010.

21 Im Folgenden: Macht, Reichtum, Vorteilsstreben und die Krisen des global expandierenden Kapitalismus, in: Sturm, Richard/Hirschbrunn, Katharina/ Kubon-Gilke, Gisela (Hg.): Kapitalismus, Globalisierung, Demokratie. Jahrbuch normative und institutionelle Grundfragen der Ökonomik, Band 16, Marburg 2017, S. 85–104.

22 Für Tomasello beginnt die Geschichte des Menschen vor 2 Millionen Jahren (Homo erectus).

23 Polanyi, Carl: The Great Transformation. Politische und ökonomische Ursprünge von Gesellschaften und Wirtschaftssystemen. Übersetzt von Heinrich Jelinek, Frankfurt/Main 1978 (ursprünglich 1944).

24 Polanyi 1978: a. a. O., S. 75.

25 Polanyi sieht die Große Transformation allerdings als ein Moment einer »Doppelbewegung«, in der Individualismus und Kollektivismus sich wechselseitig anstoßen und jeweils auf verschiedene Sphären beschränken. Dabei wird versucht, die zentrifugalen Kräfte des Marktes durch zentripedale Sicherungsstrukturen immer wieder auszubalancieren. Z. B. Sachs, Wolfgang: Karl Polanyi und seine »Große Transformation«. Missdeuteter Vordenker, in: POLITISCHE ÖKOLOGIE 133: Große Transformation, S. 18–23.

26 Reinhard, Wolfgang: Die Unterwerfung der Welt. Globalgeschichte der europäischen Expansion 1415–2015, 2. Auflage, München 2016.

27 Diese Sichtweise lässt sich allerdings allein schon aus historischen Gründen nicht halten. Wolfgang Reinhard weist einen solchen borniertem Eurozentrismus zurück. Er argumentiert, »dass es nicht um historische Verdienste irgendwelcher Völker geht, denen wir zufälligerweise angehören, sondern um ein Geflecht von Voraussetzungen, Rahmenbedingungen und Impulsen einerseits, um die Akkumulation von Zufällen andererseits, durch die Europa seine weltgeschichtliche Rolle zugewiesen wurde«. Reinhard 2016: a. a. O., S. 27.

28 Mbembe, Achille: Kritik der schwarzen Vernunft. Aus dem Französischen von Michael Bischoff, Berlin 2014.

29 Mbembe, 2014: a. a. O., S. 328 f.

30 Mbembe, 2014: a. a. O., S. 25.

31 Z. B. Gertenbach, Lars: Gemeinschaft versus Gesellschaft: In welchen Formen instituiert sich das Soziale?, in: Lamla, Jörn, u. a. (Hg.): Handbuch der Soziologie, Konstanz – München 2014, S. 131–145. Ein etwas älterer systematischer Überblick findet sich etwa bei Goetze, Dieter: Entwicklungspolitik 1: Soziokulturelle Grundfragen, Paderborn – München – Wien – Zürich 1983, S. 110–112.

32 Goetze 1983: a. a. O., S. 277–279.

33 Goetze 1983: a. a. O., S. 266–274.

34 Chakrabarty, Dipesh: Humanismus in einer globalen Welt, in: ders., Europa als Provinz. Perspektiven postkolonialer Geschichtsschreibung. Aus dem Englischen von Robin Cackett, Frankfurt/Main–New York 2010, S. 149–168.

35 Chakrabarty 2010: a. a. O. S. 168.

36 Als Einführung z. B. https://de.wikipedia.org/wiki/Ritual (03. 01. 2019).

37 Assheuer, Thomas: Akademische Affenliebe, in: DIE ZEIT 26/2014, S. 46.

38 Bauer, Martin: Kostbarer Kult, in: SÜDDEUTSCHE ZEITUNG 09.10.2012, S. V3/17.

39 Als Einstieg z. B. https://de.wikipedia.org/wiki/Émile_Durkheim. Der Ethnologe Viktor Turner betont in seiner Schrift »Das Ritual, Struktur und Antistruktur«, dass Gemeinschaft und Gesellschaft gleichzeitig existieren, wobei Gesellschaft durch Dauer, Struktur und regelmäßige Wiederholung, Gemeinschaft durch Einzigartigkeit, Unstrukturiertheit und Ereignisgebundenheit charakterisiert sind. Gertenbach 2014: a. a. O., S. 140. Insofern liegt bei der Gesellschaft der Akzent auf der Wiederkehr des Gleichen, bei der Gemeinschaft auf der Wiederkehr des Ähnlichen.

40 Z. B. Stegbauer, Christian: Reziprozität. Einführung in soziale Formen der Gegenseitigkeit, 2. Auflage, Wiesbaden 2011. Ferner: Lessenich, Stephan / Mau, Steffen: Reziprozität und Wohlfahrtsstaat, in: Adloff, Frank / Mau, Steffen (Hg.): Vom Geben und Nehmen. Zur Soziologie der Reziprozität, Frankfurt/Main–New York 2005, S. 257–276.

41 Dazu die auf dem Rational-Choice-Ansatz basierende Spieltheorie. Zur Einführung: Kroneberg, Clemens: Theorien rationaler Wahl. James S. Coleman und Hartmut Esser, in: Lamla, Jörn, u. a. (Hg.): Handbuch der Soziologie, Konstanz–München 2014, S. 228–243.

42 Dieser Aufgabe haben sich auch die Vertreter des Konvivialismus verschrieben. Adloff, Frank / Heins, Volker M.: Einleitung, in: dies., Konvivialismus. Eine Debatte, Bielefeld 2015, S. 9–20.

43 Siehe auch »Reziprozität« im Stichwortregister in Lamla u. a. 2014: a. a. O.

44 Vgl. auch Vivelo, Frank Robert: Handbuch der Kulturanthropologie. Eine grundlegende Einführung. Aus dem Amerikanischen von Erika Stangl, München 1988, S. 185–192.

45 Im Folgenden Stegbauer 2011: a. a. O., S. 33–66. Die direkte Reziprozität wird gelegentlich auch als »echte« bezeichnet.

46 Im Folgenden Stegbauer 2011: a. a. O., S. 67–92.

47 Es wäre zu untersuchen, wie sich diese Reziprozitätsformen zu den Moralformen Tomasellos verhalten.

48 Stegbauer 2011: a. a. O., S. 99–107 u. 129–136.

49 Weitere soziologische Erkenntnisinteressen richten sich auf den Zusammenhang von Reziprozität und Hierarchien (Stegbauer 2011: a. a. O., S. 45–52) oder Reziprozität und Rollen (Arzt–Patient, Lehrer–Schüler usw.) (Stegbauer 2011: a. a. O., S. 93–98).

50 Reziprozität zwischen Gläubiger und Schuldner ist nur ein Beispiel für die Reziprozität unter Ungleichen. Bei der indirekten bzw. generalisierten Reziprozität kann die Ungleichheit zwischen den Generationen zur Belastungsprobe werden. Das ist z. B. der Fall, wenn etwa bei der Generalisierung über die Zeit die nachwachsende Generation das Gefühl hat, die Elterngeneration habe durch ihr Verhalten (Verschuldung, Umweltzerstörung) den Generationenvertrag verletzt. Wenn reale oder gefühlte Ungleichheit die Reziprozität erschüttert, ist eine explizite Verständigung über die Modalitäten der Wechselseitigkeit unausweichlich. Wenn unsere Verständigung auf fundamentale Fragen nach dem besten Umgang mit Ungleichheiten zielt, so ist dies, darauf hat etwa Hannah Arendt hingewiesen, sogar der Ausgangspunkt aller Verständigungsbemühungen in einem demokratischen Gemeinwesen.

51 Hartmann im Interview mit dem SPIEGEL 7/2016, S. 81.

52 Viele Wirtschaftsethiker, aber auch viele Ansätze aus der philosophischen Ethik sind an der Konstruktion solcher Ausreden aktiv beteiligt. Kritisch dazu z. B. Beck, Valentin: Eine Theorie der globalen Verantwortung. Was wir Menschen in extremer Armut schulden, Frankfurt/Main 2016.

53 Z. B. Schulz von Thun, Friedemann: Miteinander reden, 3 Bände, Reinbek 1990.

54 https://de.wikipedia.org/wiki/Hermeneutischer_Zirkel (15. 11. 2017).

55 Die Voraussetzungen für interkulturelle Kommunikation sind bekanntlich höchst anspruchsvoll und müssen in Bezug auf ihre zeitliche und räumliche Dimension sorgfältig diskutiert werden. Das Problem des Fremdverstehens beschäftigt unter anderem die Kommunikationstheorie und die Philosophie. Vgl. z. B. Stueber, Karsten R.: Fremdverstehen und Fremdbewerten, in: INFORMATION PHILOSOPHIE 2/2017 (Juni), S. 18–35. Zur Vertiefung auch Schmied-Kowarzik 2017: a. a. O. Zu der prinzipiellen Herausforderung eines Perspektivenwechsels kommen in der herrschenden Wirtschafts- und Gesellschaftsordnung spezielle Verständigungshürden und Konfliktantreiber (siehe Kapitel 5).

56 Pörksen, Bernhard/Schulz von Thun, Friedemann: Kommunikation als Lebenskunst. Philosophie und Praxis des Miteinander-Redens, 2. Auflage, Donauwörth 2016, S. 80.

57 Hartkemeyer, Johannes F. / Hartkemeyer, Martina: Die Kunst des Dialogs. Kreative Kommunikation entdecken. Erfahrungen, Anregungen, Übungen, Stuttgart 2005, S. 46 f.

58 Pörksen, Bernhard: Die große Gereiztheit. Wege aus der kollektiven Erregung, München 2018. Zur Psychologie der sozialen Medien vgl. Altmeyer, Martin: Auf der Suche nach Resonanz. Wie sich das Seelenleben in der digitalen Welt verändert, Göttingen 2016. Grundlegend zur medialen Kommunikation aus zeitökologischer Perspektive vgl. Schneider, Manuel/Geißler, Karlheinz A. (Hg.): Flimmernde Zeiten. Vom Tempo der Medien, Stuttgart 1999. Zu einigen moralischen Implikationen der digitalen Kommunikation

siehe z. B. Schmidbauer, Wolfgang: Helikoptermoral, Hamburg 2017. An dieser Stelle wäre auch über Populismus, Filterblasen und Echokammern, Fake News und Verschwörungstheorien, Cyberkriegsszenarien usw. zu diskutieren.

59 Kompensatorische Maßnahmen, die auch als »positive Diskriminierungen« bezeichnet werden können, dienen dazu, die vorher stattgefundene negative Diskriminierung durch die Gesellschaft wieder aufzuheben. Erst eine solche Kompensationsstrategie schafft die Grundlage dafür, dass Menschen ihre Mitwelt als Resonanzraum erfahren können. Abgesehen davon, gibt es mittlerweile kluge Analysen über die Schwierigkeiten interkultureller Diskurse und wie sie überwunden werden können. Zur grundsätzlichen Existenz und Bedeutung von Resonanzphänomenen und deren Ausdrucksformen in Interaktion und Kommunikation aus sozialpsychologischer und linguistischer Perspektive vgl. auch den Sammelband von Breyer, Thiemo u. a. (Hg.): Resonanz – Rhythmus – Synchronisierung. Interaktionen in Alltag, Therapie und Kunst, Bielefeld 2017. Darin finden sich v. a. allem empirisch-deskriptive Beiträge zum Resonanzphänomen. Einschlägig für unsere Fragestellung sind die Beiträge von Stefan Pfänder, Hermann Herlinghaus, Carl Eduard Scheidt (»Synchronisation in Interaktion: Eine interdisziplinäre Annäherung an multimodale Resonanz«), Elke Schumann (»Gemeinsamkeit erleben und wiederherstellen: Synchronisierung im Gespräch«), Elisabeth Zima (»Zum Konzept der Gestenresonanz in der Dialogischen Syntax«) und Karl Metzler (Resonanz: sich verbinden und lösen«).

60 Zur Vertiefung: Reheis, Fritz: Bildung kontra Turboschule. Ein Plädoyer, Freiburg i. Br. 2007. Und: Rosa, Hartmut / Endres, Wolfgang: Resonanzpädagogik. Wenn es im Klassenzimmer knistert, Weinheim – Basel 2016

61 Himmelmann, Gerhard: Demokratie Lernen. Als Lebens-, Gesellschafts- und Herrschaftsform. Ein Lehr- und Studienbuch, 3. Auflage, Schwalbach 2007. Zur Vertiefung: Negt, Oskar: Der politische Mensch. Demokratie als Lebensform, Göttingen 2010.

62 Im Folgenden Adloff, Frank / Mau, Steffen (Hg.): Vom Geben und Nehmen. Zur Soziologie der Reziprozität, Frankfurt/Main – New York 2005, vor allem die Einführung und der Beitrag von Stefan Lessenich und Steffen Mau »Reziprozität und Wohlfahrtsstaat«, S. 257–276.

63 Z. B. Forst, Rainer: Rechtfertigung. Interview, in: INFORMATION PHILOSOPHIE 1/2017, S. 60–64, hier S. 62 f. »Ich gehe von dem einfachen Grundsatz der Vernunft aus, dass Normen, die reziprok-allgemeine Geltung beanspruchen, reziprok und allgemein zu rechtfertigen sein müssen. Reziprozität heißt dabei, dass niemand Anderen Ansprüche verweigern darf, die er oder sie selbst erhebt, und es heißt, dass niemand Anderen seine oder ihre Interessen oder Wertvorstellungen aufdrücken darf, sofern sie als Freie und Gleiche gute Gründe haben, sie zurückzuweisen. Allgemein heißt, dass der Bereich derer, die Subjekte der Rechtfertigung sind, nicht willkürlich beschränkt werden darf.«

64 Reheis, Fritz: Demokratie braucht Zeit. Ja, aber wie viel und woher nehmen?, in: Harles, Lothar/Lange, Dirk (Hg.): Zeitalter der Partizipation. Paradigmenwechsel in Politik und politischer Bildung? (Schriftenreihe der Deutschen Vereinigung für Politische Bildung), Schwalbach/Ts. 2015, S. 84–94.

65 Rabe, Jens-Christian: Die Macht fordert Opfer, in: SÜDDEUTSCHE ZEITUNG 22.06.2017, S. 13.

66 Die Deutsche Gesellschaft für Zeitpolitik hat z. B. einen solchen »Großen Ratschlag« als Beirat für den Bundestag vorgeschlagen. Vgl. ZEITPOLITISCHES MAGAZIN, Nr. 22 (Juli 2013) und Nr. 23 (Dezember 2013), darin v. a. Mückenberger Ulrich, Nach-Gedanken zu »Demokratie braucht Zeit«, S. 35–36. Eine wenn auch etwas anders geartete Institution zur Unterstützung der Willensbildung durch Erweiterung der Partizipationsmöglichkeiten war zum Beispiel der Bayerische Senat, der am 1. Januar 2000 abgeschafft wurde, weil er angeblich zu teuer war.

67 Reheis 2015: a. a. O., S. 84–94. Um die Bereitschaft und Fähigkeit zur Partizipation zu erhöhen, wäre zudem die flächendeckende Einrichtung von Planungszellen, Zukunftswerkstätten und Zukunftskonferenzen vorstellbar, in Bildungseinrichtungen die Arbeit mit Planspielen und der Szenariomethode.

68 Der Vergleich mit dem Atem geht auf eine Idee der Familiensoziologin Karin Jurczyk zurück, die von »atmenden Lebensverläufen spricht«. Siehe ZEITPOLITISCHES MAGAZIN, Nr. 28 (Juli 2016) (http://www.zeitpolitik.de/zeitpolitik magazin.html).

69 Weiterführend: Reheis, Fritz: Partizipation und Zeit, in: Heitkötter, Martina/ Schneider, Manuel (Hg.): Zeitpolitisches Glossar. Grundbegriffe – Felder – Instrumente – Strategien, München 2004, S. 73 f. Ferner zum Zusammenhang von Partizipation und Reziprozität: Mückenberger, Ulrich: Lebensqualität durch Zeitpolitik. Wie Zeitkonflikte gelöst werden können, Berlin 2012. Zur Reversibilität als Grundbedingung für demokratische Entscheidungen: Andrae, Jannis: Rationalität, Demokratie und Reversibilität. Eine pragmatistische Perspektive, Baden-Baden 2017. Zur Zeitpolitik generell: die Publikationen der Deutschen Gesellschaft für Zeitpolitik, insbesondere das Zeitpolitische Manifest und die Hefte des ZEITPOLITISCHEN MAGAZINS a. a. O.

70 Honneth, Axel: Kampf um Anerkennung. Zur moralischen Grammatik sozialer Konflikte, Frankfurt/Main 1994, S. 210.

71 Honneth 1994: a. a. O., S. 278.

72 Zur geistesgeschichtlichen Einordnung dieses Ansatzes siehe Honneth, Axel: Anerkennung. Eine europäische Ideengeschichte, Berlin 2018.

73 Vgl. auch Lessenich, Stephan: Theorien des Sozialstaats zur Einführung, Hamburg 2012, S. 57–65 u. 129–147.

74 Z. B. Höffe, Otfried: Subsidiarität, in: ders. (Hg.): Lexikon der Ethik, 7., neu bearbeitete und erweiterte Auflage, München 2008, S. 302 f. Zur Einordnung des Subsidiaritätsprinzips in die Gesamtheit der Sozialprinzipien (Ganzheitsprinzip, Solidaritätsprinzip) siehe auch Nell-Breuning, Oswald von: Gerechtigkeit und Freiheit. Grundzüge der katholischen Soziallehre, Wien

Anmerkungen

1985, S. 47–58. Zum engen Zusammenhang zwischen Nachhaltigkeit und Subsidiarität siehe auch Vogt, Markus: Prinzip Nachhaltigkeit. Ein Entwurf aus theologisch-ethischer Perspektive, München 2009, v. a. S. 422–426 und S. 473–475. Zum aktuellen Nachhaltigkeitsdiskurs auch: ders.: Nachhaltigkeit definieren. Die sieben häufigsten Irrtümer. Unveröffentlichtes Typoskript zur Veranstaltung »LMU grüne« am 09.07.2015.

75 Und Europa? Diskutiert wird etwa, ob es sich von der Idee verabschieden sollte, ein Zusammenschluss von Nationalstaaten sein zu wollen. Vielleicht wäre ein Europa der Regionen, die etwa die Größe der Schweizer Kantone haben könnten, eine geeignete politische Struktur, um der Demokratie Leben einzuhauchen. Vgl. die Europa-Ideen des österreichischen Staatsrechtlers und Anarchisten Leopold Kohr, die heute etwa von der Politikwissenschaftlerin Ulrike Guérot weiterentwickelt werden. Z. B. Guérot, Ulrike: Warum Europa eine Republik werden muss. Eine politische Utopie, München 2017.

76 Im Folgenden: Steinfeld, Thomas: Das gute Leben, in: SÜDDEUTSCHE ZEITUNG 16./17.04.2016, S. 51.

77 Rosa 2016: a. a. O., S. 367.

Kapitel 4

1 Wagner, Hilde (Hg.): »Rentier' ich mich noch«? Neue Steuerungskonzepte im Betrieb, Hamburg 2005.

2 Peters, Klaus/Sauer, Dieter: Indirekte Steuerung – eine neue Herrschaftsform. Zur revolutionären Qualität des gegenwärtigen Umbruchprozesses, in: Wagner, Hilde 2005: a. a. O., S. 23–58, hier S. 37.

3 Miersch, Michael: Einmal in der Stunde mit dem Ohr zucken, in: NATUR Heft 5, 1997, S. 22. In einem Lebenszyklus finden demnach etwa 200 Millionen Atemzyklen, 300 Millionen Darmkontraktionen und eine Milliarde Herzschläge Platz. Hofmann, Inge: Faulheit ist das halbe Leben. Wer langsam lebt, bleibt lange jung. Das biologische Gesetz der Energie, München 2000, S. 18. Selbst die als besonders fleißig geltenden Ameisen oder Bienen verwenden nur rund 20 bis 30 Prozent ihrer Lebenszeit für die »Arbeit«. Miersch 1997: a. a. O., S. 23.

4 DIE ZEIT 19/2002, S. 4.

5 Sennett, Richard: Der flexible Mensch. Die Kultur des neuen Kapitalismus. Aus dem Amerikanischen von Martin Richter, Berlin 2000 (ursprünglich New York 1998).

6 Sennett 2000: a. a. O., S. 29.

7 Bauman, Zygmunt: Flüchtige Moderne. Aus dem Englischen von Reinhard Kreissl, Frankfurt/Main 2003 (ursprünglich 2000).

8 Rosa, Hartmut: Beschleunigung. Die Veränderung der Zeitstrukturen in der Moderne, Frankfurt/Main 2005, S. 375.

9 Z. B. https://de.wikipedia.org/wiki/Les_Identitaires (28.12.2018).

10 Erlinger, Rainer: Ohne alle, in: SÜDDEUTSCHE ZEITUNG 31.03./01.04.2018, S. 49.

11 V. a. Rosslenbroich, Bernd: Die rhythmische Organisation des Menschen. Aus der chronobiologischen Forschung. Mit einem Vorwort von Wolfgang Schad, Stuttgart 1994, und Zulley, Jürgen/Knab, Barbara: Unsere Innere Uhr. Natürliche Rhythmen nutzen und der Non-Stop-Belastung entgehen, Freiburg – Basel – Wien 2000.

12 Weiterführend Hatzelmann, Elmar/Held, Martin: Am Limit. Resilienz braucht Zeitkompetenz, in: LEITFADEN – Fachmagazin für Krisen, Leid, Trauer, 2/2012, S. 43–49.

13 Im Folgenden Antonovsky, Aaron: Salutogenese. Zur Entmystifizierung der Gesundheit. Aus dem Amerikanischen übersetzt von Franke, Alexa/Schulte, Nicola, Tübingen 1997.

14 Waller, Heiko: Gesundheitswissenschaft. Eine Einführung in Grundlagen und Praxis, 2., überarbeitete Auflage, Stuttgart – Berlin – Köln 1996, S. 17 f.

15 Waller 1996: a. a. O., S. 20 ff. Auf diesem Fundament bauen weitere gesundheitswissenschaftliche Konzepte auf. So verweist Klaus Hurrelmann darauf, dass die Möglichkeit zur Herstellung dieser Passung zwischen der Entwicklung eines Menschen und seiner Lebensziele einerseits und den äußeren Lebensbedingungen andererseits das Ergebnis eines Sozialisationsprozesses ist, in dessen Verlauf ganz bestimmte Kompetenzen erworben werden müssen. So ermöglicht es Hurrelmanns Ansatz, die zeitliche Mikrostruktur der Herstellung der Passung genauer zu untersuchen. Damit wird Zeit nicht nur linear und quantitativ gefasst, sondern zusätzlich auch in ihrer Qualität sichtbar: als zyklische Zeit, wenn mit jedem neuen Lebensabschnitt ähnliche Situationen wiederkehren, mit zugleich bekannten und neuen Anforderungen, die entsprechende Bewältigungsstrategien nötig machen.

16 Z. B. Eckart Altenmüller in der Sendung »Kulturgespräch«, SÜDWESTRUNDFUNK (SWR) 23.11.2012. Ferner: ders.: Vom Neanderthal in die Philharmonie. Warum der Mensch ohne Musik nicht leben kann, Berlin – Heidelberg 2018. Zum Zusammenhang zwischen Musik und Tanz z. B. Bethge, Philip: Göttlicher Groove, in: DER SPIEGEL 7/2018, S. 101–103. Grundsätzlich zur resonanztheoretischen Bedeutung von Musik siehe auch: Cramer 1996: a. a. O., S. 60–69. Als Überblick zur Musiktherapie: https://de.wikipedia.org/wiki/Musiktherapie (12.09.2018).

17 Vgl. auch Brandstetter, Gabriele: Synchronisierungen von Bewegungen im zeitgenössischen Tanz. Zur Relevanz von somatischen Praktiken in den Arbeiten von Jefta van Dinther, in: Breyer, Thiemo u. a. (Hg.), Resonanz – Rhythmus – Synchronisierung. Interaktionen in Alltag, Therapie und Kunst, Bielefeld 2017, S. 409–428, und Titze, Doris: Das Fremde und das Eigene. Resonanz im Bild in der Kunsttherapie, in: Breyer u. a. 2017: a. a. O., S. 439–459.

18 Z. B. Hübenthal, Ursula: Energiemedizin – Was ist das?, in: CO.MED, Januar 2016, S. 8–11. Zur Vertiefung: Oschman, James L.: Energiemedizin. Konzepte und ihre wissenschaftliche Begründung. Geleitwort von Marco Bischof. Aus

dem Amerikanischen übersetzt von Marco Bischof, 2. Auflage, München 2009.

19 Pfänder, Stefan: Resonanz und Rhythmus im Shiatsu. Gespräch mit Wilfried Rappenecker, in: Breyer u. a. 2017: a. a. O., S. 335–348.

20 Pfänder 2017: a. a. O., S. 348.

21 Fuchs, Thomas: Zeiterfahrung in Gesundheit und Krankheit, in: Hartung, Gerald (Hg.): Mensch und Zeit, Wiesbaden 2015, S. 168–184.

22 Fuchs 2015: a. a. O., S. 179.

23 Fuchs in der Diskussion im Anschluss an seinen Vortrag »Zeitlichkeit und Zeiterfahrung in der Psychopathologie« an der Universität Bamberg am 08. 02. 2018. Siehe auch: ders.: Chronopathologie der Überforderung. Zeitstrukturen und psychische Krankheit, in: ders./Iwer, Lukas/Micali, Stefano (Hg.): Das überforderte Subjekt. Zeitdiagnosen einer beschleunigten Gesellschaft, Berlin 2018, S. 52–79.

24 Scheurle, Hans Jürgen: Resonanzen in der therapeutischen Beziehung. Psychosomatische Ansätze in der Psychotherapie, in: PSYCHOTHERAPIE-WISSENSCHAFT 2/2017, S. 39–48.

25 Originell ist eine Schlussfolgerung aus dieser neuen Sichtweise, die ins Zentrum des hier vertretenen zeitökologischen und resonanztheoretischen Ansatzes trifft. Wenn das Gehirn, so Scheurle, nicht mehr die Kommandozentrale des Körpers, sondern sein Resonanzpartner ist, so lässt diese Annahme die menschliche Willensfreiheit in ganz neuem Licht erscheinen. Weil Lebewesen und Organe die Tendenz haben, nach äußeren Anregungen immer wieder selbst in den Ruhezustand (»Dornröschenschlaf«) zurückzukehren, kann der Mensch Aktivitäten stoppen, unterlassen und wieder aufnehmen. Das ist für Scheurle der »Schlüssel zur Willensfreiheit«. Scheurle 2017: a. a. O., S. 10.

26 Mergenthaler, Erhard: Resonating Minds. Interaktion in der Psychotherapie, in: Breyer u. a. 2017: a. a. O., S. 225–247.

27 Zur Weiterführung vgl. z. B. Ciompi, Luc: Außenwelt – Innenwelt. Die Entstehung von Zeit, Raum und psychischen Strukturen, Göttingen 1988, ders.: Die emotionalen Grundlagen des Denkens. Entwurf einer fraktalen Affektlogik, Göttingen 1997, und mit Bezug auf den Kapitalismus Illouz, Eva (Hg.): Wa(h)re Gefühle. Authentizität im Konsumkapitalismus. Aus dem Englischen übersetzt von Michael Adrian, Berlin 2018.

28 Bücher, Karl: Arbeit und Rhythmus, Leipzig 1896.

29 Bücher 1896: a. a. O., S. 22.

30 Bücher 1896: a. a. O., S. 25. »Dem Laien legt sich der Gedanke von selbst nahe, den schon Aristoteles ausgesprochen hat mit den Worten, dass der Rhythmus unserer Natur gemäß sei. Die Lungen- und Herztätigkeit, die Bewegung der Beine und Arme beim Gehen vollziehen sich unter gewöhnlichen Umständen rhythmisch oder haben doch eine Tendenz, dies zu tun.« Bücher 1896: a. a. O., S. 30 f.

31 Bücher 1896: a. a. O., S. 435.

32 »Gerade die Eintönigkeit der Arbeit ist die größte Wohltat für den Menschen, solange er das Tempo seiner Körperbewegungen selbst bestimmen
und beliebig aufhören kann. Denn sie allein gestattet die rhythmisch-auto-
matische Gestaltung der Arbeit, die an sich befriedigend wirkt, indem sie
den Geist freimacht und der Fantasie Spielraum gewährt.« Bücher 1896:
a. a. O., S. 443.

33 Bücher 1896: a. a. O., S. 463. Zwar beschäftigt sich Bücher hauptsächlich mit
der körperlichen Arbeit, aber es gibt keinen Grund, seine Erkenntnisse nicht
auch auf das geistige Arbeiten zu übertragen. Indem man geistige Arbeit in
einzelne Abschnitte gliedert, kann etwa der Grad der Fehlerfreundlichkeit
erhöht werden.

34 Bauer, Joachim: Arbeit. Warum unser Glück von ihr abhängt und wie sie uns
krank macht, München 2013.

35 Bauer 2013: a. a. O., S. 16. Bauer beschreibt diese Resonanz als Zusammenwirken von Spiegelneuronen und Botenstoffen in menschlichen Begegnungen. Er erklärt im Übrigen, warum Frauen aus zugleich biologischen und bio-
grafischen Gründen in der Regel resonanzfähiger sind als Männer und somit
die »Anreicherung« von Arbeitsteams mit Frauen den »Intelligenzquotien-
ten« von Teams zu erhöhen vermag. Bauer 2013: a. a. O., S. 35.

36 Negt, Oskar: Rot-Rot-Grün im Trialog: Schaffen wir linke Mehrheiten!, in:
BLÄTTER FÜR DEUTSCHE UND INTERNATIONALE POLITIK 12/2016, S. 79–88,
hier S. 85. Zur Vertiefung des Zusammenhangs zwischen Arbeit, Kreislauf-
geschehen und Menschenwürde vgl. auch Negt, Oskar/Kluge, Alexander:
Geschichte und Eigensinn, Frankfurt/Main 1981, besonders Kapitel 4: »Das
Problem, sich vollständige Wechselwirkung (Kreisläufe) in der Politischen
Ökonomie der Arbeitskraft als etwas Praktisches vorzustellen«. Ferner:
Negt, Oskar: Arbeit und menschliche Würde, Göttingen 2001, besonders
Kapitel 1: »Die Zeitdimension von Macht und Herrschaft«.

37 Ebd. Verschärfend kommt die gesellschaftliche Aufwertung der Arbeit seit
dem christlichen Mittelalter hinzu, die Überzeugung vom Auftrag Gottes,
sich die Erde untertan zu machen, und – im Protestantismus – zusätzlich
die Erwartung, dass der ökonomische Erfolg ein verlässliches Zeichen Gottes für die Auserwähltheit des Menschen sei. Das eigentliche Problem dieser Aufwertung der Arbeit ist die damit verbundene Abwertung der Nichtarbeit. »Die Neuzeit hat im siebzehnten Jahrhundert«, so die Philosophin
Hannah Arendt, »damit begonnen«, im theoretischen Denken »die Arbeit
zu verherrlichen, und sie hat zu Beginn unseres Jahrhunderts damit geen-
det, die Gesellschaft im Ganzen in eine Arbeitsgesellschaft zu verwandeln.«
Arendt, Hannah: Vita activa oder vom tätigen Leben, München–Zürich 1999,
S. 12 f., zitiert nach: Arndt, Andreas: Arbeit und Nichtarbeit, in: Wetz, Franz
Josef (Hg.): Kolleg Praktische Philosophie, Band 4: Recht auf Rechte, Stutt-
gart 2008, S. 89–115, hier S. 105.

38 Papst Franziskus erweitert diesen Gedanken im Übrigen noch etwas. Er spricht von den drei »Ts«, die der Mensch zum Leben braucht: trabajo, tierra und techo – Arbeit, Boden und ein Dach. So etwa in einem Interview mit Wim Wenders in dem Film »Papst Franziskus – Ein Mann seines Wortes«.

39 Maslow, Abraham: Motivation und Persönlichkeit. Aus dem Amerikanischen übersetzt von Paul Kruntorad, Reinbek 1991 (ursprünglich 1954).

40 Interview für die SÜDDEUTSCHE ZEITUNG am 07./08.04.2018, S.56.

41 Ebd.

42 Z.B. Andresen, Sabine: Was unsere Kinder glücklich macht. Lebenswelten von Kindern verstehen, Freiburg 2012.

43 Z.B. Wild, Rebeca: Sein zum Erziehen. Mit Kindern leben lernen, Freiamt im Schwarzwald 1990.

44 Zur Psychologie der Handlung in ihrem Zeitbezug vgl. auch Morgenroth, Olaf: Zeit und Handeln. Psychologie der Zeitbewältigung, Stuttgart 2008. Für Hannah Arendt ist die Geburt als Neuanfang eines jeden Menschen zugleich der letzte Grund für seine Freiheit. Arendt, Hannah: Die Freiheit, frei zu sein. Aus dem Amerikanischen übersetzt. Mit einem Nachwort von Thomas Meyer, München 2018, S.37.

45 Marx, Karl: Das Kapital. Kritik der politischen Ökonomie, Band 1, Marx-Engels-Werke (MEW), Band 23, Berlin, S.193 (ursprünglich 1867).

46 Dux, Günter: Die Zeit in der Geschichte. Ihre Entwicklungslogik vom Mythos zur Weltzeit, Frankfurt/Main 1998. Dux hat im Anschluss an Plessners »Stufen des Organischen« (Kapitel 1) die Zeitdimension in der Kulturgeschichte des Menschen im Zusammenhang mit dem Zuwachs an menschlicher Autonomie genauer untersucht.

47 Dux 1998: a.a.O., S.28.

48 Dux 1998: a.a.O., S.44.

49 Dux 1998: a.a.O., S.50f.

50 Dux 1998: a.a.O., S.57f. Dass in archaischen Kulturen der zyklische Charakter von Zeit im Vordergrund des Bewusstseins stand, ist für Dux kein Widerspruch zu dieser Linearitätsthese, vielmehr ein Reflex der Tatsache, dass in diesen Kulturen die Welterschließung noch stark an die Naturzyklen gekoppelt war, sodass die Ausrichtung des Handelns auf das Subjekt hin sich noch wenig entfalten konnte. Dux 1998: a.a.O., S.126.

51 Zur Vertiefung z.B. Sturma, Dieter: Person, in: Sandkühler, Hans Jörg (Hg.): Enzyklopädie Philosophie, Band 2, S.994–998.

52 Schröder, Jörg: Besinnung in flexiblen Zeiten. Leibliche Perspektiven auf postmoderne Arbeit, Wiesbaden 2009, S.83. Vgl. auch als Überblick über den Diskurs: Esterbauer, Reinhold, u.a. (Hg.): Bodytime. Leib und Zeit bei Burnout und in anderen Grenzerfahrungen, Freiburg–München 2016.

53 Dieser Vorschlag wird von Maurice Merleau-Ponty, Jürgen Seewald, Jörg Schröder, Thomas Fuchs und anderen vertreten, die sich als Phänomenologen des Leibes und der Zwischenleiblichkeit begreifen.

54 Schröder 2009: a. a. O., S. 191.

55 Ebd.

56 Zur Vertiefung Fuchs, Thomas: Zwischen Leib und Körper, in: Hähnel, Martin / Knaup, Marcus (Hg.): Leib und Leben. Perspektiven für eine neue Kultur der Körperlichkeit, Darmstadt 2013, S. 82–93. Fuchs charakterisiert Krankheit deshalb als »Entfremdung« zwischen Leib und Körper und warnt vor einer kulturellen Entwicklung, die aus einem wirtschaftlichen Verwertungsinteresse heraus den Körper des Menschen systematisch instrumentalisiert und optimiert. Fuchs 2013: a. a. O., S. 87 u. 91 f.

57 Zur Vertiefung Rizzolatti, Giacomo: Empathie und Spiegelneuronen. Die biologische Basis des Mitgefühls, Frankfurt/Main 2008. Das mit dem Schlagwort »Spiegelneuronen« bezeichnete Phänomen bezieht sich auf konkretes optisches Wahrnehmen und entsprechend gespiegelte neuronale Prozesse bei Wahrnehmendem und Wahrgenommenem, ist also ein kognitives Phänomen.

58 Lüpke, Hans von, 1986, zitiert nach Schröder, Jörg: Das Leibliche ist politisch – als Sensorium, Erfahrungsspeicher und Ratgeber, in: Görtler, Michael / Reheis, Fritz (Hg.): Reifezeiten. Zur Bedeutung der Zeit in Bildung, Politik und politischer Bildung, Schwalbach/Ts. 2011, S. 239–250, hier S. 242.

59 Keupp, Heiner, 2000, zitiert nach Schröder 2009: a. a. O., S. 222.

60 Schon das Wort »Begriff« verweist durch den Bestandteil »Griff« auf das Greifen, die Hand also, mit der wir die Welt verändern. In der Bildungstheorie hat Wolfgang Klafki vor diesem Hintergrund eine Bildungstheoretische Didaktik entwickelt: Der Mensch erschließt sich die Welt über Begriffe, die im Bildungsprozess als Schlüssel fungieren. Geeignet sind dabei solche Begriffe, die fundamentale Erfahrungen des sich bildenden Subjekts und zugleich elementare Sachverhalte der Welt zum Ausdruck bringen. Klafki, Wolfgang: Das pädagogische Problem des Elementaren und die Theorie der Kategorialen Bildung, 3./4. Auflage, Weinheim 1964.

61 Schröder 2009: a. a. O., S. 221.

62 Seewald, Jürgen, 2003, zitiert nach Schröder 2009: a. a. O., S. 222.

63 Vgl. auch die These von den zwei Geschwindigkeiten des Denkens: das hohe Tempo der auf Intuition und Gefühl basierenden affektiv-emotionalen und das niedrige Tempo der auf dem Abwägen von Gedanken beruhenden kognitiven Prozesse in der Innenwelt des Menschen. Kahnemann, Daniel: Schnelles Denken, langsames Denken. Aus dem amerikanischen Englisch übersetzt von Thorsten Schmidt, München 2014 (ursprünglich 2011). Ferner: Kast, Bas: Wie der Bauch dem Kopf beim Denken hilft. Die Kraft der Intuition, Frankfurt/Main 2009, und Gigerenzer, Gerd: Bauchentscheidungen. Die Intelligenz des Unbewussten und die Macht der Intuition, München 2015.

64 Zitiert nach Fuchs, Thomas: Was heißt »sich entscheiden«? Die Phänomenologie von Entscheidungsprozessen und die Debatte um die Willensfreiheit, in: Buchheim, Thomas / Pietrek, Torsten (Hg.): Freiheit auf Basis von Natur?, Paderborn 2007, S. 101–118, hier S. 112.

65 Fuchs 2007: a. a. O., S. 115.

66 Vgl. auch Reheis, Fritz: Wie reift der politische Wille? Thesen zur Eigenzeit-lichkeit von Identität und Willensbildung, in: Görtler, Michael / Reheis, Fritz (Hg.): Reifezeiten. Zur Bedeutung der Zeit in Bildung, Politik und politischer Bildung, Schwalbach/Ts. 2012, S. 165–180.

67 Die Übersetzung der griechischen »hedoné« mit »kluger Lust« ist insofern nicht ganz korrekt: Es ist ja nicht die Lust selbst, der das Attribut »klug« zu-kommt, sondern das zugrunde liegende menschliche Subjekt.

68 https://de.wikipedia.org/wiki/De_brevitate_vitae (29.11.2017).

69 Paech, Niko: Befreiung vom Überfluss. Auf dem Weg in die Postwachstums-ökonomie, München 2012.

70 Z. B. Wilkinson, Richard G. / Pickett, Kate: Gleichheit ist Glück. Warum ge-rechte Gesellschaften für alle besser sind, Berlin 2009.

71 Gerald Hüther in der 3SAT-Sendung »Selbstoptimierung« am 11.01.2018.

72 Grün, Anselm: Buch der Lebenskunst, Freiburg 2002.

73 Sendung »Die Himmelsstürmer. Die Sehnsucht nach dem Unerreichbaren« von Markus Kaiser, Redaktion »Evangelische Perspektiven« des 2. Programms des BAYERISCHEN RUNDFUNKS am 18.02.2018 (https://www.br.de/media thek/podcast/evangelische-perspektiven/577) (04.01.2019).

74 Z. B. Schmied-Kowarzik, Wolfdietrich: Die Vielfalt der Kulturen und die Ver-antwortung für die eine Menschheit. Philosophische Reflexionen zur Kultur-anthropologie und zur Interkulturellen Philosophie, Freiburg – München 2017.

75 Sie orientieren sich deshalb an anderen und lassen sich zu Handlungen verführen, die sie bald wieder bereuen. Das Fortschrittsmantra »Schneller, höher, weiter«, der totalitäre Beschleunigungszwang, die gnadenlosen Flexi-bilitätszumutungen bis hinein in die Erosion der Identität zu einer nur mehr situativen Größe (Rosa), all das bringt die Gefahr mit sich, dass Menschen ihre Fähigkeit, sich ihrer selbst bewusst zu werden, sich ihrer Identität sicher zu sein, unmerklich einbüßen. Manche Menschen reagieren darauf bekannt-lich durch Abwertung anderer und hoffen so, sich selbst aufwerten zu kön-nen. Sie wollen ihre eigene Identität retten, indem sie die anderer zerstö-ren – eine erbärmliche Rettungsstrategie.

76 Sturma, Dieter: Person und Zeit, in: Forum für Philosophie Bad Homburg (Hg.): Zeiterfahrung und Personalität, Frankfurt/Main 1992, S. 123–157, und ders.: Philosophie der Person. Die Selbstverhältnisse von Subjektivität und Moralität, Paderborn – München – Wien – Zürich 1997.

77 Heintel, Peter: Innehalten. Gegen die Beschleunigung – für eine andere Zeit-kultur, Freiburg – Basel – Wien 1999, S. 95.

78 Z. B. Assmann, Aleida: Der lange Schatten der Vergangenheit. Erinnerungs-kultur und Geschichtspolitik, 3. Auflage, München 2018.

79 Assmann, Alaida / Assmann, Jan: Identität durch Erinnerung. Dankesrede anlässlich der Verleihung des Friedenspreises 2018, in: BLÄTTER FÜR DEUT-SCHE UND INTERNATIONALE POLITIK 12/2018, S. 112–119, hier S. 115.

80 Assmann / Assmann 2018: a. a. O., S. 118 f.

81 Bieri, Peter: Das Handwerk der Freiheit. Über die Entdeckung des eigenen Willens, Frankfurt/Main 2003.

82 Bieri 2003: a. a. O., S. 425 f.

83 Geißler, Karlheinz A./Held, Martin: Editorial in: Held, Martin/Geißler, Karlheinz A. (Hg.), Von Rhythmen und Eigenzeiten. Perspektiven einer Ökologie der Zeit, Stuttgart 1995, S. 7–10, hier S. 8.

84 Z. B. Hürter, Tobias: Am liebsten würde ich damit aufhören …, in: ZEIT WISSEN Januar/Februar 2018, S. 25–33.

85 Zur philosophischen Begründung z. B. Stueber, Karsten R.: Fremdverstehen und Fremdbewerten. Zur epistemischen und moralischen Relevanz der Empathie, in: INFORMATION PHILOSOPHIE 2/2017, S. 18–35, v. a. S. 32–34.

86 Bauer 2013: a. a. O., S. 36.

87 In historischer Hinsicht dazu Assmann, Aleida: Formen des Vergessens, Göttingen 2016.

88 Nida-Rümelin, Julian: Die Muße. Ein Überblick von der Antike in die Gegenwart. Festvortrag zur Eröffnung der Akademie der Muße am 7. 3. 2013 (Niederschrift).

89 In Hartmut Rosas Resonanztheorie taucht das Thema Reflexivität praktisch nicht auf, die Wörter »Reflexivität«, »ratio« und »Rationalität« fehlen im Register. Dass Geist und Vernunft für Rosa keinen besonderen Stellenwert haben, ist in Rosas Denken systematisch begründet. Rosa hält nämlich wenig von der Vorstellung, der Mensch habe einen freien Willen und die Fähigkeit zur Autonomie, weil in seinem Ansatz die emotionalen Resonanzbeziehungen alles andere dominieren. Dazu passt, dass Rosa, wenn er vom Subjekt spricht, offenbar auch Tiere einschließt. In Bezug auf menschliche Subjekte stellt er fest, dass diese sich in manchen Situationen sogar sehr gern von ihren Gefühlen überwältigen lassen, die Kontrolle über sich abgeben. Und dass die Autonomie von Diktatoren nicht unbedingt ein Fall von gelungener Subjektivität ist, ist für ihn ein weiterer Hinweis auf die praktische Irrelevanz des Autonomieideals. Aber dennoch ist Resonanz für Rosa nicht alles. Für ein gutes Leben müsse es auch die Möglichkeit der Resonanzverweigerung, der bewussten und gewollten Entfremdung und Verdinglichung von Beziehungen geben. Sosehr ich Rosa an diesem Punkt zustimme, sehe ich doch ein gravierendes Problem. Welche Instanz soll auf individueller wie auf kollektiver Ebene entscheiden, wo genau die Grenze zwischen legitimer und illegitimer Resonanzverweigerung liegt? Rosa zeigt nicht, wie die Brücke aussehen könnte, die von der phänomenologischen Welt, in der es hauptsächlich um das Wohlfühlen geht, zur geistigen Welt, in der es um Wahrheit und die Rechtfertigung verbindlicher Normen geht, aussehen könnte. Ich plädiere deshalb dafür, die Begriffe »Geist«, »Vernunft« und vor allem »Reflexivität« nicht ohne Not aufzugeben.

90 Zum Beispiel Tarr, Irmtraud: Resonanz als Kraftquelle. Die Dynamik der menschlichen Begegnung, Freiburg/Br. 2016; Berndt, Christina: Resilienz. Das Geheimnis der psychischen Widerstandskraft. Was uns stark macht gegen

Anmerkungen

Stress, Depression und Burnout, München 2015; Folkers, Manfred: Achtsamkeit und Entschleunigung. Für einen heilsamen Umgang mit Mensch und Welt, Berlin 2003.

91 Ähnliche Erfahrungen werden durch progressive Muskelanspannung und -entspannung (Relaxation), autogenes Training, Yoga, Tai-Chi, Qigong möglich. Auch Achtsamkeitsübungen wie die konzentrierte Wahrnehmung von Farben, Formen, Geräuschen, Gerüchen etc. setzen beim Körper an, können aber weit ins Zentrum der menschlichen Innenwelt führen. Vor allem die Verlangsamung des Fortbewegungstempos kann die Bewusstheit der Bewegung steigern.

92 Auch das körperliche Darstellen von Gefühlen zum Beispiel in einem Standbild, einer Pantomime oder die bewusste Konzentration auf einfache Tätigkeiten wie Abspülen, Putzen oder Malern und die gleichzeitige Beobachtung der Veränderungen im inneren Gefühlserleben oder das bewusste Durchbrechen alltäglicher Routinen in Verbindung mit der Reflexion der neuen Erfahrungen können helfen, die persönliche Innenwelt genauer kennenzulernen. Schröder 2009: a. a. O., S. 251.

93 Visualisieren könnte man zum Beispiel, wie es wäre, wenn man mit weniger materiellen Gütern auskommen müsste, dafür aber mehr Freizeit hätte. Ganz grundsätzlich könnte man Visionen eines anderen Lebens entwickeln und prüfen, wie sich das anfühlt. Vor allem für die politische Bildung gelten Perspektivenwechsel und Zeitreisen als ausgesprochen produktive Wege, um die Mündigkeit des Lernenden zu erweitern.

94 Schröder 2009: a. a. O., S. 250f.

95 Das Begreifen kann als Vertikalbewegung verstanden werden. Zunächst sind es Körperorgane (Sinne, Hände, Füße etc.), die auf etwas stoßen, das begriffen werden kann. Aber die Bewegung geht weiter. Von der Hand in den Bauch zum Kopf und wieder zurück. Oder in der Sprache der Biologie: vom Greiforgan Hand über die im limbischen Areal abgelagerten, aus bestimmten praktischen Erfahrungen stammenden Affekte und Emotionen zu dem im Vorderhirn gespeicherten Wissen. Begreifen kann vielleicht am besten als Oszillation der Aufmerksamkeit beschrieben werden. Resonanztheoretisch gesprochen, werden dabei vertikale Schwingungen aus älteren Schichten des Lebens ins Hier und Jetzt übertragen. Diese Übertragung fördert die Verwurzelung des Menschen, die Einbettung der Innen- in die Mitwelt, der Mitwelt in die Umwelt. Die Vertikalbewegung kann Ressourcen erschließen, von denen wir ohne diese Bewegung nichts geahnt hätten – und von denen uns, auch wenn wir sie erahnt hätten, nicht klar gewesen wäre, wie weit sie uns tragen würden (Kapitel 1).

Kapitel 5

1   DER SPIEGEL 49/2017, S. 3.

2   Streng genommen kann aus Aussagen über faktische Eigenschaften nie-
    mals eine normative Aussage abgeleitet werden (sogenannter Naturalis-
    tischer Fehlschluss). Davon abgesehen, wird uns heute langsam bewusst,
    dass es auch in aufgeklärten außereuropäischen Kulturen eine weitgehende
    Übereinstimmung in Bezug auf dieses Bild vom Menschen gibt. Der afrika-
    nische Philosoph Achille Mbembe spricht vom »universellen Humanismus«.
    DER SPIEGEL 11/2017, S. 96.

3   Vgl. auch Konersmann, Ralf: Die Unruhe der Welt, Frankfurt/Main 2015.

4   Z. B. Wetz, Franz Josef: Einführung, in: ders. (Hg.), Texte zur Menschenwürde,
    Stuttgart 2011, S. 13–25, hier S. 15 f.

5   Die erste Bedeutung ist deskriptiv, die zweite präskriptiv.

6   Zur Rechtfertigung der gleichen Menschenwürde als Wesenskern und Ge-
    staltungsauftrag wurden in der Neuzeit im Grunde zwei Strategien verfolgt:
    eine theologische und eine philosophische. Die theologische versuchte, das
    Menschenbild des Mittelalters in die Neuzeit herüberzuretten. Es knüpfte
    die Würde des Menschen an die Religion und begründete die Würde damit,
    dass Gott den Menschen als sein Ebenbild geschaffen habe. Die Aufklärung
    fordert jedoch eine ausschließlich weltliche Rechtfertigung der Menschen-
    würde. Streng genommen ist für den Schluss von den evolutionär bewiese-
    nen besonderen Fähigkeiten des Menschen auf die besondere Werthaftig-
    keit des Menschen, also vom Sein zum Sollen, immer ein Willensentschluss
    erforderlich. Für einen solchen Entschluss spricht, dass jeder Versuch, Abstu-
    fungen in Bezug auf die Würde vorzunehmen, von vornherein theoretisch
    ins Bodenlose und praktisch in Willkür und Barbarei führen muss. Zum sel-
    ben Ergebnis kommt man, wenn man von einer historischen Erfahrung des
    Menschen ausgeht, über deren Interpretation sich Menschen weitgehend
    einig sind: die Erfahrung, dass Menschen immer wieder in ihrem innersten
    Kern verletzt worden sind und dass solche Verletzungen, die niemand frei-
    willig erleiden möchte, auf jeden Fall in Zukunft vermieden werden müssen.
    Weitere eher empirische Argumente für die gleiche Würde aller Menschen
    wurden aus der Bedürfnisnatur, der Verletzlichkeit, der Hilfsbedürftigkeit,
    der Mitleidsfähigkeit oder der Annahme eines angeborenen Gewissens ab-
    geleitet. Zur Vertiefung: Bieri, Peter: Eine Art zu leben. Über die Vielfalt
    menschlicher Würde, Frankfurt/Main 2015. Ferner: Gröschner, Rolf/Kapust,
    Antje/Lembcke, Oliver W. (Hg.): Wörterbuch der Würde, München 2013.

7   Zitiert nach Wetz 2011: a. a. O., S. 133.

8   Marx, Karl/Engels, Friedrich: Manifest der Kommunistischen Partei, Marx-
    Engels-Werke (MEW), Band 4, Berlin, S. 459–493, hier S. 464 f. (ursprünglich
    1848).

9   Marx, Karl: Das Kapital. Kritik der politischen Ökonomie, Band 1, Marx-Engels-Werke (MEW), Band 23, Berlin, S. 181–191 (ursprünglich 1867).

10 Die Spannung zwischen den Menschenrechten des Wirtschafts- und denen des Staatsbürgers ist konzeptionell verankert. Das Menschenrecht der Wirtschaftsbürger geht vom Partikularinteresse einer Klasse aus und zielt auf die inhaltliche Seite von Freiheit und Gleichheit. Das Menschenrecht der Staatsbürger geht von der klassenübergreifenden sozialen und politischen Eingebundenheit des Menschen in sein Gemeinwesen aus und zielt auf die formale Seite von Freiheit und Gleichheit. Die aktuelle Diskussion über eine Erneuerung des Liberalismus zielt auf diese soziale Konkretisierung der elementaren Rechte des Menschen. Ein wichtiger Beitrag dazu ist der auf Aristoteles zurückgehende Fähigkeitenansatz, der die soziale Konkretisierung von Rechten an der Frage ausrichtet, wie Menschen mit ihren je unterschiedlichen persönlichen und gesellschaftlichen Voraussetzungen befähigt werden können, ein gutes Leben zu führen. Dazu Nussbaum, Martha: Die Grenzen der Gerechtigkeit. Behinderung, Nationalität und Spezieszugehörigkeit. Aus dem Amerikanischen übersetzt von Robin Celikates und Eva Engels, Berlin 2010 (ursprünglich 2006), und Sen, Amartya: Die Idee der Gerechtigkeit. Aus dem Englischen übersetzt von Christa Krüger, München 2010 (ursprünglich 2009). Zur deutschen Diskussion über die Weiterentwicklung des Liberalismus durch seine soziale Unterfütterung siehe z. B. Herzog, Lisa: Freiheit gehört nicht nur den Reichen. Plädoyer für einen zeitgemäßen Liberalismus, München 2014.

11 Christoph Menke vertieft diese Überlegungen zur formalen und materialen Bedeutung von Menschenrechten. Menke, Christoph: Kritik der Rechte, Frankfurt/Main 2015. Ähnlich Loick, Daniel: Juridismus. Konturen einer kritischen Theorie des Rechts, Berlin 2017.

12 Marx/Engels 1848: a. a. O., S. 465. Hervorhebung im Original.

13 Wirtschaftstheorien gab es schon vor Smith. Die Physiokraten sahen in der Natur mit ihren Kreisläufen das Vorbild für die menschliche Wirtschaft, die Merkantilisten im Kaufmannswesen mit seinem Streben nach positiven Handelsbilanzen.

14 Smith, Adam: Untersuchungen über das Wesen und die Ursachen des Nationalreichthums. Übersetzt von Max Stirner, 1. Band, Leipzig 1846, S. 26 (ursprünglich 1776).

15 Diesen Aspekt betonte rund 60 Jahre nach Adam Smith der Volkswirtschaftstheoretiker Friedrich List. Allerdings hielt List zeitweilige Schutzzölle für nötig, um den schwächeren Volkswirtschaften das Aufholen zu den stärkeren zu ermöglichen.

16 Erwähnt werden muss allerdings, dass Adam Smith als Moralphilosoph noch wenige Jahre vor seinem bahnbrechenden Buch über die Marktwirtschaft in einem anderen Buch mit dem Titel »Theorie der ethischen Gefühle« behauptet hatte, der Mensch sei ein moralisches Wesen, das Empathie für seine Mitmenschen empfinde, sodass die Eigenliebe immer zugleich durch einen »unparteiischen Beobachter« begrenzt werde. Dieser Beobachter, also eine

Art Gewissen, sorge für Anstand und Fairness gegenüber anderen Menschen. Ob dieses ethische Werk, das die soziale Ausrichtung menschlichen Verhaltens betont, und sein späteres ökonomisches Werk, das die Eigenliebe als Antrieb des Marktgeschehens preist, miteinander vereinbar sind, ist bis heute umstritten.

17 Z. B. Ötsch, Walter: Mythos Markt. Marktradikale Propaganda und ökonomische Theorie, Marburg 2009, und ders.: Mythos Markt. Mythos Neoklassik. Das Elend des Marktfundamentalismus, Weimar a. d. Lahn 2017.

18 Zitiert nach Wetz 2011: a. a. O., S. 13. Nun könnte man sich damit trösten, dass reale Märkte nie exakt so funktionieren, wie das Marktmodell behauptet. Das aber wäre ein billiger Trost, weil längst gezeigt wurde, dass dieses Modell nichts als ein Gedankenspiel, ein Hirngespinst ist, das von denjenigen, die von den herrschenden wirtschaftlichen Verhältnissen am meisten profitieren, mit großer Vehemenz verteidigt wird. Dass reale Märkte in aller Regel völlig anders funktionieren, stört die Nutznießer des marktwirtschaftlichen »Modellplatonismus« (Platon ist einer der Begründer der idealistischen Philosophie) nicht. Vgl. neben Ötsch 2009: a. a. O. auch Garnreiter, Franz: Der Markt. Theorie – Ideologie – Wirklichkeit. Eine Kritik der herrschenden Wirtschaftsideologie (= Forschungsheft 4 des Instituts für sozialökologische Wirtschaftsforschung), München 2010.

19 Zur Vertiefung der nachfolgend nur skizzenhaft dargestellten Kritik vgl. Reheis, Fritz: Konkurrenz und Gleichgewicht als Fundamente von Gesellschaft. Interdisziplinäre Untersuchung zu einem sozialwissenschaftlichen Paradigma, Berlin – München 1986.

20 Wenn in der herrschenden Theorie als innovative Funktion der Werbung die Markenbildung gerühmt wird, die wiederum für das Distinktionsbedürfnis des Menschen wichtig sei, handelt es sich vermutlich um nichts anderes als eine solche mentale Steuerung des potenziellen Konsumenten in eine ganz bestimmte Richtung: Menschen sollen sich durch ihren konsumtiven Lebensstil von anderen abheben wollen – nicht durch ihre Persönlichkeit.

21 Im herrschenden Marktmodell, dem die sogenannte Allgemeine Gleichgewichtstheorie zugrunde liegt, löst man dieses Problem durch eine spezifische Modellannahme: Jeder potenzielle Konsument verfügt über vollständige Information bezüglich aller relevanten Gegebenheiten, also über seine eigenen Interessen, die Eigenschaften der Güter, den Nutzen, den sie stiften können. Kostenpflichtige Verbraucherberatung ist dieser Ideologie zufolge also völlig überflüssig.

22 Im Bereich der Bildungstheorie, insbesondere der politischen Bildung, gelten Mündigkeit und Autonomie als höchstrangige Bildungsziele. Wer sie nicht achtet, verstößt gegen das in rechtsstaatlich verfassten Demokratien als unverzichtbar geltende Überwältigungsverbot. Z. B. Reheis, Fritz: Politische Bildung. Eine kritische Einführung, Wiesbaden 2014.

23 Der Kulturwissenschaftler Wolfgang Ullrich hat auf den mittlerweile beliebten Wettbewerb um den demonstrativen Konsum moralisch angeblich ein-

wandfreier Güter hingewiesen, der zum massenhaften Ausschluss jener führt, die sich diesen Konsum nicht nur nicht leisten können, sondern sich auch als moralisch minderwertig fühlen müssen. SÜDDEUTSCHE ZEITUNG 23.04.2018, S. 2.

24 Das ist vor allem deshalb folgenreich, weil beides zusammenhängt: Je schlechter die Chancen im Markt, desto schlechter auch beim Eintritt, und je schlechter beim Eintritt, desto schlechter im Inneren. Die ökonomische und politische Ressourcenausstattung der Marktakteure ist auf realen Märkten keineswegs nur extern vorgegeben, wie die Allgemeine Gleichgewichts-theorie behauptet, sondern entsteht zu einem erheblichen Teil erst durch das Marktgeschehen selbst.

25 Diese Besonderheiten werden im Marktmodell, so wie es gelehrt und ge-lernt wird, mehr oder minder elegant ausgeklammert. Zur Vertiefung: Reheis 1986: a. a. O.

26 Pavan Sukhdev im Gespräch mit der SÜDDEUTSCHEN ZEITUNG 25.09.2018, S. 23.

27 Im Modell wird die mangelhafte Berücksichtigung arbeitsbezogener Be-dürfnisse auf jene Störungen zurückgeführt, die aufgrund der Eingriffe des Staates, der Gewerkschaften oder unrealistischer Erwartungen der Arbeit-nehmer das Zusammenspiel von Angebot und Nachfrage auf den Arbeits-märkten stören.

28 Reheis, Fritz: Entschleunigung. Abschied vom Turbokapitalismus, München 2003, S. 126–155. Wo Kapital bereits in Fabriken und Maschinen investiert ist, ist dessen Mobilität freilich deutlich verringert.

29 Für das Kollektivgut natürliche Lebensgrundlagen vgl. z. B. Reheis, Fritz: Öko-logische Blindheit. Die Aporie der herrschenden Wirtschaftswissenschaft, in: DAS ARGUMENT 208 (Hamburg, 1995), S. 79–90.

30 Eine weniger weitgehende Marktkritik betont, dass Märkte für die Koordi-nation von Privatgütern durchaus geeignet seien und nur bei fiktiven Waren, Kollektivgütern, Commons oder bei der Care-Arbeit an Grenzen stoßen. Als Gegenmittel wird die Internalisierung marktexterner Effekte, also die künst-liche Einführung von Märkten zur Bewirtschaftung dieser Güter, empfohlen, nach dem Muster der Privatisierung öffentlicher Dienste und Infrastruktu-ren oder des Emissionshandels. Es muss aber gefragt werden, ob die Inter-nalisierung marktexterner Effekte langfristig Erfolg versprechend ist, wenn feststeht, dass diese Effekte im Laufe der Geschichte der Marktwirtschaft derart überhandgenommen haben, quasi an allen Ecken und Enden aus den Grenzen der Märkte herausgequollen sind und dies auch weiterhin tun wer-den. Marx spricht in seiner Kritik der politischen Ökonomie meist nicht von Marktwirtschaft, sondern von einer »Waren produzierenden Gesellschaft«. In ihrem Kontext erklärt er die Gleichgültigkeit nicht nur gegenüber Aufklä-rungsidealen, sondern auch gegenüber den natürlichen und soziokulturel-len Zusammenhängen, die der Warenproduktion vorausgehen, durch Bezug auf das Wertgesetz (am Markt gilt nur die gesellschaftlich durchschnittlich

notwendige Arbeitszeit als wertbildend). Und den Beschleunigungszwang im Kapitalismus führt er vor allem auf die Produktion von relativem Mehrwert zurück. Demnach wird Mehrwert mit dem Fortschreiten des Kapitalismus immer weniger durch Verlängerung des Arbeitstages als durch die über technische Innovation bewirkte Verkürzung des notwendigen Teils der Arbeitszeit (die der Reproduktion der Arbeitskraft dient) erreicht. Als Überblick zu Geschichte und Gegenwart der grundsätzlichen Diskussion der marktwirtschaftlichen Ordnung siehe z. B. Herzog, Lisa/Honneth, Axel (Hg.): Der Wert des Marktes. Ein ökonomisch-philosophischer Diskurs vom 18. Jahrhundert bis zur Gegenwart, Frankfurt/Main 2014.

31 In der Rassismusdiskussion wird zwischen biologischem, kulturellem und Nützlichkeitsrassismus unterschieden. Z. B. Gloel, Rolf/Gützlaff, Kathrin: Gegen rechts argumentieren lernen, Hamburg 2005, S. 91–104.

32 Natürlich leisten Staat und Wirtschaft je Spezifisches, wenn es darum geht, das Gemeinwesen zu organisieren. Beide koordinieren individuelle Entscheidungen, aber die Demokratie tut dies anders als der Markt. Das Koordinierungsmittel der Demokratie sind die Anstrengung der Vernunft, der Diskurs und schließlich die Abstimmung, die Koordination entsteht also auf direktem Weg. Das Koordinierungsmittel des Marktes ist der Preismechanismus, die Koordination ist also indirekt und anonym. In der Demokratie muss sich die Minderheit der Mehrheit beugen, auch wenn die Entscheidung noch so knapp ist. Insofern bedeutet Demokratie immer auch Einschränkung individueller Freiheit. Auf Märkten entscheidet jeder selbst über sein Verhalten, insofern herrscht hier unbeschränkte Freiheit. Diese Freiheit ist jedoch rein formaler Natur, die allein darin besteht, unter Alternativen auswählen zu können – unter Ausblendung der inhaltlichen Voraussetzungen einer solchen Wahl. Beide Koordinationsmechanismen haben spezifische Vor- und Nachteile. Für die Beurteilung sind neben der technischen Leistungsfähigkeit die normativen Legitimationsgrundlagen entscheidend. In der Demokratie hat jeder gleich viel Einfluss auf die Resultate (one man, one vote), auf Märkten gilt strukturelle Ungleichheit (Wer zahlt, schafft an).

33 Vgl. Ziegler, Jean: Der Hass auf den Westen. Wie sich die armen Völker gegen den wirtschaftlichen Weltkrieg wehren. Aus dem Französischen übersetzt von Heiner Kober, München 2011.

34 Zur Vertiefung vgl. Hénaff, Marcel: Der Preis der Wahrheit. Gabe, Geld und Philosophie, Frankfurt/Main 2009; Graeber, David: Schulden. Die ersten 5.000 Jahre, Stuttgart 2012; Liessmann, Konrad Paul (Hg.): Geld. Was die Welt im Innersten zusammenhält? (Philosophicum Lech, Bd. 12), Wien 2009; Brodbeck, Karl-Heinz: Die Herrschaft des Geldes. Geschichte und Systematik, Darmstadt 2009.

35 Simmel, Georg: Philosophie des Geldes, Frankfurt/Main 1989, S. 124, zitiert nach Liessmann, Konrad Paul: Eine kleine Philosophie des Geldes, in: ders. 2009: a. a. O., S. 7–19, hier S. 16.

36 Z. B. Artikel »Geld« in Hillmann, Karl-Heinz: Wörterbuch der Soziologie, 4., überarbeitete und ergänzte Auflage, Stuttgart 1994.

37 Weber, Max: Wirtschaft und Gesellschaft, Tübingen 1922.

38 Diese Rationalität, die es Weber zufolge nur durch freie Märkte gibt, präzisiert Weber als »formale« und grenzt sie so von der »materialen« ab, in der physische und psychische Gegebenheiten (natürliche Lebensgrundlagen und menschliches Wohlbefinden) von vornherein in die Planung wirtschaftlicher Aktivitäten eingehen.

39 Wer das Geld auf seine rein technische Funktion beschränkt und für neutral gegenüber dem menschlichen Handeln hält, der ignoriert die von Aristoteles über Hegel, Marx, Lukács und Fromm bis zu Sohn-Rethel festgehaltene Erkenntnis über die Rückwirkungen der objektiven Institution Geld auf die Subjekte, die mit ihm umgehen (müssen). Eine materialistische Analyse geht immer davon aus, dass das gesellschaftliche Sein letztlich das individuelle (und gesellschaftliche) Bewusstsein bestimmt.

40 Aristoteles: Politik. Schriften zur Staatstheorie. Übersetzt und herausgegeben von Franz F. Schwarz, Stuttgart 1989, v. a. Politik, 1. Buch, v. a. »Das Kapitalerwerbswesen«.

41 Zur Vertiefung der Geldtheorie des Aristoteles vgl. Hénaff 2009: a. a. O., S. 121–153, und Koslowski, Peter: Politik und Ökonomie bei Aristoteles, Tübingen 1993.

42 Marx 1867: a. a. O., S. 147.

43 Ebd.

44 Marx 1867: a. a. O., S. 618.

45 Ebd.

46 Dazu zählt immer mehr auch die Organisation von Wissenschaft. Vgl. Münch, Richard: Akademischer Kapitalismus. Zur politischen Ökonomie der Hochschulreform, Berlin 2011.

47 Piketty, Thomas: Das Kapital im 21. Jahrhundert. Aus dem Französischen übersetzt von Ilse Utz und Stefan Lorenzer, München 2014 (ursprünglich Paris 2013).

48 https://www.uni-bonn.de/neues/189-2017 (11. 09. 2017).

49 Interview mit Claudia Hammond in DER SPIEGEL 11/17, S. 110–112. Ferner: dies.: Erst denken, dann zahlen. Die Psychologie des Geldes und wie wir sie nutzen können, Stuttgart 2017.

50 Sandel, Michael J.: Was man für Geld nicht kaufen kann. Die moralischen Grenzen des Marktes. Aus dem Amerikanischen übersetzt von Helmut Reuter, Berlin 2012.

51 Sandel 2012: a. a. O., S. 12.

52 Im Gegensatz dazu werden Sandel zufolge moralische Werte wie Altruismus, Großmut und Liebe aus Sicht der herrschenden Ökonomie oft als Ressourcen betrachtet, die knapp sind und knapp gehalten werden müssen, weil Menschen nur knappe Güter wertschätzen. Sandel 2012: a. a. O., S. 155–162.

53 Reheis, Fritz: Bildung contra Turboschule. Ein Plädoyer, Freiburg i. Br. 2007.

54 Z. B. Milanovic, Branko: Die ungleiche Welt. Migration, das eine Prozent und die Zukunft der Mittelschicht. Aus dem Englischen übersetzt von Stephan Gebauer, Berlin 2016.

55 Allerdings ist empirisch strittig, wie sich die Profitraten der Realwirtschaft entwickeln.

56 Wenn Marx von Vergesellschaftung der Produktion und Privatheit der Aneignung (einschließlich der privaten Planung) spricht und dies als den für den Kapitalismus charakteristischen Grundwiderspruch bezeichnet, thematisiert er genau diese mit der Geldsteuerung einhergehende Irreführung: Je mehr sich dieser Widerspruch vertieft, desto offensichtlicher wird, dass eine durch die Akkumulationslogik organisierte und vorangetriebene Arbeitsteilung weder einen räumlichen noch einen zeitlichen Gesamtzusammenhang herstellen kann. Daraus folgt, dass dieser Zusammenhang durch eine äußere Macht, den Staat, geschaffen werden muss, wobei dieser freilich in Zeiten der fortgeschrittenen Globalisierung ebenso überfordert ist, weil seine Macht erstens immer nur räumlich begrenzt, die Wirtschaft aber räumlich unbegrenzt (multinationale Konzerne) agiert und zweitens um Dimensionen langsamer agiert als die bestens vernetzte und hierarchisch strukturierte globale (Finanz)ökonomie.

57 Die strukturelle Transformation der Finanzindustrie kann auf verschiedenen Wegen erfolgen. Das beginnt mit der in der Arbeiterbewegung (Gewerkschaften, Parteien) seit rund 150 Jahren geforderten Sozialisierung von Schlüsselindustrien und Banken, geht weiter über die Forderung nach einem zinsfreien oder mit negativem Zins verbundenen Freigeld, wie sie dem kurzzeitigen Finanzminister der bayerischen Räterepublik Silvio Gesell vorschwebte (z. B. Benjes, Hermann: Wer hat Angst vor Silvio Gesell? Das Ende der Zinswirtschaft bringt Arbeit, Wohlstand und Frieden für alle, Asendorf 1995, und Kennedy, Margit: Geld ohne Zinsen und Inflation. Ein Tauschmittel, das jedem dient, München 1991), bis hin zum Plädoyer für die Beschränkung der Geldschöpfung auf die öffentlichen Zentralbanken (sogenanntes Vollgeldsystem, vgl. auch Binswanger, Hans Christoph: Geld und Natur. Das wirtschaftliche Wachstum im Spannungsfeld zwischen Ökonomie und Ökologie, Stuttgart–Wien 1991) oder die Unterstellung des gesamten Finanzwesens unter eine eigene Legislativkammer, eine »Monetative« (z. B. Werner, Götz W./Weik, Matthias/Friedrich, Marc: Sonst knallt's. Warum wir Wirtschaft und Politik radikal neu denken müssen, Köln 2017). Siehe auch: Deutschmann, Christoph: Kapitalistische Dynamik. Eine gesellschaftstheoretische Perspektive, Wiesbaden 2008, und ders.: Geld – die verheimlichte Religion unserer Gesellschaft?, in: Liessmann, Konrad Paul (Hg.): Geld. Was die Welt im Innersten zusammenhält?, Wien 2009, S. 239–263.

58 Binswanger 1991: a. a. O., S. 23.

59 Marx, Karl: Ökonomisch-philosophische Manuskripte aus dem Jahr 1844, Marx-Engels-Werke (MEW), Ergänzungsband (= Band 40), Berlin, S. 465–588,

hier S. 564 f. (ursprünglich 1932, von D. B. Rjasanow u. S. Landshut herausgegeben).

60 Péguy, Charles: Das Geld. Aus dem Französischen übersetzt und mit einem Vorwort von Alexander Pschera. Mit einem Nachwort von Peter Trawny, Berlin 2017 (ursprünglich 1913).

61 Péguy 2017: a. a. O., S. 38.

62 Péguy 2017: a. a. O., S. 46.

63 Péguy 2017: a. a. O., S. 100.

64 Trawny, Peter: Nachwort. Die Geisel des Kapitals – zu Charles Péguys »L'Argent«, in: Péguy 2017: a. a. O., S. 117–129.

65 Bolz, Norbert: Wo Geld fließt, fließt kein Blut, in: Liessmann 2009: a. a. O., S. 41–63, hier S. 41, 61 und 62.

66 Immer noch unübertroffen: Ottomeyer, Klaus: Ökonomische Zwänge und menschliche Beziehungen. Soziales Verhalten und Identität im Kapitalismus und Neoliberalismus, 2., veränderte Auflage, aktualisierte Ausgabe, Berlin – Münster 2014 (ursprünglich Reinbek 1977 mit dem Titel »Ökonomische Zwänge und menschliche Beziehungen«). Ferner: Ullrich, Wolfgang: Flüssig sein. Die Seele des Kapitalismus, in: Liessmann 2009: a. a. O., S. 64–89; Decker, Oliver / Türcke, Christoph / Grave, Tobias (Hg.): Geld. Kritische Theorie und psychoanalytische Praxis, Gießen 2011.

67 Marx 1867: a. a. O., S. 86.

68 Nach Marx erscheinen alle Wertformen, von der einfachen Äquivalentform eines singulären Tauschaktes bis hin zu Geld, Kapital und Profit, nicht als das, was sie sind, nicht als Beziehungen zwischen Menschen, sondern als sachlich-dingliche Gegebenheiten. Diese Gegebenheiten, so Marx weiter, verleihen den Eigentümern von Arbeitskraft, Boden und Kapital einen quasinatürlichen Anspruch auf die »Springquellen des Reichtums« aus ihrem Eigentum (Lohn, Rente, Zins). Diese »trinitarische Formel« ist in Marktwirtschaften die ökonomische Grundlage des Bewusstseins der Menschen und zugleich der elementaren Rechtsprinzipien des bürgerlichen Staates.

69 Fromm, Erich: Die Kunst des Liebens, Berlin 2005 (ursprünglich 1959).

70 Fromm, Erich: Haben oder Sein. Die seelischen Grundlagen einer neuen Gesellschaft, München 2011 (ursprünglich 1976).

71 Verhaltensökonomische Untersuchungen, die die Präferenzen für Geld und Zeit miteinander vergleichen, kommen zum Ergebnis, dass Menschen ab einer Schwelle von ca. 75 000 Dollar Jahreseinkommen eine Erhöhung des Einkommens nur dann als Gewinn an Wohlbefinden werten, wenn sie sich dafür lästige Arbeiten durch Delegation an Hilfskräfte abnehmen lassen können. Herausgefunden wurde auch, dass grundsätzlich gute Erlebnisse höher bewertet werden als eine aufwändige materielle Ausstattung. Timmler, Vivien: Zum Glück gekauft, in: SÜDDEUTSCHE ZEITUNG 27. 07. 2017, S. 17.

72 Lukács, Georg: Geschichte und Klassenbewusstsein. Studien über marxistische Dialektik, Darmstadt 1988, S. 175 (ursprünglich 1923).

73 Ausführlich belegt Lukács dies an der Geschichte der bürgerlichen Philosophie und an den Prinzipien zeitgenössischer positivistisch ausgerichteter Einzelwissenschaften, die auf die Oberflächenformen der Gesellschaft zielen. Lukács 1923, S. 208. Ähnlich führte Alfred Sohn-Rethel die Entwicklung der Fähigkeit zum rationalen Denken auf die Erfahrungen zurück, die Menschen im Umgang mit dem Geld machen: auf die »Realabstraktion«. Sohn-Rethel, Alfred: Warenform und Denkform. Versuch über den gesellschaftlichen Ursprung des »reinen Verstandes«, Frankfurt/Main 1978 (ursprünglich 1961).

74 Somit weist das »Sach«zwang-Argument zwei typische Merkmale von Ideologien auf: die Legitimation von Herrschaftsverhältnissen durch ihre Verdeckung und die Widerspiegelung der Oberfläche der realen Verhältnisse, die der Ideologie erst ihre Glaubwürdigkeit verleiht. Z. B. Hofmann Werner, Wissenschaft und Ideologie, in: Lieber, Hans-Joachim (Hg.): Ideologie – Wissenschaft – Gesellschaft. Neuere Beiträge zur Diskussion, Darmstadt 1976, S. 239–255.

75 Zitiert nach Streeck, Wolfgang: Gekaufte Zeit. Die vertagte Krise des demokratischen Kapitalismus. Frankfurter Adorno-Vorlesungen 2012, Berlin 2013, S. 125.

76 So Angela Merkel beim G20-Business-Summit in Seoul am 11.11.2010: https://archiv.bundesregierung.de/ContentArchiv/DE/Archiv17/Reden/2010/11/2011-11-11-bk-g20-businesssummitt.html (05.12.2017).

77 Das Egoprinzip betrifft konsequenterweise auch die Ebene des kollektiven, des staatlichen Handelns. In der internationalen Politik zeigen sich die staatlichen Egomaschinen, wenn sich etwa Staaten weigern, Flüchtlinge aufzunehmen (zum Beispiel in Osteuropa), den in der UN vereinbarten eigentlich lächerlich geringen Anteil von 0,7 Prozent des Nationalprodukts für Entwicklungshilfe bereitzustellen (wie zum Beispiel bis vor Kurzem Deutschland), oder wenn es in reichen Regionen innerhalb von Staaten starke Unabhängigkeitsbestrebungen gibt, motiviert meist durch den Wunsch, den finanziellen Ballast der Unterstützung armer Regionen loswerden zu wollen (zum Beispiel separatistische Bestrebungen in Norditalien und Nordspanien oder die gewaltsame Loslösung Sloweniens und Kroatiens ab 1991 aus dem jugoslawischen Vielvölkerstaat). Seltener gibt es Unabhängigkeitsbestrebungen, die primär kulturell bestimmt sind (vielleicht die der Kurden in der Türkei).

78 Mau, Steffen: Das metrische Wir. Über die Quantifizierung des Sozialen, Berlin 2017.

79 Brodbeck, Karl-Heinz: Das Geld als Ratio, unveröffentlichtes Manuskript. Gröbenzell 2008, S. 2 f. http://www.khbrodbeck.homepage.t-online.de/: Downloads deutsch (05.12.2017). Ausführlich dazu: ders.: Die Herrschaft des Geldes. Geschichte und Systematik, Darmstadt 2009.

80 Ein »Sach«zwang, der als irrationale Rationalität zutiefst in den Menschen selbst verankert ist, kann Brodbeck zufolge nur überwunden werden, wenn der Mensch sich aufschwingt, seine eigene Vernunft neu zu reflektieren. Wollen wir uns also von der Geldillusion befreien, müssen wir unser Leben

jenseits materialistischer Maximierungsvorstellungen neu verorten, wie es etwa im Buddhismus geschieht. Brodbeck, Karl-Heinz: Die Finanzkrise als Götterbote, in: U&W 66/Winter 2008, S. 42–43. Hier S. 43. http://www.khbrodbeck.homepage.t-online.de/: Downloads deutsch (05.12.2017). Ferner: Brodbeck, Karl-Heinz: Geldwert und Geldgier. Zur Macht einer globalen Illusion, in: Liessmann 2009: a. a. O., S. 207–238.

81 Buchanan, James: Unsere gefrorenen Begierden. Was das Geld will. Aus dem Englischen von Angela Praesent und Peter Torberg, Köln 1999 (ursprünglich New York 1997).

82 Ökonomen sprechen von »Diskontierung«, wenn sie die Höhe des Zinses als Ausdruck der Zeitpräferenz annehmen und davon ausgehen, dass zukünftiger Konsum grundsätzlich weniger wert ist als gegenwärtiger.

83 Held, Martin/Nutzinger, Hans G.: Pausenlose Beschleunigung. Die ökonomische Logik der Entwicklung zur Nonstop-Gesellschaft, in: Adam, Barbara/Geißler, Karlheinz A./Held, Martin (Hg.): Die Nonstop-Gesellschaft und ihr Preis, Stuttgart 1998, S. 31–43, hier v. a. S. 35–37.

84 Liessmann 2009: a. a. O., S. 18.

85 Zu den Metaphern Musik und Symphonie vgl. außer Friedrich Cramer auch Fraser, Julius T.: Die Zeit. Auf den Spuren eines vertrauten und doch fremden Phänomens. Aus dem Amerikanischen übersetzt von Anita Ehlers, München 1991 (ursprünglich 1988), v. a. S. 145 u. 159 f. Ferner: Adam, Barbara: Von Urzeiten und Uhrenzeiten. Eine Symphonie der Rhythmen des täglichen Lebens, in: Held, Martin/Geißler, Karlheinz A. (Hg.): Von Rhythmen und Eigenzeiten. Perspektiven einer Ökologie der Zeit, Stuttgart 1995, S. 19–29. Ferner: Adam, Barbara: Das Diktat der Uhr. Zeitformen, Zeitkonflikte, Zeitperspektiven. Aus dem Englischen übersetzt von Franz Jakubzik, Frankfurt/Main 1995 (ursprünglich Cambridge 1995).

86 Zur Zyklizität der »Wirtschaft« der Natur vgl. Weber, Andreas: Biokapital. Die Versöhnung von Ökonomie, Natur und Menschlichkeit, Berlin 2008, S. 117–145.

87 Marx, Karl: Das Kapital. Kritik der politischen Ökonomie, Band 3, Marx-Engels-Werke (MEW), Band 25, Berlin, S. 784 (ursprünglich 1894, von Friedrich Engels herausgegeben).

88 Vierter Hauptteil der Verfassung des Freistaats Bayern »Wirtschaft und Arbeit« und Abschnitt über den »Schutz der natürlichen Lebensgrundlagen«.

89 Apostolisches Schreiben »Evangelii Gaudium« vom 24.11.2013, Nummer 136.

90 Klein, Naomi: Die Entscheidung. Kapitalismus versus Klima. Aus dem Englischen übersetzt von Christa Prummer-Lehmair, Sonja Schumacher und Gabriele Gockel, Frankfurt/Main 2015 (ursprünglich New York 2014), S. 466–502. Zur Neubegründung einer radikalen Sicht auf die globale Ökonomie vgl. auch Raworth, Kate: Die Donut-Ökonomie. Endlich ein Wirtschaftsmodell, das den Planeten nicht zerstört. Aus dem Englischen übersetzt von Hans Freundl und Sigrid Schmid, München 2018 (ursprünglich London 2017).

Das Modell der Donut-Ökonomie möchte klarstellen, dass alles menschliche Wirtschaften zwischen einem äußeren Ring (den ökologischen Lebensgrundlagen) und einem inneren Ring (den Grundbedürfnissen, der Unversehrtheit, der Würde des Menschen) stattfindet und sich an diesen beiden Ringen ausrichten muss.

91 Zum Beispiel Scheffran, Jürgen: Klima der Extreme. Die Risiken des Geo-Engineering, in: BLÄTTER FÜR DEUTSCHE UND INTERNATIONALE POLITIK 12/2018, S. 69–77.

92 Man kann es als Ironie der Geschichte bezeichnen, dass der jahrtausendealte Menschheitstraum der Befreiung von Arbeit, der heute und morgen mehr denn je Realität werden könnte, sich als Fluch auszuwirken beginnt. »Denn es ist ja eine Arbeitsgesellschaft, die von den Fesseln der Arbeit befreit werden soll, und diese Gesellschaft kennt kaum noch vom Hörensagen die höheren und sinnvolleren Tätigkeiten, um derentwillen die Befreiung sich lohnen würde.« Arendt, Hannah: Vita activa Oder vom tätigen Leben, München–Zürich 1999, S. 12 f., zitiert nach: Arndt, Andreas: Arbeit und Nichtarbeit, in: Wetz, Franz Josef (Hg.): Kolleg Praktische Philosophie. Band 4: Recht auf Rechte, Stuttgart 2008, S. 89–115, hier S. 105.

93 https://www.weltethos.org/ (05.12.2017).

94 Amery, Carl: Global Exit. Die Kirchen und der totale Markt, München 2004.

95 Z. B. Schmied-Kowarzik, Wolfgang: Die Vielfalt der Kulturen und die Verantwortung für die eine Menschheit. Philosophische Reflexionen zur Kulturanthropologie und zur Interkulturellen Philosophie, Freiburg–München 2017.

96 Der Historiker Philipp Blom hat darauf aufmerksam gemacht, dass große Transformationen oft Folge des gleichzeitigen Auftretens von einschneidenden Veränderungen in der Natur und von wichtigen technischen Neuerungen sind. So kann die Moderne als Konsequenz der sogenannten kleinen Eiszeit zwischen spätem 16. und spätem 17. Jahrhundert und der Erfindung des Buchdrucks erklärt werden. Vielleicht ist die heutige Situation (Klimawandel, digitale Revolution) vergleichbar. Blom, Philipp: Zeiten des Klimawandels. Ein historischer Brückenschlag, in: AUS POLITIK UND ZEITGESCHICHTE 21–23/2018, S. 4–10. Dazu auch: ders.: Was auf dem Spiel steht, München 2017.

97 Vielleicht wäre das Wort »Zeithygiene« treffender, wenn es nicht so antiquiert klingen würde und durch Missbrauch in der NS-Zeit belastet wäre. Aus der Geschichte der Medizin ist jedenfalls bekannt, dass es die jahrhundertelange kontinuierliche Verbesserung der Hygiene war, die Krankheiten und Leiden sehr viel wirksamer zurückgedrängt hat als die Wunderwerke von Pharmakologie und Chirurgie. Die Wurzeln der Zeitbewussten Wellness mit Bezug zur natürlichen Umwelt gehen weit zurück. Bereits Mitte des 19. Jahrhunderts strebte die Lebensreformbewegung nach einer naturnahen Lebensweise, um die Fehlentwicklungen der Industrialisierung zu kompensieren.

98 Im Folgenden: Adloff, Frank: Immer im Takt bleiben? Zu einer konvivialisti-
schen Affektpolitik, in: Adloff, Frank/Heins, Volker M. (Hg.): Konvivialismus.
Eine Debatte, Bielefeld 2015, S. 71–83.

99 Nachgewiesen ist auch, dass allein durch die kognitive Fokussierung von
Gefühlen der Zusammenhang zwischen innerem Gefühl und äußerer Umgebung bewusst gemacht werden kann. Indem wir dann, am besten mit anderen, über diesen Zusammenhang reden und ihn damit sprachlich benennen,
beginnen sich die Gefühle bereits zu relativieren.

100 Paech, Niko: Befreiung vom Überfluss, München 2012.

101 BUND/Misereor (Hg.): Zukunftsfähiges Deutschland. Ein Beitrag zu einer
global nachhaltigen Entwicklung. Studie des Wuppertal Instituts für Klima,
Umwelt, Energie, Basel–Boston–Berlin 1996. Vgl. auch die Nachfolgestu-
die: dies. (Hg.): Zukunftsfähiges Deutschland in einer globalisierten Welt.
Ein Anstoß zur gesellschaftlichen Debatte. Eine Studie des Wuppertaler Instituts für Klima, Umwelt, Energie, Frankfurt/Main 2008.

102 Nach Otmar Edenhofer, Professor für die »Ökonomie des Klimawandels«
und Direktor des Potsdam-Instituts für Klimafolgenforschung, kann die
Divestment-Bewegung erst erfolgreich sein, wenn sie durch einen politisch
gestalteten Handel mit Treibhauszertifikaten unterstützt wird, der die Kapi-
talkosten entsprechend den ökologischen Anforderungen korrigiert. Edenhofer, Otmar: Klima, Kohle, Kapital. Ökonomische Hebel in der internationalen Klimapolitik, in: AUS POLITIK UND ZEITGESCHICHTE 21–23/2018,
S. 26–33.

103 Welzer, Harald: Selbst denken. Eine Anleitung zum Widerstand, Frankfurt/
Main 2013, S. 258–282.

104 https://futurzwei.org/ (06.01.2019).

105 Konzeptwerk Neue Ökonomie und DFG-Kolleg Postwachstumsgesellschaften (Hg.): Degrowth in Bewegung(en). 32 alternative Wege zur sozial-ökologischen Transformation«, München 2017. Siehe auch als Überblick zur
Postwachstumsdiskussion: https://de.wikipedia.org/wiki/Wachstumskriti
sche_Bewegung (06.01.2019).

106 Als Überblick zu einer generell sozial und ökologisch ausgerichteten Politik
vgl. etwa Müller, Michael/Niebert, Kai: Epochenwechsel. Plädoyer für einen
grünen New Deal, München 2009; Loske, Reinhard: Politik der Zukunftsfähigkeit. Konturen einer Nachhaltigkeitswende, Frankfurt/Main 2015; Kesseler,
Wolfgang: Zukunft statt zocken. Gelebte Alternativen zu einer entfesselten
Wirtschaft, Oberursel 2015.

107 Zur Vertiefung: Winker, Gabriele: Care Revolution. Schritte in eine solidarische Gesellschaft, Bielefeld 2015. Aus zeitökologischer Sicht zum Thema Ver-
sorgungsarbeit außerhalb der Erwerbssphäre siehe z.B. Hofmeister, Sabine/
Spitzner, Meike: Auf der Suche nach zeitpolitischen Pfaden. Spaziergang
in eine vielgestaltige und zukunftsoffene Landschaft von Zeiten, in: dies.
(Hg.): Zeitlandschaften. Perspektiven öko-sozialer Zeitpolitik, Stuttgart 1999,
S. 9–32. Ferner: Biesecker, Adelheid: Vorsorgendes Wirtschaften braucht Zei-

ten. Von einer »Ökonomie der Zeit« zu »Ökonomien der Zeiten«, in: Hofmeister/Spitzner 1999: a. a. O., S. 107–129.

108 Jurczyk, Karin: Warum »atmende« Lebensläufe?, in: ZEITPOLITISCHES MAGAZIN Nr. 28 (Juli 2016), S. 23–26, mit weiteren Artikeln zu diesem Thema. https://www.zeitpolitik.de/pdfs/zpm_28_0716.pdf (05. 12. 2017).

109 »Zeit ist Leben. Manifest der Deutschen Gesellschaft für Zeitpolitik«, Bremen 2004. www.zeitpolitik.de/pdfs/ZP_Manifest.pdf (23. 01. 2019).

110 Das zwingt zur viel beschworenen Regionalisierung, die in materieller Hinsicht kurze Wege, in geistiger Hinsicht die Chance zu hoher Transparenz und Partizipation impliziert. Siehe auch: Raith, Dirk, u. a.: Regionale Resilienz. Zukunftsfähig Wohlstand schaffen, Marburg 2017.

111 Zuletzt in Kafkas Gespräch mit Reinhold Gruber. BR alpha am 29. 12. 1999. Dazu auch: Kafka, Peter: Gegen den Untergang. Schöpfungsprinzip und globale Beschleunigungskrise, München 1994, S. 169.

112 Mayer, Lothar: Ein System siegt sich zu Tode. Der Kapitalismus frisst seine Kinder. Zur Diskussion gestellt von der E.-F.-Schumacher-Gesellschaft für Politische Ökologie, Oberursel 1992. Ferner: ders.: Ausstieg aus dem Crash. Der radikale Wegweiser in die Wirtschaft der Zukunft, Oberursel 1999.

113 Reisch, Lucia / Bietz, Sabine: Zeit für Nachhaltigkeit – Zeiten der Transformation. Mit Zeitpolitik gesellschaftliche Veränderungsprozesse steuern, München 2014.

114 Scheidler, Fabian: Das Ende der Megamaschine. Geschichte einer scheiternden Zivilisation, Wien 2015, S. 205–224. Und: ders.: Chaos, Wien 2017.

115 Butterwegge, Christoph / Rinke, Kuno (Hg.): Grundeinkommen kontrovers. Plädoyers für und gegen ein neues Sozialmodell, Weinheim 2018.

116 Werner, Götz W.: Einkommen für alle. Bedingungsloses Grundeinkommen – die Zeit ist reif. Unter Mitarbeit von Enrik Lauer und Regine Müller, Köln 2018.

117 Z. B. Hampel, Lea: Geld für alle, in: SÜDDEUTSCHE ZEITUNG 28. 12. 2018, S. 19.

118 https://www.zeit.de/2010/52/Woergl (29. 01. 2019).

119 https://de.wikipedia.org/wiki/Komplementärwährung (06. 01. 2019).

120 https://de.wikipedia.org/wiki/Chiemgauer (06. 01. 2019).

121 Zur Vertiefung der für den Club of Rome ausgearbeitete Vorschlag für ein nicht hierarchisches, solidarisches und plurales Geldsystem als Voraussetzung für eine nachhaltige Entwicklung: Lietaer, Bernard, u. a.: Geld und Nachhaltigkeit. Von einem überholten Finanzsystem zu einem monetären Ökosystem. Ein Bericht des Club of Rome / EU-Chapter. Übersetzt von Dr. Michael Schmidt, Berlin 2013, v. a. S. 32, 39, S. 136 und 116 ff. Ferner grundsätzlich zur Kulturgeschichte des Geldes und zu Komplementärwährungen: Lietaer, Bernard A.: Mysterium Geld. Emotionale Bedeutung und Wirkungsweise eines Tabus. Aus dem Amerikanischen übersetzt von Heike Schlatterer, München 2000, S. 248–251 (ursprünglich New York). Zur grundsätzlichen Kritik am herrschenden Geldsystem vgl. neben Margit Kennedy (Kennedy 1991:

a. a. O.) auch Creutz, Helmut: Das Geld-Syndrom. Wege zu einer krisenfreien Marktwirtschaft, Frankfurt/Main 1994. Vgl. auch Fußnote 57. Es versteht sich von selbst, dass eine solche Geldreform erst im Kontext einer fundamentalen Neuordnung der Wirtschaft möglich wäre, die auch Vorkehrungen gegen die Flucht in Sachwerte treffen müsste, v. a. durch eine Bodenreform, die das private Eigentum an Grund und Boden stark begrenzt.

122 Felber, Christian: Die Gemeinwohl-Ökonomie. Ein Wirtschaftsmodell mit Zukunft. Wien 2018. Zentral ist die Gemeinwohl-Matrix: https://www.ecogood. org/de/gemeinwohl-bilanz/gemeinwohl-matrix/ (17.09.2018).

123 Ulrich, Peter: Transformation der ökonomischen Vernunft. Fortschrittsperspektiven der modernen Industriegesellschaft, Bern – Stuttgart 1987. Ferner: ders.: Integrative Wirtschaftsethik. Grundlagen einer lebensdienlichen Ökonomie, Bern – Stuttgart – Wien 1997.

124 Im Zweifel ist der räumlich und zeitlich weniger ausgreifenden Technologie der Vorzug zu geben. Z. B. Schumacher, Ernst Friedrich: Small is beautiful. Die Rückkehr zum menschlichen Maß. Aus dem Englischen übersetzt von Karl A. Klewer. Mit einem Vorwort von Niko Paech, München 2013 (ursprünglich London 1973).

125 Der Anteil an Kohlendioxid, der mit dem Einkauf von Waren und Dienstleistungen (z. B. Verkehr) verbunden ist, wird ja heute schon vielfach erfasst. Auch gibt es etwa bei Flugreisen die Möglichkeit für Kompensationszahlungen, die zu Recht als moderner Ablasshandel bezeichnet werden. Natürlich müsste ein solches Kontingentierungssystem die unterschiedlichen Ausgangslagen in höher und weniger industrialisierten Weltregionen berücksichtigen und auf eine allmähliche, aber geregelte und deshalb kalkulierbare weltweite Angleichung der Pro-Kopf-Anteile an Kohlendioxid zielen. Diskutiert werden müsste, ob diese letztlich auf globale Konvergenz ausgerichteten Kontingente übertrag- und handelbar (intra- und intergenerativ) sein sollten (analog zu den existierenden Treibhausemissionszertifikaten). Zur Vertiefung dieses Konzepts eines Entropie- oder Naturgelds als Mittel der Begrenzung des Naturverbrauchs: Mayer, Lothar: Ausstieg aus dem Crash. Entwurf einer Ökonomie jenseits von Wachstum und Umweltzerstörung, Oberursel 1999, v. a. S. 155, 188 u. 211. Grundsätzlich zur Berücksichtigung der Entropie in der Wirtschaftswissenschaft siehe Muraca, Barbara: Wirtschaft im Dienst des (guten) Lebens. Von Georgescue-Roegens Bioökonomik zur Décroissance (= Working Paper 6/2013 der DFG-KollegforscherInnengruppe Postwachstumsgesellschaften, Jena).

126 »Economic Possibilities for Our Grandchildren«, zitiert nach Flecker, Jörg/ Altreiter, Carina: Warum Arbeitszeitverkürzung sinnvoll ist, in: WISO 3/2014, S. 16–28.

127 Graeber, David: Bullshit Jobs. Vom wahren Sinn der Arbeit, Stuttgart 2018. Zur Vertiefung und Quantifizierung: Garnreiter, Franz: Wirtschaft, die wir dringend loswerden müssen, in: ISW REPORT Nr. 98 (September 2014), S. 17.

128 Zur Diskussion um den völligen Verzicht auf Märkte, also darauf, die Arbeitsteilung dezentral durch das Wertgesetz (Marx'sche Perspektive) bzw. durch Angebot und Nachfrage (Neoklassik) zu organisieren, vgl.: Cockshott, W. Paul/Cottrell, Alin: Alternativen aus dem Rechner, Köln 2006 (ursprünglich 1995); Creydt, Meinhardt: 46 Fragen zur nachkapitalistischen Zukunft. Erfahrungen, Analysen, Vorschläge, Münster 2016; Tschinkel, Gerfried: Die Warenproduktion und ihr Ende. Grundlagen einer sozialistischen Wirtschaft, Köln 2017; Habermann, Friederike: Ausgetauscht! Warum gutes Leben für alle tauschlogikfrei sein muss, Roßdorf b. Darmstadt 2018.

129 Scherhorn, Gerhard: Die Wachstumsillusion im Konsumverhalten, in: Binswanger, Hans Christoph/von Flotow, Paschen (Hg.): Geld und Wachstum. Zur Philosophie und Praxis des Geldes, Stuttgart–Wien 1994, S. 213–230. Zum aktuellen Stand der Diskussion um Zeitwohlstand und seine Bedeutung für die Transformation zur nachhaltigen Entwicklung: Reisch, Lucia A./Bietz, Sabine: Zeit, Wohlstand und gutes Leben. Was kann Zeitpolitik zur Großen Transformation beitragen?, in: Held, Martin/Kubon-Gilke, Gisela/Sturn, Richard (Hg.): Politische Ökonomik großer Transformationen (= Normative und institutionelle Grundfragen der Ökonomik, Jahrbuch 15), Marburg 2016, S. 263–286.

130 Zur Vertiefung des Themas Zeitwohlstand: Konzeptwerk Neue Ökonomie (Hg.): Zeitwohlstand. Wie wir anders arbeiten, nachhaltig wirtschaften und besser leben, München 2014.

131 Kant, Immanuel: Über Pädagogik, VI 702/A 14 (1803), zitiert nach Schmied-Kowarzik, Wolfdietrich: Praktische Philosophie und Pädagogik, in: Hellekamps, Stephanie/Kos, Olaf/Sladek, Horst (Hg.): Bildung, Wissenschaft, Kritik. Festschrift für Dietrich Benner zum 60. Geburtstag, Weinheim 2001, S. 118–136, hier S. 132.

132 Das im Originaldokument der Charta verwendete Wort »education« bedeutet im Deutschen sowohl Erziehung als auch Bildung.

133 Zur Vertiefung Rehels, Fritz/Denzler, Stefan/Görtler, Michael/Waas, Johann (Hg.): Kompetenz zum Widerstand. Eine Aufgabe für die politische Bildung, Schwalbach/Taunus. 2016.

134 Fischer, Ernst Peter: Wissenschaft als Geschichte. Die fehlende Aufklärung einer technikverwöhnten Gesellschaft und eine Aufgabe für die Zukunft, in: NATURWISSENSCHAFTLICHE RUNDSCHAU Heft 8/9 (August 2018), S. 393–396.

135 Haug, Frigga: Zeit, Wohlstand und Arbeit neu definieren, in: Konzeptwerk Neue Ökonomie 2014: a. a. O., S. 26–38.

136 Haug 2014: a. a. O., S. 34.

137 Wenn ich es recht sehe, fügt sich ein solches Verständnis von Entwicklung relativ mühelos in jene philosophische Tradition, die mit Aristoteles begründet, in der Neuzeit von Hegel und Marx weitergeführt und in der Kritischen Theorie des 20. Jahrhunderts auf die aktuellen Herausforderungen bezogen wurde: die Tradition des dialektischen Denkens. Bei Hegel war es

das wechselseitige Höherschrauben von objektivem und subjektivem Geist, also von allgemeiner Kultur und individueller Reife, durch welches der Weltgeist immer mehr in Erscheinung tritt. Marx, der Hegel »vom Kopf auf die Füße stellen wollte«, sah in der Dialektik von Produktivkräften und Produktionsverhältnissen den Motor des Fortschritts. Und Adornos Idee war es, die bei der instrumentellen Vernunft stecken gebliebene Aufklärung erneut aufzuklären, damit auch die kommunikative, die ethische, ebendie menschliche Vernunft zur Entfaltung gebracht werden könne. Dialektik bezeichnet in seiner Grundbedeutung den Zusammenhang zwischen Bewegung und Widerspruch, wobei sich dieser Zusammenhang immer auf das Bewusstseins wie auf das Sein gleichermaßen bezieht. Den Menschen fasst dialektisches Denken als ein Wesen, das sich im Laufe der Zeit immer besser von Zwängen befreit, also zu sich selbst findet. Freiheit ist das zentrale Potenzial des Menschen, es zu entfalten und zur Wirklichkeit zu bringen ist seine zentrale Aufgabe. Dieser zeitaufwendige Befreiungsprozess vollzieht sich aus dialektischer Perspektive über die Erfahrung von Widersprüchen, durch deren Bearbeitung und Überwindung sich der Mensch emporzuarbeiten vermag. So gesehen, ist die Dialektik von Verhalten und Verhältnissen die Bedingung der Möglichkeit von Entwicklung: Die widerständigen Verhältnisse können den Menschen einerseits so stark machen, dass er sie schließlich umzuwerfen vermag. Und die Verhältnisse können andererseits so widerständig sein, dass es zu ihrer grundlegenden Überwindung keine Alternative mehr gibt.

Schluss

1   »Entschleunigung«, so Rosa im ersten Absatz seines 800 Seiten starken Buches »Resonanz«, ist »allenfalls eine ›Coping-Strategie‹« (Bewältigungsstrategie) für den Umgang mit »tempoinduzierten Problemen« im Alltag, mit der er sich »im Grunde« »nie systematisch« befasst habe. Rosa, Hartmut: Resonanz. Eine Soziologie der Weltbeziehung, Berlin 2016, S. 13. Die beiden neuesten Publikationen zu Rosas Ansatz (Rosa, Hartmut: Unverfügbarkeit, Wien–Salzburg 2018, und Wils, Jean-Pierre (Hg.), Resonanz. Im interdisziplinären Gespräch mit Hartmut Rosa, Baden-Baden 2019, sind nach Abschluss des Manuskripts für dieses Buch erschienen und konnten deshalb nicht mehr berücksichtigt werden.

2   Zu den Erfolgsbedingungen sozialer Bewegungen vgl. z. B. Daphi, Priska / Deitelhoff, Nicole / Rucht, Dieter / Teune, Simon (Hg.): Protest in Bewegung? Zum Wandel von Bedingungen, Formen und Effekten politischen Protests, Baden-Baden 2017. Ferner: Gassert, Philipp: Bewegte Gesellschaft. Deutsche Protestgeschichte seit 1945, Stuttgart 2018.

3   Nachtwey, Oliver: Für die vielen, nicht die wenigen, in: DIE ZEIT 06/2018, S. 45.

4   Ob die praktische Bildung einer solchen zivilgesellschaftlichen Kraft als Basisbewegung zur Entschleunigung innerhalb bestehender Parteien von-

stattengeht oder durch Gründung einer neuen Partei und damit auf die Übernahme parlamentarischer Verantwortung hin orientiert, ist vermutlich zweitrangig und muss pragmatisch entschieden werden. Siehe dazu auch die im Sommer 2018 in Deutschland als Verein gegründete Sammlungsbewegung »Aufstehen« und die im Sommer 2017 in Bayern gegründete neue Partei »Mut«.

5   https://futurzwei.org/article/stiftung (06.01.2019).

Dank

Ganz schön verwegen, ein Buch über Resonanz zu schreiben, bezogen auf den Meso-, Mikro- und Makrokosmos, mit analytischem und praktischem Anspruch – eigentlich eine Aufgabe für Universalgenies (wenn es so etwas noch gibt), jedenfalls nicht für mich. Ohne das Tutzinger Projekt »Ökologie der Zeit«, die Arbeiten von Friedrich Cramer, Peter Kafka und Hartmut Rosa hätte das Buch jedenfalls nie geschrieben werden können. Dazu kam die Mitwirkung einer Vielzahl von Spezialisten und Generalisten, die entweder Vorarbeiten (etwa den Aufsatz »Praktische Resonanz«) oder das Manuskript lasen und meist ausführlich kommentierten. Sie halfen mir, meine Lücken vor allem bei naturwissenschaftlichen, aber auch etlichen sozialwissenschaftlich-philosophischen Fragen einigermaßen (hoffentlich!) zu schließen. Ihnen verdanke ich auch die Fragezeichen an jenen Stellen des Manuskripts, an denen mein Bemühen um wissenschaftliche Genauigkeit zu sehr auf Kosten der allgemeinen Verständlichkeit ging. Von Herzen danke ich Erich von Derschatta, Rudolf Doelling, Ernst-Peter Fischer, Franz Garnreiter, Rolf Hager, Gerrit von Jorck, Günther Pohlus, Marc Redepenning, Jürgen Rinderspacher, Irene Schöne, Jörg Schröder, Monika Stieg, Ernst Weeber, Ernst Wilhelm und Norbert Wimmer. Nicht genannt sind die vielen anderen, die mir bei der Suche nach einem griffigen Titel halfen. Mein Dank gilt schließlich dem oekom verlag für das sorgfältige Lektorat und insbesondere Manuel Schneider, der sich auf dieses gewagte Projekt eingelassen und es an wichtigen Stellen kritisch und konstruktiv begleitet hat.

Über den Autor

© Weissbach

Fritz Reheis gilt als einer der geistigen Väter des Begriffs und Konzepts der Entschleunigung. Publizistisch beschäftigt sich der habilitierte Erziehungs- und Sozialwissenschaftler mit der Frage nach dem richtigen Zeitmaß für unsere »beschleunigungskranke« Gesellschaft. Er ist Autor viel beachteter Bücher wie »Entschleunigung: Abschied vom Turbokapitalismus«, »Die Kreativität der Langsamkeit« und »Wo Marx Recht hat«.

Nachhaltigkeit
bei oekom

Die Publikationen des oekom verlags ermutigen zu nachhaltigerem Handeln: glaubwürdig & konsequent – und das schon seit 30 Jahren!

Bereits seit 2017 verzichten wir bei den meisten Büchern auf das Einschweißen in Plastikfolie. In unserem Jubiläumsjahr machen wir den nächsten Schritt und weiten den Plastikverzicht auch auf alle ab 2019 erscheinenden Hardcover-Titel aus.

Auch sonst sind wir weiter Vorreiter: Für den Druck unserer Bücher und Zeitschriften verwenden wir vorwiegend Recyclingpapiere (mehrheitlich mit dem Blauen Engel zertifiziert) und drucken mineralölfrei. Unsere Druckereien und Dienstleister wählen wir im Hinblick auf ihr Umweltmanagement und möglichst kurze Transportwege aus. Dadurch liegen unsere CO_2-Emissionen um 25 Prozent unter denen vergleichbar großer Verlage. Unvermeidbare Emissionen kompensieren wir zudem durch Investitionen in ein Gold-Standard-Projekt zum Schutz des Klimas und zur Förderung der Artenvielfalt.

Als Ideengeber beteiligt sich oekom an zahlreichen Projekten, um in der Branche einen hohen ökologischen Standard zu verankern. Über unser Nachhaltigkeitsengagement berichten wir ausführlich im Deutschen Nachhaltigkeitskodex (www.deutscher-nachhaltigkeitskodex.de). Schritt für Schritt folgen wir so den Ideen unserer Publikationen – für eine nachhaltigere Zukunft.

Dr. Christoph Hirsch
Programmplanung und
Leiter Buch

Anke Oxenfarth
Leiterin Stabsstelle Nachhaltigkeit